本书出版得到国家社会科学基金项目
"农民工市民化权能的评估体系构建及测度研究"（项目批准号：14CSH024）
和华中农业大学文法学院的资助

熊景维 著

农业转移人口
市民化权能研究

STUDY ON CITIZENIZATION POWER OF
THE AGRICULTURAL TRANSFER POPULATION

社会科学文献出版社
SOCIAL SCIENCES ACADEMIC PRESS (CHINA)

前　言

  农民工是中国经济社会转型特别是城镇化过程中涌现出的一个特殊群体。他们脱胎于农村富余劳动力这个大的社会集群，带着追逐一种更为殷实和富足生活的理想，从乡村走向城市，开启了一段通往现代生活图景的征程。但城市并没有为他们准备好一切，相反，二元体制的壁垒将他们分隔在融入城市社会的围墙之外。经历时代变迁的涤荡和洗礼，农民工整体上仍然处于"不融入"和"半融入"城市的边缘状态。① 从改革开放初户籍制度松动催生第一批进城农民开始，到 20 世纪 80 年代末"百万盲流下广州"的民工潮，再到 21 世纪后年均 600 万增量务工洪流的出现，农民工进城已走过了 40 多年的历程，经历了整整两代人的时间跨越。然而，时间的流逝并未从根本上改变农民进城后的城市融入结构，他们仍然是群体归宿和命运安排"悬而未决"的那群盲流。当前处于主体地位的新生代农民工，并未比他们的父辈拥有更多的改变他们外来务工者身份的机会。②

  农民工市民化进程明显滞后是中国城镇化遭遇的一个突出困境。2012 年我国户籍人口城镇化率为 35.33%③，当年常住人口城镇化率为 52.57%，总人口为 135922 万人④，待市民化基数人口为 23433 万人；2022

---

① 李强：《中国城市化进程中的"半融入"与"不融入"》，《河北学刊》2011 年第 5 期，第 106～114 页。

② 王春光：《对新生代农民工城市融合问题的认识》，《人口研究》2010 年第 2 期，第 31～34、55～56 页。

③ 《经济结构不断升级　发展协调性显著增强——新中国成立 70 周年经济社会发展成就系列报告之二》，中华人民共和国中央人民政府，https://www.gov.cn/xinwen/2019-07/08/content_5407113.htm，最后访问日期：2023 年 11 月 22 日。

④ 聂高民、李振京、孙长学、刘现伟、张林山、赵雪峰、郑欣：《加快城镇化、市民化方面的改革》，《宏观经济管理》2013 年第 9 期，第 16～17 页。

年我国户籍人口城镇化率为 47.70%[①]，当年常住人口城镇化率为 65.22%，两者相差 17.52 个百分点。根据当年我国总人口 141175 万人计算[②]，待市民化存量人口为 24734 万人。农民工市民化滞后延缓了中国城镇化和经济社会转型的步伐。

农民工市民化权能是衡量农民工市民化潜力与前景的直接指标，构建一个系统科学的评价体系是准确测量、精准研判农民工市民化进程和整体水平状况的重要理论前提和工具基础。对市民化权能构成要素及评价体系设置的理论分析，构成研判农民工市民化条件的学理基础，也是市民化政策分析和设计的重要起点。以人为核心是新型城镇化发展的本质任务和要求，也是在新时期推进中国式现代化战略任务的重要抓手。为此，需系统阐述农民工市民化权能构成要素的理论基础，发展出一套关于农民工市民化潜能与条件的评估、测算技术，以进一步拓展和丰富市民化评估研究的理论架构和方法论体系。在此基础上，实证测算和分析农民工市民化权能总体水平，揭示我国农民工市民化的权能性状及内部结构，在市民化理论研究与具体政策实践中具有十分重要的意义。

近年来，随着国民经济和社会发展形势的深刻变化，农民工市民化的基本状况出现了一些新的特点，主要表现在以下五个方面。

（一）农民工市民化意愿有所下降，但待市民化存量规模仍在增加

受城市部门经济发展增速放缓、就业压力持续增大等因素的影响，农民工市民化内生动力不足，市民化意愿有所下降。2019 年，全国跨省流动农民工愿意在居住地城镇落户的比例为 30.9%，省内流动农民工的这一比例更低[③]，

---

① 《公安部：截至 2022 年 1.4 亿农业转移人口落户城镇》，中国新闻网，https://news.cctv.cn/2023/08/03/ARTItw1EIGzczY1Gs0d8KL3a230803.shtml，最后访问日期：2023 年 11 月 22 日。

② 《中华人民共和国 2022 年国民经济和社会发展统计公报》，国家统计局，http://www.stats.gov.cn/sj/zxfb/202302/t20230228_1919011.html?eqid=d4bd59ba004a034d00000003649455a8，最后访问日期：2023 年 11 月 22 日。

③ 程郁、赵俊超、殷浩栋、伍振军、孙成龙、揭梦吟：《分层次推进农民工市民化——破解"愿落不能落、能落不愿落"的两难困境》，《管理世界》2022 年第 4 期，第 57 ~ 65、81 页。

而 2009 年有城镇定居意愿的农民工比例约为 79.5%①。但由于农民工总量持续攀升，以及市民化意愿与实际就业/常住选择之间的偏差，按户籍人口城镇化率与常住人口城镇化率缺口计算的待市民化存量人口规模仍在增加，从 2012 年的约 2.34 亿人持续增加到 2022 年的 2.47 亿人。农民工市民化的历史任务依然繁重。

（二）农民工市民化动力更趋多元，城市安居问题仍是最大难题

在进城务工的动力方面，新生代农民工（包括二代农民工和三代农民工）受社会层面和文化层面需求驱动的影响日益增强。在市民化的前景和条件方面，农民工对其市民化所依靠的职业、人力资本和社会支持基础的评价并不乐观，仅有 1/3 的农民工评价自己拥有有利的市民化基础和条件。同时，住房问题仍然是当前农民工市民化最突出的需求关切。大多数拥有本地定居意愿的农民工并不认同租房安居的选择，不能接受租房落户城市的农民工比例达到 60.0%，但大部分农民工都不具备在务工城市购置房产的支付能力。课题组于 2019 年调查的 1852 个农民工中，仅有 16.74% 的农民工在务工城市购置了房产；在全国层面，2018 年只有 19.0% 的农民工购置了城市住房②。城市安居难题显著抑制了农民工市民化的意愿和热情。

（三）三代农民工进城的序幕开启，以家庭为单位的市民化特征明显

课题组在武汉等地的调查结果显示，当前的农民工主体仍然是二代农民工，但 2000 年之后出生的三代农民工外出务工的序幕也已开启。三代农民工是完全的非典型农民，他们中的绝大部分人都不曾接触农业生产，外出务工不单单关注薪酬水平。相比于他们的父辈，三代农民工更注重工作环境、工作条件的可接受度和工作体验感。

在外出农民工中，2019 年新生代农民工举家迁移的比例达到 60%，相

---

① 国务院发展研究中心课题组：《农民工市民化进程的总体态势与战略取向》，《改革》2011年第 5 期，第 5～29 页。

② 《2018 年农民工监测调查报告》，中华人民共和国中央人民政府，https://www.gov.cn/xinwen/2019－04/30/content_ 5387773. htm，最后访问日期：2023 年 9 月 22 日。

比之下，2014 年、2015 年我国农民工举家迁移的比例只有 20% ~ 30%①。在课题组调查的 771 个已婚受访农民工中，配偶在同一城市务工的为 620 人，占比 80.4%。家庭化迁移和以家庭为单位的市民化越来越成为城镇化的基本样态和典型形式。

（四）从东部沿海向内陆收缩和以县域为中心的市民化成为新动向

从输入地看，近年来外出农民工虽然延续了以东部净输入（2022 年净输入 5044 万人）、中西部净输出（2022 年分别净输出 3081 万人和 1915 万人）为主的状况，但流向中部和西部地区的农民工数量逐年增长（2019 年增速分别为 1.7% 和 2.2%，2022 年增速分别为 3.0% 和 2.5%），而东部地区农民工输入数量增速放缓（2019 年和 2022 年均为 0.1%）。受此影响，超大城市和一些特大城市常住人口增速开始放缓。农民工外出务工和定居有从东部沿海城市向内陆腹地城市延伸扩展的趋势。

在市民化的城市纵向层级分布上，2022 年县域内农民工总数达到 1.6 亿人，占当年全国 2.9 亿农民工的 55.2%；绝大部分本地农民工工作生活在县域城镇，就近城镇化态势明显②。在农民就近进城就业、进城购房置业、孩子进城上学等因素推动下，东部一些靠近都市圈和城市群以及中西部一些县城的常住人口规模持续增长。比如，河北固安、福建闽侯、山东诸城、湖南浏阳等县域经济较为发达，近些年县域常住人口城镇化率达到 60% 以上③，总体达到了全国城镇化的平均水平。

而课题组在农村调研时发现，近十年来，中部农村农民自发买房进城的现象十分明显。在笔者开展田野调查的多个村庄，至少有一半的家庭户通过在县城买房成为城市人。在县城购房甚至成为年轻一代农民工结婚和成家立业的标准配置。县城已成为无法在外地务工城市扎根的农民工落脚

---

① 付朝欢、袁琳：《城镇化加速　农民工举家迁徙比例达 60%》，湖南省发展和改革委员会，http://fgw. hunan. gov. cn/fgw/fgdsj/201906/t20190606 _ 5353772. html，最后访问日期：2023 年 11 月 22 日。

② 金三林、张海阳、孙昊、陈炫汐：《大力推动县域城镇化进程　助力大中小城市和小城镇协调发展》，《农业经济问题》2022 年第 10 期，第 53 ~ 59 页。

③ 《新型城镇化试点示范等地区典型做法第四期：推进以县城为重要载体的城镇化建设》，国家发改委政研室，https://www. ndrc. gov. cn/fzggw/jgsj/zys/sjdt/202112/t20211217 _ 1308491_ ext. html，最后访问日期：2023 年 11 月 22 日。

和完成市民化的主要阵地。

（五）市民化依托的产业动能面临新的转换契机

近年来，农民工市民化依托的产业动能有从传统的建筑业、制造业向新兴的快递物流业、网店经营、新媒体、网约车行业等业态①转变的趋势，而且灵活就业、数字就业的比重在不断上升。2009~2022年，全国从事制造业的农民工占比年均下降约3.0%，但仍为农民工从业的主导行业（2022年制造业农民工占比27.4%）。② 而在新业态从业方面，根据中华全国总工会的调查，目前我国新业态劳动力数量达到8400万人，其中约52.1%的从业者为农村户籍。③ 在某些省份，新业态已成为农民工特别是新生代农民工就业的首要选择④。产业动能的变化将深刻影响市民化的经济基础和发展面向，新业态发展面临的市场环境及其稳定状况将成为下一阶段在整体上决定市民化进程特征的根本动力因素。

当前，我国农民工市民化面临不少突出问题，其中最主要的是以下五个方面。

（一）农民工市民化水平不高，整体上处于"半市民化"或"弱半市民化"状态

根据课题组的问卷调查数据和实证分析，2019年我国典型农民工市民化的水平指数约为0.5，整体处于"半市民化"或"弱半市民化"状态，离典型市民标准尚有较大差距。与对全国其他城市近十多年类似调查的结论相比，农民工市民化的整体水平有一定幅度的提升⑤，但仍处在市民化权能标准的"半程"。

---

① 《四川：农民工就业首选新兴业态》，中华人民共和国中央人民政府，https://www.gov.cn/xinwen/2019-11/29/content_5457034.htm，最后访问日期：2023年11月22日。

② 《中华人民共和国2022年国民经济和社会发展统计公报》，国家统计局，http://www.stats.gov.cn/sj/zxfb/202302/t20230228_1919011.html?eqid=d4bd59ba004a034d00000003649455a8，最后访问日期：2023年11月22日。

③ 《全国新就业形态劳动者达8400万人》，中华人民共和国中央人民政府，https://www.gov.cn/xinwen/2023-03/27/content_5748417.htm，最后访问日期：2023年11月16日。

④ 《中华人民共和国2010年国民经济和社会发展统计公报》，国家统计局，https://www.gov.cn/gzdt/2011-02/28/content_1812697.htm，最后访问日期：2023年11月22日。

⑤ 从既有文献看，2005年武汉市农民工市民化指数是0.43，2010年全国分散采样的结果是0.45，2012年北京市的抽样结果是0.48。

（二）农民工市民化的权能结构不均衡，经济和公共服务"硬权能"掣肘明显

市民化是农民工在经济、社会、文化和公共服务方面向城市全面整合的过程，但上述诸维度权能对农民工市民化发展水平的影响不同。课题组基于农民工和专家双重视角评价的研究表明，在构成市民化权能主要结构要素的相对重要性上，经济融合权能的重要性居于首位（权重为 0.4365），公共服务融合权能次之（权重为 0.3095），这两者都是短期内掣肘市民化发展并构成瓶颈因素的"硬权能"；社会融合权能和文化融合权能的重要性相对靠后（权重分别为 0.1539 和 0.1001），是可着眼于长期但影响更深入持久的市民化"软权能"。

在整体处于"半市民化"或"弱半市民化"水平的情况下，农民工市民化各权能要素的发展也呈现不均衡状况。课题组的调查分析结果显示，农民工经济融合权能值的中位数为 0.5776，处于中等融合水平，在诸维度权能发展中位于前列。社会融合权能的中位数为 0.5022，处于相对滞后的"半融合"状态，体现了农民工构建城市次生社会关系网络的困难程度及其社会互动系统的相对封闭化趋向。文化融合权能的中位数为 0.6073，在诸维度权能中居于首位，且分布较为均衡，说明农民工市民化拥有相对较好的价值特征基础。公共服务融合权能的中位数仅为 0.3214，在诸维度权能要素中发展最为迟滞、短板效应明显，反映了制度非均等化赋权和城乡二元福利体制对农民工市民化权能的明显掣肘。总体而言，"硬权能"弱、"软权能"不足是当前农民工市民化权能结构的突出矛盾。

（三）城市常住人口公共服务均等化和全覆盖仍有短板

改革户籍制度，实现城市公共服务对农民工群体全覆盖、共分享是市民化的重要条件。近十多年来，关于公共服务均等化的改革和实践取得了一定的成效，但在关键领域，囿于各种因素，户籍改革离"名实相副"的标准基线还存在不小的缺口。

一是农民工的社会保障问题依然较为突出，特别是在医疗、养老、失业和就业培训服务等项目上，部分农民工、灵活就业人员、新业态从业人员等没有完全被纳入社会保障体系，还存在"漏保""脱保""断保"的情

况①。覆盖率和保障水平与城镇户籍人口均有明显差距。

二是住房保障和住房公积金惠及农民工的比例仍有待提高。2018 年全国进城农民工中，仅有 2.9% 的农民工享受保障性住房②，城市公租房等紧缺型保障资源对农民工的配给比例低③。

三是农民工获得技能培训和公共就业服务的数量和质量仍有不足。2019 年我国近 3 亿农民工中接受过非农职业技能培训的仅占 30.6%。④

四是随迁子女在城就学难，他们享受到的社会关爱服务仍然不够。2018 年的调查数据显示，有 50.8% 的农民工家长反映，升学（入园）难、费用高依然是随迁子女在城就学面临的突出问题。⑤

与此同时，随着经济社会发展水平的提高，城市公共服务需求也朝着更加注重发展性和增能性的高质量社会服务方向转变，对市民化配套支持和保障工作提出了更高要求和更大挑战。

（四）推动市民化增长的经济支撑动力减弱

经济持续下行使城市部门产业对农村劳动力的吸纳能力下降。2018 ~ 2021 年，城镇部门就业增速年均下降约 0.5 个百分点（从 2.51% 到 1.08%），外出农民工总规模年均减少 31.3 万人，年均增长率已趋近 0⑥。强健的宏观经济增长是大规模农业转移人口市民化得以顺利进行的关键因素。特别是在能够吸纳农民工就业的产业和行业发展势头方面，如果缺乏持续强大的增长动能作为支撑，城镇吸纳就业人口的数量和增速持续下降，城市化的推拉作用势必减弱，那么农村转移人口市民化的任务就较难落到实处。

---

① 孟珂：《扩大社会保险覆盖面　人社部表示将从四方面发力》，《证券日报网》2023 年 9 月 4 日，第 A2 版。
② 《2018 年农民工监测调查报告》，中华人民共和国中央人民政府，https://www.gov.cn/xinwen/2019 - 04/30/content_ 5387773.htm。
③ 四川省将公租房定向供给农民工的比例由 20% 提高到 30%，这是一个较高的配给水平。
④ 《2019 年农民工监测调查报告》，国家统计局，http://www.stats.gov.cn/xxgk/sjfb/zxfb2020/202004/t20200430_ 1767704.html，最后访问日期：2023 年 11 月 22 日。
⑤ 李慧斌：《人社部将开展新生代农民工职业技能提升计划》，https://baijiahao.baidu.com/s?id = 1625456317705088056&wfr = spider&for = pc，最后访问日期：2023 年 11 月 22 日。
⑥ 数据来源于国家统计局编写的《中国统计年鉴》和 2018 ~ 2021 年《农民工监测调查报告》。

（五）对农民工社会融合权能和文化融合权能的重视不够、有效措施不足

以新生代农民工为主体的农业转移人口对城市文化和生活方式有着较强的认同感和较高的参与度，但农民工与市民之间仍然存在差距。在全国进城农民工中，38%的农民工认为自己是所居住城镇的"本地人"；在500万人以上的大城市中，该比例仅为16.8%。①农民工对城市的归属感不强、社会融合不足是不争的事实。原因在于，社会治理主体对有意识地增强不同阶层群体间的互动交流、沟通联结的重要意义缺乏足够的重视，以及相关互动渠道和联结平台构建的缺乏。在此条件下，农民工难以摆脱"城市过客"和"寄居人"的城市边缘人心理，甚至不得不承受群体污名化的严重社会歧视。这种在城市逐渐形成的新市民与原籍居民间的"新二元结构"，增加了城市社会累积和触发群体矛盾的潜在风险，应当高度警惕和审慎应对。

为加快推进农民工市民化进程，助推新型城镇化和中国式现代化发展，应从以下几个方面着力，不断优化市民化的政策和社会支持环境，不失时机地促进中国社会经济结构转型升级。

第一，夯实制造业基石，强化市民化的产业支撑。农业转移人口市民化的经济属性要求必须拥有一个相当规模的、有竞争力的工业化体量，这样才能构筑起农业转移人口市民化的坚实产业基础。作为工业基础的制造业，是整个经济发展和国家竞争力提升的"压舱石"，也是劳动最为密集、吸纳农民工就业最大、对市民化人口可持续生计牵涉面最广的领域。因此，必须高度重视对传统制造业开展持之以恒的提升振兴计划，夯实市民化的产业基础，为持续推进新型城镇化、农民工市民化和中国式现代化提供基本动力保障。在当前形势下，就是要千方百计地保证农民工群体就业，通过各种渠道开拓就业岗位，尤其是应注意维持、促进新业态就业的稳定和增长，确保驱动市民化增长的经济动能不停滞、不过度失速。

第二，创新发展针对农民工的职业技能培训体系，强化增能赋权，激发市民化的内生发展动力。加大对农民工职业技能的培训力度，提升培训

---

① 《2019年农民工监测调查报告》，国家统计局，http://www.stats.gov.cn/xxgk/sjfb/zxfb2020/202004/t20200430_ 1767704.html，最后访问日期：2023年11月22日。

效能。适应当前数字化经济和新业态发展的新需求，重点加强数字技能和新业态从业能力培训。改革公共就业服务和培训管理体系，优化技能培训内容，协调整合高校、社会组织和市场主体等多层次培训力量与资源，充分利用职业教育、继续教育、公共就业服务、企业生产实习等培训机制，形成多方协同参与、横向联动的社会化职业技能培训体系。同时，强化培训配套机制建设，完善职业分类、职业水平考核评价体系，探索与职业技能水平挂钩的培训补偿制度。完善公共就业信息和劳动力供需对接服务体系，建立培训需求调查、培训服务组织、培训过程督查、职业技能考评、就业岗位衔接的一站式公共就业服务体系，提高农民工在现代产业部门中的胜任力和生产效率，提升就业稳定性和质量，使其逐渐具备与市民化条件相适应的经济"硬权能"，为市民化的最终实现提供坚实的内生动能保障。

第三，推进城市常住人口基本公共服务全覆盖，补齐市民化公共服务保障短板。完整落实户籍制度改革政策要求，切实推动落实基本公共服务均等化，推进城市公共服务向常住人口全覆盖，解决农业转移人口在务工地城市的不公平待遇问题。具体而言，首先应完善农民工城市社会保障体系建设，重点加强新业态、灵活就业农民工在医疗、养老、工伤、失业、生育等保险项目上的全覆盖推进和督查工作，加大城乡社会保障的转移衔接、跨地区业务办理和异地报销结算工作力度，保障农民工合法权益。其次，逐步将农民工纳入城市住房保障范围，提高农民工公租房定向配租比例。为解决住房这一市民化"最后一公里"难题，尤其是在当前城市住房市场面临新调整窗口的背景下，应积极顺势而为，加大保障性住房建设和住房补贴力度，探索住房券等新型住房补贴形式，提高和扩大农民工配租城市公租房的比例和范围。建立包括农民工在内的覆盖城镇全体劳动者的住房公积金制度，实施农民工公积金缴费的财政补贴和激励计划，提高其对城镇商品住房的可支付能力。最后，向进城农民工等新市民提供住房信贷支持等公共金融服务，探索建立由政府担保或经营的安居型公共信贷机构，为农民工获得购房所需的关键性融资条件提供制度支持，促进更多农民工通过购房实现城市"安居梦"。

第四，建立市民化成本的分担机制，破解户籍改革"最后一公里"难题。要从顶层设计着手，建立以政府、用工企业和农民个人共同分担市民化成本的机制，构建以城市实际承载人口为主要依据的、政府间财政转移支付制度的农业转移人口市民化成本分担机制，为户籍改革提供财力保障，也为相关城市推进市民化提供动能。政府可探索建立中央公共服务均等化和市民化成本分担基金，地方（到县一级）也相应建立对应层级基金，调剂和补充市民化推进过程中农民工住房保障、培训和就业服务、子女教育、医疗保障和救助、工伤和失业保障、养老保障等方面的支出缺口，主要用于应覆盖而未覆盖常住人口公共服务和社会保障公共投入成本，补齐城镇化建设历史欠账。同时，建立基金使用、市民化公共服务推进考核办法，提高财力使用效率，加快推进市民化进程。上述举措有助于将户籍附着的相关公共服务和福利保障权利，切实惠及和均等地覆盖农民工等城市常住人口，使其在户籍属性转变的同时，能够从城市公共服务和社会福利中获得在城市安居的有力制度支持。

第五，实施城市社群融合和内聚力建设工程。开辟和搭建有利于促进城市社群互动整合的公共空间和平台，建立城市内部的融合机制和联结纽带，加强城市社区公共服务建设，以促进城市群体间的互动和交流，为农民工市民化提供友好包容的城市社会环境和文化生态环境。具体而言，应着力推进民政、社区等社会服务向农民工等城市常住人口全覆盖，增强和加大对农业转移人口享受城市社区服务的可及性和支持力度。应着重加强对农民工集中聚居区（如工业园区、城中村社区、城乡接合部等）常态化社会服务的供给，促进本地文化教育培训、公益和社会心理咨询、法律援助服务等向农民工延伸覆盖。建立社区层级的志愿服务和公益活动中心，促进群体间的互动与交流，强化农民工与城市社会的有机联结。此外，还可通过创办专门的务工者学校，提高农民工及其家属的文化素质和城市生活技能，丰富农民工的精神文化生活，增强其对城市社会的认同感和归属感，促进城乡群体融合和社会整合。

第六，实行农民工市民化分层推进、梯度转移策略，加强以县域为重要支点的市民化建设。首先，在特定城市市民化投入和筹资支持策略上，受到特定城市的财政投入约束，在保证基本公共服务包容性覆盖的前提下，应针对不同市民化条件和意愿的农民工，采取差异化和分层推进的政策路径，优先解决市民化意愿强烈、市民化条件相对成熟的"准市民"农民工的紧缺型公共服务筹资需求（如公租房、住房公积金、城镇医疗保险和医疗救助、就业指导和培训服务等），然后逐次推进，最终完成全部存量人口的市民化。其次，在市民化的空间布局上，配合国家整体城市发展战略部署,实施以中小城市为重心、二线城市为补充、一线城市和特大城市有容量规划的农民工市民化策略,形成空间上梯次递进、层级分布的市民化格局。在推动梯度市民化布局的同时,应加大对中小城市的投资支持力度。当前应尤其注重推进以县域为重要支点的市民化建设,促使市民化配套财政支出向县域城市倾斜,增强和完善县域城市基础设施建设,引导产业合理向中小城市和县城扩散转移,增强其经济吸引力,扩展市场就业容量,为承接农民工市民化向包括县城在内的中小城市分流积聚做好基础设施和产业配套支持。

本书在研究和出版过程中得到了国家社会科学基金(项目编号:14CSH024)和华中农业大学文法学院的资助,在此表示衷心感谢!同时,十分感谢社会科学文献出版社的诸位专家同仁为本书付梓所付出的辛勤劳动及提供的宝贵意见!

最后,由于作者才力不足,书中难免出现错漏,不当之处,请不吝指正。

熊景维

2023 年 10 月 10 日于华农狮子山公寓

摘 要

　　首先，本研究在系统阐述农民工市民化权能构成要素之理论依据的基础上，确定了农民工市民化权能评价的核心要素和具体指标，并运用德尔菲技术汇集众专家的集体决策，采用层次分析法汇总和归集专家决策意见，得到各评价指标的权重系数序列，最终形成了一个比较系统的农民工市民化权能评价体系。其次，为考察农民工市民化权能的实际水平，本研究通过实地问卷调查共获得1852个农民工的数据样本，结合前述评价体系，对农民工的市民化权能进行了实证测度，并分析总结了农民工市民化权能整体水平和各维度权能要素发展水平的具体状况与分布特征。再次，本研究根据农民工市民化权能发展的层次特征，实证分析和检视了农民工的城市分层融合形态，并阐述了形成该分层状况的主要影响和作用机制。最后，作为该市民化权能评价体系和权能测度结果的一个运用，本研究以武汉市为例，分析了在财政投入约束下，该市未来若干年份的市民化公共投入承载容量，以及与该容量相对应的市民化优先瞄准对象的权能甄别标准。

　　本研究在内容和方法上的主要创新和特色体现在以下四个方面。

　　第一，尝试采用较为综合性的研究视角阐析农民工市民化的本质意涵、权能评价要素设置的理论逻辑，构建出一个具有较完备理论支撑的农民工市民化权能评估指标体系，在对农民工市民化水平及其结构的测度层面上发展出一个初步系统化的学理分析框架。

　　第二，在农民工市民化权能评价体系的构建中，将采用德尔菲技术形成的专家群决策方法与层次分析法结合起来，在评价指标设置和指标权重确定上实现了定性和定量方法的有效衔接，较好地克服了以往研究中单纯依靠研究者的个别性分析判断进行指标赋权带来的较大主观性，使农民工市民化权能评估体系的构建在提升科学性和相对客观性的层面优化了方法论条件。

第三，运用农民工市民化权能评价体系和问卷调查数据测度了农民工个体的市民化权能水平，得到了微观层面的农民工市民化权能值序列，即计算了每个受访农民工的市民化权能水平，从而获得了作为一个整体的农民工市民化权能的总体概率分布。与以往测量农民工市民化水平仅从宏观角度得出"平均值"的结果相比，本研究的结论提供了农民工市民化权能分布及结构特征等更多样化的丰富信息向度，从而为更全面和准确地把握农民工市民化权能状况提供了经验分析素材与证据。

第四，在特定阶段特定城市农民工市民化公共投入存在总体约束的条件下，对农民工市民化政策目标的分阶段设置和政策优先瞄准对象的甄别方法进行了探究。在此过程中，将农民工市民化水平与政府责任边界、公共财政投入约束结合起来，发展出一套定量核算农民工市民化优先瞄准对象甄别标准的技术方法，实现了市民化最优政策目标的科学厘定，为整体研判农民工市民化的权能基础、发展状况、结构特征，以及特定城市农民工市民化公共投入的时间路线图提供了具体的技术性参考。同时，结合农民工的城市分层融合提炼了市民化的多元化形态等分析概念和政策方案。

目 录

第一章 导论

一 研究背景与意义

（一）研究背景与问题的缘起

党的十九大报告明确提出要加快推进农业转移人口市民化。2019 年 5 月，习近平总书记在江西于都考察精准扶贫成效时指出，"城镇化与乡村振兴互促互生"①。要解决在中国社会转型进程中具有关键性作用和影响的"三农问题"，既要靠巩固农村这个大的战略后方，也要靠持续稳健地推进农业富余转移人口城镇化。从世界发达工业国经济结构转换和产业升级的历史经验来看，城镇化与农业转移人口市民化在国家向现代化的转型过程中是一种必然的潮流和趋势。从形式上看，农业转移人口是指从农村迁移至城镇就业居住的农业人口，也包含在农村和城镇之间往返流动的农业人口。农业转移人口主要可分为两类：一类是户籍仍在农村，但已经从农村迁移到城镇工作生活或在农村与城镇之间流动的农业人口，另一类则是户籍在城镇且已在城镇工作生活的一小部分城镇居民②。本书侧重于研究第一类，也是当前作为农业转移人口核心主体的农民工③。

他们脱胎于农村富余劳动力这个大的社会集群，带着追逐一种更为殷

---

① 谢环驰、鞠鹏：《习近平在江西考察并主持召开推动中部地区崛起工作座谈会时强调：贯彻新发展理念推动高质量发展 奋力开创中部地区崛起新局面》，《人民日报》2019 年 5 月 23 日，第 1 版。http://data.people.com.cn/rmrb/20190523/1/3c419550f76842efad2a9f0b23ce3128，最后访问日期：2019 年 5 月 24 日。

② 邱鹏旭：《对"农业转移人口市民化"的认识和理解》，中国共产党新闻网，theory.people.com.cn/n/2013/0313/c48537-20778267.html，最后访问日期：2023 年 10 月 10 日。

③ 在此情形中，农业转移人口与俗称的"农民工"的内涵与外延基本一致，为与学术界和民间的表述习惯保持一致，本书将不再专门区分两者的口径，而是视具体语境和用语习惯交替使用这两个概念。

实和富足生活的理想，从乡村走向城市，开启一段通往现代生活图景的征程。但城市并没有为他们准备好一切，相反，二元体制的壁垒将他们分隔在融入城市社会的围墙之外。经历时代变迁的涤荡和洗礼，农民工整体上仍然处于"不融入"和"半融入"城市的边缘状态[①]。从改革开放初由户籍制度松动催生的第一批进城农民开始，经历 20 世纪 80 年代末"百万盲流下广州"的民工潮，再到 21 世纪年均 600 万增量务工洪流的出现，农民工进城已走过四十多年的历程，经历了整整两代人的时间跨越。然而，时间的流逝并未从根本上改变农民进城后的城市融入结构，他们仍然是群体归宿和命运安排"悬而未决"的那群"盲流"。处于主体地位的新生代农民工并未比他们的父辈拥有更多改变他们外来务工者身份的机会[②]。

农民工市民化进程明显滞后是中国城镇化遭遇的一个突出困境。根据《国家新型城镇化规划（2014—2020 年）》提出的目标，到 2020 年，我国常住人口城镇化率达到 60% 左右，户籍人口城镇化率要达到 45% 左右。截至 2018 年底，我国常住人口城镇化率为 59.58%，已基本实现预定目标；而户籍人口城镇化率仅为 43.37%，与常住人口城镇化率仍相差 16.21 个百分点[③]。农民工市民化滞后延缓了中国城镇化和经济社会转型的步伐。

以人为核心的城镇化的重点在于推进农民工市民化。学者们在分析农民工市民化整体推进进程迟缓的原因时，大都将农民工市民化潜在的庞大目标人口数量与其相应的巨额社会成本，以及政府拥有的公共服务供给和财政保障能力相对不足作为主要原因之一[④]。《国家新型城镇化规划（2014—2020 年）》提出，2020 年以前我国户籍人口城镇化率要达到 45% 左右的目标，为此每年需要转移的农业户籍人口数在 1000 万人左右。从 2020 年至 2030 年，我国城镇新增农业转移人口将达到 1 亿人，累计需要实现市民化的农业转移人口数量将达到 3.9 亿人[⑤]。如果按照人均 8 万元

---

① 李强：《中国城市化进程中的"半融入"与"不融入"》，《河北学刊》2011 年第 5 期，第 106～114 页。

② 王春光：《对新生代农民工城市融合问题的认识》，《人口研究》2010 年第 2 期，第 31～34、55～56 页。

③ 国家统计局编《中国统计年鉴 2019》，北京：中国统计出版社，2019。

④ 厉以宁：《关于中国城镇化的一些问题》，《当代财经》2011 年 1 期，第 5～6 页。

⑤ 单菁菁：《农民工市民化的成本及其分担机制》，载潘家华、魏后凯主编《中国城市发展报告 No.6：农业转移人口的市民化》，北京：社会科学文献出版社，2013。

左右（2010 年不变价格）的公共投入成本计算，那么要实现该目标需要
31.2 万亿元的财政总投入，相当于 2018 年我国财政收入的 3 倍（按 2010
年不变价格计算）。对于推进农民工市民化所需的庞大社会成本和公共投
入要求，基于目前我国各级政府的财政保证能力，我国不可能在短期内全
部解决农民工市民化的问题，因此推进农民工市民化应遵循"循序渐进"
的策略并寻求构建一个成本分摊的机制①②。实际上，关于农民工市民化政
策的顶层设计也对加快、有序推进农民工市民化作了总体规划和
部署③④⑤⑥⑦⑧⑨⑩⑪。

　　巨大的农民工市民化社会成本及其阶段性消化的结构性约束，以及政
策顶层设计中关于有序推进农民工市民化的战略部署，使以非均衡、差别
化方式推动农民工市民化的策略成为该系统工程实践的一个自然逻辑与选
择。这一市民化的优先瞄准策略强调在特定时期各层级政府既定的公共财
政投入能力范围内，瞄准一部分市民化条件与前景较好、离市民"距离"
较近的农民工作为政策的优先扶持对象，帮助他们率先完成市民化，进而
带动和促进其他市民化权能水平较低的农民工的市民化进程，分步骤、分

① 张国胜、陈瑛：《社会成本、分摊机制与我国农民工市民化——基于政治经济学的分析框
架》，《经济学家》2013 年第 1 期，第 77～84 页。
② 谢建社、张华初：《农民工市民化公共服务成本测算及其分担机制——基于广东省 G 市的
经验分析》，《湖南农业大学学报》（社会科学版）2015 年第 4 期，第 66～74 页。
③ 胡锦涛：《坚定不移沿着中国特色社会主义道路前进为全面建成小康社会而奋斗——在中
国共产党第十八次全国代表大会上的报告》，北京：人民出版社，2012，第 40 页。
④ 习近平：《决胜全面建成小康社会夺取新时代中国特色社会主义伟大胜利——在中国共产
党第十九次全国代表大会上的报告》，北京：人民出版社，2017。
⑤ 温家宝：《2013 年国务院政府工作报告》，http://www.gov.cn/test/2013 - 03/19/content_
2357136.htm，最后访问日期：2023 年 10 月 10 日。
⑥ 李克强：《2014 年国务院政府工作报告》，http://www.gov.cn/guowuyuan/2014zfgzbg.htm，
最后访问日期：2023 年 10 月 10 日。
⑦ 李克强：《2015 年国务院政府工作报告》，http://www.gov.cn/guowuyan/2015zfgzbg.htm，
最后访问日期：2023 年 10 月 10 日。
⑧ 李克强：《2016 年国务院政府工作报告》，http://www.gov.cn/guowuyuan/2016zfgzbg.htm，
最后访问日期：2023 年 10 月 10 日。
⑨ 李克强：《2017 年国务院政府工作报告》，http://www.gov.cn/guowuyuan/2017zfgzbg.htm，
最后访问日期：2023 年 10 月 10 日。
⑩ 李克强：《2018 年国务院政府工作报告》，http://www.gov.cn/guowuyuan/2018zfgzbg.htm，
最后访问日期：2023 年 10 月 10 日。
⑪ 李克强：《2019 年国务院政府工作报告》，http://www.gov.cn/guowuyuan/2019zfgzbg.htm，
最后访问日期：2023 年 10 月 10 日。

阶段有序推进，以提升农民工市民化的整体效率。

在学界关于农民工市民化责任和成本分担的讨论中，政府和市场互动合作的思路逐渐明显，公共财政阶段性投入能力的总体约束受到关注，但并未建立财政约束与市民化政策目标之间的分析衔接，以进一步探究财政约束如何影响市民化政策目标设置的互动过程。而本研究的主要目的之一就在于，从农民工的内部分异和其差别化的市民化权能与前景的基本事实出发，阐述有序、渐进的农民工市民化政策在群体结构和学理方面的内在逻辑，并结合特定阶段财政投入的硬约束，发展优先瞄准合宜政策对象的理论基础和技术方法，从而为农民工市民化政策推进的技术性过程提供参考和借鉴。

（二）研究的理论与现实意义

农民工市民化权能评价体系的构建与测算研究的意义主要表现在以下两个方面。

第一，力图进一步丰富和完善农民工市民化权能评估的理论架构，同时为整体研判农民工市民化的现实条件和发展进程提供系统化的评估技术方案与经验证据。对农民工市民化权能构成要素及其评价体系设置的理论分析是农民工市民化条件研判的学理基础，也是市民化政策分析和设计的重要起点。本研究系统阐述了农民工市民化权能构成要素的理论基础，运用了专家群决策和决策归集的定量研究方法进行指标确权，发展出一套关于农民工市民化潜能与条件的评估、测算技术，进一步拓展和丰富了农民工市民化评估研究的理论架构和方法论体系。在上述评价体系的基础上，本研究还结合实地调查获得的第一手数据资料，通过权能测算分析比较准确地呈现和反映了农民工市民化的现实基础和整体条件状况，这将为农业转移人口市民化政策的决策和实施提供重要经验参考，助力以人为中心的城镇化发展。

第二，在以人为中心的城镇化与政府财政保障能力之间架设沟通互动的桥梁，为在特定经济阶段约束条件下合理确定农民工市民化政策目标提供科学的实务分析框架和评估应用工具。政策目标的设定总是受到资源条件的约束。在特定历史阶段，市民化政策目标只能限定在公共财政保障能力的范围之内，这就使在公共财政分配的总体约束下探究市民化的最优政策目标显得尤为重要。党的十九大报告提出的"加快农业转移人口市民

化"的总体要求，以及党的十八届三中全会通过的《中共中央关于全面深
化改革若干重大问题的决定》提出的以人为核心的城镇化新论断，切中我
国人口城镇化和城市空间扩展脱节之时弊，从顶层设计层面为我国城镇化
发展规定了总体技术路线。本研究将在此路线方针的指引下，构建市民化
政策目标与公共财政约束之间的制约关系模型，并使之转化为可量化操作
的评估标准，为市民化政策最优目标的厘定提供科学的分析框架和工具。

二 国内外文献述评

（一）关于农民工市民化内涵的研究

对市民化内涵的研究汇集了社会学、公共管理学、经济学等诸多学科
视角的分析和解读。

社会学对市民化内涵的研究侧重于考察该过程中农民工社会身份与角
色、机会和地位、行为与文化特征等方面的变化及其社会意涵。李培林认
为，市民化意味着农民工在社会网络和机会资源两个方面发生着根本性的变
化，其主要特征表现为农民工的生存情境由传统乡村场域向现代城市场域转
移[1]。郑杭生将市民化界定为，作为一种职业和社会身份的"农民"，在向
市民转变的过程中，发展出相应的能力，学习并获得市民的基本资格、适应
城市并具备一个市民基本素质的过程[2][3]。李强、王昊强调以人为核心的城
镇化的主要内容即农民工的市民化，并提出人的城镇化应以实现农民工在生
产方式、生活方式、文明素质和社会权益四个方面的完整转变为目标[4]。毛
丹以角色为视角分析了农民工市民化，认为对农民工进行赋权、建立市民
完整身份、实现新老市民良性互动和增强农民认同是市民化的核心内容[5]。

---

① 李培林：《流动民工的社会网络和社会地位》，《社会学研究》1996 年第 4 期，第 42～52 页。
② 郑杭生：《农民市民化：当代中国社会学的重要研究主题》，《甘肃社会科学》2005 年第 4
期，第 4～8 页。
③ 郑杭生：《农民工市民化是当代中国社会学的重要课题》，载谢建社《新生代农民工融入
城镇问题研究》，北京：人民出版社，2011。
④ 李强、王昊：《什么是人的城镇化?》，《南京农业大学学报》（社会科学版）2017 年第 2
期，第 1～7、150 页。
⑤ 毛丹：《赋权、互动与认同：角色视角中的城郊农民市民化问题》，《社会学研究》2009
年第 4 期，第 28～60、243 页。

文军指出,"市民化"就是农民工"社会成员的角色转型"①。农民工市民化以城市融入为主要目标,市民化的完整意涵应包括农民工在城市的社会生存适应、社会心理适应、社会组织适应、社会分层适应等若干层面②。借鉴社会融合的定义,有的学者认为农民工社会融合是指农民与城市居民之间差异的消减,农民工逐渐适应城市生活方式并逐步提升自身的社会经济地位,完成一个从"农业人"到"工业人"、从"农村人"到"城市人"的转变过程③。还有学者专门讨论了"农业转移人口市民化"和"农民工市民化"的细致区别,并指出公民资格、市民权利、行为模式和价值取向四个维度的融合是农民工市民化的最终标志④。

由于市民化与城镇化制度之间的天然联系,一些学者亦从公共产品供给的角度阐释农民工市民化的含义。国务院发展研究中心课题组认为农民工整体融入城市公共服务体系是市民化的核心内涵,同时农民工个人融入企业、子女融入学校、家庭融入社区等也是该核心内涵的重要组成部分⑤。这一视角的阐释注重市民化对城乡群体平等赋权的属性,强调农民工市民化是一系列权利保障、公共产品享受与城市社会经济适应的实现过程,其实质是均等化享受城市的公共服务,也是相应经济和社会成本的分担与投融资过程⑥。在赋权的方式上,农民工市民化绝不是单纯将其农业户籍转化为城镇户籍的简单技术性操作,而是伴随户籍转换被确认和赋予的统一居民身份、公平社会待遇和平等福利权利⑦。魏后凯、盛广耀、苏红键认为,农民工市民化需实现农民工的六个标志性转换,即社会身份、政治权利、公共服务权利覆盖、综合文

① 文军:《农民市民化:从农民到市民的角色转型》,《华东师范大学学报》(哲学社会科学版)2004年第3期,第55~61、123页。
② 谢建社:《新生代农民工融入城镇问题研究》,北京:人民出版社,2011。
③ 悦中山、李树苗、费尔德曼:《农民工社会融合的概念建构与实证分析》,《当代经济科学》2012年第1期,第1~11、124页。
④ 杨菊华:《农业转移人口市民化的维度建构与模式探讨》,《江苏行政学院学报》2018年第4期,第71~80页。
⑤ 国务院发展研究中心课题组:《农民工市民化进程的总体态势与战略取向》,《改革》2011年第5期,第5~29页。
⑥ 张国胜、陈瑛:《社会成本、分摊机制与我国农民工市民化——基于政治经济学的分析框架》,《经济学家》2013年第1期,第77~84页。
⑦ 韩俊主编《中国农民工战略问题研究》,上海:上海远东出版社,2009。

化素质提升和社会广泛认同①。

有些学者则从农村剩余劳动力转移的经济学视角分析市民化过程。从经济的角度来看，农民工市民化主要是工业化和城市化的一个有机成分，是产业结构变化和农业劳动力转移的要素流动过程②。蔡昉等和宋林飞认为市民化是工业化的必然产物，由产业和地区比较利益驱动的农业剩余劳动力是市民化的主要动力机制，而构建城乡统一的劳动力市场、实现城乡社会福利统筹以保障劳动力的自由流动及权益是市民化的经济学要义③④。有的学者从我国农民向市民转化的现实过程提出中国城镇化的"三阶段论"，认为市民化是此三阶段城镇化的实质和关键一环⑤⑥⑦。此外，有的学者还从身份壁垒到市场化门槛转变的角度概括了农民工市民化调节机制的演化特征，突出了农民工市民化所蕴含的经济意涵⑧。

虽然学界对市民化内涵尚未形成定论，但多重视角的解析突出了其本身的丰富语义，同时反映了从多学科的背景知识与分析框架解释这一复杂群体社会现象的重要性。

（二）对农民工市民化与城乡二元社会体制关联性的研究

基于制度分析视角的研究，普遍将农民工及其市民化和城市融入问题与户籍制度及其关联的城乡二元体制联系起来。这一分析视角主要强调国

① 总报告编写组：《推进农业转移人口市民化的总体战略》，载潘家华、魏后凯主编《中国城市发展报告 No.6：农业转移人口的市民化》，北京：社会科学文献出版社，2013。

② 林毅夫：《深化农村体制改革，加速农村劳动力转移》，《中国行政管理》2003 年第 11 期，第 20～22 页。

③ 蔡昉、都阳、王美艳：《户籍制度与劳动力市场保护》，《经济研究》2001 年第 12 期，第 41～49、91 页。

④ 宋林飞：《中国农村劳动力转移的对策》，《社会学研究》1996 年第 2 期，第 105～117 页。

⑤ 李培林：《流动民工的社会网络和社会地位》，《社会学研究》1996 年第 4 期，第 42～52 页。

⑥ 刘传江、徐建玲等：《中国农民工市民化进程研究》，北京：人民出版社，2008。

⑦ 王桂新、沈建法、刘建波：《中国城市农民工市民化研究——以上海为例》，《人口与发展》2008 年第 1 期，第 3～23 页。

⑧ 王小章、冯婷：《从身份壁垒到市场性门槛：农民工政策 40 年》，《浙江社会科学》2018 年第 1 期，第 4～9 页。

家的制度转型和制度供给对农民工市民化造成的影响①。

户籍制度从形式上看只是一种人口社会管理的政策工具。在最原本的管理架构上，它主要起着控制人口流动的作用。它将人口分为农业户籍和非农户籍，农民被严格控制在以土地籍属关系为核心的农村体系中，国家通过户籍制度对农民进入城市实施非常严格的控制②。如果我们仅从这一层面来审视户籍制度的影响，则其对城乡关系和农民 - 市民权利利益格局的配置作用是比较有限的。但正如很多学者指出的那样，户籍改革涉及的问题本质绝非简单地将农民工从农业户籍转变为城镇户籍，单纯的户籍转换操作是容易实现的，而户籍制度改革最核心的任务是要打破依附于户籍的城乡二元社会权利与利益分配的不平等制度壁垒③。

长期以来，户籍制度对中国社会格局产生的深刻影响源自户籍所承载的对城乡权利和资源分配的行政配置功能。在以计划为资源配置主要手段的时期，这种社会权利和资源的行政配置机制对于城乡居民而言，都有非常特殊和极为深刻的影响④，甚至成为中国计划经济时期塑造整体社会格局最重要的制度安排之一⑤。

上述意义上的户籍制度本质上是一种"社会屏蔽"制度，也是社会分层体系中最重要的内容之一，它将占人口大多数的农民屏蔽在分享城市的社会资源之外⑥。户籍体制就像一堵制度的"隐形墙"，在城乡劳动力市场体制、就业体制、公共服务和社会保障体制间设置壁垒，构成城乡二元分割和社会不平等的制度基础⑦。同时，户籍制度又是一种身份制度，它赋予城乡居民在公共服务和社会福利等经济保障性权利层面的不同资格和待遇条件，从而构筑起调节农民进入城市系统的身份壁垒⑧。在户籍背景下，农民和市民之区分，不是一种纯职业的自然区分，而是一种附加了社会机

---

① 郭忠华、谢涵冰：《农民如何变成新市民？——基于农民市民化研究的文献评估》，《中国行政管理》2017 年第 9 期，第 93 ~ 100 页。

② 李强：《农民工与中国社会分层》（第二版），北京：社会科学文献出版社，2012。

③ 韩俊主编《中国农民工战略问题研究》，上海：上海远东出版社，2009。

④ 孙立平：《城乡之间"新二元结构"与农民工流动》，载李培林主编《农民工：中国进城农民工的经济社会分析》，北京：社会科学文献出版社，2003。

⑤ 厉以宁：《论城乡二元体制改革》，《北京大学学报》（哲学社会科学版）2008 年第 2 期，第 5 ~ 11 页。

⑥ 李强：《农民工与中国社会分层》（第二版），北京：社会科学文献出版社，2012。

⑦ 刘传江、徐建玲等：《中国农民工市民化进程研究》，北京：人民出版社，2008。

⑧ 李强：《农民工与中国社会分层》（第二版），北京：社会科学文献出版社，2012。

会分享、权利赋予和资源分配意义的特殊区分，这种区分是正式和制度化的，因而在人群的社会性界定和区隔上产生了极为深刻的意涵①。户籍制度有两个传统功能：一是优先保护城市劳动者获得就业机会，政府通过监控城市周期的就业压力变化，对农民工灵活地采取或接纳或排斥的政策②；二是阻挡农村进城者平等享受城市的福利待遇。城市建立起的养老、医疗、失业等基本保障制度都是在拥有城市户籍的前提下才能享受的，而没有籍属资格的农民工则被排斥在外③。附着在户籍制度上的城乡二元社会权利和福利分配体制使农民和市民的身份形成了分野。社会的核心福利权利以城镇户籍为分配依据，专属于拥有当地城市户籍的市民。这些重要福利权利的内容涉及就业、教育、住房、医疗、养老、救助扶持等与生计维持和发展机会密切相关的领域④。缺乏这些与基本需求紧密相关的社会权利和制度性保障的支持，农民工在城市生存的弱势处境和低权能状况就越发显而易见。

户籍制度及依附其上的城乡二元社会体制对农民工城市社会地位变迁和市民化进程产生了阻碍。一部分观点指出了农民工问题与该制度屏障的直接关联。正是由于城乡二元体制的限制，进城后的农民工无法获得与市民同等的权利和福利保障，他们以各种方式被排斥和被歧视，始终处于城市的边缘而无法融入。以户籍制度为载体的二元社会体制通过职业、经济、政治、教育和婚姻等主要的社会流动渠道阻碍农民工在城市社会地位的提升，对农民工向上流动形成全方位的限制⑤。"农民工"这一称谓的主要由来就是其不被城市接纳，缺乏在城市安居的基本条件和正式的制度认同，只能做"介于回归乡土和定居城市"之间的两栖人和城市候鸟的尴尬状态⑥。随着时间的积累，既不完全是农民又不融入城市成为市民的农民

---

① 熊景维：《通往城市之路：农民工住房与市民化》，北京：社会科学文献出版社，2017。
② 蔡昉、都阳、王美艳：《户籍制度与劳动力市场保护》，《经济研究》2001 年第 12 期，第 41～49、91 页。
③ 蔡昉：《户籍制度改革与城乡社会福利制度统筹》，《经济学动态》2010 年第 12 期，第 4～10 页。
④ 陈映芳：《"农民工"：制度安排与身份认同》，《社会学研究》2005 年第 3 期，第 119～132、244 页。
⑤ 李强：《农民工与中国社会分层》（第二版），北京：社会科学文献出版社，2012。
⑥ 王春光：《新生代农村流动人口的外出动因与行为选择》，载李培林主编《农民工：中国进城农民工的经济社会分析》，北京：社会科学文献出版社，2003。

工形成了一个新的边缘性群体,开启了一个新的城市二元社会或社会三元结构形态①②。为此,有的学者一针见血地指出,农民工问题的根源在于户籍制度及其承载的城乡二元社会体制对农民工的排斥③。

同时,户籍制度及其关联的城乡社会二元体制对与农民工相关的各个领域均产生了较大的负面影响。从经济学角度来看,户籍制度的不完善将会影响农民工作为城市化的稳定劳动力持续输出,也会影响其消费的稳定性④。户籍制度削弱了城乡人口迁移的拉力作用,延缓了城镇化和农民工市民化的整体进程⑤。从社会学角度来看,有的学者指出户籍政策对中国未来的社会整合不利,因为城市偏向收入转移和健康、住房、教育支出,会对农民工的社会公平感产生显著负面影响⑥,使农民工产生较强烈的相对剥夺感,成为影响社会和谐稳定的风险因素⑦。有的研究指出,基于户籍区分的城乡公共资源分配不均会影响农民子女的人力资本实现,这可能会进一步扩大城乡和地区的收入差距⑧。在教育资源分配方面,农民工子女进公办学校难,国家对教育的投资无法分配到他们身上,这影响了农民工后代的发展,使农民工群体将可能持续处于代际固化职业城市化与实际身份非城市化之间的严重错位及权利弱势地位⑨。

基于户籍制度的上述积弊,学者们普遍认为,要持续深化改革、加快"以人为核心"的城镇化发展,就必须破除城乡二元社会体制。从经济效应来看,厉以宁认为,城乡二元社会体制改革让进城的农民也能享受到社会保障制度等公共服务,有利于增加农民收入,极大地扩大内需,这是长

---

① 韩俊主编《中国农民工战略问题研究》,上海:上海远东出版社,2009。

② 李强:《农民工与中国社会分层》(第二版),北京:社会科学文献出版社,2012。

③ 卢晖临:《"农民工问题"的制度根源及应对》,《人民论坛》2011 年第 29 期,第 40 ~ 41 页。

④ 蔡昉:《中国二元经济与劳动力配置的跨世纪调整——制度、结构与政治经济学的考察》,《浙江社会科学》2000 年第 5 期,第 5 页。

⑤ 付志虎:《城乡二元户籍制度惯性与农民市民化行为选择》,《农村经济》2019 年第 1 期,第 97 ~ 103 页。

⑥ 宁晶、严洁:《城市化下的户口转变与农民工公平感》,《兰州学刊》2018 年第 3 期,第 185 ~ 196 页。

⑦ 厉以宁:《关于中国城镇化的一些问题》,《当代财经》2011 年第 1 期,第 5 ~ 6 页。

⑧ Yang D. T., "Urban-Biased Policies and Rising Income Inequality in China," *American Economic Review* 2(1999):306 - 310.

⑨ 王春光:《农民工的社会流动和社会地位的变化》,《江苏行政学院学报》2003 年第 4 期,第 51 ~ 56 页。

期经济发展动力的重要来源①。有的学者则认为，户籍制度限制了农民工的城镇消费水平，而户籍身份转换不仅可以带来其经济收入的增加，也将带来其消费水平的提升，促进农民工在城市的消费向正常形态回归，也有助于促进其在城市的融合②。从户籍制度改革的目标和内容指向来看，消除不同户籍的差别，最重要的是如何处置附着在户口上的种种福利和优势。城市进行自我融资，不再依赖政府补贴，让城市居民和农民工平等地创造城市财富，才能降低户口的含金量，以消除城乡二元的计划经济体制③。破除农民工难题的关键是调整规定城乡福利资源分配的制度关系，赋予城乡居民平等的权利④。其中，最为重要的就是消除城乡二元壁垒，实行主动接纳农民工融入城市社会的政策。农民工市民化的核心问题是公民平等权利的问题，因此我们要健全普惠的公共服务制度，赋予农民工与城市户籍人口同管理、同服务、同待遇，以逐步形成农民工与城市居民身份统一、权利一致、地位平等的制度体系⑤。农民工市民化的实现有赖于建立一整套的社会支持系统，特别是其中的宏观制度和政策支持应以形成平等公民权利为要旨，为其成功融入城市提供制度支持⑥。还有学者提出，要从根本上解决农民工的城市融入问题，最重要的是打破户籍身份与权利待遇直接关联的城乡二元分配体制，使公民的国民待遇和户籍身份脱钩，具体来说，就是要促进城乡一体化和推进基本公共服务均等化⑦⑧。

（三）关于农民工市民化水平评估与测量的研究

国外学者对类似议题的研究集中在移民同化（assimilation）或融合

---

① 厉以宁：《城乡二元体制改革中的几个重要问题》，《资本市场》2008 年第 3 期，第 17 ~ 20 页。
② 杨金龙：《户籍身份转化会提高农业转移人口的经济收入吗?》，《人口研究》2018 年第 3 期，第 24 ~ 37 页。
③ 蔡昉、都阳、王美艳：《户籍制度与劳动力市场保护》，《经济研究》2001 年第 12 期，第 41 ~ 49、91 页。
④ 王西玉、崔传义、赵阳：《打工与回乡：就业转变和农村发展——关于部分进城民工回乡创业的研究》，《管理世界》2003 年第 7 期，第 99 ~ 109、155 页。
⑤ 韩俊主编《中国农民工战略问题研究》，上海：上海远东出版社，2009。
⑥ 文军：《论农民市民化的动因及其支持系统——以上海市郊区为例》，《华东师范大学学报》（哲学社会科学版）2006 年第 4 期，第 21 ~ 27、42 页。
⑦ 韩俊主编《中国农民工战略问题研究》，上海：上海远东出版社，2009。
⑧ 俞林伟、陈小英、林瑾：《生存状况、生活满意度与农民工城市融入——基于杭州、宁波和温州 1097 个调查样本的实证分析》，《经济体制改革》2014 年第 6 期，第 82 ~ 86 页。

（integration）上。

美国社会学家戈登提出了衡量族群关系的 7 个维度，即文化或行为的涵化，社会结构的相互深入或融合，相互通婚，族群意识或身份认同的融合，意识中族群偏见的消除，族群间经济、就业、教育等领域歧视行为的消除，公共事务的融合[①]。Vigdor 在测量美国移民的同化水平时构建了一个由经济因素、文化因素和公民权因素三个一级指标组成的评估体系。其中，经济因素包含劳动力、受教育程度、住房产权类型等二级指标，文化因素包含语言运用能力、通婚情况、儿童教育方式等二级指标，公民权因素包含入籍率、服美国兵役情况等指标[②]。Berry 和 Sabatier 将移民适应的测量操作化为文化保持（cultural maintenance）和社会联系（social contact）两个维度，并基于这两个维度考察外来人口的融合态度、社会身份认同和行为，用来反映移民社会融合的状况和水平[③]。另外，有的研究将同化的标准设定为社会经济状况、空间集中、语言同化和通婚四个层面。新移民在这些层面的趋同或"去隔离化"被视为同化实现的重要象征[④]。还有一些研究移民儿童社会适应的文献将受教育程度、家庭收入、就业状况、生育子女情况和家庭成员被监禁情况作为测量融合的主要指标[⑤]。作为群体融合的另一个方面，即作为接受地的社会背景，也是影响融合结果的一个重要因素[⑥]。

在对移民融合的测算研究中，学者们采用的测算指标体系不尽相同，得到的结论也存在较大差异。一些关于社会融合的研究将社会支持（social

---

① 戈登：《在美国的同化：理论与现实》，载马戎编《西方民族社会学的理论与方法》，天津：天津人民出版社，1997。

② Vigdor J. L. , "Measuring Immigrant Assimilation in the United States, "Civic Report No. 53, Manhattan Institute for Policy Research(2008) : 56.

③ Berry J. W. & Sabatier C. , "Acculturation, Discrimination, and Adaptation among Second Generation Immigrant Youth in Montreal and Paris, "*International Journal of Intercultural Relations* 34 (2010) : 191 – 207.

④ Waters M. C. & Jiménez T. R. , "Assessing Immigrant Assimilation: New Empirical and Theoretical Challenges, "*Annual Review of Sociology* 1(2005) : 105 – 125.

⑤ Wu Z. , Schimmele C. M. , & Hou F. , "Self-perceived Integration of Immigrants and their Children, "*Canadian Journal of Sociology-cahiers Canadiens de Sociologie* 4(2012) : 381 – 408.

⑥ Portes A. & Fernandezkelly P. , "No Margin for Error: Educational and Occupational Achievement among Disadvantaged Children of Immigrants, "*Annals of the American Academy of Political & Social Science* 1(2008) : 12 – 36.

support)、文化距离（cultural distance）、接触交流（contact）、适应态度（acculturation attitudes）和歧视（discrimination）作为测量指标，而将失望、沮丧、压力、焦虑、生活满意度作为心理适应的测量指标，同时将生活的艰难程度（hardiness）、语言的掌握程度（language proficiency）、边缘化（marginalization）、隔离程度（separation）作为预测文化和心理适应的重要指标①。还有研究指出，对移民融合的判断在社会学家与媒体作家、社会评论家之间有着较大的差别②。社会学家的评判标准较为注重客观指标，而通俗作家注重感受和体验等心理指标，前者没有后者的"标准"严苛。在某种程度上，是否融合跟判断者自身的经历和体验等个体化、主观性经验相关，因此他们可能低估平均意义上真实的融合水平，从而使向公众构建的融合状况比真实情况糟糕。这突出了进行客观评价融合状况的需要和意义。

因对市民化内涵的界定不一致，国内学者分别从各有侧重的维度设置农民工市民化水平指标。

一些学者注重从社会行为和心理层面阐释市民化程度，将个人身份认同和城市归属感、他人身份认同、农民工自身对继续在城市居住的预期、社会关系网络、社会参与和互动等作为衡量农民工市民化水平的主要指标③④。任远、乔楠将农民工对城市社会的融合整合成四个维度，包括自我身份认同、对城市的态度、与本地人的互动及自我感知的社会态度⑤。

另外一些学者则从综合的视角界定市民化的本质，其设置的测量指标更为宽泛和多元，包含经济、文化等多种因素。杨绪松等将居住情况、城市受歧视程度、方言掌握程度、交友意愿、困难求助和未来打算列入衡量

---

① Ataca B. & Berry J. W. , "Psychological, Sociocultural, and Marital Adaptation of Turkish Immigrant Couples in Canada, "*International Journal of Psychology* 1(2002): 13 – 26.

② Waters M. C. , "Jiménez, Tomás R. Assessing Immigrant Assimilation: New Empirical and Theoretical Challenges, "*Annual Review of Sociology* 1(2005): 105 – 125.

③ 杜鹏、丁志宏、李兵、周福林：《来京人口的就业、权益保障与社会融合》，《人口研究》2005 年第 7 期，第53 ~61 页。

④ 沈之菲：《更多的接纳、更好的融合——外来民工子女在上海城市的融合问题研究》，《上海教育科研》2007 年第 11 期，第 25 ~28 页。

⑤ 任远、乔楠：《城市流动人口社会融合的过程、测量及影响因素》，《人口研究》2010 年第 2 期，第 11 ~20 页。

农民工城市融合水平的二级指标①。王桂新等认为市民化程度即农民工与城市居民的同质化程度。他们将农民工的市民化要素分为居住条件的市民化、经济生活的市民化、社会关系的市民化、政治参与的市民化、心理认同的市民化五个方面，并在具体测量中将这五个维度的市民化评价要素设置成相同的权重系数②。刘传江、程建玲将收入状况、职业状况、务工时间、居住条件、城市融合、市民化意愿、对未来的打算、自我认同和社会认同等作为个体因素，结合群体因素以及外部制度因素构建了一个综合评估体系，对第二代农民工市民化的进程进行了测量③。张文宏、雷开春将文化、心理、身份、经济四个维度作为一级指标，将职业稳定程度、熟悉本地风俗程度、接受本地价值观程度、亲属相伴人数、添置房产意愿、拥有户口情况、社会满意度、住房满意度等变量作为二级指标，设计了农民工市民化程度的评价体系④。王竹林从物质资本、人力资本、社会资本和权利资本四个层面分析了农民工市民化实现的多重资本困境⑤。周密等从农民工在城市社会网络宽度、收入、与市民居住相邻、在城市工作时间、职业阶层和受教育程度等层面设置测量市民化程度的指标，认为职业阶层是决定市民化水平的主要因素，而包括受教育程度和知识技能在内的人力资本是影响其职业层次和经济状况的重要因素，强调人力资本和经济资本在市民化程度中的关键性作用⑥。杨菊华、张娇娇将农民工的社会融入操作化为社区参与、观念接纳和长期居留意愿三个指标，突出了强调群体互动联系的社会融合以及内化城市文化价值的文化融合的重要性，并强调收入水平提高与流动人口全面融入之间的非一致性关系，而包括人力资本、在当地的务工时间等包含城市文化－价值塑造内涵的因素都对融

① 杨绪松、靳小怡、肖群鹰、白萌：《农民工社会支持与社会融合的现状及政策研究——以深圳市为例》，《中国软科学》2006年第12期，第18～26页。
② 王桂新、沈建法、刘建波：《中国城市农民工市民化研究——以上海为例》，《人口与发展》2008年第1期，第3～23页。
③ 刘传江、程建玲：《第二代农民工市民化：现状分析与进程测度》，《人口研究》2008年第32期，第48～57页。
④ 张文宏、雷开春：《城市新移民社会融合的结构、现状与影响因素分析》，《社会学研究》2008年第5期，第117～141、244～245页。
⑤ 王竹林：《农民工市民化的资本困境及其缓解出路》，《农业经济问题》2010年第2期，第28～32页。
⑥ 周密、张广胜、黄利：《新生代农民工市民化程度的测度》，《农业技术经济》2012年第1期，第90～98页。

入水平有重要的影响①。申兵等构建了一个测算农民工市民化指数的评价体系，将收入支出情况、社会保障、工作时间、权益保护、住房、家庭迁移、随迁子女教育、就业扶持、接受公共卫生服务、政治参与度确定为农民工市民化水平的量化评价要素，并以典型市民在上述评价要素上的取值为参照，计算典型农民工各方面指标与典型市民相应指标的趋同程度②。

考虑到市民化的最终结果是农民工向市民的全方位趋同与靠拢，童星、马西恒建议用新移民与市民的同质化程度来测量农民工的城市融合水平③。此外，还有一些学者对农民工市民化水平的测量方法进行了理论和技术上的探索④⑤。

农民工市民化权能的组成要素是多面向和多维度的。既有研究的理论分析架构各有侧重，这些测量指标或技术都在一定程度上体现了农民工市民化的水平。但整体而言，评价体系设计的系统性相对缺乏，指标设置的理论分析需要进一步拓展，对农民工市民化权能各融合维度之间的关系和相互作用的机制也有待详细探究。鉴于此，本研究试图通过发展和建立较系统的农民工市民化权能评价理论体系，并通过问卷调查和实证分析具体考察农民工市民化权能状况，以期为丰富和发展农民工市民化权能评估体系、总结农民工市民化权能特征提供经验证据。

三 研究问题及相关概念

（一）问题与主要研究内容

一是农民工市民化权能的构成要素及其理论依据。针对这一主题的研究要回答以下问题：（1）哪些评价要素构成农民工市民化权能的核心要素，其理论依据和逻辑脉络是什么？（2）各权能要素对农民工市民化的影

---

① 杨菊华、张娇娇：《人力资本与流动人口的社会融入》，《人口研究》2016 年第 4 期，第 3 ~ 20 页。

② 申兵等：《我国农民工市民化问题研究》，北京：中国计划出版社，2013。

③ 童星、马西恒：《"敦睦他者"与"化整为零"——城市新移民的社区融合》，《社会科学研究》2008 年第 1 期，第 77 ~ 83 页。

④ 徐建玲：《农民工市民化进程度量：理论探讨与实证分析》，《农业经济问题》2008 年第 9 期，第 65 ~ 70 页。

⑤ 周密、张广胜、黄利：《新生代农民工市民化程度的测度》，《农业技术经济》2012 年第 1 期，第 90 ~ 98 页。

响特征怎样？（3）各主要评价要素之间的相互作用关系如何？就具体内容而言，本研究将先从农民工市民化的本质意涵及市民化必备的条件基础出发，通过理论推演和分析，发展出一个有较好理论支撑、逻辑体系较为完备的农民工市民化融合权能评价指标序列，然后对该评价指标序列中各指标设置的理论缘由、指标含义和指标操作进行翔实阐析。表 1.1 显示了本研究关于该评价指标体系设计的构想。

表 1.1　对农民工市民化权能评价指标体系设计的构想

指标	维度设计			
一级	经济融合权能			
二级	·收入水平	·资产状况	·就业特征	·人力资本
	·…	·…	·…	·…
一级	社会融合权能			
二级	·城市关系网络	·关系网络利用	·社会组织参与	·公共事务参与
	·社区邻里互动	·…	·…	·…
一级	文化融合权能			
二级	·价值观融合	·生活方式适应	·工作方式适应	·市民身份认同
	·地域归属感	·…	·…	·…
一级	公共服务融合权能			
二级	·社会保险参保	·子女教育服务	·住房保障服务	·就业培训和服务
	·…	·…	·…	·…

在此基础上，本研究要分析农民工市民化权能评价中各层次指标相对于总评价目标的重要性与指标权重大小。对该主题的研究要回答以下问题：（1）各主要评价要素在农民工市民化权能中的相对重要性程度如何？（2）各评价指标的权重系数怎样确定？具体研究内容为，采用基于德尔菲技术的专家群决策和层次分析法（AHP）对各层次指标进行量化确权，将农民工市民化研究专家们的专业知识和深度研判意见与层次分析法提供的定性数据量化转换－集成技术相结合，形成一个有较好科学内涵的指标权重体系。该指标权重体系与前文中构建的评估指标体系形成了一个较科学的农民工市民化融合权能评估体系。

二是农民工市民化权能的整体状况、内部结构和市民化的形态特征。对该主题的研究主要回答以下问题：（1）特定城市农民工的市民化权能状况如何?（2）农民工市民化进程及其发展趋向有什么样的特点?（3）市民化权能在各组成要素上的发展状况如何?各权能要素发展呈现的结构性状况对农民工市民化有怎样的影响?（4）农民工市民化的具体形态特征如何?其影响机制是什么?就具体内容而言，本研究将在对特定城市（以武汉市为案例）农民工市民化权能状况进行较大样本问卷调查的基础上，运用定量研究方法和已构建的农民工市民化融合权能评估体系，测算与描述该城市农民工市民化融合权能的总体水平与基本特征，分析农民工市民化各权能要素的结构性状况及其对市民化进程的影响，探究农民工城市融合的具体形态及作用机制，并总结提炼上述结果蕴含的学理含义和政策启示。

三是关于特定城市农民工市民化优先瞄准对象的甄别问题。这是对农民工市民化权能测算分析的一个具体应用，主要任务是探究确定特定城市应将何种市民化权能条件的农民工作为政策优先支持的对象，探讨农民工市民化政策目标的现实可行域。对该主题的研究要回答以下问题:（1）在特定阶段和特定城市财政投入能力的总体约束下，市民化政策优先瞄准的逻辑是什么?（2）特定时期特定城市农民工市民化的公共投入需求与投入能力如何?（3）特定城市农民工市民化公共投入的蓝图和前景如何?特定年份其市民化政策应主要聚焦于具有怎样权能特征的农民工?

就具体内容而言，本研究主要是发展一套公共财政约束下农民工市民化优先瞄准水平目标的核算方法，形成一个具体的农民工市民化优先瞄准对象的识别与分析框架，并对其应用于特定城市的情况进行具体分析。在研究过程上，本研究将先通过测算特定城市农民工市民化的人均公共服务投入成本及预测年度该城市可用于市民化公共投入的财政容量，计算特定年份该城市财政可支撑的最大市民化人口规模，然后结合前述农民工市民化融合权能评估体系和对该城市农民工市民化融合权能的测算结果，核算出与其最大市民化支撑人口规模相对应的农民工市民化融合权能临界水平。市民化融合权能在此临界水平以上的农民工即为政策优先瞄准对象。

（二）相关概念界定

1. 农民工市民化

本研究所称的农民工市民化，是指农民工在经济融合权能、社会融合权能、文化融合权能、公共服务融合权能四个层面与城市相应各系统的主要样态形成完整的、充分的衔嵌和洽接的复杂活动。具体而言，是指通过内部权能提升和外部权能赋予，农民工逐步获得与城市生存发展要求相适应的个体禀赋特质及平等权利与机会，建立与城市社会的良性联结和互动关系，并构筑起有效的社会支持网络，产生基于城市共同体的身份、价值认同和地域归属，并在此过程中实现城乡群体整合、农民工个体向上流动的经济社会关系再生产过程。

2. 农民工市民化融合权能

权能，即权利与能力的组合体，指个体在特定事项或活动中达成目标或实现预定愿景的有利条件和功能性手段、方法、禀赋素质等储备。它既是对蕴藏在个体中的创造力和附着价值的评价，也是对其既有资源和优势条件的拥有状况的实然描述。权能通常代表预测性和方向性，因为它衡量了个体达成目标的前景和可能性。

农民工市民化融合权能，即指农民工在实现市民化目标上所具有的禀赋素质及有利条件与资源的状况。其表征了农民工在融入城市社会上所蕴含的潜力和所依赖的现实基础。它将较全面地反映农民工以潜能折现方式呈现的显性资本和资源的状况，也将间接测量其尚未折现的潜在发展能力和机会状况，是对农民工实现市民化可能性和前景的综合评价。

相较于其他文献中经常使用的"农民工市民化水平"或"农民工市民化指数"，笔者认为农民工市民化权能是对上述意涵更合适的概括。因为"水平"更侧重于对显性条件和资源状况的评价，但一些通常被用作衡量水平的指标，如农民工的受教育程度以及通过意向、意愿等表达所呈现的指标，严格来说不能作为对既成或客观事物的评价。例如，我们无法说一个完成了高中教育的农民工相当于多大程度的既有市民化"水平"；或者说，一个在市民化意向上表达"比较愿意"的农民工相当于多大程度的既有市民化"水平"。"指数"的弊端则在于其过于抽象而缺乏明确的意指。

3. 农民工市民化融合权能评价

农民工市民化融合权能评价，即对农民工在实现市民化目标上具有的各层面条件、优势等要素内容的度量、评估和总结，揭示出其一般化特征和主要的发展趋向。评价结果是对农民工市民化条件所达到的程度及其属性状况的较为凝练和概括性的总结，将在较为宏观和整体的层面上刻画和把握农民工市民化的现实基础，提供集中且简明的信息，从而为相应政策发展提供参考和借鉴。

本研究中关于农民工市民化融合权能的评价，具体是指通过对农民工市民化融合权能的理论分析，构建一个较完整的市民化融合权能的评估指标体系；然后就各评估指标影响大小和权重次序开展基于德尔菲技术的专家群决策分析，集中较权威、有卓越性的专业知识与判断，形成一个较全面科学的农民工市民化融合权能评价体系；再运用通过大样本问卷调查获得的相关数据，进行农民工市民化融合权能的测算评价；最后给出关于农民工市民化总体权能一般概况、特征、结构、主要演进趋向等结论的系统分析过程。

4. 农民工市民化瞄准对象及其锚定

按照有序推进农民工市民化的新型城镇化顶层设计，农民工市民化不是同质化和均匀化的同步演进过程，而是有次序和分类化的阶梯发展过程。

关于农民工市民化发展进程特征的上述判断要求对农民工市民化的需求做出差别化的政策响应，按照问题之轻重缓急、先易后难的逻辑顺序确定政策重点支持的目标子群，甄选优先瞄准的市民化对象。因此，我们需要根据特定城市农民工市民化融合权能的发展状况，结合该城市财政对农民工市民化所需公共服务的保障能力，测算出特定时段内其可以支撑的市民化人口数量及对应的政策目标人口的市民化权能特征，满足该权能特征要求的农民工即为该城市市民化政策优先瞄准对象。利用农民工市民化融合权能评估体系实证测算其权能水平分布以确定特定城市市民化政策与重点支持的农民工子群体的过程，即为瞄准对象的锚定分析过程。

需要特别指出的是，让一部分农民工优先接受城市均等公共服务"特别"支持的政策策略并不意味着在农民工中采取不平等的保护措施。从长远来看，城市主要的公共服务，包括教育、社会保险、劳动培训和就业服务、住房保障等，都应该纳入城乡居民均等分享的范畴。只是在现阶段多数大城市财政投入能力不足以为全部农民工提供全面公共服务和福利保障的情况下，城市优先给予市民化意愿和权能条件较好、实际已在当地城市稳定工作和生活的农民工市民的资格和待遇，是一个必要的权宜之计，有利于更好、更富有效率地推进农民工市民化的进程。

市民化政策的"优先瞄准"和"重点支持"也并不意味着政府将完全包揽目标对象的全部市民化成本。恰恰相反，政府的公共主体角色和农民工市民化本身的属性（个人的纵向社会流动）决定了政府对该过程社会成本投入的责任边界主要在于让这些政策瞄准对象享有与市民同等的公共服务待遇。因此，政策优先瞄准和对象甄别的实质意涵是，在大城市公共服务保障能力整体不足的条件下，率先补足那部分实际上已融入城市或对融入城市有较好基础的农民工的应获待遇和应得权利，以保障农民工转化为市民过程中权责匹配的循序渐进与持续推进。

此外，农民工市民化政策"优先瞄准"的意涵绝不在于继续认同和肯定在农民工和市民之间存在重大待遇差别的二元社会壁垒。只要条件允许，在城市经济持续发展和公共财力持续增长的情况下，城市应当早日取消基于户籍的不平等待遇，让城市公共服务惠及城市全部常住人口。这有利于从根本上消除农民工市民化的制度障碍，并将大大推动农业转移人口的市民化进程。

四　研究思路、技术路线和研究方法

（一）研究思路和技术路线

本研究拟先通过文献分析和理论阐述确定农民工市民化权能的主要评价要素，并从逻辑关联上探讨主要评价要素设置的学理依据，然后综合运用德尔菲专家群决策和层次分析法，确定农民工市民化权能评价的具体指标和相应指标的权重系数，在此基础上构建一个较完整的农民工市民化权能评价体系。同时，在上述文献分析和理论阐述的基础上，本研究将设计农民工市民化权能评估的调查问卷，通过实地调查获取实证分析所需的数据样本，结合以上构建的农民工市民化权能评价体系，实证测算农民工市民化的权能状况，分析其整体水平和权能要素发展的结构特点。

基于特定城市财政对农民工市民化公共投入的总体约束，本研究还将发展出一套农民工市民化优先瞄准对象的甄别方法。该方法的核心思想是在政策对象的瞄准分析中，将农民工个体的市民化条件和由政府责任边界与公共财政保障能力形成的总体约束结合起来。农民工个体市民化条件以其市民化权能为衡量标准，以前文中的测算结果为依据。后者以特定城市财政投入的发展趋向和变动规律为基础，确定市民化的人均公共成本、投入能力和预计年份的市民化人口承载容量。最后，本研究将权能测算结果和公共投入约束下市民化承载容量相结合，确定市民化政策的最优目标和甄别标准，并以武汉市为案例，进行农民工市民化政策优先瞄准的具体应用分析。研究的技术路线见图1.1。

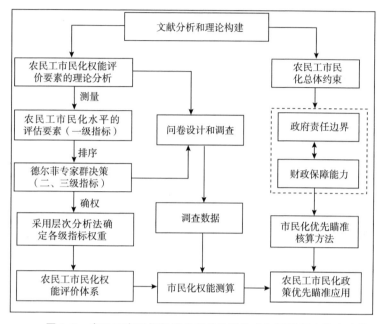

图1.1 农民工市民化权能的评价体系构建与测算研究技术路线

（二）研究方法

第一，文献分析法。通过广泛查阅和分析相关文献，全面把握和实时跟踪我国农民工市民化研究的最新成果，提炼农民工市民化水平测量指标体系的理论基础，构建政府责任边界和公共财政约束下最优市民化目标选择的分析框架。

第二，德尔菲技术。采用德尔菲技术这一经典的专家预测法，在由理论分析发展出的农民工市民化水平测量指标体系中，确定各个指标的相对重要性顺序，为指标赋权提供定量化操作基础。

第三，层次分析法。利用层次分析法将各专家关于指标相对重要性的排序转化为指标权重，构建出农民工市民化水平测量评估体系。该过程涉及的矩阵一致性判断和特征值计算等技术环节，拟采用 YAAHP 软件实现。

第四，回归分析等定量方法。构建公共财政总体约束下发展市民化优先瞄准对象甄别标准的核算方程，利用核密度估计（Kernel Density Estimation）方法测算特定城市（以武汉市为例）农民工市民化水平的概率分布函数，以确定该地市民化政策的最优瞄准目标。利用结构方程模型（Structural Equation Model，SEM）和定序回归（Ordinal Regression）等方法估计农民工各维度市民化融合权能之间的互动效应，并检验农民工分层融合的理论假说。

第五，抽样调查法。结合与某一城市农民工相关的总体先验信息，利用分层抽样法以调查问卷的形式获取 2000 个农民工市民化水平的有效样本，作为甄别评估体系的一个试验样本进行总体估计和实际瞄准测量。

五　可能的创新之处

本研究潜在的理论和方法创新主要包括以下四个方面。

第一，尝试采用较为综合性的研究视角阐释分析农民工市民化的本质意涵、权能评价要素设置的理论逻辑，构建出一个有较完备理论支撑的农民工市民化权能评价体系，在对农民工市民化水平及其结构的测算与描述层面发展了一个初步系统化的学理分析框架。

第二，在农民工市民化权能评价体系的构建中，将采用德尔菲技术形成的专家群决策方法与层次分析法结合起来，在评价指标设置和指标权重确定上实现了定性和定量方法的有效衔接，较好地克服了以往研究单纯依靠研究者的个别性分析判断进行指标赋权带来的较大主观性，使农民工市民化权能评估体系的构建在提升科学性和相对客观性层面优化了方法论条件。

第三，运用农民工市民化权能评价体系和问卷调查数据测算了农民工个体的市民化权能水平，得到了微观层面的农民工市民化权能值序列（计算了每个受访农民工的市民化权能水平），从而获得了作为一个整体的农民工市民化权能的总体概率分布。相对以往测算农民工市民化水平仅从宏观角度得出"平均值"的结果而言，本研究的结论提供了农民工市民化权能分布及结构特征等更多样化和丰富的信息向度，从而为更全面和准确地把握农民工市民化权能状况提供了经验分析素材与证据。

第四，在特定阶段特定城市农民工市民化公共投入存在总体约束的条件下，对农民工市民化政策目标的分阶段设置和政策优先瞄准对象的甄别方法进行了探究。在此过程中，将农民工市民化水平与政府责任边界、公共财政投入约束结合起来，建立了一个定量核算农民工市民化优先瞄准对象甄别标准的技术体系，为整体研判农民工市民化的权能基础、发展状况、结构特征以及特定城市农民工市民化公共投入的时间路线图提供了具体的方法论参考。同时，结合农民工的城市分层融合提炼了市民化的多元化形态等分析概念和政策方案。

第二章　农民工市民化及其权能评价
要素设置的理论分析

一　关于农民工市民化性质、方式和动力的理论考察

（一）社会流动的视角：农民工的市民化首先是一个纵向社会流动的过程

从融合过程的本质及融合结果的性质来看，农民工的市民化主要是一个社会流动和社会整合的过程。毋庸讳言，农民工群体在整个中国社会阶层结构中主要来源于农民阶层；来到城市后，其又成为城市的新边缘人群。

这个群体是否拥有广泛、多元、顺畅的渠道，能够通过公平竞争和个人的勤劳奋斗获得向上流动的机会；其个人命运和前途在多大程度上可以通过发挥自身能动性和挖掘创造性潜能掌握在自己手中，在社会动力学的意义上决定了农民工市民化的基础起点和关键支点。农民工市民化的题中应有之义应包括，农民通过职业、生产方式和形态的转变，最终向"典型意义上"的市民靠拢，这绝不能仅仅从市民化对农民工应具备的素质条件等义务性责任或要求层次来理解，而更应从其应享有的机会、权利、平等身份地位等公平待遇的层面来理解。基于我国农民长期遭受二元社会体制不平等对待的现实，我们更应强调对其赋权、补权的优先性，构建和营造对该弱势群体予以适当政策倾斜的良好制度和社会支持环境，才能促进其顺利融入城市，以增进城市不同阶层群体间的良性互动。

从社会分层和社会流动的层面看农民工的市民化，涉及公平社会体系和制度环境建设这一宏大主题，并且其核心涉及一个经济社会体制内在的

有关增进普遍公平特别是机会公平和与之相对应的防止阶层固化的结构性安排。普遍的公民权利和相对均等的福利制度安排有利于促进阶层的整合和社会流动，而歧视性、区隔式、多元分割的社会体制则更容易产生维持、强化乃至扩大群体极化、固化阶层结构的消极作用。后者的支配范围和负面影响越大，社会阶层横向流动的阻力越大，而群体有机团结和社会稳定的基石则越不稳固。由此，我们提出农民工市民化的经济转移和社会流动双过程性质理论。

农民工市民化既是一个产业人口转移的经济过程，又是一个社会流动过程。一方面，就其经济属性而言，农民工市民化是一个人口就业和产业结构的转换过程。农民进城务工寻求现代部门的工作机会，实现了就业领域从传统农业生产向现代工业、服务业的转换，使就业空间从分散的乡村转向了产业集聚的城市。这是经济学意义上的城乡劳动力资源重新配置和人力资源的结构性变迁。这一过程对农民个人的意义在于，在此过程中，农民通过迁徙增加了自身人力资本的劳动回报，获取了相对更高的工资水平和更好的改善生活品质的机会，同时也意味着对其自身生计安排的另一种全新的选择，这使其生产生活方式发生了根本性的变化。而农民的劳动场域由经营土地转向了对现代技术部门的参与，劳动报酬获取途径经历了由自雇生产到劳动力市场的价值兑换，这也是对其财富观念及收入结构的更新重塑。这种转变对社会经济形态的影响是，农业这一传统部门富余劳动力及隐性失业者的减少、实际人均资本（人均土地耕种面积）的深化和农业劳动边际产出的增加，农业劳动平均报酬、农业产品人均剩余的增加和农业生产效率的提高。农业产品人均剩余的增加又导致农业投资资本总量的增加，进一步促进了农业资本的深化，带来了农业生产效率的新一轮提升。同时，农民工市民化也是对劳动分工规模与程度、产品与要素市场的进一步拓展，该过程将伴随着市场部门的扩大以及效率的持续提高。另一方面，农民工市民化又是一个群体社会流动的过程。从经济社会地位来讲，农民收入水平和社会地位较低，容易遭受制度和社会各方面的歧视。而在市民化的进程中，农民进入相对更高的社会阶层中，借此农民有机会摆脱边缘身份，市民化有利于提升农民对社会权利、市场机会和公共福利的可及性，改善其生存和发展的空间条件，营造全新且更有利于其成长与价值实现的场域环境。通俗地讲，市民化意味着部分农民命运的改变，使其前景和未来更加光明和充满希望。而这个过程从发生的逻辑来看，本质上是个人奋斗和创造的历程，它与个体对成功和自我价值实现的渴望及努力密不可分。农民自身主观能动性的发挥和对自有禀赋条件的利用从根本上决定了社会流动的最终结果。但社会流动并非大规模的城镇化时期所特有的现象，它普遍发生在人类社会发展的任何历史阶段。从社会流动意义上看，农民工市民化过程实质上是个人成长与发展的过程，而个人成长和发展归根到底属于个人私域的事务，主要依赖农民工自身的决心和努力，虽然外部帮助和政策扶持很重要，但决不能也无法取代个人的自主选择和积极行动。从整个社会阶层的结构演进角度来看，农民工市民化是社会整体阶层结构嬗变的重要部分。农民工市民化进程的推进意味着社会群体分层正朝着"中间大、两头小"的橄榄型结构状态发展。就农民工市民化在经济转型和社会变革方面的全局性和系统性影响而言，这场宏大的城市化运动是转型期中国最基本的社会实践和时代逻辑。

从上述理论出发，因应农民工市民化的政策指向应该从这一运动的两个过程属性出发来确定。从其产业人口转移的经济属性考量，我们必须顺应市场经济规律在农民工市民化进程中的内在规定性影响，发挥市场机制在劳动力要素优化配置中的基础性作用，遵从市场杠杆对城镇人力资源数量、质量及结构的调节，最大限度地保证农业人口转移过程的效率和经济特征要求。简要地说，基本的策略选择宜以市场的方式应对城镇化这一市场经济的一般性和普遍性现象，而不可采取政府包揽和完全行政式推进的方式来"强力催拔"农民工市民化的节奏和步调，但市场化的政策基准并不意味着对现存的市场阻滞机制毫无作用。恰恰相反，政府应该建立公平、透明的市场化体制机制，破解阻碍劳动力自由流动、产生歧视性劳动权益和差别公民待遇的制度壁垒，提高市场效率。具体而言，政府要建立城乡统一、公平的劳动力市场，确保农民工和城镇户籍劳动力机会均等、同工同酬、权益平等的基本经济正义；消除针对农民工的各种就业歧视，推动农民工在劳动技能培训、就业指导和服务、参加社会保险、子女教育、住房保障等方面与市民身份平等、权利一致、机会均等，促进农民工与市民所享有的基本公共服务均等化[①]。

分析探究在此过程中起支配作用的经济运行规律和社会流动规律，并以此规律为指引，在主动顺应规律的基础上科学有序地推进人的城镇化这

---

① 韩俊主编《中国农民工战略问题研究》，上海：上海远东出版社，2009。

一系统工程，是政府政策的重要逻辑起点。

（二）农民工如何融入城市：整合的市民化还是同化的市民化？

在群体社会融合的性质上，移民研究中关于社会融合范式的伦理和价值争论具有重要的参考和借鉴价值。

在考察移民群体融入迁入地城市的研究中，首先要阐明的就是社会融合的概念。国外的移民社会融入研究文献中很早就出现了"融合"的概念，但融合是一个复杂且动态的过程，目前对社会融合还没有一个确定统一的定义。Burgess 认为"社会融合是群体相互渗透和融合的过程，是某个群体在融合的过程中逐渐形成对另一群体的记忆、感情、态度，通过共享（不同群体）的经历和历史，不同的群体最终整合到共同的文化生活中"[①]。这个概念主要侧重于移民群体的文化融合。随后 Alba 和 Nee 对社会融合的概念进行了调整和补充，把社会融合定义为"种族差异的消减，以及由种族差异所导致的文化和社会差异的消减"[②]。

Gordon 是较早研究社会融合中范式和伦理的学者。他发展了盎格鲁遵从论（Anglo-Conformity）、大熔炉和文化多元主义三种类型的移民整合模型，注意并分析了群体社会融合中的伦理和价值议题[③]。他使用了族裔群体（ethnic group）描述不同种族、宗教和国籍的移民，考察这些少数族群是如何被整合到美国社会中的。他通过比喻说明同化的状况和结果取决于移民自身的态度和想法，认为盎格鲁遵从主义在美国族群社会融合的历史上是最盛行、最普遍的融合意识形态。

随着盎格鲁遵从主义理论范式的盛行，一些学者开始使用同化（as-similation）的概念来描述发生在美国社会的移民融合。当一个主导的社会群体将文化的优越性作为其统治的许可证，并试图通过外来者的选择性吸收巩固其权力时，同化就会发生[④]。同化只涉及部分少数族裔，它天然是

---

① Burgess E. W. , "Residential Segregation in American Cities, "*Annals of the American Academy of Political & Social Science* 1(1928) : 105 – 115.

② Alba R. & Nee V. , "Rethinking Assimilation Theory for a New Era of Immigration, "*International Migration Review* 4(1997) : 826 – 874.

③ Gordon M. M. , "Assimilation in America: Theory and Reality, "*Daedalus* 2(1961) : 263 – 285.

④ Bikhu Parekh, *Rethinking Multiculturalism: Cultural Diversity and Political Theory* (Cambridge, MA: Harvard University Press, 2000) , p. 7.

以多数族裔的文化和制度为参照标准和目标指向的。个体层面的同化则涉及使一个群体的成员更像其他群体的成员，换言之，当同化涉及多数群体和少数群体时，少数群体个体的同化意味着使他们能够在主流社会中发挥作用的方式产生变化。同化主义的逻辑中隐含了一个明确的假设，即存在一个占主导地位的社会强势群体，其主流文化具有超越其他文化的优越性，这是其他边缘文化以它为目标和基准，不断趋近、靠拢乃至完全接纳的合法性依据。社会融合中关于同化的建构隐含了强烈的"文化中心主义"的价值倾向①。

相当一部分批评移民同化理论的观点认为，同化在其性质上暗含"种族中心主义"的假定，是以意识形态偏见为价值导向的，且与当代多元文化的现实脱节。在一般意义上，同化被界定为种族区别以及承载或表达这种区别的文化和社会差异的衰落乃至终结。同化主义具有压迫性的特征，因为个体有时不得不做出同化的被动反应以逃避不进行这种适应可能导致的剥削或者胁迫。个体同化的文化还会产生一种令人窒息的统一性。批评者认为，在多元化的时代，同化本身是一个过时的概念，它并未反映当今世界文明多元融合的大趋势，而只是强调某一种生活方式和文明毫无疑问的正确②。

一些文献将融合在不同层面上的模式和内涵归结于"融合"和"融入"的差异，并指出"融合"是比"融入"更具包容性和合理性的概念建构，且与群体文化和社会心理距离或关系的核心目的——心理幸福感和福利相联系③。"融入"其实是和而不同，是积极而非消极的意指④。事实上，群体融合的界线是非常模糊的，以至于我们在谈及一个族群的成员离开其原生文化而加入另一族群的文化时，很难对其确切意涵和特征进行精确的描述，做出这一判断依靠想象的成分多于严格意指的成分。文化融合的象征和标识有时太过细微和宽泛，使我们用任何对之定性和具有象征性

---

① 伍斌：《历史语境中的美国"熔炉论"析论》，《世界民族》2013年第3期，第9~19页。

② Waters M. C. & Jiménez T. R., "Assessing Immigrant Assimilation: New Empirical and Theoretical Challenges,"*Annual Review of Sociology* 1(2005): 105 – 125.

③ 悦中山、杜海峰、李树茁、费尔德曼：《当代西方社会融合研究的概念、理论及应用》，《公共管理学报》2009年第2期，第114~121、128页。

④ 谢建社：《新生代农民工融入城镇问题研究》，北京：人民出版社，2011。

意涵的界定进行判断时都很可能夸大了事实，而文化本身也无法承载这种价值判断背后的意义重负①。

考虑到特定社会中各种族整合的历史过程和事实，并将同化的视野转移出将一个多数种族作为基准、其他少数种族作为改造或转变的目标对象的传统窠臼，理解并认同同化过程和结果的互动特征，即同化可能必然包含多数种族对少数种族文化的借鉴吸收以及少数种族对多数种族文化的学习和适应过程，则会得到一个更具包容性的同化理论的解释框架②。

关于移民的同化研究（研究重心主要围绕美国社会的移民融合和种族问题展开）与不同国别、地域背景下的广义社会融合研究有很多相似性，所以在农民工城市融合的既有文献中，以前者的逻辑框架来类比、评价后者的分析十分普遍。在移民融合的研究中，基于同化的视角遭到较多批评的一个事实背景是美国的移民融合是多向度的，既有来自国外迁出地社会的精英（具有较高的经济和人力资本）与美国社会的横向整合，也有非熟练的劳动者与其他贫困群体通过迁移寻求向上流动机会的融入。例如，亚裔移民对象的来源具有高度的选择性，即这部分移民主要由专业人士、高资产和高受教育程度群体组成，他们中的大部分是迁出地社会的精英阶层，其群体来源有明显的正向选择特征③。这些"高知识或高资本"的移民在美国社会中亦不属于下层阶级，而且美国技术进步和生产力的提高从他们的融合中获益良多。来自拉丁美洲、墨西哥和其他地区的非熟练劳动力也是主要的移民群体之一，他们中的大部分人主要通过吸收美国社会外溢的知识和技术收益获取经济社会地位的向上跃升，从整体上来说，其过程主要属于社会流动。将农民工市民化与上述两种移民融合类型相比较，无疑其与后者的性质更为接近。

在研究农民工向城市靠近、转变为城市永久居民的文献中，市民化和社会融合是被用来概括和描述这一过程最流行的术语和词汇。这

① Callan E. , "The Ethics of Assimilation, "*Ethics* 3(2005):471 – 500.

② Richard Alba & Victor Nee, "Rethinking Assimilation Theory for a New Era of Immigration, "*International Migration Review* 4, Special Issue: Immigrant Adaptation and Native-Born Responses in the Making of Americans(Winter, 1997), pp. 826 – 874.

③ Lindstrom D. P. & Massey D. S. , "Selective Emigration Cohort Quality and Models of Immigrant Assimilation, "*Social Science Research* 4(1994):315 – 349.

里最容易形成一种理解和认识上的误区，即认为这些即将开启城市居家生活的新移民，必然要依照典型城市人的生活方式和状态、精神气质和行为习惯开启新生活，并以此为努力指向和学习标杆，塑造和涵养城市文明特质，学会成为城市人。但实际上，这种思维模式是一种狭隘的文化单边主义，因为它试图以原有城市人的文化和价值体系替代新市民固有的文化样态，强制其由多样化的原生文化向城市主流文化这个单一核心并轨，扼杀其城市新移民文化演化创生的潜在可能性，是不可取的群体同化观。

而"整合"或"适应"这个概念则提供了农民工开启城市生活模式的另一种视野。它不以文化上的统一为理想目标和价值诉求，也不为新移民的"合格性评价"制定标准。它更关注农民工的生存状态，以其在城市生活的正常化——包括去陌生化、去缺支持化、去歧视化——为价值导向和关切。新移民在城市这个新环境中保持健康的心理状态、良好的自尊感和个体自决感，从而保持对城市新生活的热情、想象力和创造力，而非文化受质疑和压制，是"适应"这一接纳模式和理念的思想精髓。与"融合"蕴含的文化排异论相反，"适应"体现的是城市文化的多元论和包容论。如大多数有关移民研究的文献所证实的那样，在一个多元文化和采取包容性人口政策的社会中，移民将有更高水平的适应性和创造性[1]。由此，如果我们致力于确立一个富有创造力和活力的城市化价值导向，那么强调潜在城市化人口的"适应"而非"融入"和"同化"，是一个更为明智和积极的学术话语建构。

"市民化"也有与"同化"这一术语类似的误导作用。基于上述对"融入"话语范式滥用之弊端的讨论，市民化作为一个被用于描述人口城镇化的习惯用语，仅仅在表达"人口由在农村生活转向在城市生活"的意义上较为合适，而不宜作为一种文化统一与社会整合的训示来要求农业转移人口向市民趋同或进行整齐划一的同化。滥用后者延伸含义的危害需要警惕。

---

[1] Berry J. W. & Sabatier C. , "Acculturation, discrimination, and adaptation among second generation immigrant youth in Montreal and Paris,"*International Journal of Intercultural Relations* 34(2010): 191 - 207.

二　农民工市民化中的公共责任论

政府为何应当在农民工市民化中承担责任？为什么强调政府政策和作为在这一过程中的重要角色和影响？政府在农民工市民化中应该承担怎样的责任？政府在这一过程中的责任边界在哪里？这些都是在探讨农民工市民化的政策支持之前应该厘清的基本理论问题。

（一）农民工市民化的巨大社会效益赋予该事业部分公共属性的特征，从而为政府干预和承担责任提供了行动上的逻辑基础

农民工市民化是一个事关经济社会转型升级、阶层与社会利益结构优化调整并承担培植长远经济和社会福祉基础之革新使命的公共事务，就其过程本身蕴含的巨大社会效益而言，是一个牵涉亿万人切身利益的重要民生和社会问题，这样的问题特征使针对农民工市民化的国家治理具有了很强的公共属性[1]。

农民工市民化关乎"以人为核心"的新型城镇化和经济社会转型升级的最终实现。我国仍处于工业化加速发展的过程中，从传统农业生产体系向现代工业生产体系的基本转型仍在持续推进的征程中。这个过程最终完成的主要标志之一就是农村富余人口向城镇转移并全面实现市民化。农民工市民化这个中介环节，一方面为农业规模化生产与集约化经营、提升农业部门生产效率，进而建立现代农业体系提供了战略性支撑；另一方面，加速劳动力在制造业、服务业等现代产业部门的集中配置，为建立以工业、服务业和创新产业为主的现代经济体系提供了人力资源保障。社会通过上述转型变革，推动群体收入差距、城乡差距和地区差距逐渐缩小，进而创建一个经济效率更高、阶层结构更扁平、公共利益分配更均等、社会有机体更为团结与和谐的优良经济社会体系。

大多数社会成员都将受益于这个新经济社会体系的"整体环境红利"，由此形成巨大的正外部效益和社会公共利益。由于更多的农业劳动力转移到城市现代部门，长期内农业部门的人均生产效率和社会平均工资都将大

---

[1]　陈怡男、刘鸿渊：《农民工市民化公共属性与制度供给困境研究》，《经济体制改革》2013年第4期，第80～84页。

大提升，传统部门从业者的经济福利也将获得较大程度的增长。在城市部门中，由于生产和消费人口的极大增长，市场与劳动分工的范围及深度都将大大拓展，由此将进一步激发和释放出巨大的生产效率与技术革新动能①，社会财富和城市劳动者的经济福祉也将获得极大的增长。除经济福利的提升外，农民工市民化还将直接推动社会福利的增进。数量庞大的农民工经由市民化进入社会中上层，改变了社会阶层结构的形态，使社会内部的不平等性进一步减弱，促使社会朝着更为公平、包容的方向发展的能动因素将大大加强。在此基础上，社会有机整合、群体协调发展的进程将被持续推进，团结、和谐、有序的社会格局将不断得到维护和巩固。这必将有助于实现所有社会成员的共同繁荣和福祉，促进群体、城乡、地区间的不平衡发展朝着更为协调、均衡的方向转变，最终增进社会的广泛公平、普遍安全和持久幸福。通俗地讲，农民工市民化不仅仅是农民工自身阶层的单向获益过程，而是社会共同体实现多赢与利益分享的过程。该过程蕴含的巨大社会效益不仅关系着农民工群体的切实利益，也在某种程度上影响着整个社会的利益。

从农民工市民化所具有的公共属性出发，政府作为维护和实现公共利益的最重要主体，在此过程中承担责任、主动作为，保障和促进农民工市民化这一承载广泛社会利益的公共事务得以顺利推进，是其基本职责所在。农民工市民化的巨大社会效益赋予该事业部分公共属性的特征，从而为政府干预和承担责任提供了行动上的逻辑基础。

另外，从马克思的劳动价值论或其他理论视角出发，一些学者也发展出政府承担农民工市民化责任的相关学说。基于劳动价值论的理论考察指出，农民工在城市部门劳动创造的全部社会财富，一部分以工资的形式体现为农民工的劳动报酬，这部分价值通常只占其全部劳动价值的较少部分，差不多接近农民工的生存工资；而更多的部分为城市社会所获取。这些被城市社会获取的劳动价值主要有两个分配对象：一是作为企业的利润被投资者获取，二是作为政府的税收或管理费用被城市社会共同占有②。按照劳动价值论的分配逻辑，占有农民工劳动成果的集体组织，包括企业

---

① 亚当·斯密：《国富论》，郭大力、王亚南译，北京：商务印书馆，1972。

② 张国胜：《基于社会成本考虑的农民工市民化：一个转轨中发展大国的视角与政策选择》，《中国软科学》2009年第4期，第56～69、79页。

单位和政府，它们都负有为劳动者提供改善工作条件、提升福利待遇和生活保障的基本义务，而劳动者也同时获得享受上述劳动保障待遇的权利。在这一逻辑中，农民工作为城市社会财富和价值的创造者，凭借自身的劳动从社会共同价值中分享一部分劳动成果，是按劳分配原则的具体体现。

利益相关者理论提供了审视政府在农民工市民化中所负责任的另一种视角。一些学者注意到，虽然不同利益主体在农民工市民化过程中有不同的获利形式，但均属于重要的利益相关方。从具体获利情形来看，中央政府在推动农业现代化水平和城镇化水平提升、加快经济发展方式转型等宏观层面上获利；地方政府在强健地方经济、增加财政收入和提升城市竞争力层面上获利；而企业则从生产经营利润增加中获利①。上述三个主体均属于农民工市民化过程中除农民工自身以外的利益相关者，推动农民工市民化所要求的公共责任和所需的社会成本应在这些利益相关者之间进行协同分担。

（二）从弥补公共产品供给市场失灵的缺陷来看，政府应为农民工市民化这一准公共产品提供政策支持和服务保障

从公共产品的理论视角来看，政府提供公共产品和服务是现代国家的重要职能。政府提供公共产品的逻辑基础在于，保障公民基本生存发展的法定权利；履行社会契约架构下国家对公民社会状况负责的政治义务；对市场在提供公共产品时失灵、低效等缺陷进行弥补，提供一种"为市场补缺"的生产替代机制②。

农民工市民化具有准公共产品的属性。按照斯蒂格利茨和沃尔什的界定，公共产品是具有满足普遍公共需求、具有消费的非竞争性和非排他性、有显著正外部性等特征的产品③。其中，普遍公共需求是指社会对公共产品或服务的需求在受益对象和覆盖群体范围上都有足够的广度，它代表的是社会中大多数人的共同、普遍需求，而非局部、少数人的特别需求

---

① 纪春艳、张学浪：《新型城镇化中农业转移人口市民化的成本分担机制建构——以利益相关者、协同理论为分析框架》，《农村经济》2016 年第 11 期，第 104～109 页。

② 张菀洺：《政府公共服务供给的责任边界与制度安排》，《学术研究》2008 年第 5 期，第 50～54、152 页。

③ Joseph E. Stiglitz & Carl E. Walsh, *Economics – 4th Edition* (New York: w. w. Norton & Company, Inc. , 2005) : 254.

和特殊利益。消费的非竞争性是指增加一个人对该种产品的消费不会减少其他人从该种产品的消费中所获得的效用，或者等价而言，增加一个人消费所产生的边际拥挤成本为零[①]。消费的非排他性是指从技术上无法将对某种产品的付费者与不付费者分隔开来，或者因排他成本太高而不具备经济可行性[②]。外部性则是指产品生产或消费的某些成本和收益在市场交易框架之外对他人产生的额外影响。它包括正外部性和负外部性两种类型。正外部性是指个人对某产品的消费给他人带来额外的收益，其典型特征是生产该产品的私人边际收益小于其社会边际收益。具有正外部性的产品若由市场自发调节，会出现无法供给或者供给不足的问题，因此必须由政府生产提供或对市场生产者进行补贴[③]。

从需求的普遍性来看，农民工市民化涉及 2.8 亿多农民工群体，代表了社会中一个主要群体和多数社会成员的集体诉求，显然是一项具有重要社会影响和普遍共同利益的公共事务。从消费的非竞争性来看，农民工市民化产生的社会效益不会因为增加一个农民工或其他利益相关者获益而下降；相反，获得市民化机会的农民工越多，越有助于经济社会向更富有效率、更加公平的新体制转型，其带来的总收益和平均社会收益都将递增。实际上，农民工市民化在公共投入上具有规模经济效应，随着市民化潜在人口的增长，社会为每一个农民工投入的平均成本都呈下降态势（由城市公共服务设施的规模经济效应决定），即使总收益不变，在农民工市民化平均成本下降的条件下，社会的平均收益也将增长。所以其收益满足消费的非竞争性条件。从消费的非排他性来看，农民工市民化将带动包容性与公平性社会体制的建设，也将推动城市市场体系和劳动分工体系朝着更有效率和深度的方向拓展。每个社会成员都将从更具开放性和整合性的社会架构所提供的安全、稳定与和谐的环境红利中获益，并从城市极大扩张的市场体量和更细化的专业分工中获得提升经济发展福祉的机会。人的城市化带来的巨大正外部收益将不会也无法排斥特定人群从中受益。与此同时，由农民工市民化推动的城市公共服务均等化将使各个阶层对公共利益的分享更具可及性，社会诸群体都将从这一过程中获得显著外部性收益。

---

① 安东尼·B. 阿特金森、约瑟夫·E. 斯蒂格里茨：《公共经济学》，蔡江南、许斌、邹华明译，上海：上海三联书店，1992。
② 蒋洪主编《公共经济学》（财政学），上海：上海财经大学出版社，2006。
③ 樊勇明、杜莉等编著《公共经济学》（第二版），上海：复旦大学出版社，2007。

因此，农民工市民化也符合"收益分享"的非排他性条件。而正外部性的特征，既集中体现在因消解城乡阶层固化和群体间结构性张力而形成的和谐稳定社会秩序中，也体现在前文所述的农民工市民化所蕴藏的巨大经济红利与助推公平制度环境建设的成效中。这些社会利益都将成为全体社会成员提升自身福祉的根本条件，每个个体都将从这种充满活力和凝聚力、社会治理良好、群体有机团结的共同体中获得巨大红利。由此可见，农民工市民化的社会获益特征符合公共产品的基本要件，是具有公共属性的社会共用品。

农民工市民化的收益主要表现于社会收益，市场机制并不主要对此类收益特征的公共产品需求做出反应——市场行为主要是以经济利益为驱动的，因此市场主体很难产生足够的动力或利益激励去提供农民工市民化所需的社会化服务，而其他个人更没有力量和义务去承担农民工市民化的公共治理责任。因此，在农民工市民化所需的社会化服务供给上，市场天然缺位且失灵。作为市场失灵的纠正措施，政府提供治理和政策服务也就是理所当然和责无旁贷的。

（三）政府在农民工市民化中的责任边界在于提供良好的城镇化政策架构以及为农民工提供均等的城市公共服务待遇

政府在农民工市民化中负有责任并不意味着政府将承担农民工市民化的全部成本。政府的责任仅以其在此过程中所具有的公共利益调节与维护职能为边界。具体来说，政府在农民工市民化中的主要责任是为农民工提供城市公共服务，保证农民工与城市市民平等享有并获得城市公共服务和相关福利保障的权利。一方面，政府应通过向农民工赋权，将其纳入城市公共服务和社会福利体系，保障农民工与市民获得同等的社会权利和待遇，即将市民的完整权利复制到作为公民的农民工身上。另一方面，就公共服务和福利待遇的标准而言，政府不因农民工市民化这一公共事务的独特性而与市民当前的标准有任何差别，政府不因农民工群体的特殊性而对其公共服务提供有异于市民的特别责任。或者更直截了当地说，政府在农民工市民化中的角色和责任边界，除宏观上的政策引导和城镇化总体规划的顶层设计以外，有且仅包括向农民工赋予与城镇市民同等的公共服务权利和待遇。其基本缘由之一在于，农民工市民化的过程首先是作为个体的农民工实现向上流动的过程，这一过程毫无疑问也应属于社会成员的个人责任领域。农民工向市民阶层的流动，主要体现的是个人资源禀赋增强、自我价值实现等私人成就取得的过程，具有明显的私利事务属性，不应也无法完全由代表公利主体的政府统包统揽。虽然从社会事件上考察，农民工市民化过程具有巨大的社会效益和部分公共属性，但是从农民工市民化具有的个人社会流动性质来看，该过程同样具有明显的私人属性。而且就农民工市民化的主体责任来说，农民工是其市民化的主导力量，市民化从根本上依赖于农民工自身整体素质和经济能力的提升，农民工自身能力的建设是其市民化的第一动力[1]。应基于农民工社会流动的检视赋予其市民化更多的"私域特征"和个人发展属性，强调这一过程不能仅仅依靠政府的外部推动。遵从市场选择规律和农民工个人价值实现程度的差异，是尊重城镇化规律的内在要求。

在农民工市民化的治理过程中，市场和政府仍是两个主要的调节机制，有序、高效的城镇化善治有赖于二者之间合理边界的界定、合意角色的定位及良性互动[2]。合意的市场角色在于发挥其在资源配置中的决定性作用，使劳动力在"无形之手"（效率原则与价格机制）的指引下实现城乡和地区间的合理流动，并以劳动力要素禀赋、生产效率特征及城市经济门槛为内容自动设置城镇化的调节杠杆，促使农民工群体在市民化过程中的自然"过滤"和分流[3]。这意味着市民化的基础性力量是农民工自身的经济效能和竞争能力，市民化的宏观进程应由其市场能力特征决定。政府则主要扮演秩序监管者、利益调节者和服务供给者角色，通过包容的市民化政策价值与导向的确立，协调新增转移人口与城市原籍人口之间的资源分配关系，构建多元、开放的一体化福利保障体系，促进基本公共服务均等化，为农民工市民化提供有力的外部支撑，增进城镇化进程的秩序和成效。

在农民工市民化和社会转型更多体现结构性因素制约的总体背景下，尤其应强调政府这一外部性支撑力量的构建。事实上，纵观国外城市化进程中农业转移人口市民化的实践，其都体现了"政府保障和私人自济并

---

① 熊景维：《农民工的城市住房困境及其解决路径》，《城市问题》2016 年第 5 期，第 98 ~ 103 页。

② 熊景维、钟涨宝：《中印农村劳动力转移中的政府角色差异、成因及启示》，《中国软科学》2013 年第 7 期，第 16 ~ 24 页。

③ 熊景维：《通往城市之路：农民工住房与市民化》，北京：社会科学文献出版社，2017。

重"的显著特征①。市民化既是农民工个人生存方式的根本转变，也是经济社会转型的具体呈现，具有相当程度的"公共属性"②。这一过程涉及的深层次结构制约和城乡历史性割裂的衍生特征，决定了仅凭农民工自身的力量难以而且也不应独自承担在市场逻辑下的自主转型使命。当前中国城镇化公共服务供给不足，政府对农民工市民化的保障责任与支撑服务作用更为迫切和突出。故政府应切实肩负起城镇化治理的历史责任，制定和完善农民工市民化支撑服务政策，发展与市民化配套的基础设施和公共事业，增强农民工对城市住房等安居性保障条件的可及性，为农民工市民化的顺利推进提供有力的政策支撑③。

三　农民工市民化权能评价要素构成的理论阐析

（一）经济融合权能作为农民工市民化权能评价要素的理论依据

经济融合权能是农民工市民化的物质基础和根本保证，也是牵动农民工市民化的主要引擎。经济融合权能决定了整体融合权能的层次和深度，构成了其他融合维度的重要前提。就经济融合权能对个体的社会意义而言，它是区分群体社会地位的基本凭据，是个体社会身份的主要象征。经济融合权能的本质是个体在既存经济和社会环境中可持续性生存的依靠与凭证，反映了个体的资源摄取能力以及所获取的经济安全的程度。从与其他融合权能维度的关系来讲，经济融合权能构成社会融合权能、文化融合权能等的基础。对农民工而言，经济融合权能的状况是对其最终融合结果起基础性和决定性作用的因素，即经济融合权能的强弱将直接影响农民工市民化的前景。

1. 经济融合权能在构筑农民工市民化所需物质条件与可持续发展能力中的基础作用

农民工市民化首先涉及农民自身经济状况和条件的根本性嬗变。在

---

① 梁涛：《城市化进程中农民工住房需求问题的研究——基于城市融入的视角》，《城市观察》2011 年第 2 期，第 139～148 页。

② 陈怡男、刘鸿渊：《农民工市民化公共属性与制度供给困境研究》，《经济体制改革》2013 年第 4 期，第 80～84 页。

③ 熊景维：《通往城市之路：农民工住房与市民化》，北京：社会科学文献出版社，2017。

此过程中,农民工实现了职业类型、生产空间的转换与技术水平和劳动回报率的提升。解释城市化动因的"推拉理论"主要突出了城市现代部门创造的就业机会、工资水平比较优势的对农村劳动力的"拉力"及传统农业部门工资水平比较劣势的"推力"。寻求经济水平的提高和物质条件的改善既是农村劳动力转移的主要动力,亦是其实现市民化的物质前提和基础。

经济资本要素在农民工市民化中的第一个基础性作用,是为新的经济生活形态提供充分且可持续的生存需求满足和风险抵御屏障。农民工要在城市长期生活乃至定居,就必须拥有在当地常态化发展和居家生活所需的各类生产生活资料较稳定、充足的支付能力,以及在各种生存风险条件下保证自身及家庭需求得到持续满足所需的必要服务的稳定购买力。这种购买力比其在农村生活时自给自足的、低市场依赖程度的条件下所要求的标准高得多。因此,市民化在经济层面上要求农民工具备较强的市场竞争能力,创造能以价格标注的有效交换价值,以兑取其在城市常态化生存所需的各类物质资料。这种创造交换价值的能力主要通过两种途径实现。一是农民工劳动类型和价值与城市劳动供应的互补性质和差异化竞争结构,凭借为城市提供相对缺乏和供给不足的劳动,产生竞争上的相对优势,从而获取持续性和有竞争力的劳动回报。这类劳动市场主要集中在低端制造业、建筑业和生活服务业领域,依靠劳动强度以及对劳动条件的忍耐程度获取市场的相对竞争优势。这类非熟练劳动供给与城市主流劳动力市场形成自然的分割,构成了一个以农民工为主体的次级劳动力市场。这是大部分农民工获得城市生存竞争力的主要方式,也是农民工转变为市民主要依托的职业机会之基础。从这个意义上来讲,农民工群体作为一个整体,其市民化必然要经历一个从承接城市低端和非熟练劳动并融入城市社会,到向上流动、发展的阶梯式转化过程。二是部分非熟练劳动力通过高流动性的优势及时获取所有可能的市场机会"空隙",或者凭借技术学习和智识追赶,成为与城市主流群体同质的技能复合型劳动力,并与后者竞争,凭借复杂和熟练劳动或创造力获得城市平均水平或高于平均水平的劳动回报。由于学习和积累技术或知识密集型人力资本具有较高的门槛,仅有少数农民工有机会获得进入城市中高端劳动力市场的机会,并发展出标准意义上的市民生产与经济特征。该部分精英将形成农民工群体的"金字塔尖",并随其职业身份的转换迅速转变为城市市民。

2. 经济融合权能在农民工城市生存场景决定及其社会群体身份、关系网络确定中具有先导性作用

经济要素对农民工市民化的第二个基础性作用，就是经济资本和状况必须帮助其构建起与本地市民大体相当的社会身份，以帮助其适应城市的社会生活。身份是个体或群体社会互动的基准和社会化生存的必要条件。

一个完整意义上的生活图景绝不是单纯由生产活动组成（这是农民工在城市生活的主要内容），还必须包含广泛的社会生活和联系，以确定个体在特定社会环境中的相对位置和关系，为包括生产活动在内的广阔人类实践图景提供社会化意义。因此，只有基于经济和社会的双重属性需求被同时满足时，一个外来个体的城市生活及其社会融合过程才算真正开始。

马克思主义的经典理论阐述了物质财富在构筑人的社会地位和身份方面的重要作用。"并非一个人的自我意识决定了他的存在，而是他们的社会存在决定了他们的意识。"[1] 对于经济形式与其他结构性关系，马克思在《资本论》中的经典表述是"……这种从生产关系本身中生长出来的经济共同体的全部结构，从而这种共同体的独特的政治结构，都是建立在上述的经济形式上"[2]。后来的研究者对之做了简洁的概括：经济基础决定上层建筑。由于身份、社会地位和关系等理所当然属于人类自身意识的建构，根据马克思的理论，个人的社会身份、阶层等社会关系也自然由一个人的经济基础决定。

物质和财富在构筑人的社会地位和身份方面的作用已为很多研究者所阐述。在众多研究经济因素对个人与社会互动关系重要意义的文献中，其通常是以"经济社会地位"这个组合词语的形式出现。在测量层面，研究者通常用受教育程度、收入水平、就业状况和财富来衡量该因素[3]。这些要素就其本身的性质而言，基本都是个体经济特征的指示，但通常与"社会"固定搭配，这本身就说明经济的属性将自动形成相应的社会阶层划分，经济状况与社会地位和阶层是天然联系在一起的孪生兄妹。可以说，社会地位和身份应该是收入和财富在社会评价和互动体系中的投影。收入

---

① 马克思、恩格斯：《马克思恩格斯选集》（第二卷），北京：人民出版社，1995。

② 马克思：《资本论》（第三卷），北京：人民出版社，2004。

③ Steven D. Barger, "Social Integration, Social Support and Mortality in the US National Health Interview Survey," *Psychosomatic Medicine* 5(2013):510 – 517.

和财富状况在农民工构筑其独特的社会影响力以及促进城市社会对该群体整体评价中的作用几乎是决定性的。农民工作为一个社会群体，在一个新迁入的城市环境中要正常地工作和生活，就必须有正常的社会联系和社会互动。而这些都是社会以其群体经济特征、资源支配情况为基础来构建的。收入和财富在支撑农民工群体融入本地社会中所起的作用极为重要且无可替代。

3. 经济融合权能是农民工与城市本地群体融合或隔离的动力源

农民工市民化与国际移民融合研究的相同点是，学术分析中的这两个群体大多都是从比较落后的社会环境，进入一个具有相对优势的新环境。从长远来看，这两类群体在进入接纳社会（host society）后，必须与后者建立一种良性的互动关系，或者说形成一种合宜的群体整合模式，使包括外来者的混合型社会在最大限度维持其活力的同时，又能形成必要的群体团结、和谐与稳定。这样，外来群体就不可避免地要面临新文化环境适应、塑造以及与主流社会群体分享权利等复杂问题。在这个意义上，农民工市民化与国际移民融合具有本质上接近的内涵。因此，来自移民研究的理论启示亦可为该议题的阐析提供基础。

来自移民同化（assimilation）研究的重要启示是，在更宽泛的层面上，农民工市民化是一个有关群体间融合或隔离的问题。学术界在对这个问题的讨论中普遍提到了经济因素的根本性作用和地位。经济因素成为测量群体间融合程度的一个关键性指标，一个非常重要的学理基础在于，对于更广泛层面上群体间产生隔离或同化之动力因素的研究，基本上均确认了经济因素对融合结果的决定性影响。例如，研究种族融合的最具影响的社会学家 Denton 就将社会经济地位（Socio-economic Status，SES）作为分析种族隔离原因的切入点和首要因素，并指出社会经济地位是美国社会中非白人族群遭受社会隔离的"绝对而非相对"的决定性因素，突出了经济动力源要素在群体融合过程中的基础性作用[①]。Massey 和 Fischer 着重比较衡量了"经济决定"和"文化决定"在族群融合中的相对地位，即考证种族和群体的歧视到底主要是一种经济现象还是一种文化现象[②]。这涉及产生族

---

① Denton M. N. A., "The Dimensions of Residential Segregation," *Social Forces* 2(1988): 281 –315.

② Massey D. S. & Fischer M. J., "Does Rising Income Bring Integration? New Results for Blacks, Hispanics, and Asians in 1990," *Social Science Research* 3(1999): 316 –326.

群融合或隔离的根本动因问题。他们通过实证分析经济社会地位的提升有无消除针对非西班牙裔白人的歧视来检验上述假设。他们发现，随着收入水平的提升，拉丁裔和亚裔的移民在美国主流社会遭受族裔隔离的概率迅速降低，这说明经济因素在促进族裔融合中起关键性作用。社会隔离程度随族群间经济不平等程度的下降而显著缓解乃至消除，再次印证了融合或隔离的经济现象本质。

社会经济地位在移民研究中居于核心地位，尤其是在那些移民来源国正处于工业化阶段和社会阶层变量十分明显的群体身上，而且社会经济地位的作用必须被单独控制和列出，以区别于文化和民族的文化型影响[1]。一些研究族群隔离的文献将经济因素的作用机制解释为移民群体与本地群体在竞争性地位（competitive position）上的差异，指出随着在职业地位和收入方面竞争地位和能力的趋同，族群异质程度下降，隔离也将逐渐被消解[2]。

农民工在中国城市社会的融合虽然没有出现如国外普遍存在的贫民窟等严重的群体隔离现象，但也通过其在城中村和城乡接合部聚居以及主要从事低端体力生产劳动等群体身份标签化形式，固化了城市社会对其"不体面人群"的刻板印象乃至污名化评价[3]。而城市社会对农民工享有与市民同等公共服务待遇权利的长期排斥，也形成了事实上的社会隔离。但这一问题的根本仍部分甚至主要源于农民工经济融合权能不足，以及与这种不足紧密相关的其他权利的连带性弱势。因此，农民工的经济融合权能构建了其作为新移民群体在城市社会系统中的权利格局和资源分配的话语权地位。

（二）社会融合权能作为农民工市民化权能评价要素的理论依据

1. 由社会互动界定的个人社会身份是农民工社会化生活的通行证

农民工进城就业的经历对其自身而言不啻是一个再社会化的过程。适

---

[1] Ataca B. & Berry J. W. , "Psychological, Sociocultural, and Marital Adaptation of Turkish Immigrant Couples in Canada, "*International Journal of Psychology* 1(2002) : 13 – 26.

[2] Hwang S. , Murdock S. H. , Parpia B. , et al. , "The Effects of Race and Socioeconomic Status on Residential Segregation in Texas, 1970 – 80, "*Social Forces* 3(1985) : 732 – 747.

[3] 孙立平：《城乡之间"新二元结构"与农民工流动》，载李培林主编《农民工：中国进城农民工的经济社会分析》，北京：社会科学文献出版社，2003。

应乡村社会制度和规则的农民工，并不必然能自然顺利地适应城市社会生活。这需要一个良性的社会融合过程。没有良好的社会融合，农民工很难转换为正常状态的城市永久居民。很难想象，一个不欣赏城市人、对城市没有安全感并常怀戒备心理，甚至充满仇恨与不满、时常伴有失范行为的农民工，能够建立城市健康、稳定生活所需的社会基础[①]。因此，农民工市民化一个极为重要的标志就是其在城市的再社会化，也就是其良性社会融合和适当社会身份的获取过程。

由社会融合实践内容构成的社会互动的首要意义就在于帮助构建起互动双方的社会身份。在基本的逻辑起点上，社会身份是一种社会构建，以确定他是谁。这涉及知道我们是谁、他们是谁，他们知道我们是谁，我们知道他们认为的我们是谁，诸如此类[②]。人们通过一系列的互动活动及从中建立的相关关系来确定个人或群体在社会交往场景中的方位。借助个人或群体间的双向互动过程，交往活动的参与者发展出关于自我与他人、熟人与生人、内部与外部群属意识的身份概念，进而形成有关"个体—关系—外部世界"的认知链条，并根据认知链条确立相对应的个体社会身份。身份和行为的动机相联系，确定了一个人的身份也就意味着决定了社会环境对待他的方式。但类型学并非一个全能的调节者，从而使运用细微和精细歧视他人的能力成为一种日常的必需[③]。同时，身份也决定着社会对成员行为的反应模式。人们通常在互动中评估彼此的意图、动机和行为特征，并将这种经稳定确证的群体印象抽象化为某种关于个体目标倾向或情感联结的互动印象观念，从而将特定类型的互动对象及其权利、责任、利益预期定格在相应参与场景的坐标中，并据此制订出应对该类型互动对象将采用的通用行动方案。

身份是群体分类的一种基本形态，分类通常很少与利益无涉。由此提出了另一个问题，即到底是对利益的（物质的或其他的）追求对群体分类起了作用，还是身份本身？虽然都强调身份是一个过程的学说，但 Barth 的社会人类学和 Taifel 的社会心理学仍对其进行了截然不同的注解。Barth 认为身份和集体概念是追求利益的个体进行相关交易和协议的副产品。他

---

① 白南生、何宇鹏：《回乡，还是进城？中国农民外出劳动力回流研究》，载李培林主编《农民工：中国进城农民工的经济社会分析》，北京：社会科学文献出版社，2003。

② Jenkins R., *Social Identity(Third Edtion)* (Routledge, Taylor & Francis e-Library, 2008), p. 5.

③ Jenkins R., *Social Identity(Third Edtion)* (Routledge, Taylor & Francis e-Library, 2008), p. 17.

反对理所当然地假定社会人类学中结构功能主义教条有关人们将参照他们的群体身份（尤其是他们的共同团体身份和文化，如联系、群聚和部落）去行动的解释①。相反，Taifel 则认为组织身份——即使它只是一个在实验条件下被任意分配的团体，就有足够动力产生身份力量去引导有利于组织内部的行为而歧视组织外部的行为。他将处理现实主义竞争和利益冲突的需要作为合作与组织形成的基础②。

在成员的社会位置和互动含义均经建构形成的社会中，个体的社会身份就是其社会生活的通行证。身份标志着交往双方的相对关系和位置，一方面决定了互动者利益交集与分野的状况，另一方面规定了互动过程的性质和内涵。更重要的是，身份互动的含义从根本上体现了社会系统对该过程的期望和秩序要求，遵循这个秩序要求做出合适的行为反应，才能避免不必要的错误和混乱，从而产生社会系统和规范认可的合法有利结果。

当下，越来越多的农民工来到城市。他们在进入相对陌生的城市社会后，就必然以这样或那样的身份与城市居民互动。但在获得合适的群体身份之前，农民工与城市社会的互动时常是比较负面的。例如，在部分劳动力市场中，雇主可能因为身份不认同（不认同农民工作为可靠合作伙伴的身份）而限招本地人、排斥外乡人，这是群体间的歧视性互动在正式社会活动中的体现。再如，有城市居民担心"乡下人"的不文明习惯或失范行为，在城市公共场所刻意与农民工群体保持距离，这是群体身份偏见在生活互动场景中的体现。又如，在选择婚恋对象时，男性农民工很难进入城市女性的视线范围，现实中鲜有农民工迎娶城市媳妇的新闻报道，这是群体身份隔离在社会流动选择中的体现。在自身身份不能得到城市社会认同并持续遭受社会歧视和排斥的情况下，农民工也存在类似的以"逆向歧视回击"的行为。一些学者在调查中发现，农民工对城里人存在较普遍的不满情绪，又因这种不满产生对城市社会的厌恶甚至仇视的心态③④。这都是农民工和市民群体互动不良导致的社会信任缺乏和群体冲突风险的表现，

---

① Schuth R. B. K., "Ethnic Groups and Boundariesby Fredrik Barth," *Polish American Studies* 1 (1974):50 – 52.

② Tajfel H., Billig M. G., Bundy R. P., et al., "Social Categorization and Inter-Group Behavior," *European Journal of Social Psychology* 2(2010):149 – 178.

③ 李强：《农民工与中国社会分层》（第二版），北京：社会科学文献出版社，2012。

④ 谢建社：《新生代农民工融入城镇问题研究》，北京：人民出版社，2011。

是不融合带来的负面结果。因此,构建合适的农民工群体身份是其与市民群体良性互动的必要前提,是双方能够建立信任、合作关系的首要条件。没有合适的身份构建作为被城市社群广泛信任和认同的基础,并进而从后者中获取有利的合作机会和较好的社会支持,农民工想要顺利地融入城市社会,几乎是不可想象的事情。

2. 由社会互动形成的城市关系网络是农民工获取市民化所需经济和精神社会支持的重要链条

社会资本是指基于人际互动所形成的、有利于支撑个体发展的社会关系网络。它反映了个体动员社会资源的能力,是个体社会适应和影响力的重要指标。社会资本涉及交往、信任、联系、不成文契约等非正式制度的构架,同时也蕴含着信息、机会、交易成本节省等稀缺资源。在这个意义上,社会资本本质上是一种潜在的"可变现"资产。林南指出,社会资本内嵌于社会网络中,行为人在采取行动时能够获取和使用这些资源。但获取和使用这种资源的权力属于特定社会网络中的个人,在此以外的个体则无法分享这些特殊的社会机会[1]。也就是说,在特定的社会关系网络中,与成员建立内部联系意味着拥有平等共享这个网络提供的机会的权利,且成员间彼此不会产生系统性的偏见和歧视。但缺乏这种联系的局外人则被排除在资源和机会的共享区以外。在社会资本的规则中,权利的排他性分配就是以人际网络的界限为边界的。不同的群体有着性质迥异的社会关系网络,其对应的社会关系网络所包含的资源价值性状也有极大的差异。一般情形是,群体所属社会层级的位阶与其对应的关系网络平均所蕴含的价值成正比。

Gordon 区分了两种移民融合中两种不同类型的社会关系网络。一是次生关系(secondary relationship)的发展,它是指那些一般的市民活动,包括涉及养家糊口的活动、承担政治义务、在社会上从事一些功能性的事务。由这些活动形成的次生关系一般都是非人格化的和相区隔的。二是初级关系(primary relationship)的发展,主要是那些创造个人友谊、经常的家庭互访、集体崇拜和共同娱乐消遣等活动。初级关系的特征是温暖、亲密和人格化的[2]。

社会关系网络资本在农民工市民化进程中的重要作用主要体现在其所

---

① Lin Nan, "A Network Theory of Social Capital, "*Connections* 1(2005):28 – 51.

② Gordon M. M., "Assimilation in America: Theory and Reality, "*Daedalus* 2(1961):263 – 285.

蕴含的对更广泛资源和机会的可及性上。农民工通过社会关系网络增加了其获得社会支持的外部条件，从而有助于其经济和生存处境的改善。一些研究指出，基于血缘、地缘、业缘的社会关系网络在农民工非制度性自我保障中具有十分重要的地位，在农民工经济地位的获得过程中，其拥有的"关系资本"的作用甚至要超过人力资本等其他结构性因素①。在血缘、地缘和业缘的同质关系基础上构筑的社会网络是农民工进城后初始社会资本的主要来源。农民工社会经济水平的提升在很大程度上取决于农民工个体从其工作或生活的关系网络如血缘、地缘和业缘中，动员或摄取资源能力的强弱②。一些学者认为，农民工边缘性的地位与其社会资本的缺乏高度相关③④。乡土社会网络在农民工的社会支持体系中更是起着主导性的作用。研究表明，农民工迁移大都目的明确、准备充分且拥有人际关系网络作为支撑⑤。利用老乡、朋友、亲戚等关系网络在城市寻找工作机会，获取物质和生活帮助的模式，是农民工构建非正式制度支持的主要方式。

除经济方面的资源和支持外，社会融合在迁移者个体的精神和情感支持需求满足中也具有重要作用。通过影响社会成员人际关系网络的广度和多元化程度，社会融合状况决定了个体获得友谊和信任等心理与情感支持的互动联结基础。社会融合的失败将导致社会成员心理和社会适应的诸多障碍（如孤独和受歧视感等），严重制约个人基本社交需求的实现和生活品质的提升⑥。

农民工在乡村熟人社会中建立起原生社会关系网络，家庭与亲情的支持是其在农村社会环境中生存发展的重要依靠。但在农民工进城务工的条件下，由于这些社会联系的相对"非移动性"，他们丧失了乡土社会的心理和情感支持。远离乡土和亲人进城务工往往意味着要承受心理上和情感

---

① 赵延东、王奋宇：《城乡流动人口的经济地位获得及决定因素》，《中国人口科学》2002年第4期，第8~15页。

② 李培林：《流动民工的社会网络和社会地位》，《社会学研究》1996年第4期，第42~52页。

③ 朱力：《从流动人口的精神文化生活看城市适应》，《河海大学学报》（哲学社会科学版）2005年第3期，第30~35、92~93页。

④ 刘传江、徐建玲等：《中国农民工市民化进程研究》，北京：人民出版社，2008。

⑤ 李路路：《向城市移民：一个不可逆转的过程》，载李培林主编《农民工：中国进城农民工的经济社会分析》，北京：社会科学文献出版社，2003。

⑥ Jonathan Yates, "Addressing Isolation: The Importance of Integration and the Role of Institutions," *Quality in Ageing and Older Adults* 1(2015):58 – 61.

上的损失，即放弃频繁的亲情互动和邻里交流带给人的精神上的慰藉和满足。农民工外出务工导致的家庭离背和长期的夫妻、子女分居，还使农民工家庭正常的情感交流无法实现，农民工的基本生理需求也受到抑制。农民工的家庭模式呈现各种形态，其中只有举家外出型才可避免亲情分离的痛苦①。在中国社会传统文化注重家庭观和强调父母责任契约的情形下，由家庭异地分居造成的子女留守、子女教育失责更突出地构成了农民工市民化的现实阻碍。市民化之于农民工乡土社会联结的直接含义是必须放弃恋土情结，付出"对土地依恋粗暴抛弃"的代价②，割舍与乡土人情网络的"脐带"以及创造维持家庭团聚和履行代际契约的条件。农民对土地深厚的眷恋情结使他们难以勇敢地走出农村、迈向城市③。由此，在市民化的过程中，农民工个体寻求来自城乡社会两方面的心理、情感和精神支持与激励也是其极为重要的需求内容和形式，是一种"看不见的"刚性市民化条件。它一方面表现为，乡村社会关系特别是其亲情牵绊和传统家庭契约的约束，构成系在农民工身上的乡土"脐带"和阻滞其市民化进程的社会羁绊；另一方面表现为，在城市努力建立新的社会关系网络和人际交往链条，构筑稳定的情感和精神支持堡垒，也必然成为农民工在城市生活和社会互动场景中始终追寻的目标。

正因如此，一旦农民工摆脱了这些市民化所伴生的乡土亲情疏离、社会心理和精神支持缺失等不利影响的限制，其市民化的动力和意愿也将越发强劲和强烈。研究表明，在城市建立了家庭因而获得了必要情感和精神支持的流动人口，非常希望能在城市中长期居住下去④。在城市社会关系网络支持不足的条件下，农民工也更倾向于通过家庭成员随迁等方式来弥补其在城市情感和精神需求得不到满足的不足。以夫妻共同迁移为特征的家庭化迁移正成为农民工进城的重要趋势，其背后的驱动力量之一正在于获取家庭这个微观社会组织的支持⑤。基于积极社会互动实现的农民工精

---

① 李强：《农民工与中国社会分层》（第二版），北京：社会科学文献出版社，2012。
② 孟德拉斯：《农民的终结》，李培林译，北京：中国社会科学出版社，1991。
③ 刘传江、徐建玲等：《中国农民工市民化进程研究》，北京：人民出版社，2008。
④ 李路路：《向城市移民：一个不可逆转的过程》，载李培林主编《农民工：中国进城农民工的经济社会分析》，北京：社会科学文献出版社，2003。
⑤ 熊景维、钟涨宝：《农民工家庭化迁移中的社会理性》，《中国农村观察》2016年第4期，第40~55、95~96页。

神情感需求的满足，将产生打破群体间的隔阂和壁垒的动力，促进农民工群体与市民群体的整合，并建立起农民工对其自身城市居民身份的认同，为其健康的城市融合提供良好的个体心理和精神支持条件。

虽然以初级关系网络为基础的社会支持为农民工获取城市经济机会、社会心理支持等提供了重要保障，但初级关系网络的弊端在于其具有较严重的自闭化倾向，可能阻碍农民工与外部群体特别是本地人的交流①。随着农民工进城务工历程的演进，基于初级关系网络的封闭圈子必须发生积极的变化，通过与外界建立更广泛、多元的社会联结，获取更多的经济、精神与心理健康发展等方面资源的支持。要实现与城市社会融合发展的目标，农民工除利用现有的同质关系外，还必须扩展新的社会关系网，与城市社会结成网络来获得新的信息、机会和资源，以及来自当地群体的必要的社会支持。只有改变农民工社会资本匮乏及质量低下的状况，构建农民工社会资本积累和形成的制度环境，才能促使农民工更快、更好地融入城市社会。

3. 社会融合和文化融合的联结和分异

"社会融合"一词有着丰富的学术内涵。社会学家在讨论这一概念的内容和外延时，常常将它与文化融合联系在一起。

戈登将群体的结构化融合和文化适应视为同化（assimilation）的两个基本元素，并认为这两个元素在同化发生过程中具有某种时间和行为的先后次序性。笔者认为，同化是由多个子过程构成的多阶段过程，行为同化（behavioral assimilation）和结构同化（structural assimilation）是这个多阶段过程的两个不同层面。前者是指对接纳社会（host society）文化行为类型的吸收（同时也伴随着移民对接纳社会文化类型的某种修改），这个过程有时也被称为文化适应（acculturation）。结构同化是指移民及他们的后代进入接纳社会的各类社会机构、组织、制度活动以及一般的市民生活，这种同化达到一定的规范和程度，移民与接纳社会群体间的通婚就会发生。在融合的具体流程和发生次序上，移民及其后代首先完成对迁入地社会的文化适应，然后次生关系结构同化或融入主流社会的正式组织，继而引发初级关系结构的同化或进入更密切的本地出生联系，最终移民群体和本地

---

① 滕丽娟：《政治学视角下新生代农民工社会资本功能与存量研究》，《求实》2011年第10期，第48~51页。

群体合同或通婚，完成身份同化、消除剩余的群体差异，最后移民的后代将自己视为接纳社会的正式成员。归纳起来，其阐述的移民同化的路径为文化适应—社会组织参与或融入—本地出生身份—通婚—群体整合—身份同化—完成同化。阻碍移民成功完成本地适应的障碍主要在迁入地的社会环境方面，包括主流社会群体的族群歧视和偏见、移民在劳动力市场中低质量的就业状况、移民子女在预防加入帮派和进行毒品犯罪上的脆弱性①。

在上述理论分析框架中，群体的社会融合与其文化融合是作为一个不可分割的整体予以讨论的。在这个意义上，社会融合作为对群体整合的广义概括，它是文化融通、经济趋同和基本权力共享的混合体。但问题在于，社会融合是否天然与文化融合联系在一起而不可区分？一些关于移民融合研究的结论否定了两者似乎天然一体的联系。例如，对以色列移民在美国社会的同化研究明显区分出社会融合、文化融合两个不同维度的群体整合概念。研究者发现了职业声望和地位、受教育程度对文化融合具有显著影响，而社区性质和联系、组织参与等因素则影响社会融合；并根据文化和社会融合的不同类型和状况，将所研究的族裔融合结果归纳为以色列人子群、美国以色列人子群、美国犹太人子群和美国人子群②。另外，一些研究将社会融合作为主要分析对象，而将经济和文化因素作为两个独立于社会融合的不同影响机制，考察了美国社会中种族隔离的驱动逻辑，其结论表明，族群之间的不融合不仅是一种经济现象，而且是一种文化现象；种族隔离中较复杂的形成机制不是简单的经济决定论，有关人种和文化的因素也在其中发挥重要的作用③。从中可以看到文化融合要素与社会融合要素的清晰界线和不同内容实质。上述研究的启示为本书将社会融合和文化融合作为两个独立的融合权能要素予以考察评价提供了有力的理论支持。

如果把这一概念的重心聚焦在有关群体互动及其所伴生的社会关系网络的面向上，即关注社会融合的群体互动实践和关系构建特征，并从该过

---

① Berry J. W. , "Lead Article-Immigration, Acculturation, and Adaptation," *Applied Psychology* 1 (1997):5 – 34.

② Rosenthal M. & Auerbach C. , "Cultural and Social Assimilation of Israeli Immigrants in the United States,"*International Migration Review* 3(1992):982.

③ Massey D. S. & Fischer M. J. , "Does Rising Income Bring Integration? New Results for Blacks, Hispanics, and Asians in 1990,"*Social Science Research* 3(1999):316 – 326.

程形成与定义社会角色和社会身份、社会网络关系和社会支持体系的角度审视这个概念,那么我们可以得到一个内涵相对有限的融合向度。本研究正是从这个层面来阐述社会融合的含义的。

(三) 文化融合权能作为农民工市民化权能评价要素的理论依据

1. 文化融合为农民工在新的城市文明系统中提供确定自身行为价值和意义的参照依据

文化融合的本质任务是在迁移者拥有的原生文化与迁入地社会主流文化之间建立合适的对话关系、搭建沟通桥梁,以化解两种不同类型人类意识建构物的冲突,并为迁移者的价值坐标和观念体系重新确定参照系。简单地说,文化融合就是价值和观念的沟通与协调,以利于相关主体对参与其中的人类活动之意义的确认和追寻。

在城市化的过程中,农村人口将经历急促的文化变迁。除了居住地的改变,搬到城市定居点意味着由传统的农村价值体系转向城市复杂的文化网络体系。从农民到市民将经历一个文化适应过程(Cultural Adaptation Process)。该过程一般被认为是一个过渡性状态,在此阶段农民工必须学会在传统和现代两个不同的文化体系中生存并自如转换。在此情境中,农民工的文化适应同时受到社会经济宏观结构和文化变迁过程两方面因素的共同约束和影响。处于城市文化适应过程中的农民工,对包括个体形象装扮和居住形态等方面的选择,将不仅取决于单纯的功能性需求,还取决于能否获取适应的社会有利条件和实现相应的文化价值目的。他们将倾向于使用那些有助于自己建立城市人身份的不同物化标志。从这个意义上来说,农民工的城市生存形态及选择是其尝试适应城市文化在物质层面的表达,或者说,是对社会流动性和城市价值体系的一种参与①。

对意义的追求是社会人的终极目标。农民工在乡村环境中成长,涵养和孕育了自身独特的乡村社会价值系统。这一价值系统的整体轮廓被费孝通先生生动而精辟地概括为"乡土文化"。乡土文化以血统、姻亲和家族构筑的"差序格局"为基础,传统的伦理道德和人情关系网络是维系它的纲目,以利益为目的的缔约和合作行为主要基于熟人的信誉机制,而其合

① Manuel Varela-Michel, *Cultural Adaptation and Rural Migrant Housing*(Ottawa, Canada: School of Architecture, McGill University, 1997).

作的范围及广度也因熟人社会的有限性而呈现局部性和狭窄性。乡村社会的上述特征亦即通常所说的"传统性"。而城市社会本质上是一个陌生人社会，是由匿名的市场交易者组成的松散的联合体，市场和交换关系是其社会网络形成的基本动力，在内容和方向上都具有丰富的非指定性。相对于乡村社会，城市社会在联系的范围和边界上更具有广度和开放性。成文的规则和明示的程序是城市文化的核心要素，基于契约的非人格化信任取代了乡村人格化的信任，这是在广阔的陌生人社会产生秩序、建立信任与合作行为的基石。城市社会的上述特征即通常所说的"现代性"。城乡文化在"传统性"和"现代性"之间的分野，使主动进入城市文化环境的农民工必然要在这两种不同的文化形态或两者的某种综合体间做出合适的抉择，以消除价值差异或对立引起的内心冲突。农民工的市民化涉及具有乡村原生文化的农民转变为适应在城市文化环境中生存个体的过程。其间，农民工必然面临观念和价值系统中乡土文化和城市文化的沟通或折中。而无论是哪一种协调的策略，都不可能回避其个人意义和价值参照系统的重建过程，因为两类不同文化的融合不能通过以完满延续其中任何一个单独的价值逻辑框架的方式取得。

文化融合是农民工市民化中不可回避的观念－价值重构要素和环节。该环节的重要任务就是在乡土和现代两个不同的文化系统间确定自身稳定且可以依靠的价值参照坐标。唯有重塑自身行动的价值参照系统，农民工在城市的生活图景才具有清晰且明确的意义生产特征和基础，才能有效解决其在城市和乡村文明价值系统间穿梭时可能导致的内心价值混乱与冲突问题，进而在复杂的社会流动境况及个体对充满未知因素的城市化风险应对中，找到源自精神和意念上的巨大动能，获得历经这一过程的精神力量和信仰力量。从这个意义上来说，有了文化融合形成的价值参照系统，农民工市民化的历程才有了坚定的精神动力源。

2. 农民工对文化融合的认同和行为策略影响其城市化的主观福祉以及整个社会的文化结构形态与整合状况

基于移民融合的研究充分阐述了迁移者文化融合策略对其融合结果和生存品质的重要影响。族群融合成为具有多样性的社会（多族群化）通常需要经过很长时间的演化和整合。族群多样性是一种既包含丰厚利益（文明的多元化和社会活力）又蕴藏复杂挑战（族群和社会的分裂）的社会格局。对于移民在原生文化和迁入地新文化之间的适应策略、伦理准则及不同文化融合模式的个体或社会后果，已有很多理论进行了讨论。

吉登斯在描述移民与接纳社会的文化关系架构时，将多族群文化融合的模式归纳为三种：同化、文化熔炉和文化多元主义①。同化以移民在社会文化方面的"皈依"和"本地化"为特征，移民被迫放弃原有的习俗和生活方式而接受迁入地的主流价值文化。文化熔炉是指已有社会社群结构与新的移民及其文化共同生长演化，不同社会族群得以保存其文化的主要特征，通过新迁入族群与本地族群的互动作用，社会最终被"熔炼"成一个复合的、新的族群生态体系。文化多元主义则强调亚文化、少数族裔文化与主流群体之间地位和关系的对等性。各族群及其文化与本地族群并进式而非融合式的发展是其价值理想。

迁移者对其原生文化的保留意愿和迁入地文化的接纳态度，决定了其文化融合的不同性质。Berry 界定并区分了同化（Assimilation）、整合（Integration）、边缘化（Marginalization）和隔离（Separation）四种文化融合类型，即 AIMS 文化融合策略模型②。其中，同化被界定为迁入者不希望保留其文化身份，同时寻求与迁入地其他文化的日常互动。整合是迁入者在保留对原有文化兴趣的同时，也积极寻求与其他社群的日常互动。它是迁移者试图保持其原生文化相对完整性，并寻求使其原生文化作为更大社会网络的一个组成部分参与迁入地文化体系的一种努力。边缘化的策略是迁入者一方面无法保留其原有的文化或对保留原有文化缺乏兴趣，而另一方面因迁入地社会排斥或歧视等原因对迁入地社会的文化缺乏兴趣。隔离的策略是指迁移者坚持保留原有的文化并倾向于避免接触迁入地社会的其他文化。

文化适应是跨文化社会融合研究中最复杂的领域之一。文化适应现象涉及由两个群体的文化因互动碰撞而形成新的社会心理和价值结构的变化过程。心理文化适应受到众多因素的影响，原籍地社会和定居地社会中使主体开始这一适应过程的原因都是导致不同适应结果的重要来源，而迁入地社会的移民和文化适应政策、主流社会的意识形态和态度，以及社会支持等都对适应结果产生重要影响。此外，心理文化适应还受到众多个人层

---

① 安东尼·吉登斯：《社会学》（第 4 版），赵旭东、齐心、王兵、马戎、阎书昌等译，北京：北京大学出版社，2003。
② Berry J. W. , "Lead Article-Immigration, Acculturation, and Adaptation," *Applied Psychology* 1 (1997): 5 – 34.

面因素（如适应策略等）的影响。融合主义或者双文化适应策略，即试图在迁出地社会和迁入地社会之间保持双向的文化联系与沟通，是比同化、隔离或者边缘化更被普遍采取的策略。但这种双重适应策略的可行性和成功概率取决于迁入地主流社会对其的容许意愿和接纳程度，以及两种文化的伦理基础寻求这种交融状态的愿望。在促进心理社会适应方面，即使在倾向于采取同化模式的社会中，也有证据表明移民和族裔群体成员通常更喜欢整合而非完全趋同；而当他们这样做时，往往也会呈现更为积极的适应状况[①]。作为个体层面的文化适应过程，本质上是获得必要的社会交往能力使一些较容易妥协的行为习惯和生活方式转变，以避免文化或价值冲突带来的压力。如果新社会环境中正常的交往生活要求较多的行为转变——通常意味着对新文化的拾取和对原生文化的抛弃，个体却未能有效地完成这一适应过程，那么在跨文化交往中遭受压力将是常见的困难。而一旦这些困难无法被克服，就可能导致个体精神层面和心理层面的障碍和问题。

文化融合的模式将对个体或社会融合的结果产生重要影响。比较一致的结论是，外来迁入者的社会融合水平与其采取的文化适应策略有关，不同的文化适应策略将导致不同的社会融合结果。针对法国和加拿大青少年移民群体的研究发现，将自己作为迁入地和来源地两个社会"文化信使"的移民青少年，即采取整合适应策略的移民群体，有着最为积极的心理健康状况，在学校和社区也有更高的适应水平；与两个社会均保持最少文化联系的移民群体，即采取边缘化适应策略的移民群体，有着最低的适应水平；而以两个社会中其中一个的文化为中心进行社会适应的移民群体（包括采取同化与分层适应策略的群体）的适应水平处于中间[②]。

农民工的城市文化融合结构也呈现与移民融合理论阐述内容相似的情形。经验研究的结论表明，相对于采取边缘化文化融合策略的农民工，采取开放型文化融合策略的农民工的城市社会参与和关系网络资本更具有优

[①] Waters M. C & Jiménez T. R. , "Assessing Immigrant Assimilation: New Empirical and Theoretical Challenges, "*Annual Review of Sociology* 1(2005) : 105 – 125.

[②] John W. Berry & Colette Sabatier, "Acculturation, Discrimination, and Adaptation among Second Generation Immigrant Youth in Montreal and Paris, "*International Journal of Intercultural Relations* 34(2010) : 191 – 207.

势，且平均拥有更高的心理健康水平和生活幸福感①。这印证了文化融合策略对农民工市民化权能条件获得和城市生活品质具有重要影响。与此同时，文化融合策略所包含的个体自主选择特征，使农民工通过自身行为的调整寻求相对有利的融合结果成为可能。在市民化过程中，农民工应该通过对价值参照系的合宜调节与融合策略的适当选择，达到在获得较好的个体心理满足和实现精神福祉的同时，尽可能多地获取群体社会互动与社会资本有力支持的目标，权衡满足融合精神需求与获取社会支持条件的利弊。

3. 农民工文化融合要素是其市民化最持久和深层的动力来源，也是社会有机整合的重要黏合剂

文化融合的内涵十分丰富。从相关理论的文献分析来看，文化适应、结构化融合、自我归属感、价值认同和社会心理适应等都是其基本内容的构成要素。农民工在上述各构成要素上的融合水平，都将直接影响其文化融合的最终状态。

文化适应和结构化融合主要强调迁移者的文化背景对其融合形态的重要影响。其中，文化适应关注迁移者在迁入地社会文化中的地位；结构化融合则关注迁移者在迁入地社会经济等级中的地位。相对于完全同化和种群隔离两个极端，中间立场的融合论者强调群体的整合。他们指出资源匮乏的迁移者家庭面临向上流动的明显障碍，但他们可以通过学习迁入地社会的语言和文化来克服这些障碍，同时保留他们原有的语言、价值观和习俗。在群体整合的过程中，教育起着至关重要的作用，有时甚至决定着移民整合的结果。移民的社会背景也会对移民整合结果产生重要影响。一些研究指出，第一代移民的文化适应性要好于第二代；而出生在来源地社会但在很小的时候就随同家人迁移到接受地社会的"1.5代移民"的融入方式更接近于在迁入地出生的第二代移民②。代际的融合差异突出了移民社会背景这一文化因素的基础性作用，也表现了文化融合在群体融合的大结构中所处的特殊地位。

在文化融合的群体归属感层面，社会整合的两个维度也被重点关注：

---

① 悦中山、李树茁、费尔德曼：《农民工社会融合的概念建构与实证分析》，《当代经济科学》2012年第1期，第1～11页。

② Portes A. & Rivas A., "The Adaptation of Migrant Children," *The Future of Children* 1 (2011):219–246.

移民对迁入地社会的自我归属感及其参照指标。移民对迁入地社会的不适应感,且移民代数、移民的民族/种族属性、移民社区的特征对上述意义的社会整合产生了显著影响①。自我归属感的生成对农民工文化融合的重要意义在于,它是凝聚人心、培育社会认同感的重要基础。缺乏对务工城市的认同感将导致农民工与城市社会的心理距离越来越远,由此产生的"过客"心态甚至不满情绪将将成为城市社会不和谐因素的潜在来源。农民工对市民群体的不满情绪和受歧视感是他们与市民冲突的通常起因②。通过培育农民工对城市的良好认同感和归属感,消减其边缘化处境感知带来的负面社会影响,增强其向往城市、爱护城市和建设城市的主人翁意识,增强农民工对城市融入的信心与自觉行动,对增进维持阶层关系和谐的正能量、促进城市社会有序良性运行具有重要的现实意义③。一些研究移民文化融合的文献强调群体的相互认同作为群体社会融合主要标志的重要意义,认为不同群体在语言上的同一化和广泛的跨群界通婚两类典型事件是最为显著且有深刻双向认同内涵的文化融合标志④。若以此为衡量标准,则农民工离城市群体归属地位的获得还有较长的路要走。一个明显的事实是,城市社会还没有准备好将农民工群体作为一个可以自由选择婚配对象的"同类阶层"来对待。

在价值认同层面,文化融合涉及移民群体对迁入地社会群体共同的价值规范、习俗、秩序不断地接纳、内化并自觉践行的群体心理趋同过程。群体的价值观产生社会心理和社会偏好,进而影响群体情感和态度,并为群体的社会行为提供指引。农民工实现市民化,除了经济和空间状况特征的转换之外,在社会适应的层面上更是其不断接纳和内化城市的价值、逐渐向城市文明靠拢的过程,最终完成自身在生活方式、思维方式、价值观念和身份认同等方面的现代性转变⑤。价值认同深刻影响着农民工市民化

---

① Wu Z., Schimmele C. M., & Hou F., "Self-perceived Integration of Immigrants and their Children," *Canadian Journal of Sociology-Cahiers Canadiens de Sociologie* 4(2012):381–408.

② 李强:《关于城市农民工的情绪倾向及社会冲突问题》,《社会学研究》1995 年第 4 期,第 63~67 页。

③ 熊景维:《通往城市之路:农民工住房与市民化》,北京:社会科学文献出版社,2017。

④ Waters M. C. & Jiménez T. R., "Assessing Immigrant Assimilation: New Empirical and Theoretical Challenges," *Annual Review of Sociology* 1(2005):105–125.

⑤ 郑杭生:《农民市民化:当代中国社会学的重要研究主题》,《甘肃社会科学》2005 年第 4 期,第 4~8 页。

的社会心理，塑造着其城市认同感和群体归属感，直接影响着农民工市民化的意愿和决心。因此，很多研究注重从社会行为层面和心理层面阐释市民化程度，将个人身份认同和城市归属感、他人身份认同、农民工自身对继续在城市居住的预期、社会关系网络、社会参与和互动等作为衡量农民工市民化水平的主要指标①。但在现实中，差别化的城乡身份待遇正强化着农民工对"钟摆式"迁移的心理预期，制造着"移民"和"市民"在社会交往、生活方式、文化价值等方面的全方位隔离，积累着农民工与市民之间渐行渐远的社会心理距离，形成了农民工永久迁移的制度合法性压力②，制约了农民工融入城市的层次和深度。作为对农民工个体市民化权能的评测指标，价值认同变量显示了其在城市情感亲和与依附、社会关系和支持获取状况、整体适应性等方面的客观条件。

社会心理适应是农民工文化融合的最高阶段，也是其真正融入城市的标志。社会心理和文化适应是群体间维系和谐信任关系、实现社会团结和有机整合的重要基础。相反，价值冲突则往往成为农民工行为失范和越轨的诱导因素。由于所处的社会地位和拥有的经济利益不同，农民工群体与城市主流群体在很多问题上的价值评判标准差异巨大，农民工因难以融入城市社会，而对城市主流群体产生成见甚至敌意。这种源自群体间的价值冲突，如果不能得到有效的疏导和缓解，往往会引发群体间的社会冲突。尤其是第二代农民工，由于其工作和生活期望的参照对象已经转移到城市居民身上，在体会到与市民生活和保障待遇有较大差距或遭受不公平对待时，他们有着比老一代农民工更为强烈的被剥夺感和被歧视感。这可能诱使他们对不满采取比较激烈的对抗行为，滋生更多的行为越轨乃至犯罪③。

家庭和社会是文化融合的两个重要形塑机制。一些理论突出了家庭文化传承的基础性作用，指出移民父母对子女的文化传承与其子女的文化融合状况有密切关联。Verdier 和 Zenou 认为，对包括宗教、民族和身份等特定文化特征的传承是家庭内部社会化的结果；其中，内部社会化主

---

① 刘传江：《新生代农民工的特点、挑战与市民化》，《人口研究》2010 年第 2 期，第 34 ~ 39、55 ~ 56 页。

② 蔡禾、王进：《"农民工"永久迁移意愿研究》，《社会学研究》2007 年第 6 期，第 86 ~ 113、243 页。

③ 谢建社：《新生代农民工融入城镇问题研究》，北京：人民出版社，2011。

要取决于移民子女的父母,而外部的社会化则取决于同伴和榜样人物的影响①。另外一些理论揭示了文化政策和公众态度对移民融合的重要作用。作为群体融合的另一个方面,即作为接受地的社会背景,也是影响融合结果的一个重要因素②。一个实行族群包容政策和多元开放文化价值的社会将有更好的族群社会融合;而当一个人的族群身份受到质疑时,他会更加难以适应。

无疑,在农民工的城市文化融合中,农民工家庭对城市社会文明的认同心理及城市社会对农民工的接纳态度,都直接影响农民工的文化价值倾向和文化适应策略,最终决定其对城市文化的亲和立场与行为响应。一个开放、包容的城市文化体系对农民工的文化融合及保持城市文化自身的持续活力都有十分积极的作用。源自价值观、社会心理和文化形态等深层节点上群体相同历程与共同感知 - 体验之积累与沉淀,将形成持久且不可磨灭的群体历史记忆,进而转换为厚重且坚实的集体情感联结和价值利益同盟,这就是文化融合的关键性作用。在面对群体利益冲突的挑战和考验之前,它将形成抵抗社会分裂和隔离的强大动力,是化潜在的对抗冲突为合作共享之最隐秘深层的伟力,并进而为最终的群体整合乃至民族共同体信仰的生成提供强大的精神聚合力保障。在这个意义上,文化融合也是社群和国家共同体认同建立的情感与精神基础。农民工市民化过程所涉及的城乡群体整合意涵也必然包含在此逻辑的范畴内。

(四) 公共服务融合权能作为农民工市民化权能评价要素的理论依据

1. 公共服务融合权能的赋予是农民工市民身份得以确认的标志

农民工市民化的政策要旨本质上涉及权利与机会在城乡公民之间的平等分配。只不过在这里,权利与机会的载体主要通过是否拥有对公共服务的均等可及性体现出来。从学术研讨的重点看,大多数理论和文献

---

① Verdier T. & Zenou Y. , "The Role of Social Networks in Cultural Assimilation, " *Journal of Urban Economics* 97(2017) : 15 - 39.

② Portes A. , Fernández-Kelly P. , & Haller W. , "The Adaptation of the Immigrant Second Generation in America: Theoretical Overview and Recent Evidence, " *Journal of Ethnic & Migration Studies* 7 (2009) : 1077 - 1104.

都强调了基本公共服务权利在建设新的群体联结纽带和认同中的关键作用，生活在现代国家的人首先是国民，而作为市民所应平等享有的社会权利是作为抽象的社会个体承载和体现国民实质性和具体性的依据①。这种社会权利依靠不同于传统社会的基于血缘和宗亲的纽带结构，而是通过"作为共同体的成员的直接感觉"联结在一起，形成了新的共同体意识根基与来源②。这种新的认同来源由一系列对普遍社会权利和同等公民待遇的确认来赋予。

韦伯的群体形成理论指出，人类社会的真实基础是由共同感情和信仰联系在一起的各种人群，如家庭、亲属、各种团体的成员、朋友和社区等。人们在与各种社会制度（正是这些制度所塑造的社会秩序将各群体联结成一个社会）的互动中，聚集起来形成了稳固的群体③。韦伯对于群体行为逻辑的核心假设是，具有共同利益和地位的人们倾向于共同行动并团结在一起，而将其他所有人都排除在他们的平等团体之外④。因此，这种以群体平等身份待遇和标准社会化服务为核心内容的权利分享的广度和深度，也同时决定了城市共同体被组织和构建的广度和深度。在这个意义上，市民化的赋予和确立是现代城市社会形成的基础和主要标志。

均等的公共服务权利是现代社会成员生产生活的重要保障条件。它赋予公民对公共服务、社会福利和社会遗产平等的享有权，其根本目的在于使每个社会成员在寻求个体发展和追求自身福祉时都将拥有平等的机会和公平竞争的待遇。公民的这一权利是与其社会成员资格相联系的天然权利，一个社会的成员拥有对教育服务、医疗保障、住房保障等方面的平等的权利，仅仅因为他是该社会中的一分子，而无须附加其他的资格条件⑤。

---

① 武川正吾：《福利国家的社会学：全球化、个体化与社会政策》，李莲花、李永晶、朱珉译，北京：商务印书馆，2011。
② Marshall, T. H., "Citizenship and Social Class," in Marshall, T. H. & T. Bottomre, *Citizenship and Social Class*(London: Pluto Press, 1992).
③ 韦伯：《经济与社会》（上卷），林荣远译，北京：商务印书馆，1997。
④ 兰德尔·柯林斯、迈克尔·马可夫斯基：《发现社会：西方社会学思想述评（2010年版）》，李霞译，北京：商务印书馆，2014。
⑤ T. H. 马歇尔、Bottomore T.、刘继同：《公民权利与社会阶级（一）》，《社会福利》（理论版）2016年第2期，第1~8页。

虽然农民工形式上完成了由农民到产业工人的转变，成为城市劳动者和常住居民的一员，但经济角色的转换并未引致其社会身份的连带转换；城市部门仍在将农民工作为其市民成员和共同体有机成分上持怀疑态度。市民和农民的界限依然清晰，统一的城市居民身份的概念也远未建立。公共服务的均等权利尚未完全惠及农民工群体，他们仍然无法享受与城市居民同等的待遇与制度保障，更难以在城市扎根。这部分"刚性"福利和制度保障的严重缺失，使得相当一部分基本具备市民化经济条件的农民工"悬停"在市民化道路的中央，不能完成向市民化转变的"最后一跃"，由此产生了转移人口在城乡之间"候鸟式"往返流动、滞而不居的现象，形成了我国城镇化僵持和市民化进程缓滞的制度根源①②。而只有当包容性、非区隔化的均等公共服务权利架构取代并超越以群体身份区分的狭隘本地主义和集群主义权利结构时，农民工市民化的必要外部环境和良好社会基础才能得以真正确立。

2. 均等的公共服务权利构建了农民工市民化社会成本的制度化分担机制

农民工市民化是一系列权利分享、公共服务提供以及为相应成本融资的利益调节和公共管理过程。公共服务权利的范围和结构反映了公共利益在不同群体和组织间的配置状况。现有城市公共服务体制体现并规定了城乡居民利益分配的秩序和格局，它决定了公共资源和福利分配在市民和非市民间的内容与界限。赋予农民工与市民均等的公共服务权利，实质上是将非市民从原来的"分配禁隔领域"准入"许可领域"，这必然意味着打破原有的分配格局及秩序，重新调整市民和农民的利益分配方式。对市民而言，农民工市民化所需的公共服务投入成本，在相当程度上要以其对自己既有福利水平的某种让渡来提供和实现。从这个意义上来说，农民工市民化是城市公共资源和权利在市民和农民之间的重新配置，其过程涉及城乡居民利益分配机制的调整和变革。这种变革势在必行。它背后的主要逻辑是，农民工作为国家的成员和城市社会的建设者、贡献者，理应参与城市发展成果的分享，与市民共享权利和机会，并与之结成一个利益更加紧密交织的命运共同体。

---

① 韩俊：《农民工市民化与公共服务制度创新》，《行政管理改革》2012 年第 11 期，第 19~24 页。
② 熊景维：《农民工的城市住房困境及其解决路径》，《城市问题》2016 年第 5 期，第 98~103 页。

公共选择理论（Public Choice Theory）也指出了公共服务和产品集体供给、集体消费的逻辑。按照马斯格雷夫的定义，公共产品（public goods）是具有普遍公共需求和消费的非竞争性、非排他性以及效用的不可分割性等特征的产品[①]。这些产品与市场提供的私人物品完全不同，它们是由于市场的失灵（如信息不对称、外部性、产权的不完整性和高交易成本）而产生的，因为追求私利的市场竞争架构无法提供足够的经济激励引导投资者生产这些社会共同需要的特殊产品或服务。由此，政府这一公共组织被作为公共产品或服务的主要供给者，而向公众提供公共产品或服务也成为现代政府的基本职能之一。政府提供公共产品或服务的目的是满足和实现公共利益，而公共产品边际拥挤成本为零的特征决定了其按照效率要求的定价应该是免费或低付费使用[②]。换言之，公共产品的受益范围原则应当是在为该产品筹资和生产的地区内被无界限地、普遍地和均等地享用和消费。教育、医疗、社会保障以及住房福利等都是具有公共产品特征的社会服务，是应当面向全体居民均等化提供的基本公共服务。

政府在市民化过程中的责任是提供迁移人口所需的城市基本公共服务。包容的城市落户政策、公共就业服务、最低生活保障、养老医疗工伤等社会保险、随迁子女教育、住房保障等支撑性制度体系既是城市生存的基本要件，又构成城镇化门槛的调节杠杆，从根本上设置农民工向市民转化的"准入标准"和难易程度[③]。在市民化的过程中，普惠而完备的基本公共服务是推进部分经济条件较成熟的农民工实现市民化的必要支撑。而受到以户籍制度为基础的城乡二元社会体制的制约，进城农民工面临城市福利和保障体系全面而持久的排斥。外来人口在基本公共服务，如养老、医疗等社会保障覆盖面窄，项目适切性差，形成二次剥夺农民工的逆向调节效应，削弱了其市民化的制度基础[④]；随迁子女上学难、异地升学难，阻碍着迁移家庭的城市社会融入。此外，城市最低生活保障和住房保障排

① Richard A. Musgrave, *Public Finance: In Theory and Practice*(McGraw-hill Book Company, 1980), pp. 6 - 8.

② 约瑟夫·斯蒂格利茨：《经济学》（上册），姚开建、刘凤良译，北京：中国人民大学出版社，1997。

③ 熊景维、钟涨宝：《农民工市民化的结构性要件与路径选择》，《城市问题》2014 年第 10 期，第 72～77 页。

④ 熊景维：《通往城市之路：农民工住房与市民化》，北京：社会科学文献出版社，2017。

斥农民工，针对农民工的公共就业服务严重不足，使之难以获得市民化的基本条件。

均等的公共服务权利构建了农民工市民化社会成本的制度化分担机制。缺乏公共服务这一重要生计保障资源的支持，等同于增加了农民工市民化的实际经济成本，无形中提高了城镇化的门槛。在这种条件下，农民工市民化所需的全部资源和成本完全只能依靠其个人努力获得，进一步增加和提高了对经济融合权能的依赖和要求。这就使原本基础就比较薄弱的农民工的经济融合权能又承担了额外的包袱，大大削弱了其市民化的经济基础。一个典型的例子是，农民工普遍受"有恒产者有恒心"的传统安居观念的影响，通常将市民资格或身份与拥有城市自有住房（城市有房产）联系起来，赋予住房突出的经济安全、身份象征和阶层地位等特殊意义，因此在其城市安居愿景中普遍含有对购置城市住房的目标期望，购置房产已成为其市民化的"刚需"和"标配"（后文中有关调查结论亦证实了这点）。这使农民工市民化承担了过重的经济使命，同时也意味着对其住房权利的支持和保障必然是其市民化进程的核心内容。对于很多农民工乃至城市新移民来说，城市梦就是安居梦，而安居梦就是住房梦。在当前商品房价格大大超过城市中等收入居民支付能力的情况下，住房保障权利的缺失意味着住房梦的遥不可及，也意味着安居梦和城市梦的艰涩难企。时至今日，绝大多数农民工仍然既无法以较低廉的价格获得安全宜居的廉租房或公租房，也无法以市民的身份购买经济适用房或其他保障性住房，而且他们中的大多数因无法进入较高端劳动力市场就业而无法享受住房公积金、住房补贴等福利，而以纯商业化运作的住房信贷体系对职业收入并不稳定的农民工也极为不利①。住房保障权利的缺失已成为农民工市民化进程中的一个巨大障碍。

因此，农民工对公共服务和基本保障的可及性，包括其市民化的制度支撑通道是否畅通，公共服务能在多大程度上弥补农民工自身能力的不足，从而避免制度排斥对市民化形成的阻滞效应，构成了农民工市民化外部支撑体系的一个关键性条件。

---

① 我国并没有适合低收入群体的住房金融服务体系，缺乏由政府部门运作或担保的低收入群体住房公共信贷机构。这使包括农民工在内的低收入群体购置城市房产时常常遭遇融资瓶颈，大大降低了其对城市商品房的可及性。

四 农民工市民化权能四个维度评价要素间的关系理论

前述理论将市民化的构成要素分为经济融合权能、社会融合权能、文化融合权能和公共服务融合权能。那么上述融合维度之间存在什么关系？它们是如何相互影响和作用的？

（一）经济融合权能是其他维度融合权能的基础，是起先导性作用的权能要素

一般而言，经济的差异导致群体分层、价值取向和权利赋予的差异，而经济融合权能的趋同则预示着社会融合权能、文化融合权能和公共服务融合权能等维度融合的共同提升。很多研究在测量群体的分界时，将主要以经济要素衡量的社会经济地位（SES）指标作为区分不同群体及其分异特征的标识。类似于其他分析经济要素基础作用的流行观点，经济融合在农民工城市融入和市民化中的作用也近似地因循"经济决定论"的逻辑。但这并非绝对和一成不变的。有的研究指出收入水平提高与流动人口全面融入之间并非一致性关系，而人力资本、在当地的务工时间等包含城市文化－价值塑造内涵的因素对融入水平有重要的影响[1]。

社会融合主要表现为地域或群体的新进入者对本地的社会参与、互动的逐步增进，建立与本地居民和各类型组织的联系，将个人嵌入本地交往环境中，以形成新的社会关系网络。他们通过这一关系网络密切与本地的社会联系，并从频繁和持续的关系互动中获取正式制度以外的各种机会、资源和权利。社会融合是市民化最直接、最典型和最具标志意义的事件。它在整个融合体系中处于最前端，所有的融合过程均以社会融合为起点，也在社会融合的过程中不断增加其他各个融合层面的广度和深度。按照米尔顿的移民融合理论，新移民的社会融合所生产的关系网络分为初级关系网络和次生关系网络。它们是两种不同性质的社会联系，对融合的最终结果具有不同的影响和意义。

---

① 杨菊华、张娇娇：《人力资本与流动人口的社会融入》，《人口研究》2016 年第 4 期，第 3 ~ 20 页。

（二）社会融合权能是农民工市民化权能发展的重要标志，是起能动作用的权能要素

社会融合本质上是对群体距离和阶层结构的衡量。不同社会经济地位的群体在居住区域、人际网络与互动交往上的重叠度、密切度和价值观上的接近程度，以及利用公共合法权威和社会安排形成的不同群体权利结构等状况均是测量社会融合的天然要素。从这个意义上来说，广义的社会融合应包含文化融合和公共服务权利融合。只不过，为了强调价值观和阶层权利在群体整合中的重要作用，本文分别将文化融合和公共服务权利融合两个维度单独列出来。可以说，以群体关系为核心内容的社会融合是文化融合的直接基础，也是公共服务权利融合的母体来源。社会融合体现了市民化的根本特质①，因为市民化就是农民和市民两个不同群体差异性逐步消解、趋同性渐次增加的过程。社会融合不存在一个绝对的限度，因为社会既可以依照一定的法律和契约原则松散地联系在一起而形成，也可以依照较强的团结原则和集体文化结成社群而成为有机共同体。这两种形态的社会在当今和历史上的各个时代都有具备代表性和典型性的实例。由于群体的差异就如个体的差异一样是天然也必然存续的（当然群体是个体在更抽象准则上的先聚合再分离，因此其差异的层次维度自然不似个体差异那么琐碎和繁杂），社会融合的程度也永远不可能达到完全趋同和整合同一的地步②。否则，社会群体将失去其多样性、差异性和活力，社会也将失去创造力和生命力。如同群体具有多样性和丰富性一样，社会融合也必将呈现多元化的结构特征，其目标远非单一的同化和趋同。

（三）文化融合权能是最为深沉而持久的融合权能要素，其形态特点具有相对稳定性

文化融合是新加入群体对本地文化生态系统的适应和接纳过程，及其

---

① 王桂新、沈建法、刘建波：《中国城市农民工市民化研究——以上海为例》，《人口与发展》2008年第1期，第3~23页。
② 照此推论，社会融合应该有下限和上限。社会融合的下限应该保证群体间的聚合程度和共识足以维持依照社会契约形成的秩序，使不同阶层不至于因过度分裂而撕毁契约、重构社会；社会融合的上限在于群体间保持必要的差异和区别，以利于不同资源禀赋和条件的个人、团体有保持自身优势或独特性的渴望和动力，以激发社会的创造力和活力。

所涉及与反映的社会心理状态的本地化调整。具体表现为新来者接纳本地社会的主流价值观、思维方式和评价标准，同时还包括遵从本地礼俗风尚，从而改变或重塑自身原有的生活习惯、价值偏好和精神气质，不断增强其本地身份认同感和对接纳社会的地域归属感，最终建立统一集群的共同体信念。文化融合是社会融合的深化，是更深层次的融合要素与阶段，涉及整体融合的精神与内核。它提供了群体成员维持族群联系、增强本地身份认同的持久动力，也是外来人口选择扎根迁入地社会的重要催化力量。文化融合权能因其在个人认知判断、偏好选择上的深刻影响，对包括经济融合、社会融合在内的其他融合层次都有重要的正向反馈作用。文化融合加深将持续提升外来者对本地社会经济和社会融合的水平。

文化融合是社会融合在社会心理和价值观念体系上的反映和呈现，是市民化的灵魂和精髓，为群体的整合提供持久而深沉的精神动力。文化融合受到经济融合和社会融合的深刻影响，但其在融合形态上具有一定的稳定性，表现为文化融合权能的整体特征对个体经济状况和外部制度环境的变化不敏感，不易随局部条件的改变而产生迅疾和重大的变化或调整。这与该权能内含个体价值观、精神气质和行为习惯的相对稳定性有密切关系。另外，文化融合还具有层次性和多元性的特征。正是因为这一特征的存在，国外研究移民融合的文献中出现了诸如"分层融合""大熔炉"等描述文化融合状态的理论。

但文化融合具有相对独立的生成机制，并不完全依赖于经济融合和社会融合的状况。构成个人文化的要素如认知、思维和价值观等可通过教育、体验等方式获取或改变，各类现代教育提供了重塑社会成员内在认知结构和文化价值系统的普遍途径，大众传媒和互联网也时刻向受众传播新的观念和价值取向。人们通过获取并内化这些信息流可以改造自身原有的文化价值系统，形成新的、更加与主流价值接近的文化权能。这将大大加快文化权能在整体族群范围内的融合。由于以上影响文化权能的独立动力源的作用，经济融合权能和社会融合权能对文化融合权能的支配效应被严重削弱，这也为在策略上促进融合开辟了新的方法论视角。

在上述三个融合权能中，经济融合权能在农民工市民化权能的发展中具有基础性和主导性作用，社会融合权能可以有效调节和形塑农民工经济融合权能和文化融合权能的既有特征，文化融合权能是影响最为深沉和持久且具有相对稳定性的权能要素。这三个维度的权能都是群体融合和农民工市民化中最具活力和创造力的融合要素。

（四）公共服务融合权能一般外生于农民工个体权能的发展状况，是作用相对独立的结构性权能要素

公共服务融合权能是外部结构性因素对群体融合的适应性反应。公共服务融合权能的结构及状况是群体融合和农民工市民化的重要约束条件。持续改善和更为公平的公共服务融合权能配置将为群体融合的良性发展提供有利的制度环境。通过为融合提供强大的舆论、道义与合法性支持，以及实质性地为外来人口提供平等、包容、普惠的公民待遇，社会体系将为外来群体创造一个全新的、更为友好的融合场域，它将对经济、社会、文化等各维度融合权能的增进产生广泛而深刻的积极影响。以重置群体融合的约束条件为工具特征，该要素的优化更新了农民工市民化的路径。但就其直接作用的其他融合要素而言，经济融合权能仍然是最显要的向度。因为公共服务融合权能提升最主要的体现还是对外来者经济和福利支持的增强，这首先是对其经济融合权能的支持，其次才是对其所蕴含的社会融合权能和文化融合权能的强化。

公共服务融合权能在很多研究中被作为社会融合权能的一个子部分。将其与社会融合权能并列考察是由于这种社会融合成分在融合要素结构中具有特殊而重要的地位。社会融合的指向是应对群体区隔和异化。这种群体区隔主要来自两个方面。一是不同集体利用其私人领域的优势而形成的自然群体分界，如高收入群体或新技术产业群体因其经济优势地位而形成的阶层界限，使其在居住社区、关系网络、价值观念和消费文化上与其他阶层显示差异和区别。这种自然形成的群体区隔是必然存在且在一定范围内有益的。二是基于政治和利益集团的博弈，利用公共权威和立法权形成的群体权利－利益分配安排。在现代社会，上述安排体现为不同群体在法律和政策层面上被赋予的差等化的公共服务权利待遇，它构成了进行群体社会分层的一个制度性的公共强制力。这种利用行政和法律强制力形成的群体分层机制将促使既有的群体分层固化，形成损害弥合群体差异、构建群体平等社会身份机会的威逼力量，是以平等、正义为内在价值的公权力不应施予的。欲弥合悬殊的群体间差异，促进群体整合和社会融合，就必须消除固化加深这种差异的不当公权力安排与合法强制力的影响。而公共

服务权利融合本质上反映了取消群体区隔在制度安排上的合法化的要求，因此，后者实质上是前者的内涵要义在制度等结构性因素上主张的延伸。不同的是，如前所述，社会融合强调对个人或团体凭借私域优势自然形成的群体区隔之应对，而公共服务权利融合强调对公权力在群体区隔上继续施加不公正影响和消极作用的防范。

按照上述理论分析，农民工市民化各融合权能间的相互作用关系如图2.1所示。由图2.1可知，经济融合权能是起基础性作用的融合要素，它对农民工的社会融合权能和文化融合权能有强作用关系。社会融合权能包括农民工的社会资本状况以及蕴含在群体互动活动中的观念、价值和文化交流过程，因而对经济融合权能和文化融合权能都有强影响作用。公共服务融合权能是相对独立于农民工个体权能发展的外部制度性权能配置安排，可被视为受制于社会系统的结构性要素，它取决于社会系统本身对公共服务和社会福利权利配置的制度安排，一般不受来自农民工个体经济、社会和文化融合权能发展情况的影响。但公共服务融合权能本身将对农民工的经济、社会和文化融合权能形成有力的支持作用，有助于强化农民工市民化的其他融合权能条件。文化融合权能是依赖主体精神自觉的权能要素，其形成和发展过程具有一定的个体自决性和选择特征。社会融合权能是文化融合权能的现实基础，文化融合权能对社会融合权能有强作用关系。

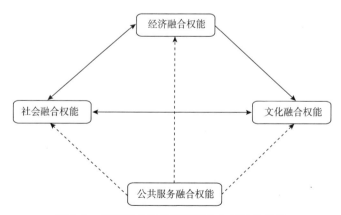

图2.1 经济融合权能与其他融合权能的关系

注：实线表示强关系，虚线表示弱关系；单向箭头表示单向作用关系，双箭头表示双向作用关系。

五 结论

本章主要阐述了农民工市民化及其权能评价要素设置的理论逻辑。

首先，我们对农民工市民化的性质进行了重新审视。我们认为，农民工市民化具有农业人口产业转移和农民个体社会流动的双重性质。从个体社会发展的角度来看，农民工市民化首先是一个农民的纵向社会流动过程。在此过程中，农民工必须经由自身经济资本、素质禀赋等条件的提升，到达某种程度的经济成就实现和社会地位的提升。从经济形势和性质来看，农民工市民化是一个以产业人口转移为主要内容的城镇化过程。这一过程将实现农民就业领域从传统农业生产向现代工业、服务业的转换，使就业空间从分散的乡村向集中的城市收缩集聚，由此形成城乡劳动力资源的重新配置和经济社会形态的结构性变迁。

其次，我们讨论了农民工市民化中的伦理和价值问题，即"以人为核心"的城镇化到底应以"整合的市民化"还是"同化的市民化"为目标？我们认为，相较于"同化的市民化"所蕴含的城市文化中心主义和价值压迫倾向，基于整合或适应导向的市民化更具包容性和开放性特征，符合现代文明发展对文化要素多元化和活力的要求，也更能满足城市新移民群体对社会心理福祉实现的需要。

对于农民工市民化的公共责任，我们认为，农民工市民化所具有的巨大社会效益和公共事务属性，以及市场在该过程中存在严重失灵或负外部效应，是政府干预城镇化事务、承担市民化必要责任的主要理论依据。但政府承担城镇化责任的定位并不意味着其应对农民工市民化所需的全部条件和成本责任统包统揽，其责任边界在于提供良好的城镇化政策架构以及为农民工提供均等的城市公共服务待遇。

我们把农民工市民化权能评价的要素分为经济融合权能、社会融合权能、文化融合权能和公共服务融合权能四个层面，并对农民工市民化评价要素设置的理论逻辑进行了阐释分析。

我们认为，经济融合权能是农民工市民化的物质承载和城市可持续发展的基础，它在构筑农民工城市社会联系和身份标识中起重要调节作用，并形成农民工城市社会融合的基本动力源。

社会融合权能提供和搭建了农民工个体城市社会生活的身份标识和群

体联结的桥梁。经由社会融合形成的城市关系网络是农民工获取市民化所需经济和精神社会支持的重要链条。同时，它与农民工城市文化融合要素存在天然的联结，表现为社会融合在群体互动间架设文化和价值观念传递和交流的桥梁纽带，成为影响社会群体整合和社会共同体发展的重要中介机制。

文化融合权能主要构建价值和意义生产的历史方位，为农民工在新的城市文明系统中提供确定自身行为价值和意义的参照依据。同时，对文化融合的认同和选择的行为策略，不仅影响农民工个体的主观福祉，也影响整个社会的文化形态结构和整合状况。另外，文化融合权能还是最持久和深层的群体整合动力，是形塑社会共同体、抵御社会分裂最重要的力量来源。

公共服务融合权能的赋予是农民工市民身份得以确认的标志。均等的公共服务权利一方面构建了农民工市民化社会成本的制度化分担机制，另一方面将破除当前城乡二元社会体制对农民工市民地位获得的全面排斥和严重掣肘，是提升农民工市民化权能水平、促进其市民化进程的关键制度支撑条件。

最后，我们提出了构成农民工市民化权能的四个权能要素之间相互作用关系的假设。

第三章　农民工市民化权能评价体系及其指标确权

——基于层次分析法专家群决策的分析

一　农民工市民化权能评价具体指标设置及指标释义

（一）经济融合权能评价的指标设置及指标释义

本研究中所称的经济融合权能是指包括农民工在内的城市新移民的经济状况、职业条件和劳动技能等相关生产性要素层面，即主要在收入资产水平、职业稳定性与可持续性状况、人力资本存量等指标上对农民工个体在务工城市长期稳定生活所形成的支撑能力和所达至的保障程度。充分的经济融合权能应能有效支持农民工向市民的平均经济权能标准靠拢乃至趋同。

既有文献对群体经济融合权能的衡量主要采用与职业特征和收入相关的指标。就其内容范畴而言，职业因素通常包含职业类别或从业行业的属性、职业稳定性、职业声望等；收入相关指标则通常包含收入水平（年或月的统计标准）、储蓄能力以及净资产和其他财富变量。又因经济评价要素往往与个体被评估者所处的社会分层和地位身份紧密联系，因此很多文献直接使用社会经济地位（Social Economic Status，SES）来测量个体的相对经济融合权能。由于以受教育和培训为实现途径的人力资本积累在个体经济回报率和收入水平决定中具有关键性作用，对经济融合权能的衡量自然也应延伸到人力资本的构成要素，如受教育程度、劳动技巧和熟练程度、获取专业从业资质和通过专业技术认证评价等方面。

本研究从农民工群体的实际情况、市民化权能本质内涵的主要特征出发，选取收入资产、就业状况和人力资本三个方面的要素作为测量农民工经济融合权能的主要指标。

收入资产指标是指农民工个人的月平均收入、年均储蓄额和家庭净资产状况的综合表现以及相较于同辈群体的相对优势。三个指标分别对应农民工的月收入水平（受雇者为税后平均月工资，自雇者为月均纯收入），年均储蓄额（近三年的年均存款数）和家庭总存款额度（主要指具有共同支出责任的家庭成员的总储蓄额，不包括农村宅基地的不动产）。收入资产指标衡量了农民工市民化经济融合权能的关键内容和核心要素，在该评价要素谱系中居于主导乃至决定性地位，直接影响着农民工市民化的前景和微观主体在城市中分层融合的方向。

就业状况指标主要反映和评价作为支撑农民工在城市常态化居家生活所依托的生产劳动和谋生手段在稳定性、可持续性和提供生存保障的充分性方面的表现和特征。就市民化的职业基础而言，农业转移人口一般必须在城市拥有一份较稳定、收入合理的合法营生作为其在城市长期稳定生活的经济来源与保障。在中国经济社会制度背景下，城乡的分野正在于农民依靠土地保障而市民依靠职业保障，因此，要实现农民向市民的转变，作为微观主体的农民工个体最终必须获得可靠的职业条件，才能在城市站稳脚跟。在本研究中，就业状况包括本地就业时间、既往就业稳定度和就业可持续性前景三个评价要素。本地就业时间是指农民工在当前务工所在城市的连续不间断工作的时间（以年为单位）。既往就业稳定度是指农民工在当前务工城市从事同一份工作、同一个职业或同一行业生产活动的持续时间。在实际测量中，它以"在当前务工城市累计变更工作的次数"这一变量的取值反向计分，工作变动越频繁则就业稳定度计分越低，并根据务工时间进行调整。就业可持续性前景是指农民工预期将长期在本地从事当前工作或职业的可能性。收入资产指标侧重于衡量农民工当期的市民化条件资质，而就业状况则主要衡量中长期该条件的稳固度和市民化的未来潜力。

人力资本指标是指农民工接受文化知识和技能训练、参与提升其生产能力和潜能相关的教育和培训，以及在实践中积累生产经验、获取技巧和熟练度等方面的状况。已有大量文献指出，劳动者的人力资本对其生产效率、工资回报率具有显著增进效应。农民工所拥有的人力资本从根本上决定着其在城市劳动力市场的竞争力，从而也直接影响着其收入水平乃至职业与从业行业的质量属性。同时，农民工个体的受教育程度又与城市文明素养条件紧密相连，为其在城市居家生活提供必要的常识、生活技能基础，提供农民工融入城市文化的基本途径和重要条件。在本研究中，人力资本指标包括受教育程度和专业技能两个评价要素，分别从偏重理论学习的正规学校教育背景和偏重技能积累的生产实践教育背景两个层面考察农民工的生产力特征和所具备的文明素质条件。前者以农民工完成学校教育的阶段来衡量，后者以农民工获得的技能证书和使用其中任何一种技能的情况来衡量。

（二）社会融合权能评价的指标设置及指标释义

本研究所称的社会融合权能是指农民工经由社会活动和社会组织参与、人际关系构建等途径嵌入城市社会关系网络，形成与城市本地居民良性互动的群体融合模式，进而为其在城市的生存发展提供非正式的制度保障与资源支持。

在中国注重人情往来的社会背景下，个体建立一个良好的社会关系网络并从中获得有利支持条件和发展机会是非常重要的。在将礼物、恩惠作为分配价值传统的结构性关系中，大量机会和社会资源的分配将以非正式的制度形式产生，甚至一部分本应在正式制度下分配的权利和资源，也因为人情关系可能出现在以关系为媒介或渠道的分配场景中。在这样的条件下，社会较低层级的个体向上流动的机会存在于与社会诸群体尤其是主流优势群体维持良好的互动关系以及由此形成的良好群体社会融合的格局中。农民工要在城市生存立足，需要获得充分的社会支持，这必须通过深化与城市社会的融合，从非正式的关系网络和分配体系中得到足够的资源保障来实现。

按照社会融合权能的内容特征，我们可将其分为城市关系网络和城市社会参与两个权能要素评价维度。城市社会参与权能要素主要反映农民工城市社会融合的个体行动与实践，它是农民工寻求建立城市次生关系网络并嵌入城市新的资源分配链条中的理性自觉行动。这种类型的融合权能是动态和变化的，也是农民工所拥有的最具能动性和可塑性的融合要素。积极的社会互动意愿和参与行动是农民工摆脱结构性约束（如社会排斥、歧视等）的理想因素，也是其超越自身不利身份限制的有效途径。城市关系网络则是农民工在既有社会联系和互动活动的基础上形成的关系生产结果，可视为社会互动劳动过程的历史凝结。相对于社会参与来说，社会关系网络是静态的融合呈现形式，但这种凝结了社会参与努力成果的关系形态在很大程度上决定了农民工未来可参与"俱乐部资源"分配的圈层范围，其本质上属于能产生可兑现收益的社会资本存储形式。城市关系网络是指农民工在务工城市所拥有的各种社会关系网络的内容、性质和形式。它既包括以地缘、亲缘为纽带的初级关系网络形式，也包括在城市新构建的次生关系网络形式。一般而言，次生关系网络是农民工朝市民化方向迈进过程中更重要的权能融合要素，也是社会融合的主要目标。

城市关系网络由农民工在城市形成的社会关系网络的规模、社会关系网络的性质以及农民工对所拥有的社会关系网络的利用三个指标组成。其中，社会关系网络的规模是指农民工城市社会关系网络中的关系人的数量多少。这些网络关系人包括农民工的亲友、同乡或熟人以及城市的朋友和熟人等。一般而言，农民工网络关系人的数量越多，关系网络的分布范围越广，其从社会关系网络中获得支持的可能性就越大，其相应的社会资本和融合权能水平也越高。社会关系网络的性质是指农民工所拥有的关系网络能够提供机会和支持的有利条件及程度，这在很大程度上取决于网络关系人所处的阶层、地位和拥有的影响力。一般而言，网络关系人的地位越高、影响力越大，农民工的社会关系网络能够提供的支持强度越大，相应农民工的社会资本质量和融合权能水平亦越高。当然，这同时也取决于网络关系人分享其资源的意愿和提供支持的程度。农民工对所拥有的社会关系网络的利用是指农民工动员其既有的社会关系网络，并努力从中获取必要支持和有利机会的状况。农民工对其建立的社会关系网络加以有效利用是实现关系潜能转换为现实优势的必要条件。这一环节在一定程度上对农民工社会关系网络的运行具有决定性作用。因为关系潜能最终需落实到利用上，社会资本的潜在价值只有成功实现变现和兑取，才能转化成真正的资源支持或收益。在操作化上，这一指标主要通过对"在遇到困难或需要时，是否会主动寻求社会关系网络的支持？"这一变量的测算来体现。

城市社会参与主要由邻里社区互动、社会组织和活动参与、城市政治活动参与三个指标组成。其中，邻里社区互动是指农民工参与所在社区的公共事务、组织活动等的频繁程度，主要测量其是否与社区居民有较积极与良好的交流互动，并构建起熟络的、有支持性质的社区关系网络的情况。该指标主要通过农民工参与社区活动的频次来测量。社会组织和活动参与指标主要评估农民工参与城市大型公共活动、加入各类型组织或社团的情况。因为资源通常是内嵌在不同组织中的，而成员身份一般意味着分享权力的资格，所以参与组织的情况也在一定程度上体现了农民工获取城市社会资源的能力。活动参与能促使群体成员彼此熟悉、信任和认同，是建立社会关系的天然渠道。通过测量农民工参与城市活动的频次及加入城市社会组织的范围，可大致评估其社会互动的广度和活跃程度，进而获得有关其动员和利用城市社会资源能力的信息。城市政治活动参与是指农民工加入各党派团体，以及作为公民行使选举权和被选举权的情况。参与人大代表选举既是农民工的法定义务，也是其法定权利。积极正确的政治活动参与有利于保证农民工行使其合法权利，维护其合理利益。该指标是以农民工是否在城市参与人大代表选举或被推举为人大代表为测量内容的。

（三）文化融合权能评价的指标设置及指标释义

本研究所称的文化融合权能是指农民工对城市生活方式、价值观念、社会伦理规范、成就期望标准等层面的适应、接纳和吸收，并通过城市文明价值自觉实践，逐渐将城市文明的特质内化为个人精神气质有机成分的过程。

文化融合权能主要测量农民工的价值观、生活观念与典型城市特质靠近的程度，其个人工作、生活方式与城市居民趋同的状况，农民工原有行为习惯与城市主流群体差异的消减情况，以及在语言使用上本地化或通用化的程度等。一些关于移民文化适应的研究将社会支持（social support）、文化距离（cultural distance）、接触交流（contact）、适应态度（acculturation attitudes）和歧视（discrimination）作为测量指标，而将失望、沮丧、压力、焦虑、生活满意度作为心理适应的测量指标，同时将对生活的艰难程度（hardiness）、语言的掌握程度（language proficiency）、边缘化（marginalization）、隔离程度（separation）作为预测文化和心理适应的重要指标[①]。这为本书对农民工文化融合权能评价指标的设置思路提

---

① Ataca, B. & Berry J. W., "Psychological, Sociocultural, and Marital Adaptation of Turkish Immigrant Couples in Canada," *International Journal of Psychology* 1(2002): 13 – 26.

供了一定的参考。

正如前述章节所述，文化融合的主要目的在于解决观念和价值沟通的问题，并为迁移者确定个体行为意义的坐标系。因此，其主要评价维度可从农民工的观念和态度倾向、文化适应与认同等方面考察设置。本研究将文化融合权能的评价要素分为价值观融合、城市文明适应和市民身份认同三个层面。

价值观融合是指农民工认同城市基本价值观念、主流行为习惯、通行期望与评价标准，思想意识与城市典型形态靠近的状况。在此过程中，农民工通过内化城市的一般情感和精神气质，逐渐涵养与城市价值系统相协调、相适应的人文特质。与文化紧密相连的社会心理和情感动机是人类行为的心理基础和调节中介，因而文化融合在诸融合要素中处于独特的能动地位。

价值观融合是文化认同、情感动机、社会心理反应及其应激行为表现的综合体，也是其他适应性行为的基本动力背景。价值观融合由三个评价指标组成：期望和评价标准趋同、群体行为习惯趋同和城市文化偏好程度。其中，期望和评价标准趋同指标主要测量农民工日常行为活动的动机结构和驱动逻辑与城市主流形态的接近程度。行为动力逻辑和期望结构相近，城市社会对农民工的心理动机、行为模式及互动结果就有更稳定积极的预期，其与市民行动状况就有更高的契合度。群体行为习惯趋同是指农民工在日常行为和习惯上保持与城市主流形态的亲和性，体现出与城市典型行为模式相一致的一般特征。从外在观察，其表现为农民工个人的举止行为、谈吐方式、仪表穿着越来越具有城市典型特征和精神气质，从而在个体印象辨识上会被立即归为城市群体成员。城市文化偏好程度是对城市价值及其内容形式的认同性评价，它主要测量城市精神世界对农民工的吸引力及受该群体欢迎的程度。它直接承载和展现了文化融合的起点条件和情感基础，即对城市文化越偏爱的农民工个体，其吸纳和内化城市观念与价值理想的可能性就越大，反之则越小。因而，文化偏好的状况处于价值观融合的先导位置。

城市文明适应是指农民工对城市生存形态及蕴含其中的人文建构形成较好的精神契合进而保持个体积极、舒适心理程度的状况。文化融合从适应开始，农民工对城市文化从熟悉了解到认识欣赏再到认同，并通过调整自己的行为努力适应这一新的人文环境，是其个体自觉融合行动的起点。

因此，城市文明适应反映了农民工在城市精神生活领域维系积极社会心理和价值秩序和谐的基本能力与状态。

城市文明适应评价要素由城市工作方式适应、城市生活方式适应、通用语言使用以及城市生活满意度四个指标组成。其中，对城市工作方式的适应是农民工最基础的适应形式和内容。在以务工为主要目标的城市生活内容中，农民工只有适应城市现代生产部门的要求和规范体系，如遵循严格的上下班制度、工作－休息日时间安排、顾客为中心的服务标准等劳动纪律和管理监督制度等，才能具备在城市正常工作的资质与起始条件。

城市生活方式适应是与城市工作方式适应相对应的重要维度。农民工的城市生活是其除生产活动以外最重要的日常活动，也是文化融合的关键场景和主战场。对城市生活的适应状况将直接影响农民工关于城市体验的基本情绪和态度，以及在该城市长期生活的愿景和对城市社会的整体印象与评价。如果将生活作为农民工其他活动的目的，那么农民工对城市生活的适应状况也将在某种程度上决定其市民化的动力强度。

通用语言使用一般作为衡量迁移者文化融合的基本要素。因为语言首先是文明的载体和主要表现形式，是最直接的文化标识因素，也是最容易观察和辨识的融合指标。另外，社会网络的建立也依靠人与人之间的交流与互动，而语言则是沟通的桥梁。掌握当地方言或通用语言是农民工进行群体间社会交往的基本前提。熟练使用当地语言往往既是工作的现实需要与条件，又是增强群体间身份认同的手段，可以帮助农民工有效地提升人际信任度。农民工语言的本地化或语言使用的通用化（在工作或生活场景中弃用家乡方言而使用普通话或当地方言）反映了从文化适应、认同到行为实践的一系列实际融合变化，是其城市文化融合结果的重要指示和象征。

城市生活满意度是农民工对其城市生存状态和品质的总体感受与评价，是其城市生活方式适应评价的重要补充和深入拓展。该指标可从定性和综合的角度反映农民工文明融合的质量和效度，是一个较容易开展评测操作且有良好信息反馈性质的指标要素。

市民身份认同是指农民工在群体身份属性、城市社会情感、城市归属状况、社会歧视认知等方面的主观体验和心理评价。对市民身份的认同反映了农民工与市民群体的社会心理距离逐渐缩短，城市社会精神情感逐渐焕发，城市地域归属感不断加强，并最终将自己视为城市共同体成员的文化融合递进过程。

身份认同是农民工市民化在文化融合层面得以完成的最重要和最直观的标志。对市民身份的认同状态将决定农民工以何种态度与城市进行互动。通常情况下，对市民身份认同的农民工将以更积极、更主动的态度融入城市社会，在社会心理和行为上也更倾向于表现出主人翁的责任担当精神和伦理道德意识；相反，缺乏市民身份认同的农民工可能在内心抗拒与城市融合的要求，在行为上选择逃避城市社会互动，强化群体封闭和孤立状态，从而可能导致其群体融合受阻和市民化进程的失败。

市民身份认同由四个评价指标构成，分别是自感市民身份、本地归属感、城市情感评价和城市居留意愿。其中，自感市民身份是指农民工对自己属于务工城市正式成员的社会关系觉察与心理评价，它呈现了农民工对于其城市成员资格、地位差等、权利分配、社会接纳等方面的体验和认知。从内容上来看，自感市民身份主要属于农民工的主观意识建构，但这种意识建构反映了既有农民工城市社会接纳或排斥的现实情景。而且，对个体情感体验和主观心理状况的关注也是群体融合评价的题中应有之义，以突出农民工市民化评价对人文精神的关怀。

本地归属感是指农民工对将务工城市作为自己主要生活场所和精神家园所形成的强烈情感共鸣的状况。本地归属感的产生表明农民工开始从心理层面建立与城市的紧密情感联系，并在观念中形成自己是本地人的意识和概念。本地归属感可较好地测算农民工与务工城市的社会心理距离。

城市情感评价是农民工对务工城市喜爱和依恋情况的主观心理体验。它反映了农民工对务工城市生活的心理历程和情绪记忆，承载着农民工对该心理和情感体验整体性质与意义综合评价的一般结论。该结论对其形成自身是否属于该城市社会成员的观念具有重要的指示作用。

城市居留意愿是农民工对自己在务工城市长期稳定或居家生活的愿景和期望。这一指标是农民工市民化潜在对象的重要甄别要素。城市居留意愿体现了不同城市融合方向和目标的农民工子群，也成为区分市民化需求和市民身份认同的重要指标。显然，缺乏城市居留意愿的农民工，相应也没有市民化的需求，对其是否成为务工城市市民身份也必然缺乏认同。

（四）公共服务融合权能评价的指标设置及指标释义

公共服务融合权能是指新移民在教育、医疗、住房、社会保障等领域所享有的权利地位和资格逐步与城市户籍人口趋同，移民和本地人口区隔化、排斥性的公共服务和保障权能消解，逐步为平等、统一、包容的公民权利身份所取代。

公共服务融合权能是农民工市民化的核心内容之一。有的学者将市民化的本质意涵归结于农民工与市民间的公共服务均等化过程[①]。这主要是就农民工市民化这一社会事件的公共属性以及公共服务在推动农民工融入城市社会中的重要支撑作用而言的。均等的城市公共服务权利是农民工获得市民待遇和身份的重要标志，也是城市"共同体承诺"的基本要求。另外，城市公共服务内在的集体供给－消费属性也要求市民和农民工均等地分享该共用品效益的机会，共同承担该共用品生产融资的责任义务。在当下的情境中，均等赋予农民工与市民同等的公共服务权利还具有破除城乡二元社会结构、消除城市社会对农民工的社会排斥等开启包容性社会进程的革新意义。推动包括教育、医疗和住房等在内的公共服务权益普惠共享是构建统一居民身份、实现均等待遇和公平社会机会的重要举措，这必将有利于构筑农民工市民化稳固的正式支持的制度基石。

按照当前我国公共服务权利分配的实际情况，我们可以将农民工可能获得的公共服务权利及相应权能的维度分为基本公共服务和福利性公共服务两个部分。基本公共服务是指那些已经相对普及和具有较广泛可及性的公共服务权利。这些服务领域包括义务教育、社会保险、农民工维权服务等。基本公共服务权利对市民和农民而言获得机会基本均等，其分配基本上已不存在因身份而异的系统性差别。但这些公共服务也主要是保障基本需求的典型公共产品，待遇层次不高、保障水平有限是其主要特点。而且其中多数服务项目因遵循使用者付费原则而有偿使用，强调受益人权利和义务的基本对等性，服务的福利属性并不强。例如，

---

① 张国胜：《基于社会成本考虑的农民工市民化：一个转轨中发展大国的视角与政策选择》，《中国软科学》2009 年第 4 期，第 56～69、79 页。

基本公共服务中的社会保险，无论是医疗保险项目还是养老保险项目，虽然原则上农民工也可以进入城镇职工的医疗保险体系和养老保险体系，但是要参加、要被保险覆盖并获益，农民工必须以履行缴纳保险费的义务为前提且满足相应的给付条件。保险待遇水平的确定通常与参保人缴费水平和工资收入挂钩，这体现了较强的市场交换原则而非纯粹的社会福利原则。义务教育亦有"使用者费用"的性质。当前我国义务教育已基本普及，城乡儿童都能接受国家财政对九年义务教育的补贴，免交学费和书本费等，教育服务的均等化在农民和市民间也已不存在显著的差别。但基础教育阶段的生均学校收费成本不高，为此农民工子女从城市教育中获取的直接成本补偿额度并不大；相反，在最基础的环节，即农民工子女在城市拥有同等就学和升学条件与机会的权利，这一受行政许可和管制调节的权利赋予范围却并不广泛。农民工子女在城市上学难、升学难的问题仍然比较突出。

从上述分析逻辑出发，将农民工参加社会保险、子女在城市接受义务教育的情况作为其基本公共服务权利取得与可及性的评价指标是题中应有之义。另外，农民工获得维权服务的状况，因为涉及其基本经济权益、人身权利以及其他与其切身利益紧密相关之合法权利的履行和实现的情况，理应是衡量其在制度支持和保护下践行公民基本权利、维护个人合法权益的重要象征，因而也将其作为农民工获得基本公共服务权能情况的评价要素。

福利性公共服务是指与市民资格相联系的局域性、非普惠性的有界公共服务。它的享受以户籍籍属身份为条件，当前还主要是市民的专属福利权利。在现实情境中，福利性公共服务是附着在户籍制度上的城市核心福利内容。缺乏对该类福利待遇的可及性是当前农民工遭受城市公共服务制度排斥的主要形式。这类福利性公共服务所涉及的保障内容对城市生计的支撑作用非常重要，因为它涵盖了诸如住房保障、住房金融服务、最低生活保障、社会救助、大病医疗保障等与大额支付需求、主要消费负担相关的民生扶持领域。福利性公共服务的待遇优厚，公益属性强，而义务性较弱。以住房保障为例，受救助市民无须以履行相应缴费义务为前提，仅凭市民身份和救助资格条件即可申请；最低生活保障、社会救济和大病救助等均以籍属资格为条件，而不强调受助者权利与义务的对等。这些福利性公共服务当前在大多数城市排斥农民工群体的状况形成了城乡二元社会壁垒的主要内容。而要统筹城乡社会一体化发展、实现城乡居民公共服务均等化、推动统一的居民社会权利和平等公民地位的形成，推动这些核心福利性公共服务向包括农民工在内的城镇常住人口平等开放与包容性分享已成为必然要求。核心福利性公共服务是城市新移民基本生活需求保障的重要依托及在城市生存的权利支撑条件，农民工获得该类核心公共服务的分享权是其市民化的制度保障基础。

在具体评价要素设置中，福利性公共服务主要包括就业培训和服务、住房保障服务、住房信贷服务三个指标。其中，就业培训和服务是指农民工在务工城市接受劳动技能培训、利用公共就业平台寻找就业机会、参加公共举办的招聘活动等的平等机会和权利。就业是农民工在城市稳定生活最为根本的生计维系基础，也是其实现市民化最重要的支撑条件。就业培训和服务应能够支持农民工持续提升技能，减少因信息不充分带来的就业中断和摩擦性失业，促进其持续稳定就业，这样农民工市民化才有良好的经济支撑环境。住房保障服务指标是对农民工获得务工城市保障房配租或补贴、拥有对住房公共信贷支持和服务可及性的评价要素。住房是城市大宗生活消费的主要项目，但同时又是农民工在城市安居的刚性需求品。城市住房通常资产价格高昂、对购置者的支付能力要求高，农民工难以企及，这往往成为市民化中最具瓶颈性质和阻滞影响的门槛条件。获得住房保障等核心公共服务的支持将为农民工市民化的顺利实现提供关键性制度保障。住房信贷服务指标是对农民工从城市商业金融机构或政府担保的住房信贷系统中获得购买商品住房信用贷款的机会和条件的评价要素。目前，我国政府对居民购买住房的公共信贷支持主要体现在住房公积金制度上，能否获得住房公积金及以其为抵押的购房贷款是农民工购置城市房产极为重要的"启动"条件。能否享有住房公共信贷支持和服务的权利在某种程度上直接决定了农民工对购置城市商品房的可及性和其市民化的实现前景，但在对农民工公共服务权能的评价中又常常容易被忽略。

由以上讨论形成的农民工市民化权能评价体系的指标设置如图3.1所示。

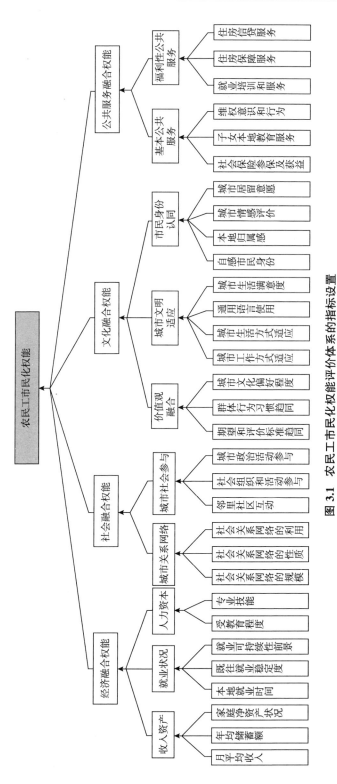

图 3.1 农民工市民化权能评价体系的指标设置

二 农民工市民化评价指标确权
——基于层次分析法专家群决策

(一) 农民工市民化权能评价指标设置及确权的德尔菲技术

前述章节构建了农民工市民化权能评价要素与向度的宏观架构，阐述了相应评价要素维度设置的理论依据。但研究者自身及其团队的个别性探索和思考更需结合农民工市民化研究领域内其他专家的真知灼见及批评性意见，依靠专家的专业知识和丰富经验，凝聚集体智慧和共识，才能得到一个具有科学性和客观性的农民工市民化权能评价体系，以尽可能消除个别性思考和研究者自身固有立场可能产生的指标设置评价偏差。为此，本研究采用德尔菲技术（Delphi Technique）就农民工市民化权能评价指标设置及指标权重确定进行专家群决策和集体综合分析。

德尔菲技术是利用一系列简明扼要的问卷和对问卷所获得意见的有控制的反馈，取得一组专家对某一议题最可靠意见的预测方法。[1] 其本质是利用专家的知识、经验和智慧，通过多轮次、反馈式的通信方式进行信息交换，从而取得一个相对一致的预测结果。它由美国兰德公司发展起来，主要用来征询和凝聚专家共识并克服专家集中讨论中存在的交流上的种种问题，如单一团体意见压力、人际关系冲突等，以期形成一个尽量客观、真实和科学的专业结论。德尔菲技术的应用一般遵循匿名性、反复征询、有控制的反馈、统计性的小组回答、凝聚专家共识等基本原则[2]。

关于农民工市民化权能评价指标权重设置的德尔菲技术具体过程如下：通过向相关领域专家咨询，由专家独立给出指标设置意见和为研究者提供参考指标的重要性评分排序，调查者总结各位专家的应答和咨询结果，然后有控制地向他们反馈并再次征询专家意见，最后得到一个较有共识的指标设置方案。但限于反馈的协调困难，反复咨询控制在1~2次。咨询由两部分组成。第一部分是头脑风暴型的开放式咨询，要求各位专家独立运用自己的经验判断，什么样的农民工更有可能实现市民化而成为政策

① 陈宪主编《经济学方法通览》，北京：中国经济出版社，1995。
② 陈振明：《公共政策学：政策分析的理论、方法和技术》，北京：中国人民大学出版社，2004。

优先支持的考虑对象？第二部分由研究者本人先提出一些可能的参考指标，然后各咨询专家就这些指标在衡量农民工市民化优先瞄准对象上的重要性做评分排序，在此过程中各咨询专家也可以增加一些自己认为重要的指标。这些专家增加的指标连同第一部分头脑风暴型的开放式咨询结果，都会反馈在第二轮咨询中，以便专家凝聚共识。其具体流程见图3.2。

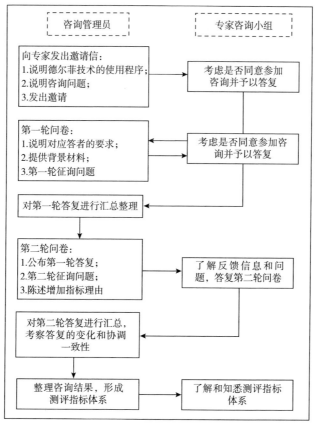

图 3.2　农民工市民化权能评价指标设计专家咨询的德尔菲技术流程

评价指标设置、确权的专家咨询和群决策主要采取会议研讨、面对面访谈和信函交流的方式进行。在咨询的初期阶段，咨询管理员利用一些专业学术会议的机会，向一部分专家汇报和阐述了该评价咨询项目及内容，收集了重要的反馈意见；后续又通过访谈的方式与部分专家进行了深入座谈和研讨，获取了有益指导；另外，还通过邮件征询的方式，邀请到一些农民工市民化研究的知名专家参与此评价体系的构建咨询和群决策过程。上述咨询过程基本上遵循德尔菲技术的工作流程展开。

（二）农民工市民化权能评价指标确权的层次分析法专家群决策的技术原理

层次分析法（Analytic Hierarchy Process，AHP）是美国运筹学专家萨蒂（T. L. Saaty）提出的一种多层次权重的决策分析方法。它把复杂问题分解为各个组成因素，将这些因素按支配关系构成递阶层次结构，通过成对比较方式确定同一层次中各因素的重要性，然后综合决策者的判断，确定备选方案的相对重要性总排序[①]。该方法的优点是将定量和定性分析相结合。

运用层次分析法构造结构模型一般分为以下四个步骤。

1. 建立递阶层次结构模型

构建如图 3.3 所示的层次分析结构模型。

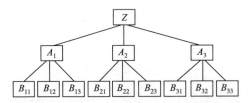

图 3.3　层次分析法的层次分析结构模型

其中，Z 为目标层，A_i（$i = 1$，2，$\cdots$，m）为第一准则层（一级指标因素），B_{ij}（$i = 1$，2，$\cdots$，m；$j = 1$，2，$\cdots$，n）为第二准则层（二级指标因素）。在图 3.2 中，$m = 3$，$n = 3$。

2. 构造两两比较的判断矩阵

在同一准则层两两比较各个因素的相对重要性，建立各层级的判断矩阵。因素 i 和因素 j 之间比较重要性的赋值采用萨蒂的 1~9 标度方法，记为 a_{ij}。具体标度法则按指标间相对重要性的两两比较结果以表 3.1 所示的方式赋值。例如，若专家判定指标 i 与指标 j 相比，前者比后者稍重要，则 i 相对于 j 的重要性标度值为 3。若 i 相对于 j 的重要性介于稍重要和明显重要之间，则 i 相对于 j 的重要性标度值为 4。其余情形以此类推。指标重要性标度值的具体含义如表 3.1 所示。

---

① Thomas L. Saaty, *The Analytic Hierarchy Process*(McGraw-HillInc, New York, 1980), p. 6.

表 3.1 两两指标之间重要性比较标度及含义

标度	含义
1	表示两个元素相比，具有同样重要性
3	表示两个元素相比，前者比后者稍重要
5	表示两个元素相比，前者比后者明显重要
7	表示两个元素相比，前者比后者强烈重要
9	表示两个元素相比，前者比后者极端重要
2，4，6，8	表示上述相邻判断的中间值

将上述因素两两比较后的结果列成一个判断矩阵 A，则有

$$A = \begin{bmatrix} 1 & a_{12} & \cdots & a_{1n} \\ a_{21} & 1 & \cdots & a_{2n} \\ \vdots & \vdots & \ddots & \vdots \\ a_{n1} & a_{n2} & \cdots & 1 \end{bmatrix}$$

3. 层次单排序及其一致性检验

在各因素判断一致的情况下，矩阵 A 是互反矩阵，即满足 a_{ji} 是 a_{ij} 的互反比较，有 $a_{ji} = 1/a_{ij}$。且矩阵 A 的最大特征根 $\lambda_{max} = n$，其余特征根全为 0。记 A 的 λ_{max} 对应的特征向量 $w = (w_1, w_2, \cdots, w_n)^T$，则 $a_{ij} = \dfrac{w_i}{w_j}$。矩阵相乘的性质有：$Aw = nw$，据此可知 w 就是因素 A_i（$i = 1, 2, \cdots, n$）在上层目标中的权重。若判断矩阵 A 不一致，则 $\lambda_{max} > n$，此时特征向量 w 就不能真实反映 A_i 在上层目标中所占比重。为了检验判断矩阵的不一致程度，构造一致性指标 CI。

$$CI = \frac{\lambda_{max} - n}{n - 1}$$

对具有一致性的判断矩阵来说，$CI = 0$。为了获得更可靠的关于判断矩阵是否一致的结论，萨蒂引进了平均随机一致性指标 RI，构造一致性比例统计量 CR，定义 $CR = \dfrac{CI}{RI}$。当 $CR \leqslant 0.1$ 时，判断矩阵具有满意的一致性，否则就不具有满意的一致性。对于 $n = 1 \sim 11$，平均随机一致性指标 RI 的取值见表 3.2。

表 3.2　层次分析法平均随机一致性指标

n	1	2	3	4	5	6	7	8	9	10	11
RI	0	0	0.58	0.90	1.12	1.24	1.32	1.41	1.45	1.49	1.51

4. 指标权重的计算和层次总排序

在层次结构模型中，最核心的环节是求解判断矩阵的特征值和特征向量，以下将采用和积法予以求解。

（1）对矩阵的每一列进行归一化（单位化）处理，得到一个新的矩阵。对固定的某一列 j，新矩阵中每个元素的值由下列关系式确定。

$$a'_{ij} = \frac{a_{ij}}{\sum\limits_{i=1}^{n} a_{ij}}, j = 1, 2, \cdots, n$$

（2）对新矩阵按行相加，得到新的一列数 $a''_{i,j+1}$，即 $a''_{i,j+1} = \sum\limits_{j=1}^{n} a'_{ij}$，$i = 1, 2, \cdots, n$。并用这新的一列数 $a''_{i,j+1}$ 除以 n，得到新的一列数 w_i，即为权重向量。据此，有

$$w_i = \frac{a''_{i,j+1}}{n} = \frac{1}{n} \sum\limits_{j=1}^{n} a'_{i,j+1} = \frac{1}{n} \sum\limits_{j=1}^{n} \frac{a_{ij}}{\sum\limits_{k=1}^{n} a_{kj}}, i = 1, 2, \cdots, n$$

这样，我们将通过上式得到的 w_i 所形成的列向量作为矩阵特征向量的近似值，记作 $\hat{w}$。

（3）通过下式计算最大特征值：

$$\lambda_{max} = \sum\limits_{i=1}^{n} \sum\limits_{j=1}^{n} \frac{a_{ij}\hat{w}_i}{n\hat{w}_i}$$

（4）底层总排序的确定。计算同一层次所有因素对总目标相对重要性的排序权为层次总排序。假如共有 3 层指标，总目标用 Z 表示，包含 n 个子指标 A_1，A_2，$\cdots A_n$，A_j（$j = 1, 2, \cdots, n$）又分解成 m 个子指标，记为 B_k（$k = 1, 2, \cdots m$），则 B_k 的最终权重为：

$$w_{B_k} = w_{A_j} w_{(B_k|A_j)}$$

（5）计算 CR（一致性比率）并判断矩阵的一致性。B_k 相对于 A_j 的一致性指标为 CI_j，相应的平均随机一致性指标为 RI_j，则 B 层次总排序的一致性比例为：

$$CR_B = \frac{\sum\limits_{j=1}^{m} a_j CI_j}{\sum\limits_{j=1}^{m} a_j RI_j}$$

一致性比率 CR 的判断准则如表 3.3 所示。

表 3.3 层次分析法判断矩阵一致性检验标准

判断矩阵阶数（n）	CR	一致性评价标准
$1 \leqslant n \leqslant 2$	$CR = 0$	一致
$n \geqslant 3$	$CR < 0.1$	一致
$n \geqslant 3$	$CR \geqslant 0.1$	不一致，需要对判断矩阵进行调整

（6）层次分析法专家群决策

如有 m 个专家参与某项指标重要性的两两比较，他们的判断矩阵分别为 A_1，A_2，$\cdots$，A_m，其中 $A_l = (a_{ij_l})$，$l = 1,2,\cdots,m$，则用加权算术平均综合判断矩阵法得到综合排序的过程如下：

$$\begin{cases} a_{ij} = \sum\limits_{l=1}^{m} \gamma_l a_{ij_l} = \gamma_1 a_{ij_1} + \gamma_2 a_{ij_2} + \cdots + \gamma_m a_{ij_m}, i,j = 1,2,\cdots,n \\ \sum\limits_{l=1}^{m} \gamma_l = \gamma_1 + \gamma_2 + \cdots \gamma_m = 1 \end{cases}$$

当 $\gamma_1 = \gamma_2 = \cdots \gamma_m$ 时，有：

$$a_{ij} = \frac{1}{m} \sum\limits_{l=1}^{m} a_{ij_l} = \frac{1}{m}(a_{ij_1} + a_{ij_2} + \cdots + a_{ij_m}), i,j = 1,2,\cdots,n \ (*)$$

再将用（*）式得到的判断矩阵元素值构成的综合判断矩阵 B，按照上述层次分析法判断矩阵的权重计算方法，得到群决策所形成的综合判断矩阵权重系数。

（三）参与指标确权的专家及其根据评价指标给出的判断矩阵的基本情况

1. 群决策专家的基本情况

利用德尔菲技术原理对农民工市民化权能指标确权进行专家群决策，本研究共邀请在农民工相关主题上有深入研究的 11 位专家参与咨询（见表 3.4）。这些专家的具体研究领域涵盖了移民研究、新移民城市社会融合研究、农民工市民化研究、农民工社会保障研究、城镇化和人口迁移研究、"三农"问题研究等较广泛且专业的主题。参与咨询的专家在学科背景上呈现多样性，具体包括经济学、公共管理学、社会学和政治学多个学科领域。如前所述，对农民工市民化的研究是一个多学科共同参与的议题，多学科背景的咨询专家组构成有利于从不同层面汇集意见和观点，形成全面和综合的评价指标体系。咨询专家所在地区的分布相对广泛，有国内和国外学者。国内包括来自北京、上海、广州、武汉、南京的学者。这有利于在评价过程中形成较广阔的观察视野。咨询方式根据与专家联系的客观条件及便利性原则，采取现场座谈、访谈咨询和邮件咨询的方式进行。其中，本研究对现场座谈和访谈咨询的专家均进行了结构式问卷调查和开放性议题的讨论，在指标设置与调整上充分吸收了他们具有共识性的意见；而邮件咨询鉴于互动信息传递的局限性主要进行了问卷式和结构性的访问调查。

表 3.4　运用德尔菲技术开展群决策的专家基本情况

序号	专家编号	职称	学科背景	地区	农民工问题研究专长	咨询方式
1	X1	教授	社会学	美国	移民研究	现场座谈
2	Z1	教授	社会学	上海	城市新移民社会融合	邮件咨询
3	L1	教授	公共管理学	武汉	农民工社会保障	访谈咨询
4	X2	教授	社会学	广州	农民工城镇社会融入	邮件咨询
5	Z2	教授	社会学	武汉	"三农"问题研究	访谈咨询
6	D1	教授	政治学	武汉	农民工社会保障	访谈咨询
7	X3	教授	经济学	南京	城镇化和人口迁移	访谈咨询
8	L2	教授	经济学	武汉	农民工市民化	现场座谈
9	H1	研究员	公共管理学	北京	农民工社会保障	邮件咨询
10	T1	教授	社会学	武汉	流动人口社会福利	现场座谈
11	G1	副教授	公共管理学	武汉	农民工市民化	现场座谈

2. 专家群决策所形成的指标比较评分数据及基于层次分析法得到的指标权重系数

在最终形成的"农民工市民化权能评价指标体系"专家咨询问卷的基础上，本研究利用从各位咨询专家处得到的对各指标相对重要性顺序两两比较的评价数据表，运用层次分析法对上述评价结果（具体体现为专家对同一评价要素下各指标重要性两两比较所形成的评分矩阵，又称判断矩阵）进行分析。本研究首先分别检查和核验每个专家评价数据的逻辑一致性，进行判断矩阵一致性调整，然后对全部专家的评价判断矩阵进行归集综合，得到最终的指标权重系数。归集综合过程采取计算结果归集法，即先分别计算各专家对指标重要性比较的判断矩阵，然后将计算得到的排序权重均值作为集结结果。各个专家的评价判断矩阵对最终集结结果的影响程度保持均等。

专家评分的指标按照其层级隶属关系共分为 15 组，并被依次标注为第 1 组至第 15 组，每一组都基于一个准则（指标隶属的上层评价指标）进行重要性的比较排序。每个参与咨询的专家都被邀请对这 15 组指标序列中的各个指标两两作相对重要性判断的赋值评分。赋值评分按照本章第二节中"构造两两比较的判断矩阵"所述方法进行。11 位咨询专家共计反馈了 165 组两两比较的判断矩阵。

表 3.5 列出了其中一位专家（专家编号为 Z1）对第一组指标两两比较形成的评分表，该组指标对应的准则层是"农民工市民化权能"。以表 3.5 为例，该专家在经济融合权能与社会融合权能的相对重要性的比较上评分值为 9，表示该专家认为，在对农民工市民化权能的影响上，经济融合权能比社会融合权能极端重要（见表 3.1）。该专家对社会融合权能与文化融合权能的相对重要性评分为 1/2，表示他认为，在对农民工市民化权能的影响排序上，社会融合权能弱于文化融合权能，其程度介于"同样重要"和"稍微不重要"之间。对其他比较值的评分解释与之类似。

表 3.5　专家 Z1 对第一组指标两两比较评分的判断矩阵

农民工市民化权能	经济融合权能	社会融合权能	文化融合权能	公共服务融合权能	W_i
经济融合权能	1	9	8	7	0.7055
社会融合权能	1/9	1	1/2	1/4	0.0500
文化融合权能	1/8	2	1	1/3	0.0769
公共服务融合权能	1/7	4	3	1	0.1676

注：专家编号：Z1；职称：教授；地区：上海；专家权重：0.0909；农民工市民化权能一致性比例：0.0648；对"农民工市民化权能"的权重：1.0000；λmax：4.1731。

由上述一级指标两两比较得到的评分值，构成了该专家在"农民工市民化权能"目标层上的判断矩阵。在利用层次分析法进行各指标权重系数计算前，需要进行判断矩阵的一致性检验，以确定该两两比较评分序列是否逻辑自洽。一个简单的校验过程如下：根据表 3.5 的第二行数据可知，该专家认为"经济融合权能 > 公共服务融合权能 > 文化融合权能 > 社会融合权能"；根据第三行的数据可知，社会融合权能 < 经济融合权能，社会融合权能 < 文化融合权能，社会融合权能 < 公共服务融合权能，文化融合权能 < 公共服务融合权能，公共服务融合权能 < 经济融合权能；根据第四行的数据可知，文化融合权能 < 经济融合权能，文化融合权能 > 社会融合权能，文化融合权能 < 公共服务融合权能，经济融合权能 > 公共服务融合权能；根据第五行的数据可知，公共服务融合权能 < 经济融合权能，公共服务融合权能 > 融合权能 > 社会融合权能。这四组判断均遵循了"经济融合权能 > 公共服务融合权能 > 文化融合权能 > 社会融合权能"的一贯评价逻辑，由此构成的判断矩阵具有一致性。若发现有不符合一致性条件的判断，需要结合已有的自洽判断对相应的评分做出修正。

根据专家对指标重要性比较评分得到的判断矩阵数据，即可计算出相对于目标层各指标的权重系数。其具体过程见前文中关于层次分析法原理的阐述。通过层次分析法计算出的由专家 Z1 的评价形成的第一层指标权重系数见表 3.5 中的最后一列，即 W_i 列。该列数值即相应指标的权重。如根据专家 Z1 的判断，经济融合权能的权重系数为 0.7055，表示该专家对经济融合权能在农民工市民化权能构成中占绝对主导地位的肯定，公共服务融合权能的权重系数为 0.1676，表明该专家认为公共服务融合权能在农民工市民化权能的构成中有一定的分量和地位，但远不及经济融合权能。相比之下，社会融合权能和文化融合权能的权重系数仅为 0.0500 和 0.0769，表明该专家认为这两个融合权能要素的分量和地位相对来说并不重要。

表 3.5 同时还显示通过层次分析法计算得到的一致性评价结果。判断矩阵的最大特征值 $\lambda = 4.1731$，根据该值和权重系数向量 W_i 计算出该权重排序的一致性比例为 0.0648，小于 0.1 的临界值，表明该权重排序在逻辑上符合一致性要求。

3. 农民工市民化权能评价的指标体系及各指标的权重系数

表 3.6 至表 3.20 对相应指标评分数据的含义与解释可以此类推，不再赘述。全部咨询专家的指标比较评分数据及其基于层次分析法的权重计算结果详见附录四。

表 3.6 11 位专家对第 1 组指标两两比较评分得到的判断矩阵归集化后
形成的综合判断矩阵

农民工市民化权能	经济融合权能	社会融合权能	文化融合权能	公共服务融合权能	W_i
经济融合权能	1.0000	2.8366	4.3604	1.4105	0.4365
社会融合权能	0.3525	1.0000	1.5372	0.4972	0.1539
文化融合权能	0.2293	0.6506	1.0000	0.3235	0.1001
公共服务融合权能	0.7090	2.0111	3.0914	1.0000	0.3095

注：准则层：农民工市民化权能；组合一致性比例 $CI = 0.0182$。

表 3.7 11 位专家对第 2 组指标两两比较评分得到的判断矩阵归集化后
形成的综合判断矩阵

经济融合权能	收入资产	就业状况	人力资本	W_i
收入资产	1.0000	2.8190	1.7829	0.5220
就业状况	0.3547	1.0000	0.6325	0.1852
人力资本	0.5609	1.5811	1.0000	0.2928

注：准则层：经济融合权能；组合一致性比例 $CI = 0.0093$。

表 3.8 11 位专家对第 3 组指标两两比较评分得到的判断矩阵归集化后
形成的综合判断矩阵

社会融合权能	城市关系网络	城市社会参与	W_i
城市关系网络	1.0000	2.5726	0.7201
城市社会参与	0.3887	1.0000	0.2799

注：准则层：社会融合权能；组合一致性比例 $CI = 0.0000$。

表 3.9 11 位专家对第 4 组指标两两比较评分得到的判断矩阵归集化后
形成的综合判断矩阵

文化融合权能	价值观融合	城市文明适应	市民身份认同	W_i
价值观融合	1.0000	0.5225	0.7011	0.2304
城市文明适应	1.9139	1.0000	1.3418	0.4410
市民身份认同	1.4264	0.7453	1.0000	0.3286

注：准则层：文化融合权能；组合一致性比例 $CI = 0.0100$。

表 3.10　11 位专家对第 5 组指标两两比较评分得到的判断矩阵归集化后形成的综合判断矩阵

公共服务融合权能	基本公共服务	福利性公共服务	W_i
基本公共服务	1.0000	0.5284	0.3457
福利性公共服务	1.8926	1.0000	0.6543

注：准则层：公共服务融合权能；组合一致性比例 $CI = 0.0000$。

表 3.11　11 位专家对第 6 组指标两两比较评分得到的判断矩阵归集化后形成的综合判断矩阵

收入资产	月平均收入	年均储蓄额	家庭净资产状况	W_i
月平均收入	1.0000	0.7248	0.3392	0.1877
年均储蓄额	1.3798	1.0000	0.4680	0.2590
家庭净资产状况	2.9484	2.1369	1.0000	0.5534

注：准则层：收入资产；组合一致性比例 $CI = 0.0206$。

表 3.12　11 位专家对第 7 组指标两两比较评分得到的判断矩阵归集化后形成的综合判断矩阵

就业状况	本地就业时间	既往就业稳定度	就业可持续性前景	W_i
本地就业时间	1.0000	1.5984	0.3505	0.2233
既往就业稳定度	0.6256	1.0000	0.2193	0.1397
就业可持续性前景	2.8533	4.5608	1.0000	0.6371

注：准则层：就业状况；组合一致性比例 $CI = 0.0192$。

表 3.13　11 位专家对第 8 组指标两两比较评分得到的判断矩阵归集化后形成的综合判断矩阵

人力资本	受教育程度	专业技能	W_i
受教育程度	1.0000	0.6438	0.3917
专业技能	1.5532	1.0000	0.6083

注：准则层：人力资本；组合一致性比例 $CI = 0.0000$。

表 3.14　11 位专家对第 9 组指标两两比较评分得到的判断矩阵归集化后形成的综合判断矩阵

城市关系网络	社会关系网络的性质	社会关系网络的规模	社会关系网络的利用	W_i
社会关系网络的性质	1.0000	1.6809	0.6287	0.3139
社会关系网络的规模	0.5949	1.0000	0.3740	0.1868
社会关系网络的利用	1.5906	2.6737	1.0000	0.4993

注：准则层：城市关系网络；组合一致性比例 $CI = 0.0111$。

表 3.15　11 位专家对第 10 组指标两两比较评分得到的判断矩阵归集化后形成的综合判断矩阵

城市社会参与	邻里社区互动	社会组织和活动参与	城市政治活动参与	Wi
邻里社区互动	1.0000	0.8648	0.7883	0.2920
社会组织和活动参与	1.1563	1.0000	0.9115	0.3376
城市政治活动参与	1.2686	1.0971	1.0000	0.3704

注：准则层：城市社会参与；组合一致性比例 $CI = 0.0158$。

表 3.16　11 位专家对第 11 组指标两两比较评分得到的判断矩阵归集化后形成的综合判断矩阵

价值观融合	群体行为习惯趋同	城市文化偏好程度	期望和评价标准趋同	Wi
群体行为习惯趋同	1.0000	0.4987	0.5294	0.2043
城市文化偏好程度	2.0052	1.0000	1.0616	0.4097
期望和评价标准趋同	1.8889	0.9420	1.0000	0.3860

注：准则层：价值观融合；组合一致性比例 $CI = 0.0102$。

表 3.17　11 位专家对第 12 组指标两两比较评分得到的判断矩阵归集化后形成的综合判断矩阵

城市文明适应	城市生活方式适应	城市生活满意度	通用语言使用	城市工作方式适应	Wi
城市生活方式适应	1.0000	0.5542	2.0476	0.6577	0.2078
城市生活满意度	1.8045	1.0000	3.6949	1.1868	0.3749
通用语言使用	0.4884	0.2706	1.0000	0.3212	0.1015
城市工作方式适应	1.5205	0.8426	3.1134	1.0000	0.3159

注：准则层：城市文明适应；组合一致性比例 $CI = 0.0474$。

表 3.18　11 位专家对第 13 组指标两两比较评分得到的判断矩阵归集化后形成的综合判断矩阵

市民身份认同	自感市民身份	本地归属感	城市情感评价	城市居留意愿	Wi
自感市民身份	1.0000	1.0678	2.0524	0.4861	0.2232
本地归属感	0.9365	1.0000	1.9221	0.4553	0.2090
城市情感评价	0.4872	0.5203	1.0000	0.2368	0.1087
城市居留意愿	2.0571	2.1966	4.2222	1.0000	0.4591

注：准则层：市民身份认同；组合一致性比例 $CI = 0.0378$。

表 3.19　11 位专家对第 14 组指标两两比较评分得到的判断矩阵归集化后
形成的综合判断矩阵

基本公共服务	社会保险参保及获益	子女本地教育服务	维权意识和行为	Wi
社会保险参保及获益	1.0000	0.6851	2.6540	0.3525
子女本地教育服务	1.4597	1.0000	3.8741	0.5146
维权意识和行为	0.3768	0.2581	1.0000	0.1328

注：准则层：基本公共服务；组合一致性比例 $CI = 0.0146$。

表 3.20　11 位专家对第 15 组指标两两比较评分得到的判断矩阵归集化后
形成的综合判断矩阵

福利性公共服务	就业培训和服务	住房保障服务	住房信贷服务	Wi
就业培训和服务	1.0000	0.3573	0.5746	0.1805
住房保障服务	2.7985	1.0000	1.6080	0.5052
住房信贷服务	1.7404	0.6219	1.0000	0.3142

注：准则层：福利性公共服务；组合一致性比例 $CI = 0.0167$。

三　农民工市民化评价指标体系的建构特征分析

（一）专家群决策的结论显示经济融合权能在农民工市民化诸权能中的重要性居于首位

在对农民工市民化权能各指标的权重评分中，综合各参与决策专家判断的总体结论是，经济融合权能的重要性居于首位，其权重评分达到 0.4365（见图 3.4），显著高于其他评价维度权能的权重系数，突出了经济融合权能在农民工市民化权能中的主导性和"硬条件"地位。经济融合权能的高权重评分意味着农民工的经济融合权能对其市民化条件和权能结构具有决定性影响，市民化这一过程具有鲜明的经济面向属性。

经济融合权能重要性的居于首位蕴含了市民化的基本属性首先在于农民工对市民经济地位和条件的刚性获得这一基本事实，展现了市民化过程的个体经济社会流动本质。

在经济融合权能的内部结构上，专家们较集中的意见认为，对于市民化所需的经济融合权能条件，农民工显性权能和资本的重要性高于其潜在权能和资本。这具体表现在，专家们对收入资产这个以货币化形态呈现的权能资本的评分显著高于就业状况、人力资本这两种非货币化的间接资本

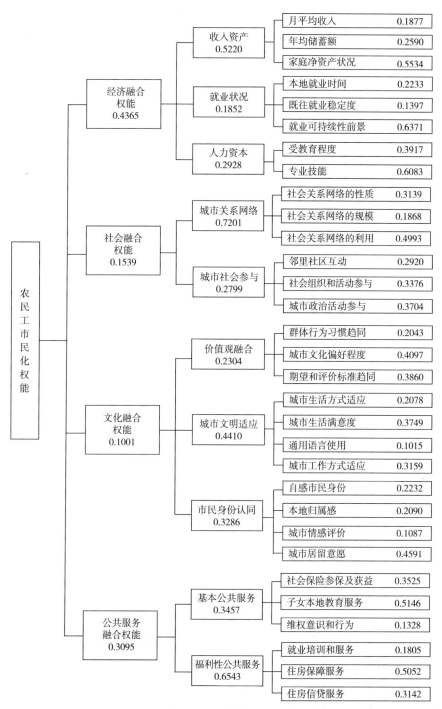

图 3.4 农民工市民化权能评价体系及指标权重
（按同一指标之和为 1 计算的权重）

形式。具体而言，在经济融合权能评价要素各下层指标中，收入资产的权重系数为 0.5220，而人力资本和就业状况的权重系数分别只有 0.2928 和 0.1852。形成这一评价结果的原因可能有两个方面。一方面，农民工所处的不利社会地位和弱势权能状况，使其潜在资本的兑取过程和顺畅程度受到较大影响，增加了其潜在资本兑换成现实价值的不确定性和风险；另一方面，市民化对资产形式的要求主要是即时资产和现金流，而就业状况和人力资本代表的主要是潜在和长期的资产和现金流，后者变现和进行流动资产转换所需的时间周期较长，它与市民化现实的即时需求间存在的不同步使后者的重要性和价值大打折扣。

（二）基于专家共识性的判断突出了公共服务融合权能在农民工市民化权能中的重要支撑作用

专家群决策的结果显示，公共服务融合权能在影响农民工市民化权能重要性上的权重系数为 0.3095，在四个评价权能要素中位列第二，这说明该权能对农民工市民化权能的形成和获得具有重要作用。如前所述，公共服务融合权能在农民工市民化权能诸评价维度中是体现外部制度赋权特征的结构性要素，农民工对该权能的获得情况主要不是源于个体自主性的行为实践，而是依赖制度的结构性安排。专家普遍认同这一权能的重要性，表明城市公共服务权利及其所承载的福利保障内容构成了农民工市民化重要的外部支撑条件。

在公共服务融合权能的内部结构上，福利性公共服务的权重系数达到 0.6543，显著高于基本公共服务权能。这说明在当前情形下，福利性公共服务对农民工市民化形成了重要的支撑作用。福利性公共服务主要涉及市民基本需求满足和中大宗支出项目的保障支持，这是补贴额度和福利性较高的核心权利内容，也是维持中低收入市民基本生活的关键生计保障条件。这些核心公共服务和保障项目主要包括就业培训和服务、住房保障服务和住房信贷服务，其中住房保障服务的地位最为突出。评价体系中该指标的权重系数达到 0.5052，反映了专家对住房等安居型公共服务权利在农民工市民化硬性条件中的重要地位具有高度共识。在基本公共服务中，农民工子女在务工城市拥有平等受教育权利指标的权重系数（0.5146）也显著高于其他指标，说明均等的子女公共教育服务权利对满足当前农民工家庭最紧迫、最现实的需求具有重要保障作用。

从专家对上述指标重要性的评价结果中，我们大致可以总结出两个具有重要影响的公共服务权能要件：子女本地教育服务和住房保障服务。对这两种公共服务权利的获得状况，将直接影响农民工公共服务融合权能的整体状况乃至其市民化硬性条件的支撑基础。

（三）社会和文化融合权能是农民工市民化权能需求中重要性排序相对靠后的"软权能"要素

专家群决策的结果显示，社会融合权能和文化融合权能在农民工市民化权能中的重要性排序相对靠后。其中，社会融合权能的权重系数为0.1539，而文化融合权能的权重系数只有0.1001。这两个权能要素的重要性排序相对靠后的原因可能在于它们相对于经济与福利保障的"硬性权能"来说，是相对比较"软的权能"。也就是说，它们在农民工市民化所要求的刚性条件满足上的地位和重要性不及经济和公共服务融合权能那么突出，对这一过程当下亟须的物质投入缺口不能产生立竿见影的效果，但它们衡量了市民化"质的层面"的内容。在某种程度上，社会和文化融合权能虽然通常是作为经济和公共服务融合权能的结果呈现的，但对市民化有着长远而持久的影响。它们将为城乡一体化营造良好的群体互动环境，并凝聚社会文化认同与共识，从而为推动农民工市民化更高层级的社群整合的进程奠定坚实的社会和文化基础。

从两个权能的比较来看，专家评价的结果认为，社会融合权能的需求更为紧迫，文化融合权能需求的紧迫性具有模糊特征。在社会融合权能的内部结构上，评价结果显示，农民工城市关系网络的重要程度要高于城市社会参与，前者的权重系数高达0.7201。这可能与乡村社会长期以来浓厚的人情关系情结和依靠非正式制度（如宗法、乡党制）或"隐性规则"（如伦理纲常）开展社会治理的传统有关。在这一社会传统的影响下，大多数农民都将"关系"作为获取合法权利的途径，并赋予其重要意义和地位。依靠非正式渠道的有利条件来克服正式制度对其形成的排斥，也是农民工个体权利意识和寻求平等权能行动在制度缺位下的重要表现。文化融合权能下各指标的权重系数较为均衡，说明农民工在价值观、身份认同、文明适应等融合维度需求上的紧迫程度并没有明显差别。

四　农民工自身对市民化所需条件及标准的设定①

具备什么样的条件才算是市民的标志？从农民工的角度来看，哪些条件和要素构成市民化的必备基础与特质？这是该部分将回答的主要问题。对这两个问题的分析提供了观察农民工市民化的主体中心视角，专门考察基于农民工自我认知与评价的市民化标准建构体系的状况，是对从研究者角度出发（以专家群决策的评价结论为核心内容）的客体中心视角分析的一种印证和补充。

表 3.21 列出了农民工对成为市民应具备的基本条件相对重要性的排序情况。这是从农民工自身角度对市民化条件和标准的评价，可以与前文中从研究者和专家群决策的角度得到的评价序列进行比较。该部分内容的分析结论，可作为对上文中构建的农民工市民化评价指标及相对权重顺序的验证性检视。

下文分别从农民工自身对市民化所需基本条件的设定、农民工对其市民化障碍的评价、农民工对其市民化所需关键条件具体标准的设定三个层面阐述基于农民工主体评价视角的市民化指标序列。

（一）农民工自身对其市民化所需基本条件的设定

1. 经济条件在农民工对其市民化所应具备条件的重要性排序中位于前列

表 3.21 的统计结果显示，农民工认为，对市民化所应具备的基本条件而言，最重要的条件是有"理想的收入"，该指标在农民工对全部备择选项相对重要性的排序中位列第一。在全部 1852 个受访者中，有 803 个受访者将有"理想的收入"列为其认为的最重要的三个市民化条件之首。

农民工认为其相对重要性排在第二位的市民化条件是"有一份较稳定的工作"，共有 635 个受访者将其列为市民化的三个重要条件之一。

---

① 本节所运用的数据来源于课题组为本课题研究专门开展的问卷调查。由于行文逻辑上的需要，本文将一部分实证分析内容呈现在集中介绍数据来源和调查方法的内容之前，特予以说明。对于数据来源、调查方法和样本特征的分析，详见本书第四章第一节的阐述。

表 3.21　农民工对成为市民条件的备择选项的重要性排序

单位：人，位

成为市民条件的备择选项	男性农民工赞同该条件对成为市民而言重要性在前 3 位的人数	女性农民工赞同该条件对成为市民而言重要性在前 3 位的人数	全部受访农民工赞同该条件对成为市民而言重要性在前 3 位的人数	重要性排序
理想的收入	393	410	803	1
有一份较稳定的工作	312	323	635	2
有合适的住处	216	255	471	3
子女能在城市本地学校上学和升学	179	228	407	4
主要家庭成员都和自己一起在城市生活	170	199	369	5
获得所在城市的户口	137	149	286	6
能参加并享受城市的医疗保险	104	104	208	7
能参加并享受城市的养老保险	77	106	183	8
有较高的文化程度	82	85	167	9
有较广泛的朋友圈	60	64	124	10
能申请城市的廉租房或经济适用房	47	38	85	11
能享受城市最低生活保障	41	43	84	12
能流利使用普通话或本地话和别人交流	34	30	64	13
有家庭乘用车（有车）	41	16	57	14
本地居民认同自己是这个城市的一员	17	33	50	15
能参与所在城市的各种社会活动	21	16	37	16

"有合适的住处"这一条件排在诸市民化条件重要性排序中的第三位，有 471 个受访者将其列为市民化的三个重要条件之一。

对上述三个赞同比例居于前列的市民化条件按性别分类观察发现，不同性别的农民工对上述指标的重要性排序没有差异，无论是男性农民工还是女性农民工，都赞成收入、职业和住房条件是其市民化的重要条件。

在上述农民工对其市民化条件重要性顺序的自主评价序列中，赞同比例位列前三的条件有一个共同的特征：它们都属于经济层面的指标要素。这表明，经济条件和权能在以农民工为分析主体视角的自我评价体系中也占据绝对重要地位。该评价结果与基于研究者视角的评价体系结论完全一致。

2. 获得城市公共服务的全面支持是农民工认为的市民化条件的次重要维度因素

如表 3.21 所示,"子女能在城市本地学校上学和升学"条件位于指标相对重要性排序的第四,说明城市公共教育服务在农民工对其市民化条件构成自我评价中具有重要地位。另外,"获得所在城市的户口""能参加并享受城市的医疗保险""能参加并享受城市的养老保险"分别排在相对重要性排序的第六位、第七位和第八位,且男性农民工和女性农民工对上述条件指标的排序情况基本一致。这表明农民工认为,户籍资格所蕴含的平等身份和权利支持、社会保险等公共服务是其市民化条件的重要支撑。在以农民工为评价主体的市民化条件序列中,获得城市公共服务的全面支持这一维度指标的重要性仅次于经济维度指标。

上述基于农民工自主评价视角的结论与前文基于专家评价视角的结论具有良好的一致性,两者共同说明了城市公共服务权利因素在农民工市民化条件中的重要地位,其影响作用仅次于经济维度要素[①],形成农民工市民化条件与权能评价的第二顺序指标要素。

3. 社会和文化融合条件是农民工认为的其市民化条件构成的第三和第四顺序指标要素

表 3.21 和图 3.5 均显示了社会和文化融合条件在农民工对其市民化条件的自主评价序列中所处的相对位置。在对社会融合条件重要性的评价方面,农民工对"主要家庭成员都和自己一起在城市生活"这一指标重要性顺序的评价相对靠前,位列第五;而"有较广泛的朋友圈""能参与所在城市的各种社会活动"指标则分别排在第十位和第十六位,显示了社会融合条件在农民工评价阶位中的相对次要性。在对文化融合条件重要性的评价方面,"有较高的文化程度""能流利使用普通话或本地话和别人交流""本地居民认同自己是这个城市的一员"等条件的重要性分别排在第九位、第十三位和第十五位,说明文化融合指标在农民工对其市民化条件的自主评价体系中也处于靠后位置。

整体而言,社会和文化融合条件的重要性排序相对靠后,处于金字塔

---

① 前文中基于专家群决策得到公共服务融合权能指标的权重系数为 0.3095,小于经济融合权能指标的权重系数(0.4365),但大于社会融合权能(0.1539)和文化融合权能(0.1001)指标的权重系数。

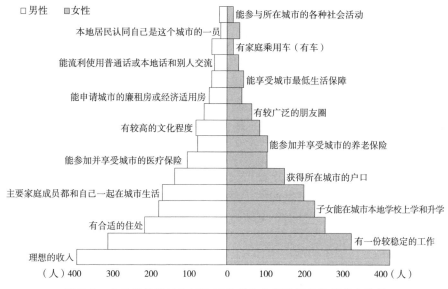

图3.5 分性别统计的农民工对其成为市民重要条件需求表达的
顺序排位情况

注：金字塔图的条形长度代表某一市民化条件备择选项的需求表达次数，每个市民化条件备择选项的需求表达次数（用金字塔的每一个横条表示）均按男（用白色条形表示）、女（用灰色条形表示）分别统计。金字塔的每个横条总长度代表全部受访者对相应市民化条件备择选项的需求表达总次数，如"理想的收入"这一备择选项的需求表达总次数，是白色横条代表的男性表达次数与灰色横条代表的女性表达次数之和。

图的上半部分，这说明大部分农民工认为其在构成市民化关键条件序列中是"补充性""辅助性"作用地位的角色。在农民工看来，社会和文化融合条件的基础性和优先地位不及位于"金字塔"图形底部的经济和城市公共服务条件那么重要。

从上述分析过程中，我们可知，对于农民工而言，具有实在内容和实在性质的条件要素远比具有抽象性和纯价值性的条件要素重要，这也是农民工经济融合权能稍好、社会融合权能滞后的重要原因。

上述结论与前文中专家群决策对农民工社会、文化融合权能地位的评价结论基本一致，表明社会融合权能和文化融合权能在农民工市民化条件构成中处于相对弱势地位，这可以从农民工自身对市民化需求的非均衡结构这一逻辑中找到其经济融合权能发展先行、社会融合权能发展相对滞后的基本动因。

（二）农民工对其市民化障碍的评价

1. 收入水平不高是农民工市民化中最具关键性影响的障碍因素

收入水平是农民工认为在构成其市民化主要障碍因素中赞成比例最高的因素。在 1832 个有效回答中，有 58.3% 的农民工持赞成态度（见图 3.6）。这反映出从农民工自身评估的角度来看，其市民化的经济基础比较薄弱，经济融合权能不足仍是其市民化的主要障碍。在第二章关于农民工市民化权能评价体系的结论中，经济融合权能在影响农民工市民化权能的份额中也被专家们赋予最大权重，这表明经济因素在市民化诸要素中具有核心地位。这两个基于不同主体研究视角的考察在农民工市民化的关键指标评价上结论非常一致。经济因素的重要作用同时也表明，在经济为基础的融合结构下，市民化首先是一个群体经济趋同的过程，或者说，是一个农民工由较低收入和较少资产的阶层向更高收入和更多资产阶层纵向流动的过程。

另外，虽然农民工的经济融合权能在其市民化诸维度权能中已相对处于前列（见后述章节的阐述），但是对于实现市民化而言，仍然存在较大差距。这反映出农民工市民化遭遇的高经济准入和高起始门槛条件，达到市民化经济门槛对大多数农民工而言是十分艰难且极具挑战性的。

2. 安居障碍是农民工市民化中最重要的障碍因素之一

如图 3.6 所示，在 1831 个有效回答中，有 54.0% 的农民工认为住房是其市民化的最大障碍因素，是农民工认为的构成其市民化主要障碍事项中赞同比例次高的因素。大部分农民工都表达了对城市住房问题的普遍关切，从根本上反映了安居问题在其市民化条件构成中的重要性。

在农民工的经济融合权能层面，城市住房问题是其市民化的核心问题。在某种意义上，农民工城市住房问题的解决状况及其城市安居进程直接决定着其市民化的整体进程。在农民工在城市就业基本不构成实质性障碍的条件下，如何实现"住下来"的目标，使其在城市居家生活所需的条件拥有可及性的充分保障，是农民工市民化的首要任务。如果这一任务不能有效完成，那么其他层面的融合问题将受到严重影响。有的研究已指出住房对农民工在城市安居的重要作用，强调其之于市民化的意义不仅在于为农民工提供遮挡风雨、休憩和居家生活的空间庇护，而且在于为其提供城市生存的社会象征意义和精神附着价值，是构筑其城市生活场景的重要物质基石①。因而，农民工对城市住房的可及性必然构成人的城市化的关键要素。

在当前我国的住房供应体系中，商品住房的市场化供应已成为城市占主导性地位的住房生产和分配机制。市场化的住房定价机制、复杂的房价生成逻辑和长期高位运行的房价态势，使当前各大中城市的商品房价格远远超出了农民工整体的承受能力。这使农民工仅凭个人的奋斗和努力、通过市场化的住房供应体系来实现其城市安居梦几乎是不可能的。因此，政府必须发挥公共住房保障机制的作用，为城镇化和农民工市民化构建合适的安居保障体系，加大对农民工住房保障的支持力度，促进其在城市扎根立足、安居乐业。国家和社会要从城镇化和农业转移人口市民化的巨大社会属性、公共价值属性视角来认识和理解城镇化安居保障事业的重大意义，凝聚共识，为加快以人为中心的城镇化建设提供必要的思想和舆论基础。

3. 户口问题也是农民工普遍认为的市民化的主要障碍因素

图 3.6 显示，在 1833 个有效回答中，32.0% 的农民工认为户口问题是其市民化的最大障碍。这一比例虽相较于收入和住房问题的普遍认可度有所下降，但也是农民工关注的重要障碍因素之一。根据现行的大城市户籍管理政策，农民工获得务工地城市的户口通常面临较高的门槛条件，最基本的资格要求包括其在当地是否购置了住房，是否连续缴纳社会保险达到一定的年限，或者达到积分落户政策所要求的最低分值。大城市关于上述户籍规定的准入条件通常是高起点和高门槛标准的，一般只有拥有较高技能人才等级、经商成功者或获得重大荣誉的先进个体等少数务工精英人员才能达到。这部分处于农民工群体金字塔顶端的精英实际上已经跻身城市社会中上层，即使没有户籍制度的支持，也无碍于其获得城市实际成员的身份和享有各种权利分配的机会。而对于不能达到上述落户条件的普通农民工来说，即使有维持在城市长期生活的经济条件，也无法获得务工城市的户籍许可，从而使与户籍捆绑的各种公共服务待遇和权利分享都受到严格的限制。其中最重要的权利，如子女的就学和升学待遇、农民工本人申

---

① 王学义、廖煜娟：《迁移模式对已婚农民工家庭功能的影响——基于家庭亲密度与适应性的视角》，《城市问题》2013 年第 6 期，第 90~98 页。

请当地社会救助和住房保障等，都因户籍限制而无法享有，这也给其正常的市民化进程设置了制度性障碍。

户籍制度的本质涉及两个层面的内容。一是城市管理者倾向于认为大城市尤其是特大城市存在人口承载容量的极限。大量农民工获得这些大城市的户籍可能使城市的基础设施和社会管理面临较大压力，迅速扩大的农转非户籍人口规模可能导致社会管理的失控并诱发诸多潜在社会风险，如城市化病、社会治安环境恶化及城市本地人口福利水平下降等。二是城乡二元社会体制。它主要涉及农民与市民间的非均等公共服务待遇。户籍制度规定了农民和市民在主要公共服务和福利权利上的界限和分野：农民因有土地而不再享受正式制度的保障，市民因其"无地"地位而获得正式制度的保障。农民对城市保障无权利、市民对农村土地无权利，这是城乡二元福利体制分配规则的基本逻辑起点。但农民工市民化所要求的均等赋权恰恰要从根本上打破这一分配规则，在保持市民权利范畴不变的情况下，让农民参与分享市民原有的专属公共服务权利。这势必会形成城乡群体间的利益冲突，引起相关既得利益群体的反对和阻碍。更重要的是，推动这一政策发生转变的主体——政府需要对农民工市民化进行相当规模的配套资金投入，因而这将直接增加地方政府的财政负担。这显然将大大削弱城市政府推动公共服务向农民工均等开放的动力。

但归根到底，户籍制度所涉及的这两个问题的既有逻辑都缺乏充分的理论和根据。尤其是后者，在推动基本公共服务均等化、实现城乡居民权利平等已成为现代公共服务体系建设和社会福利事业发展的内在要求与主要趋势的条件下，破除而非维持甚至固化农民工与市民间的二元社会壁垒，构建共建共享、普惠包容的城乡一体化公共服务新型分配关系是推动社会结构转型、实现中国特色社会主义发展根本目标的必然要求和必经之路。

4. 职业和工作问题、子女教育问题也是农民工认为的较突出的市民化障碍

如图 3.6 所示，在 1832 个有效回答中，有 23.7% 的农民工认为职业和工作问题是其市民化的最大障碍；在 1832 个有效回答中，有 15.8% 的农民工认为子女教育问题是其市民化的最大障碍。其余的障碍因素还包括家庭迁移问题（9.3%）、亲情和社会联系缺乏问题（9.1%）、生活方式适应问题（6.5%）、老家土地能否保留问题（5.6%）。

职业和工作问题成为较突出障碍因素的原因是，一方面，尽管工作的机会基本上不构成其进城务工的障碍①，但问题在于，这些工作的质量不高，其中很多是次属劳动力市场的非正规就业，工资待遇水平低、劳动条件艰苦，很难支撑起其在城市长期生活所需的物质基础。另一方面，职业和工作问题在很大程度上应归结于农民工整体低水平的人力资本和市场禀赋特征，这使他们在城市劳动力市场缺乏竞争优势，也难以获得较高水平的收入回报。

子女教育问题成为农民工市民化的障碍因素与户籍制度的壁垒紧密相关。按照现行城市教育服务与管理体制，农民工子女在务工城市就学和升学的准入标准是其拥有当地的户籍和稳定居所（通常要求拥有自有房产）。由于缺乏户口和住房，农民工子女无法以当地居民的身份平等享受就学和升学的权利。农民工子女就学难问题的存在，说明城市基本公共服务离向非户籍人口均等覆盖的目标还有很大差距，也说明制度层面的市民化障碍依然存在。

另外，非经济层面的一些因素，如家庭迁移、亲情和社会联系缺乏、生活方式适应等，也构成市民化的阻碍因素。这说明除经济和公共服务两个占据主要地位的市民化障碍以外，还有社会融合、文化融合等相对次要的障碍因素为农民工所感知和确认。它们虽不及经济和公共服务因素的阻碍作用那么突出，却是农民工市民化有待破解的难题。

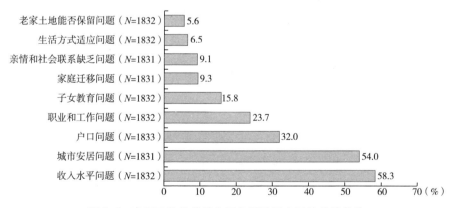

图3.6　农民工认为的其市民化最难以企及的关键条件

---

①　实际上，很多农民工是带着工作机会进城的，其向城市的迁移通常都不是缺乏明确工作指向的盲流，参见李路路《向城市移民：一个不可逆转的过程》，载李培林主编《农民工：中国进城农民工的经济社会分析》，北京：社会科学文献出版社，2003。

（三）农民工对其市民化所需关键条件具体标准的设定

1. 多数农民工认为能够支撑在务工城市长期生活的最低收入在 7000 元左右

图 3.7 显示了农民工认为在务工城市长期生活应有的最低收入水平。有 24.80% 的农民工认为这一收入水平在 2000～4000 元，44.63% 的农民工认为最低收入水平应该在 4000～6000 元，认为最低收入水平在 6000～8000 元的农民工占 17.77%，另外还有 2.34% 的农民工认为应该有其他水平的收入。综合分析可知，大多数农民工（约 65%）认为能够支撑其在城市长期生活的最低收入水平应在 7000 元左右（取 6000～8000 元的中位值，2017 年价格）。这一标准与调查时间段中 2017 年武汉市城镇在岗职工的平均工资水平相当（6640 元①），但远高于调查样本农民工的平均收入水平（3904 元）。若按调查样本中农民工的收入分布估算，大约只有 9% 的农民工达到了最低收入水平。

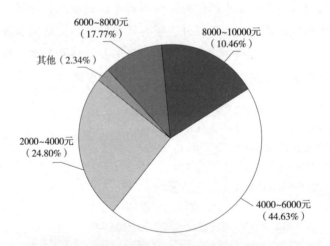

图 3.7　农民工认为在务工城市长期生活应有的
最低收入水平（N = 1835）

---

① 武汉市统计局的公告显示，2017 年武汉市城镇在岗职工的年平均工资为 79684 元，折算成月平均工资为 6640 元。详见武汉市统计局《关于 2017 年劳动工资统计数据的公告》，武汉统计局网站，http://tjj. wuhan. gov. cn/details. aspx? id = 4123，最后访问日期：2019 年 4 月 29 日。

2. 农民工在租房而居或买房而居上有明显的态度差异，但有市民化意愿的农民工更倾向于买房而居

图 3.8 显示，在在城市长期生活有无必要购置房产的态度上，25.14% 的农民工认为十分必要，理由是家庭生活和孩子成长都需要房产作为经济安全保障，29.54% 的农民工认为有必要，原因是生活在属于自己的房子里才安心，34.55% 的农民工认为买房和租房都可以接受，需根据自己的经济条件而定，5.82% 的农民工认为不必要，因为他们认为租房花费少且周转灵活；4.95% 的农民工认为完全不必要，理由是购置房产成本太高。

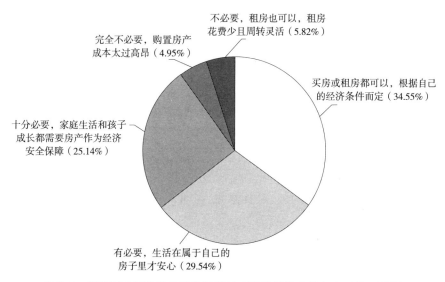

图 3.8 农民工对在城市长期生活有无必要购置房产的态度 ($N = 1838$)

整体而言，农民工对租房而居或买房而居的态度呈现较大的差异，有一半多的农民工认为其市民化必须包含购置房产，而接近一半的农民工则认为可以接受将租房作为其在城市生活的居住形态。

对上述结论的解读应当谨慎，因为它并没有提供到底哪部分农民工更倾向于买房而居，哪部分农民工更倾向于租房而居。为此，我们对上述变量与农民工的市民化意愿变量进行了交叉分析，结果如表 3.22 所示。

表 3.22 列出了变量"农民工对在城市长期生活有无必要购置房产的态度"与变量"农民工是否将在城市长期工作和生活并努力留在当前城市"的交叉分析情况。从表 3.22 的频数分布看，市民化意愿越弱的农民工，在认为不必要态度上的频数分布越多；而市民化意愿越强的农民工，则在认为有

表 3.22 农民工对在城市长期生活有无必要购置房产的态度
与其市民化意愿的交叉分析

		农民工是否将在城市长期工作和生活并努力留在当前城市				总计
		非常肯定	比较肯定	不确定	不会	
农民工对在城市长期生活有无必要购置房产的态度	完全不必要，购置房产成本太过高昂	13	26	41	11	91
	不必要，租房也可以，租房花费少且周转灵活	16	29	46	16	107
	买房或租房都可以，根据自己的经济条件而定	84	187	324	40	635
	有必要，生活在属于自己的房子里才安心	115	178	226	24	543
	十分必要，家庭生活和孩子成长都需要房产作为经济安全保障	154	142	138	28	462
总计		382	562	775	119	1838

必要态度上的频数分布越多。具体来说，"非常肯定"将留在当前城市的农民工认为有必要买房的比例为 70.4%，而认为没有必要买房的比例只有 7.6%。"比较肯定"将留在当前城市的农民工认为有必要买房的比例占 57.0%，而认为没有必要买房的比例只有 9.8%。由进一步的相关分析可知，上述两个有序变量的斯皮尔曼（Spearman）相关系数为 -0.198，肯德尔（Kendall's）tau-b 的值为 -0.172（见表 3.23），且两个统计量都在

表 3.23 农民工租房而居的态度与其市民化意愿之间的相关关系

		值	渐近标准误差[a]	近似 T[b]	渐进显著性
有序到有序	肯德尔 tau-b	-0.172	0.020	-8.450	0.000
	肯德尔 tau-c	-0.161	0.019	-8.450	0.000
	Gamma	-0.242	0.028	-8.450	0.000
	斯皮尔曼相关性	-0.198	0.023	-8.677	0.000[c]
有效个案数		1838			

注：a. 未假定原假设；b. 在假定原假设的情况下使用渐近标准误差；c. 基于正态近似值。

0.01 的水平上显著,表明租房而居的态度与其市民化的意愿呈显著负相关,即市民化意愿越弱的农民工,其租房而居的意愿越强;而市民化意愿越强的农民工,其租房而居的意愿越弱。

3. 农民工对在城市租房定居的接受度较低

如图 3.9 所示,15.51% 的农民工认为,若在城市定居,将租房作为其长期的居住形态"完全不可行",31.95% 的农民工认为"不可行",表明不能接受在城市租房定居的农民工比例达到 47.46%。相对而言,表示租房定居"完全可以""比较可行"的农民工比例分别只有 7.84% 和17.04%,两者累计占比仅 24.88%,远低于对租房定居持否定态度的农民工比例。另外,还有 27.65% 的农民工对租房定居是否可行持不确定态度。这进一步印证了前文中有关农民工对在城市定居有无必要购置房产态度的结论,说明租房定居在农民工市民化预期中的接受度较低。

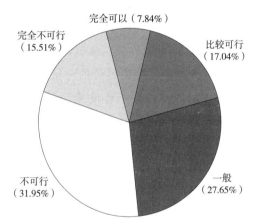

图 3.9   农民工对若要在城市定居可以接受租房作为
长期居住形态的态度 ($N = 1837$)

五   结论

本章阐述了农民工市民化权能评价体系二、三级指标设置的逻辑依据与理论依据,并结合德尔菲技术汇集的专家共识和基本判断,完成了整体评价体系的构建,并在此基础上运用层次分析法专家群决策,对各指标的相对重要性进行了评价确权。11 位专家群决策评价的结论显示,经济融合权能是对农民工市民化权能具有决定性影响的关键要素;公共服务融合权能的权重仅次于经济融合权能，是农民工市民化的重要支撑性权能维度；社会融合权能和文化融合权能在农民工市民化权能需求中的重要性相对靠后，是主要产生市民化长期效应的"软权能"要素。

鉴于农民工自身对市民化权能条件及其相对重要性的评价直接与其市民化期望－目标体系紧密相连，同时也为印证基于研究者主体视角的评价结论与农民工自主评价结论之间的符合程度，本章还利用对调查问卷中相关数据的统计分析，以农民工需求和自主评价为主体性视角，分析和呈现了农民工自身对市民化权能指标的排序情况。研究结论表明，经济条件在农民工自身对市民化必备条件的评价排序中位于最前列，其次为获取城市公共服务的支持条件，而社会互动和文化融合条件则分别位列第三和第四，且这一评价结果在男性和女性农民工间有较强的一致性。这表明，在对农民工市民化所需关键条件和相应维度权能重要性顺序的评价判断上，基于农民工自身评价视角的结论与基于专家群决策评价视角的结论基本一致。这也为本研究关于农民工市民化权能评价指标体系设置及其权重确定的相对客观性和可靠性提供了一定的依据。

此外，对农民工关于其市民化障碍评价的分析结果表明，农民工普遍认为具有瓶颈性阻碍作用的因素按影响程度从高到低的次序排列依次为：收入水平问题、城市安居问题、户口问题、职业和工作问题、子女教育问题。大多数农民工认为市民化所需的收入水平在 7000 元左右（2017 年）；对于有意愿定居城市的农民工而言，买房定居是主要的态度倾向，农民工整体对租房定居的接受度较低。市民化政策的制定若能结合农民工的实际需求，将更有利于在实现预期治理目标上取得更大实效。

第四章　农民工市民化权能水平及其结构的实证研究

——基于武汉市 1852 份调查问卷的分析

一　数据来源及样本的基本特征

（一）抽样调查方法和数据来源说明

本研究所采用的数据来源于课题组于 2016 年 7 月至 2019 年 1 月在湖北省武汉市开展的问卷调查①。问卷调查的抽样过程综合运用了配额抽样和滚雪球抽样的方法，以便在缺乏完整抽样框的情况下，尽可能增加调查样本的典型性和代表性。问卷调查中所采用的配额抽样是指按照农民工在武汉市各中心城区的数量分布比例等先验信息，确定在各城区进行抽样调查的访问目标数量，同时结合 2015 年度国家统计局公布的《农民工调查监测报告》中关于农民工从业行业的大致比例设置以及各行业抽样样本的比例，确定行业抽样访问目标数量。基于地区和行业的双重配额抽样控制，本研究构建了一个大致与农民工总体特征相符的样本。在配额抽样的前提下，对每一抽样配额类型的访问子群，先通过随机方式选择一部分访问对象，然后利用他们的关系网络联系同类型访问对象，采取滚雪球的方式追踪调查。例如，根据上述样本抽取配额要求，需在武昌区调查从事建筑业的农民工 86 人，则先在武昌在建工地中随机抽取 3 个工地，分别在这 3 个工地中选取少数农民工进行调查，并经过他们联系其他工友参与问卷调查。这样就能保证在样本结构与总体特征大致相符的条件下，针对各子类访问对象的搜寻和确定具有现实的可操作性，而基于特定业缘网络的滚

---

① 问卷调查主要在 2016～2017 年进行，2018～2019 年也有部分样本采集，后文在确定数据分析的基期时，主要以 2016 年为参照。

动追踪也有利于保持各子类访问对象属性特征的基本一致性,极大地提升了问卷调查工作的效率。

对于在武汉市各城区应配额抽取的样本比例问题,需要根据现有针对农民工较全面调查的先验信息进行确定。在目前公开可查的官方对武汉市流动人口(以农民工为主体)数量及地理分布的详细数据,见于部分援引官方内部资料进行分析的文献中。例如,于英在研究武汉市外来人口的空间分布特征时引用了武汉市计划生育委员会、武汉市统计局综合处、武汉市武昌区统计局等官方机构关于武汉市流动人口的内部资料。[①] 彭建东、王晶晶在分析流动人口的聚居特征时引用了来自武汉市规划研究院信息中心的"2015 年按社区级公安局户政科流动人口规模及属性统计数据、社区流动人口空间分布数据"。[②] 这些数据均来源于官方的大范围正式调查,是在确定武汉市农民工总体分布特征分析过程中的一个较为可靠的参照。

关于按行业配额抽取的样本比例问题,则参照国家统计局公布的《2015 年农民工调查监测报告》中对我国农民工总体从业行业分布的相关统计数据进行确定。本研究在确定样本配额时主要以上述数据资料为依据。

通过上述途径获取的武汉市流动人口的地理分布情况和我国农民工从业行业的分布特征如表 4.1 所示。

表 4.1 武汉市流动人口的地理分布情况和我国农民工从业行业的分布特征

单位:%

武汉市各城区	流动人口占全市流动人口比例	农民工从业行业	农民工样本比例
江汉区	13.30	制造业	18.70
武昌区	13.19	建筑业	13.80
洪山区	16.80	批发零售业	5.60
硚口区	13.80	住宿餐饮业	10.60
江岸区	12.25	交通运输、邮政和仓储物流业	6.80
汉阳区	9.47	居民生活服务、修理和其他服务业	12.50
青山区	4.68	居民生活服务、修理修配	—
东西湖区	5.35	环境卫生	—

① 于英:《武汉市流动人口聚居区空间分布研究》,学位论文,湖北大学,2007。
② 彭建东、王晶晶:《武汉市流动人口聚居特征分析——来自30个典型社区的调查报告》,载中国城市规划学会编《持续发展 理性规划——2017 中国城市规划年会论文集》,北京:中国建筑工业出版社,2017。

续表

武汉市各城区	流动人口占全市流动人口比例	农民工从业行业	农民工样本比例
江夏区	3.64	文化娱乐	—
其他城区	7.52	其他	32.00
总计	100.00	总计	100.00

本次调查共计发放问卷2000份，回收1911份，回收率95.6%。其中，受访对象为农业户籍的问卷1852份。因为制造业等行业的农民工基本上集中在企业，而大部分制造业企业因政府管理的统一规划而集中布局在工业园区，形成一个相对封闭和独立的社会体系，因此不容易通过个别接触的方式开展调查。为此，课题组争取到了相关管理部门及企业负责人的支持和帮助①。参与问卷调查的制造业企业主要是武汉市本土的劳动密集型企业，包括湖北长江电气有限公司、湖北人福医药集团有限公司、湖北联合天诚防伪技术股份有限公司、武汉爱帝集团有限公司等，行业涉及电子制造、药品生产、包装配件生产、服装生产等领域。问卷调查的实际样本配额分布情况如表4.2所示。

表4.2　问卷调查的实际样本配额分布情况

单位：个,%

武汉市各城区	实际样本配额	实际样本比例	农民工从业行业	实际样本配额	实际样本比例
江汉区	294	15.87	制造业	339	18.30
武昌区	304	16.41	建筑业	151	8.15
洪山区	376	20.30	批发零售业	220	11.88
硚口区	289	15.60	住宿餐饮业	297	16.04
江岸区	264	14.25	交通运输、邮政和仓储物流业	75	4.05
汉阳区	207	11.18	居民生活服务、修理修配和其他服务业	211	11.39
青山区	118	6.37	其中：居民生活服务、修理修配	106	5.72
东西湖区	0	0	环境卫生	16	0.86
江夏区	0	0	文化娱乐	89	4.81
其他城区	0	0	其他	559	30.18
总计	1852	100	总计	1852	100

---

① 在企业的问卷调查得到湖北省发展改革委就业分配处原处长初元庆同志的大力支持以及相关企业负责人的积极协助，在此表示感谢！

（二）受访农民工的基本特征

1. 受访农民工以新生代农民工为主体

从样本的人口学特征看，受访者的性别比例男性占 48.7%、女性占 51.3%，样本的男女比例均匀。从年龄分布看，年龄在 20~30 岁的青年农民工占 61.0%，出生年份在 1980 年以后的新生代农民工占 87.3%，而 20 世纪 70 年代中期及以前出生的农民工仅占 9.5%，反映出样本总体上以新生代农民工为主要构成的特征，这与近年来新生代农民工已成为该群体主体的普遍结论相一致。从婚姻状况看，未婚农民工的占比（56.5%）略高于已婚农民工（41.6%），一半以上的农民工尚无婚姻约束和家庭负担。从受访者的户籍所在地构成看，样本以湖北省内的农民工为主体，省内农民工和省外农民工的比值接近 4∶1。受访农民工的人口学特征统计情况见表 4.3。

表 4.3　受访农民工的人口学特征统计情况

变量	水平	频数（人）	有效占比（%）	变量	水平	频数（人）	有效占比（%）
性别	男	902	48.7	婚姻状况	未婚	1046	56.5
	女	950	51.3		已婚	771	41.6
年龄（岁）	$16 \leqslant X \leqslant 20$	248	13.4		离异	30	1.6
	$20 < X \leqslant 30$	1129	61.0		丧偶	5	0.3
	$30 < X \leqslant 40$	299	16.1	户籍所在地	湖北省内	1432	80.9
	$40 < X \leqslant 50$	132	7.1		省外	339	19.1
	>50	44	2.4				

2. 受访农民工的平均月收入不足 4000 元，处于城市中低水平

如表 4.4 所示，受访农民工月收入的平均值为 3904 元，中位数为 3000 元，远低于调查当年当地城市就业人员人均 5666 元的月工资水平①。就其分布特点而言，农民工的平均月收入总体上呈左偏态分布，大多数农民工的收入集中在小于均值的低值区。分位数统计结果显示，平均月收入在 4000 元及以下的农民工占 70%。图 4.1 显示其收入分布呈现明显的长拖尾特

---

① 武汉市统计局的公告显示，2017 年武汉市城镇单位就业人员平均工资 67992 元，折算成月平均工资为 5666 元。详见武汉市统计局《关于 2017 年劳动工资统计数据的公告》，武汉统计局网站，http://tjj. wuhan. gov. cn/details. aspx? id = 4123，最后访问日期：2019 年 4 月 25 日。

征，表明高收入农民工的数量极少且十分分散，个体间收入差异较大。

表4.4　农民工月收入和外出务工时间的描述性统计

单位：元，年

		月收入	累计在外务工时间	在武汉市工作时间
平均值		3904	6.8	4.4
中位数		3000	5.2	3.0
标准偏差		2286	5.6	4.4
最小值		495	0.5	0.5
最大值		16980	40.0	34.0
百分位数	10	2000	1.1	0.5
	20	2300	2.3	1.0
	25	2500	3.0	1.2
	30	2700	3.3	1.6
	40	3000	4.3	2.2
	50	3000	5.2	3.0
	60	3712	6.8	4.0
	70	4000	8.4	5.0
	75	4640	10.0	6.0
	80	5000	10.0	7.1
	90	6422	14.0	10.0

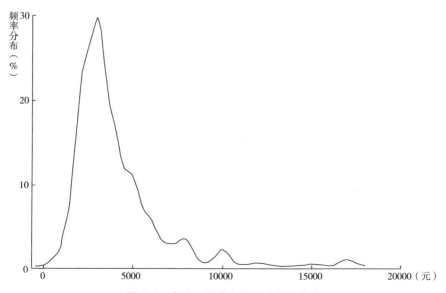

图4.1　农民工月收入的频率分布曲线

3. 受访农民工在外务工时间的中位数为 5.2 年，在调查地工作时间的中位数为 3 年

如表 4.4 所示，受访农民工累计在外务工时间的平均值为 6.8 年，中位数为 5.2 年。在调查地工作时间的平均值为 4.4 年，中位数为 3.0 年。这说明，受访农民工群体在城市务工形势较稳定，大多数农民工都有连续在当地务工的经历。

4. 配偶随迁的农民工比例为 80.4%，随迁子女在务工城市就学的比例为 67.5%

如表 4.5 所示，在 771 个已婚农民工中，配偶在同一城市务工的有 620 人，占 80.4%，说明配偶随迁已成为农民工进城的重要特征。在已婚或有婚姻经历（含离异和丧偶）的农民工中，已生育子女的占 77.3%；而在有子女的农民工中，至少有一个子女随迁的比例为 66.1%，说明农民工子女随迁呈现日渐普遍化的趋势。举家迁移成为农民工迁入城市的基本动向和新常态。

表 4.5　农民工配偶随迁和随迁子女在务工城市就学的情况

单位：人，%

大类统计项目	大类样本数	子类统计项目	子类样本数	子类百分比
已婚农民工人数	771	配偶在同一城市务工的人数	620	80.4
非未婚农民工人数	806	有子女的农民工人数	596	77.3
有子女随迁的农民工人数	394	有子女务工城市上学的农民工人数	266	67.5

另外，在有子女随迁的农民工家庭中，其子女在务工城市就学的比例为 67.5%，表明让子女在务工地就学越来越成为农民工的共同选择。农民工子女对在迁入地城市就学的需求及享有本地同等就学待遇的权利诉求也将越来越突出。

农民工的家庭化迁移及其子女在城市就学新常态的出现是一个非常值得关注的动向。它表明农民工已经渐渐摆脱了农村家庭对其在城市稳定生活所形成的羁绊，通过家庭化的迁移，他们正努力在城市中构建一个完整、健全的居家生活形态，这将有利于激发农民工市民化的动能。另外，赋予农民工子女在城市平等就学和升学的权利，也将成为影响农民工家庭在城市稳定工作和生活的必要条件与迫切要求。

5. 农民工对务工城市公共服务政策和落户政策的了解程度远远不够

农民工对务工城市公共服务政策和落户政策的了解程度直接影响其获取城市公共服务和维护自身合法权益的状况。调查结果显示，有相当一部分农民工对落户政策实际内容的了解情况不理想，对政策所涉及的个人公共服务和落户权利的知晓和掌握情况存在较大偏差。如表4.6所示，在关于享有城市公共服务权利的政策知识测试中，农民工被要求就这些陈述与务工城市相关政策的一致性情况做出"正确"或"错误"的判断。测试结果显示，在每个政策知识点上，平均有超1/3的错误比例，个别题项的错误比例高达60%以上。在关于务工城市落户政策的知识测验中，农民工在各个题目上的错误比例更高，平均达到38.1%，一些政策信息的掌握程度不足50%。

就对政策信息掌握的完整度来说，农民工对城市公共服务政策和落户政策了解不全面、不充分的情况更为普遍。如关于外来人口公共服务政策的7个测试题目，全部回答正确的农民工比例仅为3.4%；在全部题目中，人均正确回答题目的数量为4.5个。在外来人口落户政策的知识测试中，农民工人均正确回答题目的数量为4.3个，他们中有一半左右的人答对的题数不超过4个，而能正确回答全部题目的农民工比例仅有5.0%。这说明农民工对务工城市公共服务政策和落户政策的了解程度远远不够。

表4.6 农民工对务工城市公共服务政策和落户政策的了解程度

单位：人，%

		N	回答正确	回答错误	错误比例	正确回答 n 题比例
农民工对务工城市公共服务政策的了解程度	企业招工时不能有户籍歧视；要同工同酬并保证工资待遇及时发放	1594	1278	316	19.8	4.6
	可以参加城镇职工社会保险（如养老保险、医疗保险、工伤保险等）	1601	1195	406	25.4	6.1
	外地人员可以申请公共租赁房	1587	1112	475	29.9	14.5
	可以参加本市组织的职业技能培训，享受公共就业服务	1577	1076	501	31.8	17.9
	可以在城镇单位就业后享受住房公积金	1590	1030	560	35.2	20.1
	外来人员子女可在本市学校上学、升学，享受与本地学生同等待遇	1605	999	606	37.8	33.1
	外地人员可以申请廉租房和经济适用房	1591	606	985	61.9	3.4

		N	回答 正确	回答 错误	错误 比例	正确回 答 n 题 比例
农民工对 务工城市 落户政策 的了解程 度	夫妻一方获得武汉市户籍,配偶和子女以 投靠方式申请本市户口	1588	1249	339	21.3	5.4
	原武汉市户口人员因上学、入伍原因申请 将户口迁回本市的	1555	1032	523	33.6	7.8
	军队转业干部及其家属随迁	1562	1021	541	34.6	16.7
	2008 年以后在中心城区购置价值 50 万元、 面积 100 平方米以上新商品房	1594	1031	563	35.3	20.8
	1996~2008 年在城区购置价值 30 万元或面 积 120 平方米以上新商品房	1563	925	638	40.8	24.9
	大学毕业生毕业 2 年、有稳定工作和居所、 缴纳社保 1 年	1557	838	719	46.2	19.3
	在武汉市连续工作 5 年以上、收入稳定、 子女在本市上学的	1573	710	863	54.9	5.0

从具体内容来看,农民工对政策了解程度较高的信息集中在与其就业权利与待遇相关的知识层面,如招工过程中禁止户籍歧视、同工同酬、可以参加社会保险,以及户籍获得的基本方式,如夫妻投靠、户籍回迁和军人家属随迁等。与此相对的是,农民工对与市民身份相联系的公共服务政策的了解程度不够,如住房保障、子女可享受与本地学生同等待遇等,有相当数量的农民工存在政策了解的盲区。

农民工对务工城市落户政策了解程度不够的部分原因应归结于其在信息获取上的被动态度。如图 4.2 所示,在 1826 个受访者中,有 80.61% 的

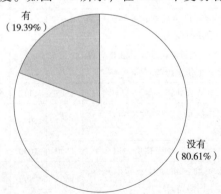

图 4.2 农民工以任何方式咨询或打听务工城市落户政策的情况 ($N = 1826$)

农民工没有主动咨询或打听务工城市的落户政策,仅有不到20%的农民工专门了解了相关政策的详细内容。这说明,大多数农民工仍存在对政策了解和掌握上的主动性不足、权利意识不强的问题。

(三) 农民工的市民化意愿及其自身对所具备的市民化条件的评价

1. 农民工的市民化态度和需求

(1) 近一半农民工有明确的市民化意愿且正为之努力

对农民工市民化意愿的测量,本研究采用以下问题,即"您有想过要成为一名武汉市市民或在这里安家落户吗?"进行操作化。该题目有明确的市民化和城市定居指向,是评估农民工市民化意愿的一个较可靠的指示变量。

如图4.3所示,在1800个有效回答中,明确表示"想过,并在朝这个目标努力"的农民工占44.67%,表示接近一半的农民工有明确的市民化意愿和行动。27.11%的农民工表示"偶尔想过,但不确定能否实现"(市民化或定居城市的目标)。这两种情况都体现了农民工对市民化的积极态度,占比为71.78%。没想过成为当前务工城市市民的农民工占28.22%,其中表示"没想过,看今后发展情况而定"的农民工占23.89%,持绝对消极态度(表示"没想过也没有能力在城市定居")的农民工占4.33%。从整体上说,农民工市民化的意愿比较强烈。

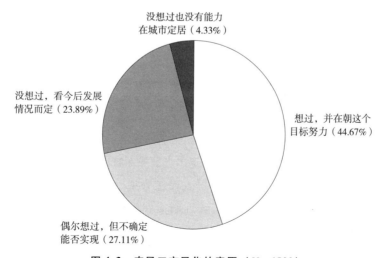

没想过也没有能力
在城市定居(4.33%)

没想过,看今后发展
情况而定(23.89%)

想过,并在朝这个
目标努力(44.67%)

偶尔想过,但不确定
能否实现(27.11%)

图4.3 农民工市民化的意愿 ($N = 1800$)

（2）农民工对务工城市户籍的诉求呈现较大差异

如图4.4所示，有超过1/3的农民工表示渴望获得务工城市户籍，其中表示"非常渴望"获得务工城市户籍的有11.35%，"比较渴望"的有24.59%。而有超过一半的农民工对获得务工城市户籍持"无所谓"态度。这说明在对务工城市户籍的诉求上，农民工群体呈现较大差异。积极和消极诉求并存。如果考虑"无所谓"立场的机会倾向性，即"有"胜过"无"的占利逻辑的作用，积极态度所占比例总体上超过消极态度。毕竟，仅有8.31%的农民工明确表示"不希望"获得务工城市户籍。

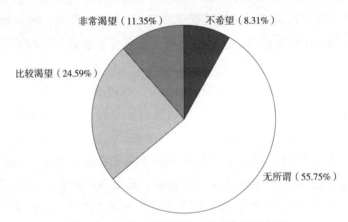

图4.4　农民工对获取务工城市户籍的意愿

（3）多数农民工有长期在当前城市务工的计划

如图4.5所示，对长期在当前城市务工持积极态度的农民工共占51.18%，其中20.73%的农民工表示对这一计划"非常肯定"，30.45%的农民工表示对这一计划"比较肯定"。但也有42.22%的农民工表示不能确定将长期在当地务工，另有6.59%的农民工表示"不会"长期在当前城市务工。这总体上显示了农民工对长期留在当地务工的积极态度，但同时也表明农民工群体在这一计划方面呈现较明显的差异。

（4）延续"城市状态"仍是准备退出当前务工城市的农民工的主要选择

对于计划从当前城市"撤退"的农民工来说，其未来的谋生方式和目标地选择比较多元。图4.6显示了计划结束在当前城市务工的农民工未来的打算，36.72%的农民工打算"换一个大城市继续工作"，22.64%的农民工计划到原籍地市、县或乡镇等小城市落户，26.73%的农民工有其他打算，仅有13.91%的农民工计划"回乡创业或务农"。上述多元选择都有一

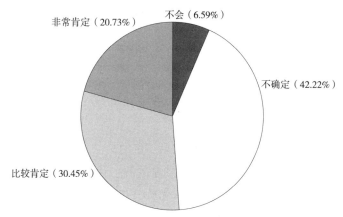

图 4.5　农民工对长期在当前城市务工的计划

个共同的特征，即绝大多数农民工仍选择以城市为目标地，只不过流向目标换成了另外的大城市或其他中小城市。

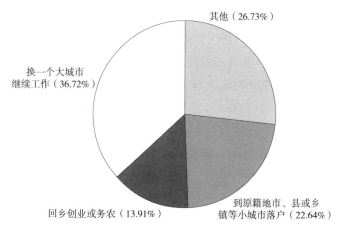

图 4.6　计划结束在当前城市务工的农民工未来的打算

2. 农民工进城的主要动机

传统迁移理论关于农业转移人口迁移动力机制的基本假设主要是推拉理论所预言的"经济理性"，强调寻求经济机会和城乡部门相对工资差额在农民进城动机中的主导地位。但随着农民工迁移历程的演进，情况可能正在发生变化。

调查结果表明，体验城市生活、开辟个人社会互动的新空间是农民工进城的一个极为重要的因素。如图 4.7 所示，以"逃离家庭的紧张关系"为外出目的农民工占比高达 95.8%，在所有动机备择选项中位列第一，表明建立新的社会联系与生活图景的社会理性逻辑，在新生代农民工进城务工新动能的生成中占据了重要的位置。

进城动机源于"老家同辈人和朋友都在外务工"的占91.9%，在诸动机序列中位列第二，说明新生代农民工外出务工受到来自朋辈行为的强烈影响，同龄人进城的趋向，给予其他未进城者压力或激励，促使他们做出类似的迁移行为。

在农民工务工动机序列评价中排在第三位的是"让自己拥有更好的医疗资源"，占总评个案的85.3%，与排序稍靠后的"让子女接受城市优质教育"动机基本上属于同一性质，均属于获取优质公共服务的逻辑动力源。需要指出的是，后一个动机类别的占比（72.2%）是未按"是否有子女"情况进行调整的结果，若只计算"有子女"受访者选择该动机的比例，则该动机占比将达到85.6%。这说明，寻求在城市享受更好基础教育、医疗资源等公共服务机会的动机，已成为农民工进城务工的主要动机之一。

以"寻求在城市安家落户的机会"为进城务工动机的农民工占74.7%。这从侧面印证了农民工普遍拥有市民化期望和愿景的事实。虽然不一定以市民化为外出动机的农民工最终都能成功积累实现该愿景的资本，但当大部分农民工都将成为城市的一员作为其奋斗目标时，农民工市民化就是一种趋势。将"到城市学习一技之长"作为主要动机的农民工占71.3%，显示了提升工作能力、谋求更好工作机会等传统动机仍具有相当的影响。将"体验城市生活、增长见识"作为主要动机的农民工比例为65.9%，这是对体验城市生活和文化动力源的补充性佐证，进一步说明了社会驱动力在农民工进城务工动能中的重要作用。

有趣的是，与推拉理论的经典假定相左，基于完全经济理性的动力源在农民工进城务工的诸动机选项中排在最后两位。以"在城市寻找更好的发展机会""获得较高收入，改善生活条件"为进城务工动机的农民工占比仅分别为47.3%和30.4%，远低于其他动机的比例。虽然这不一定能作为经济动力作用在农业转移人口迁移中支配作用下降的完全证据，但至少表明，相对于经济理性及其驱动力，社会、文化等其他动力因素的重要性大大增强，并成为和经济动力相竞争和抗衡的主要动力源①。

---

① 熊景维、钟涨宝：《农民工家庭化迁移中的社会理性》，《中国农村观察》2016年第4期，第40～55、95～96页。

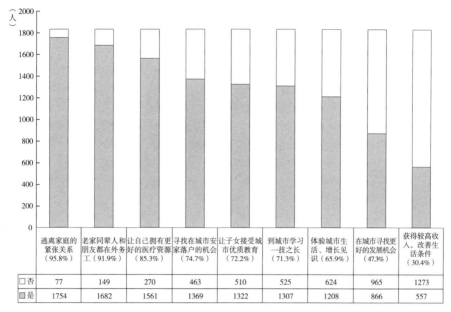

图 4.7　农民工进城务工的主要动机

3. 农民工对自身市民化基础和条件的评价

（1）超过 1/3 的农民工认为其当前职业可以支撑其市民化的经济基础

如图 4.8 所示，分别有 6.53% 和 18.93% 的农民工认为其当前职业"完全不可能""不太可能"支撑其成为务工城市的一员，有 35.91% 的农民工认为其当前职业"有可能"支撑其实现市民化，而分别只有 24.97% 和 13.66% 的农民工对其当前职业能够支撑其完成市民化"比较有把握"和"完全有把握"。这反映出大多数农民工的职业条件对其市民化经济基础的支撑力度不足，职业基础薄弱是制约农民工市民化的重要瓶颈。

（2）农民工在务工城市购置房产的比例为 16.74%，主要来自个体经营户或从事制造业和批发零售业者

如图 4.9 所示，在受访的 1852 个农民工中，有 16.74% 的农民工在务工城市购置了房产，略低于同期全国的平均水平①。这一比例比预期的稍高，但仍然只是少数。

从农民工是否在务工城市买房与其是否为个体经营户之间的交叉分析

---

① 据统计，2017 年全国范围农民工在城市购置住房的比例为 17.8%。参见《2016 年农民工监测调查报告》，国家统计局，http://www.stats.gov.cn，http://www.stats.gov.cn/tjsj/zxfb/201704/t20170428_1489334.html，最后访问日期：2019 年 5 月 3 日。

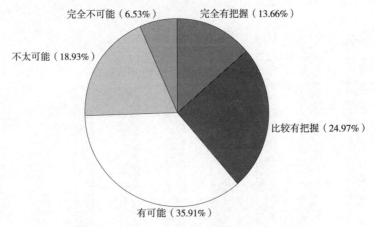

图 4.8   农民工对自身当前职业是否可以支撑其成为务工城市一员的看法 （*N* = 1838）

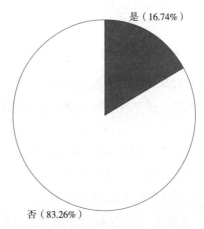

图 4.9   农民工已在务工城市购置房产的比例 （*N* = 1852）

（见表 4.7）统计结果来看，两者间存在显著的相关关系。具体而言，个体经营户在务工城市买房的占 40.7% 。该子群中农民工的平均购房比例超过 1/4，而非个体经营户子群中农民工的平均购房比例只有 13.9% ，远低于前者。

进一步的统计分析显示（见表 4.8），农民工是否在务工城市买房与其是否为个体经营户之间的相关系数 Phi 值和 Cramer V 值均为 0.126，且在 0.01 的水平上显著，表明两者存在显著的相关关系。因此，个体经营户的购房比例显著高于非个体经营户，个体经营户是农民工群体中在经济条件上最具竞争优势、最有潜力完成从农民到市民转变的子群。

表 4.7　农民工是否在务工城市买房与其是否为个体经营户之间的交叉分析

单位：人

		是否为个体经营户		
		是	否	总计
是否在务工城市买房	是	120	175	295
	否	372	1085	1457
总计		492	1260	1752

表 4.8　农民工是否在务工城市买房与其是否为个体经营户之间的相关关系

		值	渐近标准误差[a]	近似 T[b]	渐进显著性
名义到名义	Phi	0.126			0.000
	Cramer V	0.126			0.000
有序到有序	肯德尔 tau－b	0.126	0.026	4.815	0.000
	肯德尔 tau－c	0.085	0.018	4.815	0.000
	Gamma	0.333	0.059	4.815	0.000
	斯皮尔曼相关性	0.126	0.026	5.318	0.000[c]
有效个案数		1752			

注：a. 未假定原假设；b. 在假定原假设的情况下使用渐近标准误差；c. 基于正态近似值。

　　另外，不同类型从业行业农民工的买房情况也存在显著差异。如表 4.9 所示，制造业中买房的农民工占全部买房农民工的 23.8%，其群体购房比例为 22.4%；批发零售业中买房农民工占全部买房农民工的 18.8%，群体购房比例为 25.9%。两个行业农民工买房的比例均远高于其他行业（其他行业农民工平均购房比例为 13.8%）。

表 4.9　农民工是否在务工城市买房与其从业行业类别之间的交叉分析

单位：人

		从业行业类别			
		制造业	批发零售业	其他行业	总计
是否在务工城市买房	是	72	57	174	303
	否	250	163	1086	1499
总计		322	220	1260	1802

　　进一步的统计分析显示（见表 4.10），农民工是否在务工城市买房与其从业行业类型之间存在显著的相关关系。两者的相关系数 Phi 值和 Cramer V 值均为 0.632，且在 0.01 的水平上显著，说明制造业、批发零售业的农民工买房比例与其他行业的农民工有显著差异，从业行业为前两类的农民工的平均买房比例远高于后者。

表 4.10　农民工是否在务工城市买房与其从业行业类型之间的相关关系

	值	渐近标准误差[a]	近似 T[b]	渐进显著性
Phi	0.632			0.000
Cramer V	0.632			0.000
列联系数	0.534			0.000
Lambda 对称	0.293	0.027	9.283	0.000
是否在务工城市买房　因变量	0.224	0.058	3.437	0.001
从业行业类别　因变量	0.323	0.017	16.278	0.000
古德曼和克鲁斯卡尔 tau	0.399	0.023		0.000[c]
	0.240	0.012		0.000[c]

注：a. 未假定原假设；b. 在假定原假设的情况下使用渐近标准误差；c. 基于卡方近似值。

由此可见，买房农民工主要来自个体经营户或从事制造业、批发零售业的农民工（其中从事批发零售业者基本上属于个体经营户）。这部分农民工率先拥有了购买务工城市住房的经济实力和关键条件，因而也成为农民工群体中最先实现市民化的子群。

在购房目的和购房计划上，受访农民工的态度具有以下几个基本特征。

第一，安居型购房、就学型购房和工作型购房是已购房农民工在务工城市购房的主要类型。图 4.10 显示，38.00% 的农民工表示购房的主要目的是在当前城市定居，25.64% 的农民工表示购房主要是为了让子女在务工城市上学，19.58% 的农民工表示购房主要是为了在务工城市工作方便。由此可见，安居型购房、就学型购房和工作型购房是农民工在务工城市购房的三种主要类型。

第二，超三成未购房农民工计划未来 5～10 年内在务工城市购置商品房。如图 4.11 所示，在未购置务工城市住房的农民工中，计划未来 5～10 年内购置当地住房的比例为 31.92%，而 49.96% 的未购房农民工对未来是否在务工城市购房持不确定态度，只有 18.11% 的未购房农民工明确表示不打算在务工城市购房。这表明，有相当一部分农民工已经对购房定居的

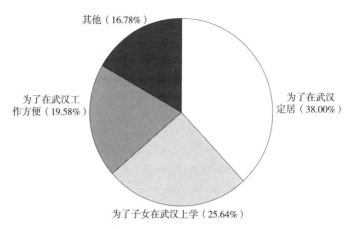

图 4.10 已购房农民工的主要购房动机 （ *N* = 310 ）

市民化目标做出了明确规划并为之付出了切实的行动，来自农民工自身的市民化动力非常强劲。这同时表明，农民工市民化过程将催生较大的城市房产需求并支撑起务工城市相当份额的楼市需求面。城市楼市供应结构也应根据农民工的需求特征和实际做出与之相匹配的适应性调整，以促进城镇化和城市经济的良性互动。

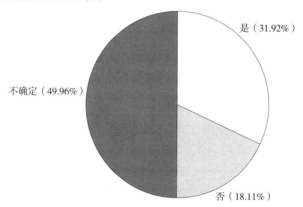

**图 4.11 未购房农民工计划未来 5 ~ 10 年内在务工城市
购置商品房的情况 （ *N* = 1325 ）**

在未购房农民工购置务工城市住房的动机中，以定居为目的的购房类型占比最大，为 43.16%；其次是以工作便利为目的的购房类型，占 23.01%；然后是因子女教育需要而形成的购房需求，占 20.15%；最后是其他类型，占 13.68%（见图 4.12）。这与已购房农民工购房动机的结构类型相似，即安居型、就学型和工作型购房是其最主要的购房动机类型。

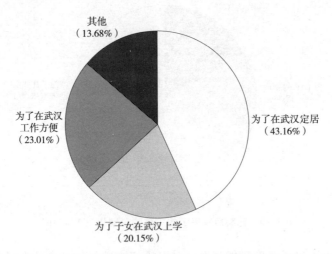

图 4.12　计划在务工城市购房的农民工的主要购房动机（$N = 665$）

（3）仅 1/3 农民工对其市民化的基础和条件持乐观态度

图 4.13 显示，在对自己成为务工城市居民的预期上，33.78% 的农民工认为自己将来会成为务工城市居民，55.93% 的农民工表示不能确定，10.29% 的农民工认为自己完全不可能成为务工城市居民。这表明，部分（1/3）农民工对其市民化的前景持乐观态度，他们倾向于积极评价自己所拥有的市民化基础和条件；多数（超过一半）农民工对其是否能够实现市民化没有确切把握，他们对自己所拥有的市民化基础和条件存在疑虑；少量农民工则完全否定其市民化的基础和条件。

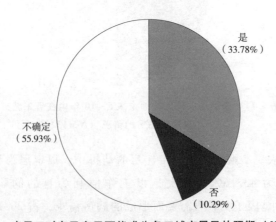

图 4.13　农民工对自己有无可能成为务工城市居民的预期（$N = 1797$）

（4）农民工对其市民化所依托的职业条件的评价呈多元分化态势

如图 4.14 所示，13.66% 的农民工认为其职业足以支撑其成为务工城市的一员，其对自身市民化的职业条件非常有把握；24.97% 的农民工对其市民化的职业条件持比较乐观的态度，认为其市民化有较好的职业基础作为依托。对自身职业能否给予其市民化充足支撑持不确定态度的农民工占35.91%，而认为其职业不足以与完全不足以支撑其成为务工城市一员的农民工比例分别为 18.93% 和 6.53%。

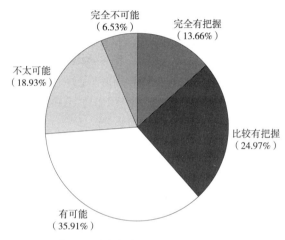

**图 4.14　农民工对自身当前职业是否足以支撑其成为
务工城市一员的看法（$N=1838$）**

整体来看，农民工对其市民化所依托的职业条件的评价呈多元分化态势，持乐观评价、模糊性评价和消极评价的农民工各占一定的比例，其中对自身市民化所依托的职业条件信心充足的评价较多，对职业条件完全缺乏信心的评价较少。

（5）整体上农民工并不认为其工作技能影响其市民化进程

如图 4.15 所示，对于市民化所依托的人力资本条件，只有 7.15% 的农民工认为其工作技能非常影响其成为务工城市的一员；19.37% 的农民工认为其工作技能比较影响其市民化的实现。这两部分将工作技能人力资本条件作为对其市民化形成阻碍作用的农民工共占 26.52%。不能确定自己的工作技能是否构成其市民化阻碍因素的农民工占 28.10%。这意味着，该部分农民工的工作技能在作为其市民化的支撑条件层面上，既没有突出的优势，也不构成严重"拖后腿"的劣势。而认为其工作技能完全不构成其市民化阻碍的农民工占 34.81%，该部分农民工认为其技能方面的人力资本足以支撑其成为务工城市的一员。另有 10.58% 的农民工认为其实现在务工城市长期生活的目标受其工作技能的影响较小。这部分认为自己的工作技能没有影响其市民化进程的农民工共占 45.39%。

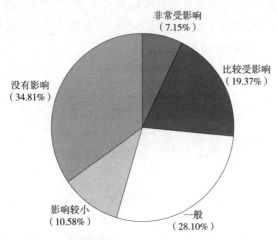

图 4.15　农民工对其工作技能是否影响其成为务工城市一员的看法（$N = 1833$）

　　简言之，整体上农民工并不认为其工作技能构成其实现市民化目标的严重障碍因素，他们中的大多数在自身人力资本对其市民化前景的支撑能力评价上比较乐观，基本不认同工作技能欠缺是影响其市民化的短板。仅有小部分农民工认为需要通过提升工作技能实现其市民化目标。

　　上述评价并不必然反映农民工整体技能不足的现实。大量研究结果显示，农民工群体包括工作技能在内的人力资本储备的欠缺，是其市民化进程的重要障碍因素。农民工自身对其工作技能评价的整体满意状况，从侧面反映了其对主动增强工作技能意识的缺乏，而这恰恰可能是其市民化权能发展不足的潜在诱因。

　　（6）多数农民工不认为自身社会互动情况影响其成为务工城市的一员

　　如图 4.16 所示，对于自己的人际交往和社会关系状况是否影响其成为务工城市一员的评价中，5.41% 的农民工认为"非常受影响"，18.68% 的农民工认为"比较受影响"，这两类持社会互动阻碍其市民化"影响确定论"观点的占 24.09%。不能确定自己的社会互动情况是否影响其成为务工城市一员的农民工占 27.14%，与"影响确定论"的比例接近。分别有

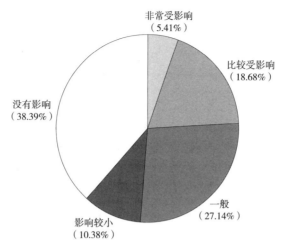

图 4.16　农民工对其人际交往和社会关系状况是否影响
其成为务工城市一员的评价（*N* = 1831）

38.39%和10.38%的农民工认为自己的社会互动情况没有影响或较小影响其成为务工城市的一员，这类"影响否定论"的观点共占48.77%，接近一半。

　　这一结论表明，对于自身所拥有的市民化社会互动情况的评价，多数农民工不认为自身社会互动情况影响其成为务工城市的一员，即多数农民工与城市社会的互动是合适和充分的，整体上其人际交往和社会关系状况不构成阻碍其市民化的重要因素。

　　对这一结论的解释与前文对农民工工作技能条件的自主评价结论相似。从农民工的角度看，其有限的城市社会互动可能是合适的、充分的，因为这对应了其被动的社会融合心态和群体自我封闭的固有倾向，但就市民化蕴含的群体联结和整合角度看，农民工作为一个整体与城市社会互动的广度和深度仍然不够。

　　（7）农民工对自己家庭情况影响其市民化进程的评价呈现较大差异

　　如图4.17所示，在对家庭情况是否影响自己成为务工城市一员的评价中，11.09%的农民工认为"非常受影响"，23.97%的农民工认为"比较受影响"。这两类"影响显著论"者的比例为35.06%。认为家庭情况对其成为务工城市一员影响"一般"的农民工占20.35%，而认为家庭情况对其市民化"没有影响"和"影响较小"的农民工分别占36.01%和8.58%。换言之，持"影响一般论"和"无影响论"者的比例分别为

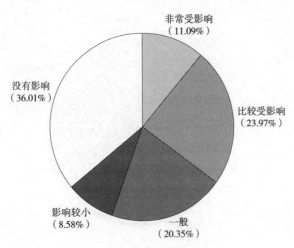

图 4.17 农民工对其家庭情况是否影响自己成为
务工城市一员的评价（$N = 1794$）

20.35% 和 44.59%。

整体来说，农民工对家庭情况是否影响其市民化进程的评价分为三种类型，即"影响显著类"、"影响一般类"和"无影响类"，它们在全部受访者中的比例差异较大。这说明不同农民工的市民化过程受到不同家庭环境的约束和影响，这些约束和影响的性质存在较大的个体差异。

二 农民工市民化权能评价指标的操作化

（一）经济融合权能评价指标的操作化

对各具体测量指标的操作化主要参照第三章"农民工市民化权能评价具体指标设置及指标释义"一节所确定的标准进行。根据问卷中各测量变量的构造实际，需要对相关变量不同取值水平所对应的指标达成度进行计分。

计分的基本原则是，某一指标对应的测量变量的取值水平与增进市民化内涵和属性的标准越接近，则其得分越高；反之，取值水平与弱化市民化内涵和属性的标准越接近，则其得分越低。计分的范围限定在 0 ~ 1，即变量计分的最小值可为 0，最大值不超过 1。这样就让所有变量测量结果的范围均在 0 ~ 1，最终的农民工市民化权能的取值也将在 0 ~ 1。越接近于 0，表示农民工的市民化权能越低；越接近于 1，表示农民工的市民化权能越高。

对取值有绝对意义的测量变量在市民化权能上的得分主要通过变量值与市民的平均值相比较的方式来折算。例如，对农民工的"月平均收入"这一具体测量变量，显然收入越高，越有利于满足市民化所需的经济融合要求，因而该变量的取值越大（收入越高），其得分也越高。但收入取值都是有现实含义的标量，必须有相应的参照依据，才能给出具体数值是否达到相应市民化权能标准的判断。结合实际，我们将经济融合的标准设置为城市在岗职工的平均工资。这个标准代表了一般城市职工的典型收入状况，与市民化通常以市民"平均条件状况"为参照标准的内涵倾向有较好的贴合度。农民工的月收入在这个收入标准以下，则前者与后者的比值即为农民工月收入在其市民化权能指标上的得分，它衡量了具体对象的收入状况在多大程度上满足市民化所需的收入要求；若前者大于或等于这个收入标准，则农民工月收入在其市民化权能指标上的得分计为1，即完全满足市民化经济融合权能标准的要求。类似的操作化还包括对年均储蓄额、受教育程度等变量的计分。如2015年武汉市劳动年龄人口平均受教育年限为14年，如果取各学历阶段的普遍受教育程度作为该学历类型的平均值，即"小学及以下"为6年，"初中"为9年，"中职中专"为12年，"高中"为12年，"高职高专"为15年，"大学及以上"为16年，则可依据被观察农民工的受教育程度计算其相对于市民平均受教育年限的得分，具体结果见4.11。

对取值仅有相对意义的测量变量，主要通过将变量取值中与市民化内涵属性最贴近的水平锚定为市民化权能的合宜标准，并将其得分值设定为1；再用其他取值水平与之相比较，按照一定的赋分级差依其性状与市民化内涵要求的强弱顺序做阶梯式递减的计分操作。例如，对"就业可持续性前景"这一测量变量的计分，将市民化对农民工在务工城市稳定就业的要求作为衡量标准，"非常确定"将来仍继续从事当前的工作这一变量水平的得分计为1，将与稳定就业的要求有一定偏离的变量水平"比较确定"选项的得分计为0.7，而将与弱化市民化权能贴合较近的变量水平"不确定"选项的得分计为0.4，将与严重弱化市民化权能贴合较近的变量水平"不会"选项的得分计为0.1。依照变量取值与市民化内涵要求贴近或背离的程度按级差计分使不同的行为选择保持合理的相对阶位顺序，一方面是甄别农民工在市民化权能上微观差异的需要，另一方面是有序类别变量操作化的惯常技术要求。在按变量取值计分的过程中，不将背离市民化发展要求最远的变量水平的得分归置于0，主要是从保持与实际大致符合和合理性的角度出发考虑的结果。在实际中，即使表示将"肯定不会"从事当前工作的农民工，或进一步说，就业状况极不稳定的农民工，也未必完全没有市民化的潜力或可能。一个重要的事实是，"没有"与"只存在很小的概率"无论是在理论上还是在现实中都不是一回事。另外，对于不同的变量，其最偏离市民化要求的取值水平可能赋予的最低分值也是不尽相同的，这需要视具体情况而定。总之，对没有绝对含义的有序类别变量的计分操作，都不能完全排除研究者的主观成分。而我们所需要努力完善的，就是如何将这种需要借助主观判断的操作减到最小。

经济融合权能指标的操作化及其变量取值的赋分方式详见表4.11。

表 4.11　经济融合权能指标的操作化及其变量取值的赋分方式

二级指标	三级指标	操作化	变量含义	变量值计分方式
收入资产	月平均收入	月平均工资	最近一年农民工的月平均工资	用变量值除以 2015 年武汉市在岗职工月平均工资 5477 元，即得到去量纲后的年收入指标得分值
	年均储蓄额	年均纯收入	最近三年农民工的年均纯收入	用变量值除以 2016 年武汉市城镇常住人口可支配收入 36436 元，即得到去量纲后的年均储蓄指标得分值
	家庭净资产状况	存款余额	最近三年农民工的存款余额	该变量为分类值，共有 4 个选项（20 万元及以上；10 万 ~ 20 万元；5 万 ~ 10 万元；5 万元以下）；按下列规则赋值：20 万元及以上赋值 4；10 万 ~ 20 万元赋值 3；5 万 ~ 10 万元赋值 2；5 万元以下赋值 1
就业状况	本地就业时间	在武汉市工作时间	农民工在武汉市累计工作时间	以 5 年为标准时间，0.5 年以下计为 0；0.5 ~ 2 年计为 0.3；2 ~ 3 年计为 0.5；3 ~ 4 年计为 0.7；4 ~ 5 年计为 0.9；5 年及以上计为 1

续表

二级指标	三级指标	操作化	变量含义	变量值计分方式
就业状况	既往就业稳定度	工作变动频次、现职业从业时间	农民工在武汉市工作期间的工作变更频次、现职业从业时间	(1) 若现职业从业时间大于等于3年，则更换工作频次小于1次，得分计为1；更换工作频次大于等于1次小于等于2次，得分计为0.7；更换工作频次大于等于3次小于等于5次，得分计为0.5；更换工作频次大于等于6次，得分计为0.3； (2) 若现职业从业时间小于3年，则更换工作频次等于0次，得分计为0.8；更换工作频次等于1次，得分计为0.6；更换工作频次大于等于2次，得分计为0.3
	就业可持续性前景	事业发展预期	农民工长期从事当前工作并努力稳定下来的计划	"非常确定"得分计为1，"比较确定"得分计为0.7，"不确定"得分计为0.4，"不会"得分计为0.1
人才资本	受教育程度	受教育年限	农民工的受教育年限	2015年武汉市劳动年龄人口平均受教育年限14年。据此，"小学及以下"文化程度得分计为0.35，"初中"文化程度得分计为0.65，"中职中专"文化程度得分计为0.85，"高中"文化程度得分计为0.85，"高职高专"文化程度得分计为1，"大学及以上"文化程度得分计为1
	专业技能	技能证书获取情况	农民工获得的技能证书种类数量	将城市劳动者的技能证书人均拥有种数设置为1，等于或大于该标准的农民工的该项指标得分均计为1

注：①受访者对2016年收入数据的反馈主要是基于其2015年的收入，故月平均收入、年均储蓄额、受教育年限等指标的数据以2015年为主。若当年相应数据缺乏官方统计数值，则采用可查询到的最邻近年份（2016年或2017年）的数据进行替代。②根据相关调查结果，家庭净资产状况数据收集了当年我国城市家庭的人均资产大约为40万元（含动产和不动产）。按农民工动产（储蓄总额）和不动产（农村房产）比例1∶1估计，储蓄额在20万元及以上的农民工，其总资产数额接近城市人均值，故将储蓄额在20万元及以上的农民工的"资产市民化"赋值为1，其余各储蓄层次按0.2的比例做额递减估计。参见《一文看懂中国家庭平均资产多少?》，搜狐网，http://www.sohu.com/a/291295787_100015437，最后访问日期：2019年1月24日。

（二）社会融合权能评价指标的操作化

按照第三章关于社会融合权能评价指标设置的阐述，农民工的社会融合权能评价由城市关系网络和城市社会参与两个二级指标组成。

城市关系网络主要包括社会关系网络的规模、社会关系网络的性质和社会关系网络的利用三个指标。

"社会关系网络的规模"指标被操作化为"农民工在务工地的熟人或亲友数量"，对应问卷中"您在务工城市经常联系的亲戚和朋友有多少？"这一题目。各选项的赋分规则是，亲友规模"少于4人"得分计为0.25；"4~10人"得分计为0.5；"11~20人"得分计为0.8；"20人及以上"得分计为1。该操作形成的指标得分不具有绝对的实际对应含义，仅能作为一个衡量和评估农民工潜在社会资本和资源状况的粗略表征。上述特征的操作化在后续类似情形中亦具有相近的基本意涵。

"社会关系网络的性质"指标被操作化为"熟人朋友或本地亲戚关系网络的特征"，对应问卷中的两个问题，即①"同乡熟人朋友中是否有经商成功者或单位管理人员"，②"本地亲戚中是否有经商成功者或单位管理人员"。一般情况下，相较于熟人，亲戚提供帮助的可能性更大，因此将第一个问题的权重计为0.4，第二个问题的权重计为0.6。对具体选项值的赋分规则是，选项值为"是"，得分计为1；选项值为"否"，得分计为0。

"社会关系网络的利用"指标被操作化为"从城市社会关系网络中获得的帮助大小"，对应问卷中的三个问题：①从同乡处获取的帮助大小，②从本地朋友处获取的帮助大小，③从本地亲戚处获取的帮助大小。具体赋分规则是，对于从每一类型关系网络获取帮助的情况，"帮助非常大"得分计为1；"帮助比较大"得分计为0.8；"一般"得分计为0.6；"帮助较小"得分计为0.4；"没有帮助"得分计为0.2。三种类型的权重相等，均为1/3。

城市社会参与主要包括邻里社区互动、社会组织和活动参与、城市政治活动参与三个指标。

"邻里社区互动"指标被操作化为"农民工与所在社区居民接触交流情况"，对应问卷中"您与所在社区居民接触交流的频次"这一问题。对该问题各选项的赋分规则是，"交流和接触十分频繁"得分计为1；"比较频繁"得分计为0.8；"一般"得分计为0.6；"接触较少"得分计为0.4；"没有接触"得分计为0.2。

"社会组织和活动参与"指标被操作化为"农民工在城市的公共活动或组织参与情况",对应问卷中"您参与居住地社区或街道公共活动的频次是,"这一问题。对该问题各选项的赋分规则是,"几乎每次参加"得分计为1;"参加较多"得分计为0.8;"一般"得分计为0.6;"较少参加"得分计为0.4;"从来没有参加过"得分计为0.2。

"城市政治活动参与"指标被操作化为"农民工参与政治选举或社会组织的情况",对应问卷中的两个问题,即①"您在务工城市参加人大代表选举的情况是:";②"您在务工城市参加党派、社团或组织的情况是:"。其中,问题①计分权重设置为0.6,问题②计分权重设置为0.4。两个问题中各选项值的赋分规则是,①中"参加过"选项得分计为1,"没有参加过"得分计为0.2;②"参加过"得分计为1,"想参加,但不知道怎样参加"得分计为0.6,"无所谓"得分计为0.4,"不想参加,也没有参加"得分计为0.2。

社会融合权能指标的操作化及其变量取值的赋分方式详见表4.12。

表4.12 社会融合权能指标的操作化及其变量取值的赋分方式

二级指标	三级指标	操作化	变量含义	变量值计分方式
城市关系网络	社会关系网络的规模	农民工在务工地的熟人或亲友数量	在务工城市经常联系的亲戚和朋友的规模	亲友规模"少于4人"得分计为0.25;"4~10人"得分计为0.5;"11~20人"得分计为0.8;"20人及以上"得分计为1
	社会关系网络的性质	熟人朋友或本地亲戚关系网络的特征	①同乡熟人朋友中是否有经商成功者或单位管理人员 ②本地亲戚中是否有经商成功者或单位管理人员	"关系网络中有同乡熟人朋友"及"关系网络中有本地亲戚"选项值为"是",得分计为1,否则计为0;权重分别为0.4和0.6
	社会关系网络的利用	从城市社会关系网络中获得的帮助大小	分别从同乡、本地朋友、本地亲戚处获取的帮助大小	对每种关系网络:"帮助非常大"得分计为1;"帮助比较大"得分计为0.8;"一般"得分计为0.6;"帮助较小"得分计为0.4;"没有帮助"得分计为0.2。三种关系的权重均为1/3

二级指标	三级指标	操作化	变量含义	变量值计分方式
城市社会参与	邻里社区互动	农民工与所在社区居民接触交流情况	农民工与所在社区居民接触交流的频次	"交流和接触十分频繁"得分计为1；"比较频繁"得分计为0.8；"一般"得分计为0.6；"接触较少"得分计为0.4；"没有接触"得分计为0.2
	社会组织和活动参与	农民工在城市的公共活动或组织参与情况	农民工参与居住地社区或街道公共活动的频次	"几乎每次参加"得分计为1；"参加较多"得分计为0.8；"一般"得分计为0.6；"较少参加"得分计为0.4；"从来没有参加过"得分计为0.2
	城市政治活动参与	农民工参与政治选举或社会组织的情况	农民工参与①人大代表选举，②党派、社团或组织的情况	①计分权重设置为0.6，②计分权重设置为0.4。①中"参加过"选项得分计为1，"没有参加过"得分计为0.2；②"参加过"得分计为1，"想参加，但不知道怎样参加"得分计为0.6，"无所谓"得分计为0.4，"不想参加，也没有参加"得分计为0.2

（三）文化融合权能评价指标的操作化

按照上文关于指标设置的阐述，农民工的文化融合权能评价由价值观融合、城市文明适应和市民身份认同三个二级指标组成。

价值观融合指标对期望和评价标准趋同、群体行为习惯趋同、城市文化偏好程度三个指标进行测量。

"期望和评价标准趋同"指标被操作化为"农民工价值追求和期望标准与城市居民趋同"，对应问卷题目"'城市人的生活状态是我努力追求的标准'这一描述与您实际相符合的情况是"。对该问题各选项的赋分规则为："完全不符合"得分计为1；"不符合"得分计为0.8；"比较符合"得分计为0.4；"非常符合"得分计为0.1。

"群体行为习惯趋同"指标被操作化为"农民工在行为方式上与城市居民典型模式的靠近状况"，对应问卷题目"您是否喜欢城市人联系–互动的方式并努力效仿"。对该问题各选项的赋分规则为："从来没有"得分计为 0.1；"偶尔有"得分计为 0.4；"经常有"得分计为 0.7；"总是有"得分计为 1。

"城市文化偏好程度"指标被操作化为"农民工对务工城市文化的喜欢程度"，对应问卷题目"城市社会文化和娱乐活动对您的吸引程度如何"。对该问题各选项的赋分规则为："有非常大的吸引力"得分计为 1；"有较大的吸引力"得分计为 0.7；"一般"得分计为 0.5；"吸引力较小"得分计为 0.3；"没有吸引力"得分计为 0.1。

城市文明适应指标对城市工作方式适应、城市生活方式适应、通用语言使用、城市生活满意度四个指标进行测量。

"城市工作方式适应"指标被操作化为"农民工对务工城市工作方式的适应情况"，对应问卷题目"您对城市人工作方式和节奏的适应情况是"。对该问题各选项的赋分规则为："非常适应"得分计为 1；"比较适应"得分计为 0.7；"一般"得分计为 0.5；"不太适应"得分计为 0.3；"很不适应"得分计为 0.1。

"城市生活方式适应"指标被操作化为"农民工对城市人生活方式和交往习惯的适应情况"，对应问卷题目"您对城市生活方式和节奏的适应情况是"。对该问题各选项的赋分规则为："非常适应"得分计为 1；"比较适应"得分计为 0.7；"一般"得分计为 0.5；"不太适应"得分计为 0.3；"很不适应"得分计为 0.1。

"通用语言使用"指标被操作化为"农民工在务工城市语言使用通用化或本地化的情况"，对应问卷题目"您在工作场合使用方言、本地话或普通话交流的情况是"。对该问题各选项的赋分规则为："主要使用普通话"得分计为 1；"主要使用武汉话"得分计为 1；"主要使用老家方言"得分计为 0。

"城市生活满意度"指标被操作化为"农民工对务工地生活状况的评价"，对应问卷题目"您感觉到'我在这里生活很困难'的情况是"。对该问题各选项的赋分规则为："从来没有"得分计为 1；"偶尔有"得分计为 0.7；"经常有"得分计为 0.4；"总是有"得分计为 0.1。

市民身份认同指标对自感市民身份、本地归属感、城市情感评价、城市居留意愿四个指标进行测量。

"自感市民身份"指标被操作化为"农民工对自我身份的感知和评

价"，对应问卷题目"您觉得您的身份是"。对该问题各选项的赋分规则为："市民"得分计为1；"城市边缘人"得分计为0.6；"说不清"得分计为0.5；"农民"得分计为0.1。

"本地归属感"指标被操作化为"农民工对自己属于务工城市正式成员的感知和评价"，对应问卷题目"您感觉到'自己不属于这里（武汉）'的情况是"。对该问题各选项的赋分规则为："从来没有"得分计为1；"偶尔有"得分计为0.7；"经常有"得分计为0.4；"总是有"得分计为0.1。

"城市情感评价"指标被操作化为"农民工对务工城市的好感评价"，对应问卷题目"您对武汉的总体印象和好感程度是"。对该问题各选项的赋分规则为："很喜欢"得分计为1；"比较喜欢"得分计为0.7；"一般"得分计为0.5；"不喜欢"得分计为0.3；"很不喜欢"得分计为0.1。

"城市居留意愿"指标被操作化为"农民工对在务工城市长期居留乃至定居的意向"，对应问卷题目"您对'如果有可能，我会尽力留在这个城市'这一描述的感知情况是"。对该问题各选项的赋分规则为："从来没有"得分计为0.1；"偶尔有"得分计为0.4；"经常有"得分计为0.7；"总是有"得分计为1。

文化融合权能指标的操作化及其变量取值的赋分方式详见表4.13。

表4.13 文化融合权能指标的操作化及其变量取值的赋分方式

二级指标	三级指标	操作化	变量含义	变量值计分方式
价值观融合	期望和评价标准趋同	价值追求和期望标准与城市居民趋同	对"城市人的生活状态是我努力追求的标准"的自主评价	"完全不符合"得分计为1；"不符合"得分计为0.8；"比较符合"得分计为0.4；"非常符合"得分计为0.1
	群体行为习惯趋同	农民工在行为方式上与城市居民典型模式的靠近状况	农民工喜欢城市人联系-互动的方式并努力效仿的情况	"从来没有"得分计为0.1；"偶尔有"得分计为0.4；"经常有"得分计为0.7；"总是有"得分计为1
	城市文化偏好程度	农民工对务工城市文化的喜欢程度	城市社会文化和娱乐活动对农民工的吸引程度	"有非常大的吸引力"得分计为1；"有较大的吸引力"得分计为0.7；"一般"得分计为0.5；"吸引力较小"得分计为0.3；"没有吸引力"得分计为0.1

续表

二级指标	三级指标	操作化	变量含义	变量值计分方式
城市文明适应	城市工作方式适应	城市工作方式适应情况	农民工对城市人工作方式和节奏的适应情况	"非常适应"得分计为1;"比较适应"得分计为0.7";"一般"得分计为0.5;"不太适应"得分计为0.3;"很不适应"得分计为0.1
	城市生活方式适应	城市生活方式适应情况	农民工对城市人生活方式和交往习惯的适应情况	"非常适应"得分计为1;"比较适应"得分计为0.7;"一般"得分计为0.5;"不太适应"得分计为0.3;"很不适应"得分计为0.1
	通用语言使用	农民工在务工城市语言使用通用化或本地化的情况	农民工在工作场合使用方言、本地话或普通话交流的情况	"主要使用普通话"得分计为1;"主要使用武汉话"得分计为1;"主要使用老家方言"得分计为0
	城市生活满意度	农民工对务工地生活状况的评价	农民工对在务工城市生活艰难程度的自主评价	"从来没有"得分计为1;"偶尔有"得分计为0.7;"经常有"计为0.4;"总是有"得分计为0.1
市民身份认同	自感市民身份	对自我身份的感知和评价	农民工对自我身份的感知和评价	"市民"得分计为1;"城市边缘人"得分计为0.6;"说不清"得分计为0.5;"农民"得分记为0.1
	本地归属感	对务工城市归属感的评价	农民工对"自己不属于这里（武汉）"的感知和评价	"从来没有"得分计为1;"偶尔有"得分计为0.7;"经常有"得分计为0.4;"总是有"得分计为0.1
	城市情感评价	对务工城市的好感评价	农民工对武汉的总体印象和好感程度	"很喜欢"得分计为1;"比较喜欢"得分计为0.7;"一般"得分计为0.5;"不喜欢"得分计为0.3;"很不喜欢"得分计为0.1
	城市居留意愿	对在务工城市长期留乃至定居的意向	农民工对"如果有可能,我会尽力留在这个城市"这一描述的感知	"从来没有"得分计为0.1;"偶尔有"得分计为0.4;"经常有"得分计为0.7;"总是有"得分计为1

（四）公共服务融合权能评价指标的操作化

农民工的公共服务融合权能评价由基本公共服务和福利性公共服务两个二级指标组成。

基本公共服务指标对社会保险参保及获益、子女本地教育服务、维权意识和行为三个指标进行测量。

"社会保险参保及获益"指标被操作化为"农民工参与和享有城镇基本医疗和养老保险的情况"，对应两个问卷题目，即"您参加基本医疗保险的情况"和"您参加基本养老保险的情况"，将两个题目的计分值按相同权重（均为0.5）合并成一个得分值，得到农民工"社会保险参保及获益"指标的综合得分。对题目"您参加基本医疗保险的情况"的计分规则是，"在单位参加了职工医疗保险"得分计为1；"购买了商业医疗保险"得分计为0.8；"参加了武汉市居民基本医疗保险"得分计为0.6；"在老家参加了合作医疗保险"得分计为0.4；"没有购买任何医疗保险"得分计为0.2。对题目"您参加基本养老保险的情况"的计分规则是，"在单位参加了职工养老保险"得分计为1；"购买了商业养老保险"得分计为0.8；"参加了武汉市居民基本养老保险"得分计为0.6；"在老家参加了城乡居民养老保险"得分计为0.4；"没有购买任何养老保险"得分计为0.2。

"子女本地教育服务"指标被操作化为"农民工随迁子女在务工城市获得公平受教育机会的情况"，对应问卷中的四个题目，分别为：①您的随迁学龄子女就学学校的类型；②您的随迁学龄子女是否享有和本地市民子女同等入学、升学待遇？③您的随迁学龄子女是否被收取择校费？④您的随迁学龄子女就学是否缴纳更多学费？"子女本地教育服务"指标的综合得分由上述四个题目的计分值加权求和得到，每个题目加权的权重均为0.25。对题目①的计分规则是，"武汉市公办学校"得分计为1；"武汉市民办学校"得分计为0.7；"武汉市打工子弟学校"得分计为0.4；"其他"得分计为0.1。对题目②的计分规则是，"是"得分计为1；"否"得分计为0；"不清楚"得分计为0.5。对题目③的计分规则是，"是"得分计为0；"否"得分计为1；"不清楚"得分计为0.5。对题目④的计分规则是，"比本市学生高"得分计为0；"和本市学生一样"得分计为1；"比本市学生低"得分计为1；"不清楚"得分计为0.5。

"维权意识和行为"指标被操作化为"农民工维护自身劳动权益意识

和权益受保障的情况"，对应问卷中的三个题目，分别为：①您对参加城镇社会保险重要性的认识；②当受到不公正对待时，您对通过合法渠道维护正当权益的态度；③您与雇主或用人单位签订劳动合同的情况。"维权意识和行为"指标的综合得分由上述三个指标各自的计分值按加权求和得到，各个问题的加权权重均为1/3。对问题①的计分规则是，"很重要"得分计为1；"比较重要"得分计为0.75；"一般"得分计为0.5；"不重要"得分计为0.3；"很不重要"得分计为0.1。对问题②的计分规则是，"一般都会"得分计为1；"不能确定"得分计为0.4；"一般都不会"得分计为0.1。对问题③的计分规则是，"是"得分计为1；"否"得分计为0。

福利性公共服务指标对就业培训和服务、住房保障服务、住房信贷服务三个指标进行测量。

"就业培训和服务"指标被操作化为"农民工享受和市民同等的劳动技能培训、公共就业服务等平等待遇的情况"，对应问卷中的三个题目：①您是否参加过武汉市政府部门组织的劳动技能培训？②您是否参加过武汉市政府部门组织的企业用工招聘会？③您是否从武汉市的公共就业服务大厅或人力资源市场获取过招聘信息？"就业培训和服务"指标的综合得分由上述三个题目的计分加权求和得到，每个题目的加权权重均为1/3。对于问题①的计分规则是，"没有"得分计为0；"参加过1~2次""参加过3~5次""参加过6次及以上"得分均计为1。对于问题②的计分规则是，"没有"得分计为0；"参加过1~2次""参加过3~5次"、"参加过6次及以上"得分均计为1。对问题③的计分规则是，"没有"得分计为0.1；"很少"得分计为0.3；"一般"得分计为0.5；"经常"得分计为1；"总是从那儿获得招聘信息"得分计为1。

"住房保障服务"指标被操作化为"农民工申请并享受武汉市住房保障情况"，对应问卷题目"您申请了或正在使用武汉市保障型住房吗"。对该题目的计分规则是，"申请了廉租房"或者"申请了公共租赁房"得分均计为1；"了解保障型住房，但未能申请""不了解保障型住房，也未申请"得分均计为0。

"住房信贷服务"指标被操作化为"农民工享有住房公积金的情况"，对应问卷题目"您是否享有武汉市住房公积金（含已办理了公积金住房抵押贷款）"。对该题目的计分规则是，"是"得分计为1；"否"得分计为0。

公共服务融合权能指标的操作化及其变量取值的赋分方式详见表4.14。

表 4.14 公共服务融合权能指标的操作化及其变量取值的赋分方式

二级指标	三级指标	操作化	变量含义	变量值计分方式
基本公共服务	社会保险参保及获益	农民工参与和享有城镇基本医疗和养老保险的情况	①参加基本医疗保险的情况; ②参加基本养老保险的情况	①该变量为分类值,共有 5 个选项:"在单位参加了职工医疗保险"得分计为 1;"购买了商业医疗保险"得分计为 0.8;"参加了武汉市居民基本医疗保险"得分计为 0.6;"在老家参加了合作医疗保险"得分计为 0.4;"没有购买任何医疗保险"得分计为 0.2。 ②该变量亦为分类值,共有 5 个选项:"在单位参加了职工养老保险"得分计为 1;"购买了商业养老保险"得分计为 0.8;"参加了武汉市居民基本养老保险"得分计为 0.6;"在老家参加了城乡居民养老保险"得分计为 0.4;"没有购买任何养老保险"得分计为 0.2。 此两个操作化指标的权重均为 0.5,按此权重将两个指标的得分加总,得到"社会保险参保及获益"三级指标的得分
	子女本地教育服务	农民工随迁子女在务工城市获得公平受教育机会的情况	①农民工随迁学龄子女就学学校的类型; ②农民工随迁学龄子女是否享有和本地市民子女同等入学、升学待遇; ③农民工随迁学龄子女是否被收取择校费; ④农民工随迁学龄子女就学是否缴纳更多学费	该指标总得分由左侧操作化栏中 4 个题项得分加权得到,每个题项权重均为 0.25。具体各题项各选项的得分赋值方法是: ①"武汉市公办学校"得分计为 1;"武汉市民办学校"得分计为 0.7;"武汉市打工子弟学校"得分计为 0.4;"其他"得分计为 0.1。 ②"是"得分计为 1;"否"得分计为 0;"不清楚"得分计为 0.5。 ③"是"得分计为 0;"否"得分计为 1;"不清楚"得分计为 0.5。 ④"比本市学生高"得分计为 0;"和本市学生一样"得分计为 1;"比本市学生低"得分计为 1;"不清楚"得分计为 0.5

续表

二级指标	三级指标	操作化	变量含义	变量值计分方式
基本公共服务	维权意识和行为	农民工维护自身劳动权益意识和权益受保障的情况	①农民工对参加城镇社会保险重要性的认识；②当受到不公正对待时，农民工对通过合法渠道维护正当权益的态度；③农民工与雇主或用人单位签订劳动合同的情况	该指标总得分由左侧操作化栏中的3个题项的得分加权得到，每个题项的权重均为1/3。具体每个题项各选项的得分赋值方法是：①"很重要"得分计为1；"比较重要"得分计为0.75；"一般"得分计为0.5；"不重要"得分计为0.3；"很不重要"得分计为0.1 ②"一般都会"得分计为1；"不能确定"得分计为0.4；"一般都不会"得分计为0.1。③"是"得分计为1；"否"得分计为0
福利性公共服务	就业培训和服务	农民工享受和市民同等的劳动技能培训、公共就业服务等平等待遇的情况	①农民工是否参加过武汉市政府部门组织的劳动技能培训。②农民工是否参加过武汉市政府部门组织的企业用工招聘会。③农民工是否从武汉市的公共就业服务大厅或人力资源市场获取过招聘信息。	该指标总得分由左侧操作化栏中的3个题项的得分加权得到，每个题项的权重均为1/3。具体每个题项各选项的得分赋值方法是：①"没有"得分计为0；"参加过1~2次""参加过3~5次""参加过6次及以上"得分均计为1。②"没有"得分计为0；"参加过1~2次""参加过3~5次""参加过6次及以上"得分均计为1。③"没有"得分计为0.1；"很少"得分计为0.3；"一般"得分计为0.5；"经常"得分计为1；"总是从那儿获得招聘信息"得分计为1
	住房保障服务	农民工申请并享受武汉市住房保障情况	农民工申请或正在使用武汉市保障型住房的情况	"申请了廉租房"或者"申请了公共租赁房"得分均计为1；"了解保障型住房，但未能申请""不了解保障型住房，也未申请"得分均计为0

二级指标	三级指标	操作化	变量含义	变量值计分方式
福利性公共服务	住房信贷服务	农民工享有住房公积金的情况	农民工是否享有武汉市住房公积金（含已办理了公积金住房抵押贷款）。	"是"得分计为1；"否"得分计为0

三 农民工市民化权能的测算：基于核密度估计方法

本节利用前述章节分析得到的武汉市 1852 个农民工的市民化权能数值，推断出武汉市农民工市民化权能取值的总体特征和分布规律。由于对农民工市民化权能取值的分布函数缺乏可靠先验统计信息的参考，为保证估计结果的客观准确性，笔者采用核密度估计（Kernel Density Estimation，KDE）方法对农民工市民化权能的数字分布特征进行估计和分析。

（一）核密度估计（KDE）的技术原理

在统计学中，概率密度函数是用来描述连续型随机变量取值分布的密集程度的。如最常见的正态分布函数，其概率密度函数为 $f(x) = \dfrac{1}{\sqrt{2\pi}} e^{-\frac{x}{2}}$，其概率密度函数的图像是一条中间高、两端逐渐下降且完全对称的钟形曲线。概率密度函数反映了研究对象的某一属性变量在各个特定数值范围内的取值分布状况，借由其属性变量的"密度函数"，就可以完全掌握该属性变量取值的一般性特征。

获取特定随机变量概率密度函数的方法主要有参数估计法和非参数估计法。参数估计法是基于先验知识和信息的一种统计推断方法，通过以往的大量观察结果和对随机变量的分布规律的了解，假定其取值的数字特征服从某一经典统计分布函数（如正态分布、伽马分布等），用该经典统计分布函数去拟合变量的分布。根据统计分布函数的参数（如均值、标准差等）法则计算相关变量的拟合参数，就得到该变量的总体密度分布函数，也就大致掌握了该变量取值分布的一般规律。非参数估计法主要适用于对变量总体分布规律不了解的情形。非参数估计是指在不考虑变量分布所属类型或不假定总体分布函数的情况下，基于大样本的性质，直接利用样本估计出总体分布函数。如本研究中的农民工市民化权能，因为无法提前预知其分布的一般特征（当然可以简单地假设农民工市民化权能服从正态分布，但这样假设过于主观武断，可能无法准确反映相关变量取值分布的真实状况），所以需要根据变量取值情况的实际特点和变化规律，拟合一个能反映变量总体分布特征的一般性轮廓函数。

核密度估计是一种基于直方图频率分布法的非参数估计法。它由 Rosenblatt 和 Emanuel Parzen 提出，故也称 Parzen 窗法。经过 Silverman 和 Jones、Marron 和 Sheather 等人的发展，这种新分布函数估计方法的技术和实际应用越来越成熟。其基本思想是，在随机变量的每个取值上都用经典内核函数（如 Epanechnikov 和 Normal 分布等）拟合特定分区中取值的频数分布情况（其中，内核函数的均值参数对应分区的中值，内核函数的方差对应分区的宽度）；通过不断细分直方图中频率柱条的分区宽度（bandwidth），即对分区的宽度求极限，得到每个取值的密度估计；然后将随机变量所有取值点的概率密度叠加，得到总体的核密度函数[1]。

本研究将农民工市民化权能值标记为 x（取值范围是 $x \in [0, 1]$），若在某一个权能值 x 处取它的一个邻域 $(x-h, x+h)$。用 $f(x)$ 表示 x 在其取值处的概率密度，则有：

$$f(x) = \lim_{h \to 0} \frac{1}{2h} P(x - h < x < x + h)$$

若在 x 处取 n 个不同的邻域，然后对上式求均值，则得到一个平均的概率密度，记为：

$$\hat{f}(x) = \frac{1}{2hn} [X_1, X_2 \cdots X_n \in (x - h, x + h)]$$

将上式称为农民工市民化权能在 x 处取值之概率密度的原始估计量（native estimator）。

若记一个权重函数 $w(h)$，其表达式为：

$$w(x) = \begin{cases} \dfrac{1}{2} & 若 |x| < 1 \\ 0 & 若 |x| \geq 1 \end{cases}$$

① B. W. Silverman, *Density Estimation for Statistics and Data Analysis* (New York: Chapman & Hall, 1986), pp. 11 – 15.

则原始概率密度估计量可写成：

$$\hat{f}(x) = \frac{1}{n} \sum_{i=1}^{n} \frac{1}{h} w\left(\frac{x - X_i}{h}\right)$$

这个式子相当于在每一个 x 上都放置一个宽度为 $2h$、高度为 $\frac{1}{2nh}$ 的盒子构造的概率密度估计量。如果用一个核函数 $K_h(x)$ 来替代权重函数 $w(x)$，其中 h 为盒子的宽度，并使得：

$$\int_{-\infty}^{+\infty} K_h(x) dx = 1$$

则可将原始概率密度函数重写为：

$$f(x) = \frac{1}{nh} \sum_{i=1}^{n} K_h\left(\frac{x - X_i}{h}\right)$$

这里核函数 $K_h(x)$ 可以取正态分布（Gaussian Distribution）、三角分布（Triangular Distribution）、均匀分布（Uniform Distribution）、叶帕涅奇尼科夫（Epanechnikov Distribution）等。上述函数在对随机变量核密度函数最终估计结果的效率上没有本质差别。遵循既有文献中的通行做法，本研究中核函数选取正态分布函数，即：

$$K_h(x) = \frac{1}{\sqrt{2\pi}h} \exp\left(-\frac{x^2}{2h^2}\right)$$

其中 h 为邻域区间的宽度，也就是 Parzen 窗口。

在上述估计中，邻域区间的宽度选取对最终得到的核密度函数有重要影响，不同的宽度设置会导致拟合结果产生较大的差别。较大的窗口宽度会使核密度函数对数据分布的特征拟合不够精准，从而产生较大的预测偏差；而过小的宽度会使邻域内参与拟合的点过少，导致拟合失效。因此，如何选择邻域区间的宽度 h 就成为核密度估计的一个关键问题。

为获得一个合适的邻域区间的宽度 h，可以定义一个误差函数，使拟合过后的概率密度与核密度估计值间的残差最小，从而为确定合适的 h 提供方向。参照 Silverman 等人的做法，采用均平方积分误差函数（Mean Intergrated Squared Error，MISE）作为目标误差函数，则：

$$MISE(h) = \int_x \{E(\hat{f}_h(x)) - f(x)\}^2 dx + \int_x \text{var}(\hat{f}_h(x)) dx$$

该目标函数的一个近似估计为 AMISE，

$$AMISE(h) = \frac{1}{4}h^4 \left(\int_t t^2 K(t)\,dt\right)^2 \int_x (f''(x))^2\,dx + \frac{1}{nh}\int_t K(t)^2\,dt$$

当 $h \to 0$ 且 $nh \to \infty$ 时，上式可简化为：

$$AMISE(h) = \left[\frac{1}{2\sqrt{\pi}nf(f'')^2}\right]^{1/5}$$

而最优值未知，故近似方法需要用来进行计算。参照 Jones、Marron 和 Sheather 的做法[①]，采用 Solve-the-Equation Plug-In Approach 的方法估计最优带宽 h：

$$SJPI(h) = \left[\frac{R(K)}{nR(f''_{g(h)})(\int x^2 K)^2}\right]^{1/5}$$

其中 $R(f'')$ 是对未知概率密度函数的估计，$R(K)$ 是相应的核函数。利用上式确定合适的带宽后，就可以代入原始概率密度函数中求取核密度函数 $f(x)$。

（二）农民工各主要维度市民化权能的测算

1. 经济融合权能的测算

按照第四章第二节中对农民工各维度市民化权能得分的操作化，可得到农民工市民化权能评价体系各底层指标相对应的测量变量的权能计分。结合第三章第二节中利用专家群决策与层次分析法分析得到的农民工市民化权能评价指标的权重系数，农民工市民化权能的计算方法可按下列公式计算得到：

顶层指标:市民化权能得分$_i$ = 0.4365 × 经济融合权能得分$_i$ + 0.1539 × 社会融合权能得分$_i$ + 0.1001 × 文化融合权能得分$_i$ + 0.3095 × 公共服务融合权能得分$_i$

中间层指标:经济融合权能得分$_i$ = 0.5220 × 收入资产得分$_i$ + 0.1852 × 就业状况得分$_i$ + 0.2928 × 人力资本得分$_i$

底层指标 1:收入资产得分$_i$ = 0.1877 × 月平均收入得分$_i$ + 0.2590 × 年均储蓄额得分$_i$ + 0.5534 × 家庭净资产状况得分$_i$

① M. C. Jones, J. S. Marron, and S. J. Sheather, "A Brief Survey of Bandwidth Selection for Density Estimation," *Journal of the American Statistical Association* 91(1996):401–407.

底层指标 2:就业状况得分$_i$ = 0.2233 × 本地就业时间得分$_i$ +

0.1397 × 既往就业稳定度得分$_i$ + 0.6371 × 就业可持续性前景得分$_i$

底层指标 3:人力资本得分$_i$ = 0.3917 × 受教育程度得分$_i$ +

0.6083 × 专业技能得分$_i$

根据上述公式,结合第三章中对各底层评价指标的操作化和调查问卷所获取的各测量变量的具体取值信息,可计算出样本中每个农民工在各层级指标上市民化权能的得分以及每个农民工市民化权能的得分。对由每个农民工市民化权能得分组成的 1852 个样本的集合,我们对其取值进行数字分布特征的分析,就能比较清晰地描绘出农民工市民化权能水平及其整体结构状况。

(1)农民工经济融合权能的中位数是 0.5776,整体达到中等偏上水平

对 1852 个样本的描述性统计结果显示,农民工经济融合维度权能的均值为 0.5825,中位数为 0.5776,表明农民工整体的经济融合程度达到中等偏上水平。与社会融合权能、文化融合权能和公共服务融合权能得分相比,经济融合权能的整体得分在诸权能中仅略低于文化融合权能,相对处于前列(见后续分析)。

(2)农民工经济融合权能分布总体上呈现低值密集、高值较少且分散的非均衡特征

为了从样本特征推断农民工经济融合权能分布的总体特征,我们首先对该权能样本序列绘制了直方图并尝试用正态分布曲线对之拟合。如图 4.18 所示,直方图显示该权能数值序列在分布的对称性和峰值的唯一性上,都与正态分布的特征有所偏离。以序列均值和标准差为相应参数的正态分布曲线对该直方图轮廓趋势的拟合情况也并不理想。为精确判断农民工经济融合权能是否符合正态分布,我们对该数值序列进行了统计检验。表 4.15 中关于农民工经济融合权能正态性检验的结果显示,该数值序列偏度(skewness)和峰度(kurtosis)的正态性检验统计量的值分别为 5.5627 和 -6.4799,均在 0.01 的显著性水平拒绝该权能数值序列呈正态分布的原假设。偏度和峰度联合检验的结果也支持农民工经济融合权能分布不符合正态分布的结论。

由于农民工经济融合权能样本序列不服从正态分布,我们采用核密度估计对总体分布进行拟合估计。估计的结果显示在表 4.15 中。

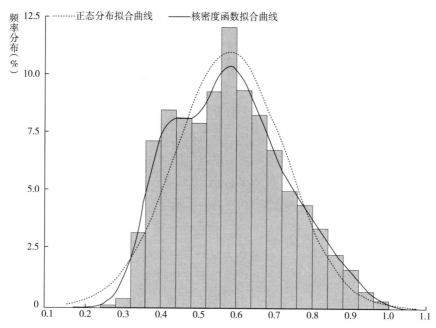

图 4.18 农民工经济融合权能的直方图、正态分布和核密度函数拟合曲线

表 4.15 基于核密度估计的经济融合权能总体分布特征描述

拟合箱柱数	401	核密度带宽	0.024	四分位差	0.22
样本量	1852	第 1 个百分位数	0.3278	第 40 个百分位数	0.5399
最小值	0.2637	第 5 个百分位数	0.3708	第 50 个百分位数	0.5776
最大值	0.9871	第 10 个百分位数	0.3950	第 60 个百分位数	0.6116
均值	0.5825	第 20 个百分位数	0.4424	第 70 个百分位数	0.6551
中位数	0.5776	第 25 个百分位数	0.4644	第 75 个百分位数	0.6796
标准差	0.1443	第 30 个百分位数	0.4900	第 80 个百分位数	0.7061
偏度	0.3233	偏度正态性统计量	5.5627	第 90 个百分位数	0.7861
峰度	-0.5339	峰度正态性统计量	-6.4799	第 95 个百分位数	0.8403
				第 99 个百分位数	0.9204
				正态性检验 p 值	<0.0001

　　对农民工经济融合权能的核密度估计将拟合序列分成了 401 个频率箱柱（bins），在计算分区的带宽时具体采用了 Solve-the-Equation Plug-In Approach 算法，最终得到的核密度带宽值为 0.024。根据核密度估计拟合的农民工经济融合权能总体分布曲线如图 4.19 所示。

　　由核密度估计的结果可知，农民工经济融合权能总体分布呈现低值密集、高值较少且分散的非均衡特征。具体而言，如表 4.15 所示，农民工经济融合权能的最小值为 0.2637，最大值为 0.9871，数值间距为 0.7234，标准差为 0.1443，四分位差达到 0.22，表明总体权能取值区间分布宽、权能序列比较分散。在权能的高值上，第 99 个百分位数与第 95 个百分位数的数值间距达到 0.08，第 95 个百分位数和第 90 个百分位数的间距达近 0.06，第 90 个百分位数和第 80 个百分位数的间距达到 0.08，这说明经济融合权能在高值分布少而分散。而在权能的中低值上，从第 10 个百分位数到第 30 个百分位数，多达 20% 的个体数量的取值间距不到 0.1，第 30 个百分位数和第 50 个百分位数之间多达 20% 的个体数量的取值间距仅为 0.0876，第 40 个百分位数和第 60 个百分位数之间多达 20% 的个体数量的取值间距仅为 0.0717，说明经济融合权能在低值分布多而集中。偏度值为 0.3233，说明样本总体上呈右偏态，包括中位数在内的大多数数值分布在均值的右侧，农民工的经济融合权能以低权能值为主；峰度值为 −0.5339，说明取值分布较分散，权能高值与均值、低值与低值之间的差距较大。同时，农民工经济融合权能的核密度函数拟合曲线显示（见图 4.19），低权能取值区域曲线陡峭而高耸，高权能取值区域曲线平缓而低矮，这也印证了农民工经济融合权能总体分布呈现低值密集、高值较少而分散的非均衡特征。

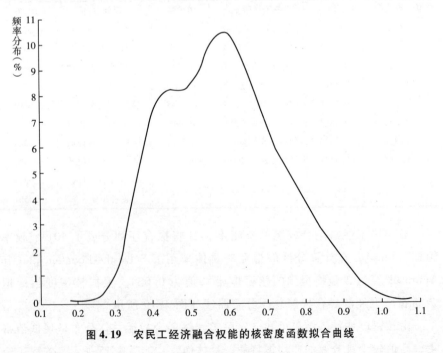

图 4.19　农民工经济融合权能的核密度函数拟合曲线

（3）农民工市民化权能的获得过程具有"经济融合权能发展先行"的鲜明特征

对农民工经济融合权能得分情况的上述分析表明，农民工市民化权能的获得过程具有"经济融合权能发展先行"的鲜明特征。形成这一特征的原因可能有两个方面。第一，这是农民工在城市社会中"以经济活动为中心"的行为导向的结果。农民工在城市的各种活动首先是以经济活动为载体或主要形式展开的，其他类型的活动，如社会互动、文化交流等，主要是依附、从属于经济活动或伴随经济活动进行的。农民工群体在经济融合上的努力程度最高，因而经济融合权能在其各维度融合权能中的表现最为突出。第二，农民工经济融合权能的获取主要是通过市场体系实现的，市场的经济评价机制对参与者社会身份和权利的排斥相对较小。因为农民工提供的劳动类型与城市劳动力市场的需求结构有较强的互补性，其与本地居民在劳动力供给侧上形成的竞争较小（一些高强度、条件恶劣的工作岗位对城市本地居民缺乏吸引力，城市劳动力市场正需要农民工群体提供的体力劳动服务）。由此，城市市场对农民工群体经济融合权能的配置整体上保持了相对的"中立性"和"无偏性"，农民工借此能够获得较大的权能优势。而经济融合权能发展先行、其他维度融合权能发展显著滞后的状况，恰恰反映了农民工市民化融合权能发育不均衡和所处阶段的初级状态。这一情况与不少学者提到的"经济接纳、社会拒入"融合怪象有一定的相似性。

另外，农民工经济融合权能整体处于低水平状态，高权能者比例较低，这反映出农民工在经济层面上与市民化的标准还有较大差距。如表4.16所示，若将经济融合权能水平等于0.75作为农民工市民化的最低经济门槛，则根据核密度估计的结果，在样本调查当年，武汉市将仅有14.00%的农民工满足市民化的经济条件；若将该水平标准提高到0.80，则仅有8.50%的农民工满足这一条件；而若将该门槛标准设置在0.90和0.95，则分别仅有1.70%和0.46%的农民工满足市民化的经济条件。由此可见：①农民工整体的经济融合权能与市民化标准之间尚有较大的差距；②具有较高经济融合权能水平的农民工比例小，支持该部分农民工完成经济市民化所需的财政投入总体规模也将在有限和可控的范围内。

表 4.16　假定市民化应达到的最低经济门槛条件下满足相应权能
要求的农民工比例

假定市民化应达到的最低经济门槛条件	满足该经济融合权能水平的农民工比例（%）
0.75	14.00
0.80	8.50
0.85	4.50
0.90	1.70
0.95	0.46

2. 社会融合权能的测算

按照与上一小节相同的方法，农民工社会融合权能的测算可用下列公式计算。

顶层指标:市民化权能得分$_i$ = 0.4365 × 经济融合权能得分$_i$ + 0.1539 × 社会融合权能得分$_i$ +

0.1001 × 文化融合权能得分$_i$ + 0.3095 × 公共服务融合权能得分$_i$

中间层指标:社会融合权能得分$_i$ = 0.7201 × 城市关系网络得分$_i$ +

0.2799 × 城市社会参与得分$_i$

底层指标 1:城市关系网络得分$_i$ = 0.3139 × 社会关系网络的性质得分$_i$ +

0.1868 × 社会关系网络的规模得分$_i$ + 0.4993 × 社会关系网络的利用得分$_i$

底层指标 2:城市社会参与得分$_i$ = 0.2920 × 邻里社区互动得分$_i$ +

0.3376 × 社会组织和活动参与得分$_i$ + 0.3704 × 城市政治活动参与得分$_i$

按照上述公式计算出 1852 个样本的农民工社会融合权能值，然后运用核密度估计方法得到农民工社会融合权能的总体密度分布函数（见表 4.17）。

（1）农民工社会融合权能的中位数为 0.5022，仅达到"半融合"水平

表 4.17 的统计结果表明，农民工社会融合权能的中位数为 0.5022，均值为 0.5048，这意味着就整体而言，农民工的社会融合权能仅达到"半融合"水平。该融合水平低于经济融合权能的平均水平。社会融合权能的最小值仅为 0.1615，在四个维度的权能中取值最小；最大值为 0.9339，相对不高；权能数值分布间距为 0.7724，分布区间较宽。从横向比较看，社会融合权能在农民工三个以自主禀赋为基础的权能中发育最为滞后，整体处于较低水平。权能取值在极端低值区域分布较多，说明仍有比较多的农

民工的社会融合水平仍然处于初级阶段，其融入城市的进程相当缓慢。

表 4.17　基于核密度估计的社会融合权能总体分布特征描述

拟合箱柱数	401	核密度带宽	0.028	四分位差	0.23
样本量	1852	第 1 个百分位数	0.1855	第 60 个百分位数	0.5529
最小值	0.1615	第 5 个百分位数	0.2367	第 70 个百分位数	0.6053
最大值	0.9339	第 10 个百分位数	0.2844	第 75 个百分位数	0.6248
均值	0.5048	第 20 个百分位数	0.3653	第 80 个百分位数	0.6488
中位数	0.5022	第 25 个百分位数	0.3911	第 90 个百分位数	0.7065
标准差	0.1592	第 30 个百分位数	0.4184	第 95 个百分位数	0.7643
偏度	0.0299	第 40 个百分位数	0.4585	第 99 个百分位数	0.8667
峰度	-0.5779	第 50 个百分位数	0.5022	正态性检验 p 值	<0.0001

（2）农民工社会融合权能在低值区有强集中趋势，中高值区有局部离散特征，高值区域水平值分散

如表 4.17 和图 4.20 所示，农民工社会融合权能水平整体上不服从正态分布。其偏度值为 0.0299，偏度检验统计量在 0.01 的水平上拒绝其不符合正态分布的原假设，表明其分布具有向均值集中的特征。权能值序列的峰度值为 -0.5779，峰度检验的结论表明其分布总体较离散，不同权能取值的人数分布有明显的差异。从核密度估计的结果来看，在低值区域，农民工的社会融合权能水平在第 25 个百分位数和第 40 个百分位数间有强集中趋势，该区间 15% 的人的权能水平总变异范围仅有 0.0674，密集指数为 2.23，即社会融合权能水平平均每变动 0.1 个单位，相对应的人数密度增加 22.3%。这个强集中趋势从农民工社会融合权能的核密度函数拟合曲线在相应权能值区间向上"凸折"的图形特征中亦可看出（见图 4.20）。

此外，图 4.21 显示，在中高值区域，农民工的社会融合权能在均值附近有一个明显的顶部塌陷，由此形成了两个中高值区间的小尖峰。这表明，在均值附近，农民工的社会融合权能出现了一定的分流-集聚现象，分别朝小于均值和大于均值的两个副中心集中。在高值区域，农民工的社会融合权能呈现"拖尾"分布。从第 80 个百分位数到第 90 个百分位数、从第 90 个百分位数到第 95 个百分位数、从第 95 个百分位数到第 99 个百分位数权能值的人数密集指数分别仅为 1.73、0.87 和 0.39，远低于较低权能值区间的人数分布密集指数。这表明，农民工的社会融合权能在高值

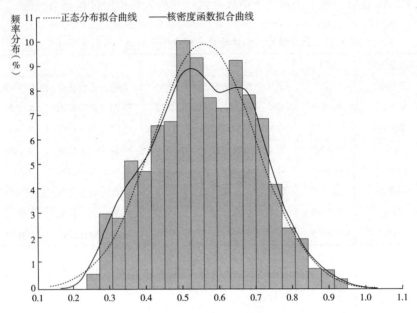

图 4.20　农民工社会融合权能的直方图、正态分布和核密度函数拟合曲线

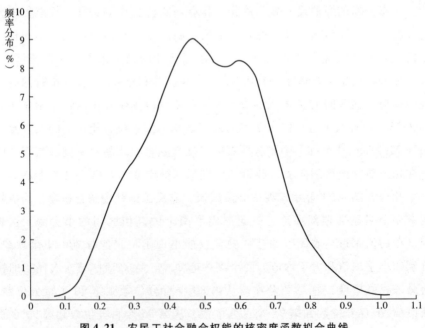

图 4.21　农民工社会融合权能的核密度函数拟合曲线

区分布较少且离散，社会融合权能水平高的人数比例显著偏低且差异明显，社会融合权能水平在结构上具有较强的不均衡特征。

（3）作为一个整体，农民工的社会"不融入"特征突出

表4.18显示，若将权能水平等于0.75作为农民工市民化的社会融合标准，则根据核密度估计的结果，在样本调查当年，武汉市仅有6.00%的农民工满足市民化的社会融合权能条件；若将该门槛条件提高到0.80，则仅有3.00%的农民工满足这一条件；而若将标准设置在0.85和0.90，则分别仅有1.20%和0.44%的农民工满足市民化的社会融合门槛条件。由此可见：①作为一个整体，农民工在社会融合层面与市民化的标准差距较大；②农民工的社会融合权能整体发育迟缓，与城市融合度高者比例极低，社会拒纳、群体不融入的特征十分突出。

表4.18 假定市民化应达到的最低社会融合门槛条件下满足相应权能要求的农民工比例

假定市民化应达到的社会融合门槛条件	满足该社会融合权能水平的农民工比例（%）
0.75	6.00
0.80	3.00
0.85	1.20
0.90	0.44

3. 文化融合权能的测算

与上述两个小节相似，农民工文化融合权能的测算可用下列公式计算。

顶层指标:市民化权能得分$_i$ = 0.4365 × 经济融合权能得分$_i$ + 0.1539 × 社会融合权能得分$_i$ + 0.1001 × 文化融合权能得分$_i$ + 0.3095 × 公共服务融合权能得分$_i$

中间层指标:文化融合权能得分$_i$ = 0.2304 × 价值观融合得分$_i$ + 0.4410 × 城市文明适应得分$_i$ + 0.3286 × 市民身份认同得分$_i$

底层指标1:市民身份认同得分$_i$ = 0.2232 × 自感市民身份得分$_i$ + 0.2090 × 本地归属感得分$_i$ + 0.1087 × 城市情感评价得分$_i$ + 0.4591 × 城市居留意愿得分$_i$

底层指标2:城市文明适应得分$_i$ = 0.2078 × 城市生活方式适应得分$_i$ + 0.3749 × 城市生活满意度得分$_i$ + 0.1015 × 通用语言使用得分$_i$ + 0.3159 × 城市工作方式适应得分$_i$

底层指标3:价值观融合得分$_i$ = 0.2043 × 群体行为习惯趋同得分$_i$ + 0.4097 × 城市文化偏好得分$_i$ + 0.3860 × 期望和评价评准趋同得分$_i$

按照上述公式计算出 1852 个样本的农民工文化融合权能值，然后运用核密度估计方法得到农民工文化融合权能的总体密度分布函数。

（1）农民工文化融合权能的中位数是 0.6073，在诸权能中得分处于最前列

如表 4.19 所示，农民工文化融合权能的中位数为 0.6073，均值为 0.6037，两者都稍高于 0.6 这一中上水平阈值，表明整体上农民工的文化融合权能处于中上游水平。权能值的最小值为 0.1656，最大值为 0.9399，数值分布间距 0.7743，四分位差为 0.14，整体分布区间较宽。横向比较而言，农民工文化融合权能的中位数和均值在各维度权能中最大，表明在权能上农民工的融合基础和条件相对较好。整体而言，其价值观、市民身份认同等文化权能因素发展与其经济权能融合状况匹配程度较高，且有一定的超前倾向。这说明，对于农民工而言，价值和文化方面的城市融入是较为容易并具有先发优势的。

表 4.19　基于核密度估计的文化融合权能总体分布特征描述

拟合箱柱数	401	核密度带宽	0.024	四分位差	0.14
样本量	1852	第 1 个百分位数	0.3150	第 60 个百分位数	0.6329
最小值	0.1656	第 5 个百分位数	0.4241	第 70 个百分位数	0.6596
最大值	0.9399	第 10 个百分位数	0.4687	第 75 个百分位数	0.6757
均值	0.6037	第 20 个百分位数	0.5133	第 80 个百分位数	0.6947
中位数	0.6073	第 25 个百分位数	0.5334	第 90 个百分位数	0.7454
标准差	0.1102	第 30 个百分位数	0.5479	第 95 个百分位数	0.7847
偏度	-0.1514	第 40 个百分位数	0.5773	第 99 个百分位数	0.8481
峰度	0.2267	第 50 个百分位数	0.6073	正态性检验 p 值	<0.0001

（2）农民工文化融合权能分布在中等水平区域高度密集，显示出相对均衡的权能结构状态

由图 4.22 可看出，农民工文化融合权能的正态分布拟合曲线与其核密度函数拟合曲线相对较为靠近，但在低值区核密度函数曲线与直方图的贴合度更高。图 4.23 单独显示了农民工文化融合权能的核密度函数拟合曲线，其分布整体上左右对称，均值处的分布密集度大，这表明多数农民工的文化融合权能有较强的均值集中趋势，个体间的权能差异相对较小，整体权能结构呈现一定的均衡态势。虽然在高值区间农民工文化融合权能分

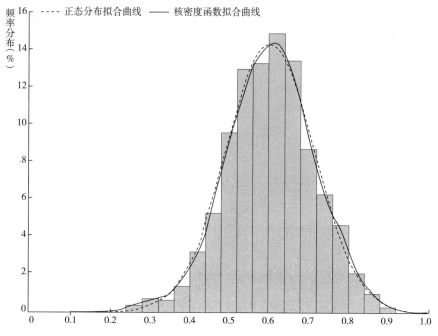

频率分布（%）

---- 正态分布拟合曲线 —— 核密度函数拟合曲线

图 4.22　农民工文化融合权能的直方图、正态分布和核密度函数拟合曲线

布的差异度和离散度仍较大（从第 80 个百分位数到第 90 个百分位数、从第 90 个百分位数到第 95 个百分位数、从第 95 个百分位数到第 99 个百分位数权能值的人数密集指数分别为 1.97、1.27 和 0.63），高值分布相对较少、差异较大，且整体权能序列也呈现较分散的特征（四分位差为 0.14），但相对来说，该权能的齐整程度要高于其他维度权能，这说明在文化融合层面，农民工的内部差异相对较小。一个可能的解释是，作为乡土文化的承载对象，农民工具有较强的价值和精神共同性特征，而我国传统文化根基和乡村社会价值体系影响的基础性、深层性和整体性也是形成这一状况的重要原因。

　　农民工文化融合权能与市民化标准相比亦仍存在较大差距。如表 4.20 所示，若以文化融合权能值等于 0.75 为市民化的最低标准，则有 9.3% 的农民工达到了市民化的门槛条件；若将标准设置为 0.80，则只有 3.5% 的农民工满足该条件；若将标准提高到 0.85 和 0.90，则能达到市民化融合门槛条件的农民工比例分别只有 1.0% 和 0.2%。农民工的文化融合权能水平需要进一步提升。

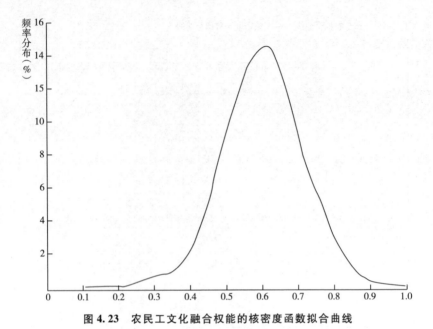

图 4.23　农民工文化融合权能的核密度函数拟合曲线

表 4.20　假定市民化应达到的最低文化融合门槛条件下满足相应权能
要求的农民工比例

假定市民化应达到的文化融合门槛条件	满足该文化融合权能水平的农民工比例（%）
0.75	9.3
0.80	3.5
0.85	1.0
0.90	0.2

4. 公共服务融合权能的测算

类似地，农民工公共服务融合权能的测算可用下列公式计算。

顶层指标:市民化权能得分$_i$ = 0.4365 × 经济融合权能得分$_i$ + 0.1539 × 社会融合权能得分$_i$ +

0.1001 × 文化融合权能得分$_i$ + 0.3095 × 公共服务融合权能得分$_i$

中间层指标:公共服务融合权能得分$_i$ = 0.3457 × 基本公共服务得分$_i$ +

0.6543 × 福利性公共服务得分$_i$

底层指标 1:基本公共服务得分$_i$ = 0.3525 × 社会保险参保及获益得分$_i$ +

0.5146 × 子女本地教育服务得分$_i$ + 0.1328 × 维权意识和行动得分$_i$

底层指标 2:福利性公共服务得分$_i$ = 0.1805 × 就业培训和服务得分$_i$ +

0.5052 × 住房保障服务得分$_i$ + 0.3142 × 住房信贷服务得分$_i$

（1）农民工公共服务融合权能的中位数为 0.3214，是诸维度权能中的最薄弱要素

如表 4.21 所示，农民工公共服务融合权能的中位数为 0.3214，均值为 0.3872。权能平均水平的数值极小，表明农民工公共服务融合权能水平整体很低。相较于经济、社会和文化融合权能，农民工公共服务融合权能的中位数最低，与其他维度权能的平均水平存在较大差距，是诸权能序列中最末端的组成要素。这一状况反映出农民工在城市公共服务权利和市民待遇的取得上，与其他融合环节显著脱节。

表 4.21　基于核密度估计的公共服务融合权能总体分布特征描述

拟合箱柱数	401	核密度带宽	0.014	四分位差	0.24
样本量	1852	第 1 个百分位数	0.1960	第 60 个百分位数	0.3842
最小值	0.1801	第 5 个百分位数	0.2148	第 70 个百分位数	0.4544
最大值	0.9566	第 10 个百分位数	0.2290	第 75 个百分位数	0.4885
均值	0.3872	第 20 个百分位数	0.2496	第 80 个百分位数	0.5350
中位数	0.3214	第 25 个百分位数	0.2598	第 90 个百分位数	0.6545
标准差	0.1627	第 30 个百分位数	0.2684	第 95 个百分位数	0.6911
偏度	0.9521	第 40 个百分位数	0.2895	第 99 个百分位数	0.8387
峰度	−0.0492	第 50 个百分位数	0.3214	正态性检验 p 值	<0.0001

农民工公共服务融合权能相对于其他维度权能发展明显滞后，主要缘于其持续遭受城乡二元社会壁垒和城市非包容性公共服务体系排斥。户籍制度将城市公共服务的准入资质与城市户籍身份挂钩，从而将农民工排除在享有城市社会福利和保障待遇的范围之外。近年来，在中央关于城镇户籍制度改革的宏观政策引导下，虽然各地都加快了户籍制度调整的步伐，提倡以公共服务均等化为改革方向，不少城市也在政策供给上"发放了"公共服务对农民工平等准入的许可，但是上述结果表明，情况依然不容乐观，绝大部分农民工的公共服务融合权能水平极低，他们仍然普遍缺乏对城市公共服务的可及性。其中的具体原因可能多种多样，但从问卷反映的情况看，政策宣传和引导力度不够、农民工对户籍制度改革政策缺乏了解、公共服务均等化政策执行不到位、农民工依然无法享受公共服务中的部分核心福利等是重要原因。

（2）农民工公共服务融合权能分布结构呈现多中心态势，权能的个体

差异较大且有局部团体非均衡趋势

图 4.24 显示了农民工公共服务融合权能的直方图、正态分布拟合曲线和核密度函数拟合曲线，图 4.2 单独呈现了农民工公共服务融合权能的核密度函数拟合曲线。由图 4.24 和图 4.25 可知，农民工公共服务融合权能分布与正态分布偏离较大，整体呈现明显的左偏态分布，权能值在 0.2 ~ 0.3 的低值区间形成一个高耸的尖峰，大量个体的权能水平在此聚集。实际上，表 4.21 的统计结果也显示，有多达 60% 的农民工公共服务融合权能在 0.4 以下的低值区域。

在中高值区间，农民工公共服务融合权能值呈较长的拖尾分布，表明其较高权能值分布离散，高权能值的农民工极少且个体间差异很大。另外，在较高值区间权能序列还呈现多峰分布的特征，其分别在 0.45 和 0.67 的水平值处有局部集中的现象，这表明农民工的公共服务融合权能除具有在较高值区间分布明显分散的特征外，还有局部成团集聚的特征。局部团体间呈现较大权能水平差异，表明较高公共服务权能的分布结构具有阶梯状、团体差等性质。在该权能的获取上，农民工被区隔成水平差异明显的若干小团体，不同团体所获得的公共服务存在较大差别，实际上这也体现了农民工内部在权利获取上的差等以及公共服务权利分配的整体非均衡状态。

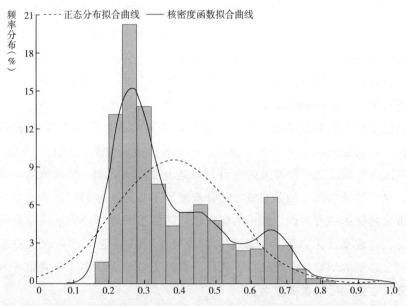

图 4.24　农民工公共服务融合权能的直方图、正态分布和核密度函数拟合曲线

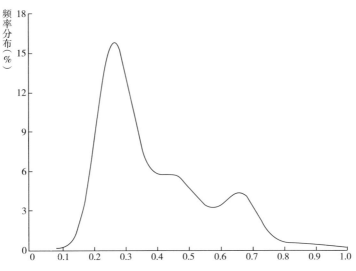

图 4.25　农民工公共服务融合权能的核密度函数拟合曲线

（3）农民工公共服务融合权能与市民化标准差距大，是市民化环节中的最短板

表 4.22 显示，若将农民工市民化的公共服务融合权能标准设定为 0.70，则只有 4.50% 的农民工达到此条件；若将标准提高到 0.75，则仅有 1.73% 的农民工符合市民化的要求；当标准设定为 0.80 时，达到条件的农民工比例只有 1.20%；当标准设定为 0.85 和 0.90 时，分别只有 0.40% 和 0.10% 的农民工符合条件。这意味着几乎没有农民工能达到市民化的公共服务权能标准。这表明，农民工公共服务融合权能与市民化标准差距大。与其他维度权能相比，在衡量市民化水平的标准设定得更低的情况下，农民工在公共服务融合权能上符合标准的人数更少，说明农民工的公共服务融合权能发展滞后，是农民工市民化环节中最薄弱的权能要素。

表 4.22　假定市民化应达到的公共服务融合门槛条件下符合相应权能
要求的农民工比例

假定市民化应达到的公共服务融合门槛条件	满足该融合权能水平的农民工比例（%）
0.70	4.50
0.75	1.73
0.80	1.20
0.85	0.40
0.90	0.10

公共服务融合权能整体滞后于其他维度权能的发展，说明公共服务融合权能是当前农民工市民化的最短板。由于缺乏城市公共服务和相关保障制度的有效支持，农民工市民化权能水平的进一步提升受到阻碍。向农民工平等赋权，保障其均等享受城市公共服务和相关福利，是提升其市民化权能水平的必要步骤和有效途径。

（三）农民工市民化权能的测算

1. 农民工市民化权能均值刚达到 0.5，"半市民化"是对其全方位融合权能现状的形象评价

如表 4.23 所示，农民工市民化权能的中位数为 0.5051，均值为 0.5122，在满分为 1 的度量额中得分仅刚过半数，可以形象地称之为"半市民化"。这与其他学者做出的农民工"半城市化""半融入""半市民化"等定性判断结论有一定的相似性。[1][2][3] 在农民工市民化权能水平的测量数值上，相对于其他研究者的结论，该结果处在已有估计值的中间位置[4]（见表 4.24）。

表 4.23　基于核密度估计的农民工市民化权能总体分布特征描述

拟合箱柱数	401	核密度带宽	0.022	四分位差	0.15
样本量	1852	第 1 个百分位数	0.3239	第 60 个百分位数	0.5331
最小值	0.2759	第 5 个百分位数	0.3624	第 70 个百分位数	0.5641
最大值	0.8141	第 10 个百分位数	0.3864	第 75 个百分位数	0.5809
均值	0.5122	第 20 个百分位数	0.4212	第 80 个百分位数	0.6000
中位数	0.5051	第 25 个百分位数	0.4343	第 90 个百分位数	0.6458
标准差	0.1007	第 30 个百分位数	0.4480	第 95 个百分位数	0.6941
偏度	0.3788	第 40 个百分位数	0.4759	第 99 个百分位数	0.7699
峰度	- 0.3250	第 50 个百分位数	0.5051	正态性检验	< 0.0001

---

① 王春光：《对新生代农民工城市融合问题的认识》，《人口研究》2010 年第 2 期，第 31 ~ 56 页。

② 李强：《农民工与中国社会分层》（第二版），北京：社会科学文献出版社，2012。

③ 胡秋阳：《农民工市民化对地方经济的影响——基于浙江 CGE 模型的模拟分析》，《管理世界》2012 年第 3 期，第 72 ~ 80 页。

④ 应注意的是，不同文献的研究对农民工市民化权能水平测算所采用的指标体系不同，对各指标的权重设置不同，鉴于访问对象地域和访问时间均存在差异等原因，结果之间的绝对比较并无太大实际意义，但可作为对研究结论的一个大概参照和总体定性判断的基础。

表 4.24　本研究关于农民工市民化权能水平与其他文献结果的对照

研究者	年份	调查地点	样本量	农民工市民化指标与测量结果
王桂新等	2006	上海市	667	农民工市民化水平：54%
刘传江、程建玲	2005	武汉市	436	农民工市民化指数：0.4306
申兵	2009	根据全国相关统计数据概算	—	农民工市民化总指数：0.547
张斐	2010	全国分散采样	1595	农民工市民化水平：0.45
魏后凯等	2011	根据全国相关统计数据概算	—	农民工市民化指数：40.68%
沈映春等	2012	北京市	491	农民工市民化程度：48.2%
周密等	2012	辽宁沈阳、浙江余姚等地	583	农民工市民化程度：73%
笔者	2018	湖北省武汉市	1852	农民工市民化权能：0.5051

资料来源：王桂新、沈建法、刘建波《中国城市农民工市民化研究——以上海为例》，《人口与发展》2008 年第 14 期，第 3～23 页；刘传江、程建玲《第二代农民工市民化：现状分析与进程测度》，《人口研究》2008 年第 32 期，第 48～57 页；申兵《通过政府分担机制提高农民工市民化程度》，《宏观经济管理》2010 年第 11 期，第 40～41 页；张斐《新生代农民工市民化现状及影响因素分析》，《人口研究》2011 年第 106 期，第 100～109 页；总报告编写组《推进农业转移人口市民化的总体战略》，载潘家华、魏后凯主编《中国城市发展报告 No.6：农业转移人口的市民化》，北京：社会科学文献出版社，2013；沈映春、王泽强、焦婕、魏潇潇《北京市农民工市民化水平及影响因素分析》，《北京社会科学》2013 年第 5 期，第 138～143 页；周密、张广胜、黄利《新生代农民工市民化程度的测度》，《农业技术经济》2012 年第 1 期，第 90～98 页。

农民工市民化的"半融合"权能状况突出了农民工市民化进度的滞缓。从改革开放初到今天，农民工进城潮持续了四十多年时间，历经差不多两代人的迁移史。随着城镇化进程的推移，虽然城市化在空间扩展和基础建设完善方面取得了令人瞩目的成就，但是以人为中心的城镇化始终成为这一经济社会转型过程的掣肘。在农业转移人口被界定为城镇常住人口的同时，其"转移"但不"转籍"、"移而不能居"、"融而不能入"的问题始终难以得到有效解决。随着新生代农民工成为务工者的主体，该群体在城乡间的流动模式将由原来的"双向流动"向具有较强刚性的"城市定居"趋势转换。由半融入和市民化梗阻形成的庞大待市民化人口，将直接面临"人的城市化"的巨大历史欠账之存量成本的阻隔与消耗，其不断被延滞的城市化进程有可能存在经济和社会风险。

农民工的"半市民化"融合状况体现了其在城乡间进退两难的尴尬境地。一方面，作为农业转移人口，他们中的大多数人长期在城市工作和生活，但不能完全融入新的环境，不能被作为市民而受到同等对待；另一方面，作为农业人口，他们因生产和经济的联系自主或不自主地参与了城市化过程，具有了部分城市人的特征，而且他们中的相当一部分人，尤其是新生代农民工，既缺乏农业生产经验又缺乏对乡村社会的认同感，一旦融入不了城市，也无法成功退回到农村社会。这部分农民工市民化的前景及其城市融合状况关乎中国社会能否顺利实现转型的问题。

2. 农民工市民化权能以低值为主体，低值密集、高值不高且高低值差距明显

如表4.23所示，农民工市民化权能的最小值为0.2759，最大值为0.8141，数值间距不到0.54，标准差为0.1007，四分位差为0.15，说明其市民化权能取值范围相对狭窄、权能序列分布较为集中，其概率密度函数图像与正态分布曲线有较大程度的偏离（见图4.26）。图4.27中农民工市民化权能的核密度函数曲线在较窄的低值区间呈现瘦高的形状，表明其总体权能分布呈现低值而密集的特征。农民工市民化权能的偏度值为0.3788，说明其总体分布呈右偏态，多数农民工的市民化权能水平小于均值，并主要聚集在低值区域；峰度值为－0.3250，说明其权能取值分布仍具有高值离散的倾向，整体上呈现低值密集但高值分布仍相对分散的特征。

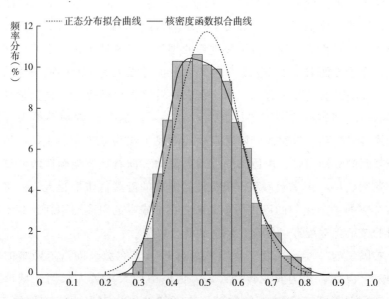

图4.26 农民工市民化权能的直方图、正态分布和核密度函数拟合曲线

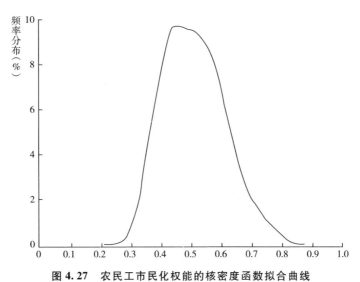

图 4.27　农民工市民化权能的核密度函数拟合曲线

在权能高值的绝对量上，第 99 个百分位数、第 95 个百分位数和第 90 个百分位数分别仅为 0.7699、0.6941 和 0.6458，表明农民工市民化权能高值相对较少。最高权能值亦只居于中上等权能水平的状况，进一步反映了农民工市民化权能整体发育不足。

从权能低值与高值的分布差异看，第 10 个百分位数和第 30 个百分位数之间累计 20% 的个体数量的取值间距不到 0.062，第 30 个百分位数和第 50 个百分位数之间累计 20% 的个体数量的取值间距仅为 0.0571，第 50 个百分位数和第 70 个百分位数之间累计 20% 的个体数量的取值间距仅有 0.0590；而第 95 个百分位数和第 90 个百分位数之间累计 5% 的个体数量的取值间距仅有 0.0483；第 90 个百分位数和第 80 个百分位数之间累计 10% 的个体数量的取值间距达 0.0458，说明农民工市民化权能在低值分布密集且集中，在高值分布稀疏且分散。

综上，农民工市民化权能整体分布呈低水平状态，低值区取值分布密集且个体间差异较小，高值区取值稀疏且个体差异较大，高低值间权能差异明显。

3. 农民工与市民标准间差距明显，其市民化进程有短板需要补齐

表 4.25 列出了在假定市民化应达到的最低权能门槛条件下，满足相应要求的农民工比例。从统计结果可以看出，若将市民化权能的门槛设置在 0.650 的标准，有 9.26% 的农民工达到市民化的条件；若将门槛设置在

0.700 的标准，则只有 4.50% 的农民工符合条件；而以 0.750 为市民化的最低标准，则仅有 1.50% 的农民工能够到市民化的门槛条件。由此可见，农民工与市民标准间差距明显，其市民化进程有短板需要补齐。

表 4.25　假定市民化应达到的最低权能门槛条件下满足相应
要求的农民工比例

假定市民化应达到的最低权能门槛条件	满足该权能水平要求的农民工比例（%）
0.650	9.26
0.675	6.50
0.700	4.50
0.725	2.75
0.750	1.50
0.775	0.85
0.800	0.30

4. 农民工市民化融合权能发展不均衡，公共服务融合权能短板效应明显

表 4.26 和表 4.27 列出了农民工市民化融合权能分布的统计数字特征和正态性检验结果。它们呈现了对受访的 1852 个农民工市民化权能的评价结果，包括相应权能的数值大小和分布特征。从整体水平来看，农民工市民化权能均值的大小顺序依次是文化融合权能、经济融合权能值、社会融合权能值、公共服务融合权能。这表明农民工市民化融合权能各要素在发展水平上不均衡。高水平的文化融合权能说明农民工整体上在价值观、行为习惯和生活方式等层面向市民的靠近最富有成效，也说明城乡文化的区隔性和差异度并未对农民工市民化造成影响；相反，城乡文化的亲和性与接近性使农民工在这一维度上的融合更加容易，在某种程度上也将支持该群体在其他融合维度上的深层递进。公共服务融合权能得分的均值最低，说明当前农民工市民化的最大短板是其享有城市平等权利的机会和制度保障。缺乏正式保障制度的支持，无法与市民共享同等的福利待遇，是农民工市民化的主要障碍因素。附着在户籍制度上的城乡二元福利安排对农民工按市民标准接受城市全面公共服务的排斥，是其市民化权能发展水平整体较低的重要原因。缺乏正式的权利保障和制度支持，农民工对其他非正式、个体化的支持渠道具有更大的依赖性。对于农民工群体而言，这相当于弱化了其达到市民化条件的基础，增加

了市民化实现机会的不确定性，从而提升和增加了其市民化的门槛和难度。从整体权能的取值范围看，除市民化权能外，其余各维度市民化融合权能都有较大的取值区间。经济融合权能的最大值趋近于1，文化、社会和公共服务融合权能的最大值也在 0.93 以上，而市民化权能的最大值仅在 0.81，这表明农民工个体在不同维度的融合权能上亦存在发展不均衡的问题。

表 4.26　农民工市民化权能分布的统计数字特征

权能类别	样本量	均值	中位数	标准差	最小值	最大值
市民化权能	1852	0.5122	0.5051	0.1007	0.2759244	0.8140626
经济融合权能	1852	0.5825	0.5776	0.1443	0.2637350	0.9871345
社会融合权能	1852	0.5048	0.5022	0.1592	0.1615431	0.9339234
文化融合权能	1852	0.6037	0.6073	0.1102	0.1656455	0.9398607
公共服务融合权能	1852	0.3872	0.3214	0.1627	0.1801244	0.9566137

另外，如表 4.27 所示，从分布的正态性检验结果看，农民工各维度市民化融合权能均在 0.01 的水平上拒绝总体分布服从正态分布的假定。除文化融合权能外，各维度融合权能基本上都呈左偏态分布，包括中位数在内的多数权能值聚集在小于均值的低值区域，表明多数农民工的市民化权能发展水平较低。同时，除文化融合权能外，其他各权能的峰度值均为负，这意味着相应序列值较正态分布更为分散，说明农民工各维度融合权能都具有低值密集、高低值间偏离较大、不同个体权能发展差异明显的特征，从而也预示着部分农民工个体在市民化权能和前景上有着与"典型个体"较明显的"离群"倾向。各维度权能总体分布违反正态分布假定的情况，则是上述章节中采用核密度估计方法进行权能数值序列分布拟合的技术原因所在。

表 4.27　农民工市民化权能分布的正态性检验

维度	偏度正态性检验			峰度正态性检验			联合正态性检验[*]	
	偏度	$Z\,(b1)$	p 值	峰度	$Z\,(b1)$	p 值	$CHI\,(2)$	p 值
市民化权能	0.3788	6.4610	0.0000	-0.3250	-3.3845	0.0007	52.4983	0.0000
经济融合权能	0.3233	5.5604	0.0000	-0.5339	-6.4794	0.0000	54.3522	0.0000
社会融合权能	0.0299	0.5276	0.5978	-0.5779	-7.2684	0.0000	26.2008	0.0000
文化融合权能	-0.1514	-2.6535	0.0080	0.2267	1.8607	0.0628	10.8942	0.0043
公共服务融合权能	0.9521	14.3282	0.0000	-0.0492	-0.3894	0.6970	279.5383	0.0000

注：联合正态性检验采用 Jarque-Bera LM 统计量。

5. 农民工市民化权能评价体系结构和性状特征的学理含义

第一，农民工市民化权能的构成要素及其结构具有内在的不均衡性。对该权能评价体系的经验研究表明，与迁移农民生存型、基本物质需求满足相关的权利保障要素在农民工市民化权能发展的初期阶段具有主导和决定性作用。农民工市民化权能的融合在其紧迫性或需求动力逻辑上遵循经济融合权能先进、文化和社会权能"后发弥合"的基本规律。

第二，在经济与权利分配要素的向度上，学理性评价的观点认为，两者在农民工市民化权能的发展中具有同等重要的地位。这说明在当前背景下，经济融合权能和公共服务融合权能都是农民工市民化的核心内容与主要任务。农民工市民化的本质内涵既包括向农民工群体进行制度化的赋权、促进城市公共服务和福利权利在农民与市民间均等化配置的过程，也包括农民工改善自身经济、人力资本和市场竞争性资源禀赋条件，实现向社会上层纵向流动的过程。这两个过程统一于农民工市民化的权能基础上，紧密相连、缺一不可，任何一个环节的缺位和延滞都将显著阻碍农民工市民化权能的发展进程，甚至导致其市民化的失败。

第三，文化和社会融合权能在农民工市民化权能评价中地位式微，并不意味着其内容和价值之于农民工市民化过程不够重要，仅表明该融合维度的紧迫性和突出顺序相对而言暂时处于靠后位置。这一权能评价的结构特征反映了研究者对农民工市民化在城乡群体精神气质和社会心理层面上的差异性、两个群体的互动和接纳前景上持较乐观态度。抑或由于农民工与市民拥有基于中华民族共同体的文化①，以及城乡群体行为习惯的亲和性，该层面的群体隔阂或分异并不明显，因而对相应问题的即期关切亦不突出。

四 "典型"农民工市民化权能的匡算：
基于平均值法的估计

上文关于农民工市民化权能核密度估计的思路是，先分别测算出样本

---

① 我国大规模的城市化现象只在近40年才出现，而中华民族的共同乡土记忆和传统文化的影响深远。

中每个农民工的市民化权能水平，然后对总体层次的农民工市民化权能的均值、各百分位数、标准差、偏度和峰度等分布特征进行估计和推断。这种测算方法的优点在于，能够得到关于农民工微观个体详细的市民化权能水平值及其权能分布结构等信息；缺点在于，对"典型"意义上（平均水平层面）的农民工市民化权能特征的描述会因受到对总体分布本身估计偏差的影响而出现推断偏差。下文对"典型"农民工市民化权能的匡算可以较好地纠正这一偏差。

（一）"典型"农民工的含义与平均值法的基本思想

此处所谓"典型"农民工，是指"平均水平上或最具代表性意义的"农民工。形象地说，就是以"典型"农民工的具体特征，即农民工群体中处于"中间位置"的农民工特征，来反映和呈现农民工整体的一般性特征。但这个"典型"农民工不一定真实存在，只是抽象意义上的平均化个体代表。测量"典型"农民工市民化权能的基本思想是，将每个权能评价指标的平均值（以下简称"均值"）作为代表性农民工在相应权能指标上的评分取值，然后按照评价体系中各指标层次隶属关系和权重系数设置（由层次分析法专家群决策分析得到的指标权重结果），经加权求和匡算得到这个"典型"农民工的市民化权能水平，并将它作为描述农民工平均市民化权能状况的一个基本参照。

运用"典型"个体代表和均值法匡算农民工整体市民化权能一般水平的优势在于，它能够将数据信息较好聚焦对平均权能统计量特征的分析，从而使对均值的估计有较高的准确度和精度，以弥补核密度估计法（该方法先测算全部个体权能值再综合求均值）可能造成的总体推断误差。均值法匡算的最大缺点在于，它无法获得关于农民工市民化权能总体分布特征的具体信息。

（二）"典型"农民工市民化权能的匡算

表4.28至表4.31列出了对"典型"农民工经济、社会、文化和公共服务融合权能的具体匡算过程。权能匡算的指标体系仍采用前文中关于农民工市民化权能评价指标体系及其权重系数设置，底层指标的操作化则遵照本章第二节中有关指标操作化的阐述。

就具体匡算过程和方法而言，对于测量内容为数值的指标，主要按照计算指标均值、计算均值与务工城市相应指标平均水平的比值、确定指标权能得分的程序进行。以经济融合权能中"月平均收入"指标得分的匡算为例，在 1852 个调查样本中，农民工的人均月收入为 3904.04 元，而调查当年武汉市的社平工资为 5477 元。因此，整体而言，农民工的平均收入水平相当于城市平均水平的 71.28%，即"典型"农民工在"月平均收入"指标上的市民化权能为 0.5488。再如，对农民工"既往就稳定度"指标得分的匡算，样本数据显示农民工在当前务工城市平均累计变换工作的频次为 1.64 次，而务工城市全部劳动者单次就业连续工作的时间大约为 3 年，相当于大概每 3 年变换一次工作是城市劳动者职业稳定程度的平均水平；同时，样本农民工在务工城市的平均工作时间也是 3 年，故其 1.64 次的平均工作变换频次相当于城市居民职业稳定程度 60.98% 的分值，即"典型"农民工在"既往就稳定度"指标上的市民化权能得分为 0.6098。又如，在对农民工"家庭净资产状况"指标得分的匡算中，该指标对应的操作化变量为类别变量，它呈现的是累计家庭净储蓄额的分段数据，因此需要先从每个分段数据中确定一个有代表性的中间值，"5 万元以下"储蓄段取 3 万元为中间值，"5 万～10 万元"储蓄段取 7.5 万元为中间值，"10 万～20 万元"储蓄段取 15 万元为中间值，"20 万元及以上"储蓄段取 25 万元为中间值，然后根据各段区所占比例，加权求和得到农民工的平均净资产数额，再用该平均净资产数额与城镇居民的平均储蓄额作比较，即计算出该指标上农民工市民化权能的得分。其他数值型指标权能得分的匡算方法与此类似，详细匡算操作见表 4.32 至表 4.35 中相应阐述，不再赘述。

对于测量内容无绝对参照标量的指标得分匡算，先按本章第二节中关于指标的操作化和取值类别计分规则对指标各个类别的权能得分进行赋值，再以指标各个类别的频率百分比为权重，计算得到该指标的市民化权能得分。例如，"邻里社区互动"指标得分的匡算过程如下。①按前文中关于指标取值类别的权能计分规则对"农民工与所在社区居民接触交流情况"变量的各类取值情形进行权能赋值计分，具体计分方式为："十分频繁"得分计为 1；"比较频繁"得分计为 0.8；"一般"得分计为 0.6；"接触较少"得分计为 0.4；"没有接触"得分计为 0.2。②按照各个取值类别的频率百分比加权求和，得到"邻里社区互动"指标的得分，

表 4.28 "典型"农民工经济融合权能得分的匡算（基于权重指标及对应变量的均值的评分方法）

二级指标	三级指标	操作化	变量统计描述	计算方法	三级指标得分	二级指标得分	经济融合权能得分
收入资产（权重: 0.5220）	月平均收入（权重: 0.1877）	月平均工资	中位数: 3005.62 均值: 3904.04	3005.62/5477	0.5488	0.3927	0.5005
	年均储蓄额（权重: 0.2590）	年均纯收入	中位数: 20333.20 均值: 27804.72	20333.20/36436	0.5581		
	家庭净资产状况（权重: 0.5534）	存款余额	①5万元以下: 69.0%; ②5万~10万元: 17.8%; ③10万~20万元: 9.1%; ④20万元及以上: 4.0%	(3×69.0%+7×17.8%+14×9.1%+25×4.0%)/22	0.2623		
就业状况（权重: 0.1852）	本地就业时间（权重: 0.2233）	在武汉市工作时间	中位数: 3.015 均值: 4.395	(3.015+4.395)/2/5	0.7410	0.6046	
	既住就业稳定度（权重: 0.1397）	工作变动频次、现职业从业时间	变换工作频次: 中位数: 1.64 均值: 2.02	1/1.64	0.6098		
	就业可持续性前景（权重: 0.6371）	事业发展预期	①不会: 8.6%; ②不确定: 44.0%; ③比较确定: 33.0%; ④非常确定: 14.0%; 中位数: 2.50; 均值: 2.47	8.6%×0.1+44.0%×0.4+33.0%×0.7+14.0%×1	0.5556		

续表

二级指标	三级指标	操作化	变量统计描述	计算方法	三级指标得分	二级指标得分	经济融合权能得分
人力资本（权重：0.2928）	受教育程度（权重：0.3917）	受教育年限	①小学及以下：3.8%；②初中：23.6%；③中职中专：17.1%；④高中：23.1%；⑤高职高专：19.5%；⑥大学及以上：3.70；均值：3.70 中位数：3.70；均值：3.70	$(6×3.8\%+9×23.6\%+12×17.1\%+12×23.1\%+15×19.5\%+16×12.9\%)/14$	0.8689	0.6269	0.5005
	专业技能（权重：0.6083）	技能证书取获情况	①无任何专业技术证书：53.0%；②有1种专业技术证书：24.5%；③有2种专业技术证书：14.8%；④有3种及以上技术证书：7.8% 中位数：1.61；均值：1.77	$24.5\%+14.8\%+7.8\%$	0.4710		

注：①据统计，截至 2017 年末，武汉市金融机构人民币存款余额达到 23967.69 亿元，全市人口约为 1091.4 万人，由此可计算出武汉市人均存款约为 22 万元。参见中商产业研究院《2017 湖北省各市州存款余额排行榜：武汉最有钱 宜昌排名第二（附榜单）》，中商情报网，http://www.askci.com/news/finance/20180206/17193117740.shtml#。

②根据既有资料对城市劳动者单次就业连续工作时间的研究结论，大概每 3 年变换一次工作属于平均水平，故在受访农民工本地就业时的中位数是 3.015 年的情况下（农民工在本地的平均工作时间为 3 年），其 1.64 次的工作变换频率相当于 0.6098（1/1.64）的城市劳动者工作变动水平。

③据"技能证书取获情况"可推算"农民工人均技术证书拥有量为 0.35 个（0×53.0%+1×24.5%+2×14.8%+3×7.8%）。参见全宗彬、赵爽《你的第一份工作多久换的? 70 后 4 年才换 80 后 3 年半》，人民网，http://finance.people.com.cn/n1/2018/0810/c1004-30220604.html。

表 4.29 "典型"农民工社会融合权能得分的匡算（基于权能指标及对应变量均值的评分方法）

二级指标	三级指标	操作化	变量统计描述	计算方法	三级指标得分	二级指标得分	社会融合权能得分
城市关系网络（权重：0.7201）	社会关系网络的性质（权重：0.3139）	熟人朋友或本地亲戚关系网络的性质特征	1. 同乡熟人朋友中是否有经商成功者或单位管理人员：①有：67.7%；②无：32.3%。 2. 本地亲戚中是否有经商成功者或单位管理人员：①有：49.2%；②无：50.8%	$(1 \times 67.7\% + 0 \times 32.3\%) \times 0.4 + (1 \times 49.2\% + 0 \times 50.8\%) \times 0.6$	0.5660	0.5550	0.5098
	社会关系网络的规模（权重：0.1868）	农民工在务工地的熟人或亲友数量	①少于4人：26.6%；②4~10人：48.6%；③11~20人：11.5%；④20人及以上：13.3%	$0.25 \times 26.6\% + 48.6\% \times 0.5 + 11.5\% \times 0.8 + 13.3\% \times 1$	0.5345		
	社会关系网络的利用（权重：0.4993）	从城市社会关系网络中获得的帮助大小	1. 从同乡处得到的帮助大小 ①帮助非常大：8.3%；②帮助较大：24.1%；③一般：41.0%；④帮助较小：13.9%；⑤没有帮助：12.8%。 2. 从本地朋友处获取的帮助大小 ①帮助非常大：7.0%；②帮助较大：22.0%；	$1/3 \times (8.3\% \times 1 + 24.1\% \times 0.8 + 41.0\% \times 0.6 + 13.9\% \times 0.4 + 12.8\% \times 0.2) + 1/3 \times (7.0\% \times 1 + 22.0\% \times 0.8 + 40.0\% \times 0.6 + 11.6\% \times 0.4 + 19.3\% \times 0.2) + 1/3 \times (17.3\% \times 0.8 + 26.8\% \times 0.4 + 37.5\% \times 0.2)$	0.5559		

续表

二级指标	三级指标	操作化	变量统计描述	计算方法	三级指标得分	二级指标得分	社会融合权能得分
城市关系网络（权重：0.7201）			③一般：40.0%；④帮助较小：11.6%；⑤没有帮助：19.3%。 3. 从本地亲戚处获得的帮助大小 ①帮助非常大：7.7%；②帮助较大：17.3%；③一般：26.8%；④帮助较小：10.6%；⑤没有帮助：37.5%		0.5559	0.5550	0.5098
	邻里社区互动（权重：0.2920）	农民工与所在社区居民接触交流情况	①交流和接触十分频繁：5.6%；②比较频繁：17.2%；③一般：33.1%；④接触较少：22.8%；⑤没有接触：21.2%	5.6%×1+17.2%×0.8+33.1%×0.6+22.8%×0.4+21.2%×0.2	0.5258		
城市社会参与（权重：0.2799）	社会组织和活动参与（权重：0.3376）	农民工在城市的公共活动或组织参与情况	①几乎每次参加：1.9%；②参加较多：6.2%；③一般：20.2%；④较少参加：18.2%；⑤从未没有参加过：53.5%	1.9%×1+6.2%×0.8+20.2%×0.6+18.2%×0.4+53.5%×0.2	0.3696	0.3936	

续表

二级指标	三级指标	操作化	变量统计描述	计算方法	三级指标得分	二级指标得分	社会融合权能得分
城市社会参与（权重：0.2799）	城市政治活动参与（权重：0.3704）	农民工参与政治选举或社会组织的情况	1. 农民工参与人大代表选举的情况 ①参加过：4.5%； ②没有参加过：95.5%。 2. 农民工参与党派、社团或组织的情况 ①参加过：7.7%； ②不想参加，也没有参加：31.6%； ③想参加，但不知道怎么参加：20.7%； ④无所谓：40.0%	(4.5%×1+95.5%×0.2)×0.6+(7.7%×1+31.6%×0.2+40.0%×0.4+20.7%×0.6)×0.4	0.3114	0.3936	0.5098

表 4.30　"典型"农民工文化融合权能得分的匡算（基于权能指标及对应变量均值的评分方法）

二级指标	三级指标	操作化	变量统计描述	计算方法	三级指标得分	二级指标得分	文化融合权能得分
价值观融合（0.2304）	群体行为习惯趋同（0.2043）	农民工在行为方式上与城市居民典型模式的靠近状况	农民工喜欢城市流动的方式并努力效仿的情况　①从来没有：38.7%；②偶尔有：37.8%；③经常有：11.0%；④总是有：12.5%。中位数：2；均值：1.97	38.7%×0.1+37.8%×0.4+11.0%×0.7+12.5%×1	0.3919		
	城市文化偏好程度（0.4097）	农民工对城市文化的喜爱程度	城市社会文化和娱乐活动对农民工的吸引程度　①有非常大的吸引力：13.9%；②有较大的吸引力：23.0%；③一般：39.3%；④吸引力较小：17.6%；⑤没有吸引力：6.2%。中位数：3；均值：2.79	13.9%×1+23.0%×0.7+39.3%×0.5+17.6%×0.3+6.2%×0.1	0.5555	0.6022	0.6377
	期望和评价标准趋同（0.3860）	价值追求和期望标准与城市居民趋同	对"城市人的生活状态是我努力追求的标准"的自主评价　①完全符合：41.6%；②比较符合：33.8%；③不符合：17.4%；④完全不符合：7.2%。中位数：2；均值：1.90	41.6%×1+33.8%×0.8+17.4%×0.4+7.2%×0.1	0.7632		

续表

二级指标	三级指标	操作化	变量统计描述	计算方法	三级指标得分	二级指标得分	文化融合权能得分
城市文明适应（0.4410）	城市生活方式适应（0.2078）	城市生活方式适应情况	农民工对城市人生活方式和交往习惯的适应情况 ①非常适应：13.4%；②比较适应：51.4%；③一般：29.2%；④不太适应：3.9%；⑤很不适应：2.1%。中位数：2；均值：2.3	13.4%×1+51.4%×0.7+29.2%×0.5+3.9%×0.3+2.1%×0.1	0.6536	0.7001	0.6377
	城市工作方式适应（0.3159）	城市工作方式适应情况	农民工对城市人工作方式和节奏的适应情况 ①非常适应：12.2%；②比较适应：52.8%；③一般：27.6%；④不太适应：5.0%；⑤很不适应：2.4%。中位数：2；均值：2.32	12.2%×1+52.8%×0.5+27.6%×0.5+5.0%×0.3+2.4%×0.1	0.6470		
	通用语言使用（0.1015）	农民工在务工城市语言使用或本土化的情况	农民工在工作场合使用交流的方言、本地话或普通话交流的情况 ①普通话：88.5%；②老家方言：7.7%；③武汉话：3.8%	88.5%×1+7.7%×0+3.8%×1	0.9230		

续表

二级指标	三级指标	操作化	变量统计描述	计算方法	三级指标得分	二级指标得分	文化融合权能得分
城市文明适应（0.4410）	城市生活满意度（0.3749）	农民工在务工地生活状况的自主评价	对在务工城市生活艰难程度的自主评价 ①从来没有：32.1%； ②偶尔有：46.3%； ③经常有：14.5%； ④总是有：7.0%。 中位数：2；均值：1.96	32.1%×1+46.3%×0.7+14.5%×0.4+7.0%×0.1	0.7101	0.7001	0.6377
	自感市民身份（0.2232）	对自我身份的感知和评价	农民工对自我身份的感知和评价 ①农民：26.6%； ②市民：18.6%； ③城市边缘人：25.0%； ④说不清：29.7%	26.6%×0.1+18.6%×1+25.0%×0.6+29.7%×0.5	0.5111	0.5789	
市民身份认同（0.3286）	本地归属感（0.2090）	农民工对自己正式成为城市成员的感知和评价	农民工对"自己不属于这里（武汉）"的感知和评价 ①从来没有：34.5%； ②偶尔有：38.4%； ③经常有：16.4%； ④总是有：10.8%。 中位数：2；均值：2.03	34.5%×1+38.4%×0.7+16.4%×0.4+10.8%×0.1	0.6902		

续表

二级指标	三级指标	操作化	变量统计描述	计算方法	三级指标得分	二级指标得分	文化融合权能得分
市民身份认同（0.3286）	城市居留意愿（0.4591）	对在务工城市长期居留乃至定居的意向	农民工对"如果力留在这个城市，我会尽可能有可能，这一"描述的感知 ①从来没有：17.4%；②偶尔有：34.7%；③经常有：27.9%；④总是有：20.0%。中位数：2；均值：2.51	17.4%×0.1+34.7%×0.4+27.9%×0.7+20.0%×1	0.5515	0.5789	0.6377
	城市情感评价（0.1087）	对务工城市的好感评价	农民工对武汉的总体印象和好感程度 ①很喜欢：15.3%；②比较喜欢：33.6%；③一般：42.5%；④不喜欢：5.5%；⑤很不喜欢：3.1%。中位数：3；均值：2.47	15.3%×1+33.6%×0.7+42.5%×0.5+5.5%×0.3+3.1%×0.1	0.6203		

表4.31 "典型"农民工公共服务融合权能得分的匡算（基于权能指标及对应变量均值的评分方法）

二级指标	三级指标	操作化	变量统计描述	计算方法	三级指标得分	二级指标得分	公共服务融合权能得分
基本公共服务（0.3457）	社会保险参保及获益（0.3525）	农民工参与和享有城镇基本医疗和养老保险的情况	(1) 参加基本医疗保险的情况： ①在单位参加了医疗养老保险：22.3%； ②购买了商业养老保险：5.5%； ③参加了武汉市居民基本医疗保险：5.1%； ④在老家参加了合作医疗保险：45.1%； ⑤没有任何医疗保险：22.1%。 中位数：4.0；均值：3.39 (2) 参与基本养老保险的情况： ①在单位参加了职工养老保险：22.8%； ②购买了商业养老保险：3.8%； ③参加了武汉市居民基本养老保险：4.5%； ④在老家参加了城乡居民养老保险：21.9%； ⑤没有购买任何养老保险：47.0%。 中位数：4.0；均值：3.66	$(22.3\% \times 1 + 0.8 \times 5.5\% + 0.6 \times 5.1\% + 0.4 \times 45.1\% + 0.2 \times 22.1\%) \times 0.5 +$ $(22.8\% \times 1 + 3.8\% \times 0.8 + 4.5\% \times 0.6 + 21.9\% \times 0.4 + 47.0\% \times 0.2) \times 0.5$	0.4946	0.5201	0.3802

续表

二级指标	三级指标	操作化	变量统计描述	计算方法	三级指标得分	二级指标得分	公共服务融合权能得分
基本公共服务（0.3457）	子女本地教育服务（0.5146）	农民工随迁子女在城市务教育公平受获得机会的情况	（1）农民工随迁正学龄子女就学学校的类型： ①武汉市民办学校：21.0%； ②武汉市公办学校：33.0%； ③武汉市打工子弟学校：7.1%； ④其他：38.9%。 （2）农民工随迁正学龄子女是否被收取择校费： ①是：19.1%； ②否：24.5%； ③不清楚：56.4%。 （3）您在武汉市上学的子女，除择校费以外的其它费用是否与本市学生一样？ ①比本市学生高：17.2%； ②和本市学生一样：24.7%； ③比本市学生低：3.5%； ④不清楚：54.6%。 （4）农民工随迁正学龄子女是否享有和本地市民子女同等入学、升学待遇： ①是：24.1%； ②否：27.3%； ③不清楚：48.5%。	$(1 \times 33.0\% + 0.7 \times 21.0\% + 0.4 \times 7.1\% + 0.1 \times 38.9\%) \times 0.25 + (19.1\% \times 0 + 24.5\% \times 1 + 56.4\% \times 0.5) \times 0.25 + (17.2\% \times 0 + 24.7\% \times 1 + 54.6\% \times 0.5) \times 0.25 + (1 \times 24.1\% + 0 \times 27.3\% + 0.5 \times 48.5\%) \times 0.25$	0.5275	0.5201	0.3802

续表

二级指标	三级指标	操作化	变量统计描述	计算方法	三级指标得分	二级指标得分	公共服务融合权能得分
基本公共服务 (0.3457)	维权意识和行为 (0.1328)	农民工维护自身劳动权益意识和权益受保障的情况	(1) 农民工对参加城镇社会保险重要性的认知: ①很重要: 33.7%; ②比较重要: 32.5%; ③一般: 26.6%; ④不重要: 5.5%; ⑤很不重要: 0.8%。 中位数: 2; 均值: 2.08 (2) 当受到不公正对待时, 农民工对通过合法渠道维护正当权益的态度: ①一般都会: 18.6%; ②不能确定: 21.9%; ③一般都不会: 59.5%。 中位数: 3; 均值: 2.41 (3) 农民工与雇用人单位签订劳动合同的情况: ①是: 61.4%; ②否: 38.6%。 中位数: 1; 均值: 1.39	$(33.7\% \times 1 + 32.5\% \times 0.75 + 26.6\% \times 0.5 + 5.5\% \times 0.3 + 0.8\% \times 0.1) \times 1/3 + (18.6\% \times 1 + 21.9\% \times 0.4 + 59.5\% \times 0.1) \times 1/3 + (61.4\% \times 1 + 38.6\% \times 0) \times 1/3$	0.5594	0.5201	0.3802

续表

二级指标	三级指标	操作化	变量统计描述	计算方法	三级指标得分	二级指标得分	公共服务融合权能得分
福利性公共服务（0.6543）	就业培训和服务（0.1805）	农民工享受和市民同等的劳动技能培训、公共就业服务等平等待遇的情况	（1）农民工是否参加过武汉市政府部门组织的劳动技能培训： ①没有：85.8%； ②参加过1~2次：10.5%； ③参加过3~5次：2.8%； ④参加过6次及以上：0.9%。 中位数：1；均值：1.19 （2）农民工是否参加过武汉市政府部门组织的企业用工招聘会： ①没有：82.1%； ②参加过1~2次：13.8%； ③参加过3~5次：3.6%； ④参加过6次以上：0.5%。 中位数：1；均值：1.22 （3）农民工是否从武汉市的公共就业服务大厅或人力资源市场获取过招聘信息： ①没有：58.7%； ②很少：23.1%； ③一般：12.8%； ④经常：3.7%； ⑤总是从那儿获得招聘信息：1.8%。 中位数：1.0；均值：1.67	1/3×（85.8%×0+14.2%×1）+1/3×（82.1%×0+17.9%×1）+1/3×（3.7%×1+12.8%×0.5+23.1%×0.3+58.7%×0.1+1.8%×1）	0.1698	0.3063	0.3802

续表

二级指标	三级指标	操作化	变量统计描述	计算方法	三级指标得分	二级指标得分	公共服务融合权能综合得分
福利性公共服务（0.6543）	住房保障服务（0.5052）	农民工申请并享受武汉市住房保障情况	农民工申请或正在使用武汉市保障型住房的情况：①申请了廉租房：2.9%；②申请了公共租赁房：5.5%；③了解保障型住房，但未能申请：6.4%；④不了解保障型住房，也未申请：85.2%。中位数：4；均值：3.74	(2.9%×1+5.5%×1+6.4%×0+85.2%×0)/20%	0.4200	0.3063	0.3802
	住房信贷服务（0.3142）	农民工享有住房公积金的情况	农民工是否享有武汉市住房公积金（含已办理了公积金住房抵押贷款）：①是：20.2%；②否：79.8%。中位数：2；平均数：1.8	20.2%×1+79.8%×0	0.2020		

注：根据武汉市住房保障和房屋管理局的公开数据，2017年武汉市常住人口的住房保障覆盖率为20%。以此为标准，8.4%的农民工获得城市住房保障相当于市民平均受保障程度的0.42（8.4%/20%）。公开数据参见《武汉市住宅与房地产业发展"十三五"规划》，武汉市住房保障和房屋管理局官网，http://fgj.wuhan.gov.cn/ghjh/27226.jhtml，最后访问日期：2019年5月6日。

匡算公式为：5.6% ×1 + 17.2% ×0.8 + 33.1% ×0.6 + 22.8% ×0.4 + 21.2% ×0.2 = 0.5258。其他操作化变量为类别变量指标的得分匡算方法与此相同，具体匡算过程见表4.28 至表4.31 中相应阐述，不再赘述。

各底层指标的得分确定以后，即可按指标隶属关系和相应指标权重系数计算上层指标的权能得分情况，以此为基础，继续计算再上层指标的得分，最后得到农民工市民化权能的得分。例如：

"典型"农民工"收入资产"指标得分 = "月平均收入"指标得分 ×0.1877 + "年均储蓄额"指标得分 ×0.2590 + "家庭净资产状况"指标得分 ×0.5534 = 0.5488 × 0.1877 + 0.5581 ×0.2590 + 0.2623 ×0.5534 = 0.3927

以此类推，可通过下列公式计算出农民工市民化各维度权能及农民工市民化权能得分。

"典型"农民工的经济融合权能得分 = "收入资产"指标得分 ×0.5220 + "就业状况"指标得分 ×0.1852 + "人力资本"指标得分 ×0.2928 = 0.3927 ×0.5220 + 0.6046 ×0.1852 + 0.6269 ×0.2928 = 0.5005

"典型"农民工的社会融合权能得分 = "城市关系网络"指标得分 ×0.7201 + "城市社会参与"指标得分 ×0.2799 = 0.5550 ×0.7201 + 0.3936 ×0.2799 = 0.5098

"典型"农民工的文化融合权能得分 = "价值观融合"指标得分 ×0.2304 + "城市文明适应"指标得分 ×0.4410 + "市民身份认同"指标得分 ×0.3286 = 0.6022 ×0.2304 + 0.7001 ×0.4410 + 0.5789 ×0.3286 = 0.6377

"典型"农民工的公共服务融合权能得分 = "基本公共服务"指标得分 ×0.3457 + "福利性公共服务"指标得分 ×0.6543 = 0.5201 ×0.3457 + 0.3063 ×0.6543 = 0.3802

"典型"农民工市民化权能 = 经济融合权能得分 ×0.4365 + 社会融合权能得分 × 0.1539 + 文化融合权能得分 ×0.1001 + 公共服务融合权能得分 ×0.3095 = 0.5005 × 0.4365 + 0.5098 ×0.1539 + 0.6377 ×0.1001 + 0.3802 ×0.3095 = 0.4784

（三）"典型"农民工市民化权能匡算结果与核密度估计结果的比较

表4.32 列出了核密度估计法和基于典型代表的平均值法计算的农民工市民化权能的两种结果。整体来看，两种结果之间的差异不大，具有较好的一致性。基于不同方法得到的农民工市民化权能结果大体接近，反映了该测量结果具有较好的稳健性。

表 4.32　核密度估计和基于典型代表的平均值法估计的农民工市民化权能的比较

权能类型	核密度估计法	基于典型代表的平均值法	均值
经济融合权能	0.5776	0.5005	0.5391
社会融合权能	0.5022	0.5098	0.5060
文化融合权能	0.6073	0.6377	0.6225
公共服务融合权能	0.3214	0.3802	0.3508
市民化权能	0.5051	0.4784	0.4918

具体来说，在农民工经济融合权能的测量上，核密度估计法得到的权能值稍大，而基于典型代表的平均值法得到的权能值稍小，两者间相差不大。两个结果基本上都反映了农民工经济融合权能处于"半融合"状态，其平均经济融合权能与市民的一般标准间存在较大差距。经济融合权能在农民工市民化权能中具有基础作用和主导地位，因此，经济融合权能发展的低水平状况，将显著降低农民工市民化权能的整体水平。

核密度估计的结果较依赖于从样本到总体分布函数估计的置信精度，而基于典型代表的平均值法较少依赖这一信息，因此从平均值单个统计量的可靠性来说，可认为后者的估计结果可能更接近真实情况。但从后者的结果看，农民工经济融合权能的发展状况不容乐观，甚至达不到"半融合"状态。按照多次求均值的"夹逼法则"，将运用核密度估计法和基于典型代表的平均值法估计的结果再次取均值，可以得到更接近真值的农民工市民化权能水平。对两种结果取均值可知，农民工经济融合权能的综合水平为0.5391，也仅刚刚达到"半融合"水平。这直观地展现了农民工经济融合权能发展所遭遇的现实困境。

在社会融合权能和文化融合权能上，两种方法估计的结果非常接近。对于社会融合权能，两种估计结果的均值为0.5060，这表明农民工社会融合权能的发展也仅刚刚达到"半融合"状态。社会融合是农民工市民化诸维度权能中最具融合象征意义的要素，它呈现的具体形态和特征集中体现了农民工的市民化融合进度。同时，社会融合权能对其他维度融合权能的能动作用较大，使该要素具有权能"个体自主可控与可塑"的特性。在经济和公共服务融合权能具有结构性和刚性约束的情况下，农民工市民化权能的发展可从这一权能维度率先突破，通过农民工个体主动精神和能动作用的发挥，积极、广泛地开展城市社会参与和互动，建立良好的社会支持网络，强化其社会融合权能并借以获得更多和更有利的市民化机会和条件。但农民工对城市社会"半融合"的事实，恰恰说明了农民工主动利用这一可塑权能途径意识和能力的缺乏，这是一个值得关注的方面。从群体整合的角度看，农民工城市关系网络的封闭性和社会互动的保守性并不符合社会有机体发展的总体趋向，也不利于社群间信任关系的建立以及社会团结精神和凝聚力的形成。和谐社群与社会共识的重要基础在于不同的群体之间有合适的沟通、互动渠道和平台，但如何在匿名化和个体化的城市社会生态中建立合适的群体互动场景与机制，建立除了职业和商业主导之外的城市互动场景模式，应是促进包括农民工在内的城市各阶层社会融合的重要议题。一个必要的举措是，鼓励创建一些有公共空间性质的群体互动平台，如公共图书馆、心理咨询社会服务站、公共文化长廊和休憩场所、公共影院等，发展社会工作和民间慈善救助，可以为群体间的接触沟通、关系的促进以及维系创造良好的外部环境。

在文化融合权能层面，两种方法的测算结果非常接近，均超过0.6。这一数值是农民工市民化诸权能得分中的最高值。从这一结果看，文化层面的融合对于具有相同文化背景的城乡居民来说，是一个相对容易实现的目标。同时可以反映出，新生代农民工对城市文明主动吸纳、接受和内化的情况较好；城市文化对于大多数农民工来说，具有相当的吸引力。从这个层面讲，文化融合权能的发展是除了经济和权利方面的获益动机外，农民工市民化在宏观层面上的主要动力来源。但需要指出的是，文化融合的合宜目标并不是将农民工所拥有的原生文化完全改造成城市文化，或在个体精神气质方面将农民工参照市民作简单的类同化修饰，而是在农民工的乡土文化和城市文化间架设供两者良性交流、互动与借鉴的桥梁，将彼此文化系统中的优秀部分融合成新的城市共同文化特质，从而为革新城市文化形态、维持文化共同体的生机活力和持久创造力提供条件。

在公共服务融合权能上，虽然基于典型代表的平均值法估计的结果稍大，但整体上都在0.3～0.4的低值区间，两者的均值为0.3508，在农民工市民化诸权能发展中处于最低水平。该结果进一步证实了农民工公共服务权能获得的整体性欠缺及其在市民化权能上的显著短板状况，反映了其对农民工市民化权能的延滞效应。但这并非由农民工自主发展的能力决定，而是外部制度和社会结构性安排的结果。具体来说，就是以户籍为依托的城乡公共服务和福利分配体制的壁垒产物，它将农民工等非本地籍属人口排斥在服务和福利的供应范围之外，削弱了这些外来城市移民的生存保障基础，进而较大地影响了其融入城市的进程和步伐。

在市民化权能层面，两种测算方法的结果均表明，其权能水平在 0.5 左右，两者的均值为 0.4918，这说明农民工市民化权能基础仍十分薄弱，甚至达不到"半市民化"标准。市民化权能的较低水平状况反映了，无论从哪个方面衡量，农民工市民化所具有的条件和基础都与市民的平均水平有较大差距。农民工作为一个整体，其市民化进程缓慢且呈持续僵持之势——大约 12 年前对当地农民工市民化权能的测量结果与当下测量结果之间并没有显著的差别[1]，"典型"农民工与市民之间的差距仍然存在，说明农民工市民化权能发展遭遇了瓶颈。

五　农民工市民化各融合权能相互关系的实证分析

为了探究农民工市民化各维度权能之间的逻辑关联，下文将分别就各维度权能与其他维度权能两两进行相关分析和回归分析，并通过建立各维度权能因素间的结构方程模型（Structural Equation Model，SEM），从实证层面提供农民工市民化诸权能间互动关系的经验证据。

（一）农民工市民化各维度融合权能间的影响关系：基于简单线性回归的分析

第二章阐述了农民工市民化各维度融合权能间互动关系的理论。根据这一理论分析，经济融合权能是在农民工市民化各融合权能中起基础性作用的权能要素，它与农民工的社会融合权能、文化融合权能之间都有强作用关系。社会融合权能与文化融合权能之间也有强作用关系。公共服务融合权能属于外部结构性权能因素，与其他融合权能之间为弱作用关系。

1. 简单的回归模型估计结果证实农民工经济融合权能与其社会融合权能、文化融合权能间均存在显著正向影响关系

图 4.28 显示了运用问卷调查数据绘制的农民工经济融合权能与其社会

---

① 国内研究农民工市民化较有影响力的刘传江及其团队于 2009 年对武汉市农民工市民化水平的测量结果为 0.46。参见刘传江、程建林、董延芳《中国第二代农民工研究》，济南：山东人民出版社，2009，第 125 页。

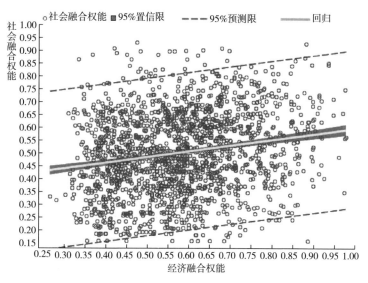

图 4.28 农民工经济融合权能与社会融合权能的散点图

融合权能之间的散点图，完整呈现了 1852 个受访农民工经济和社会融合权能的数值分布情况。从散点图提供的图像直观态势看，农民工经济融合权能与其社会融合权能间存在较明显的正向线性关系。

表 4.33 列出了回归模型的详细估计结果。"经济融合权能"变量的系数估计值为 0.2180，且在 0.01 的水平上显著，表明农民工经济融合权能与其社会融合权能间存在显著正向影响关系。这为相关理论的分析结论提供了部分经验证据。

表 4.33 农民工市民化各融合维度之间的线性回归估计结果

被解释变量	解释变量	系数估计值	稳健标准误	$Pr > |t|$	F 统计量	$Pr > F$
社会融合权能	经济融合权能	0.2180	0.0250	< 0.0001	75.19	< 0.0001
文化融合权能	经济融合权能	0.2002	0.0173	< 0.0001	136.64	< 0.0001
公共服务融合权能	经济融合权能	0.1964	0.0252	< 0.0001	57.87	< 0.0001
文化融合权能	社会融合给权能	0.2020	0.0155	< 0.0001	172.34	< 0.0001
公共服务融合权能	社会融合给权能	0.2187	0.0234	< 0.0001	88.79	< 0.0001
公共服务融合权能	文化融合权能	0.2077	0.0344	< 0.0001	37.34	< 0.0001

图 4.28 还显示了社会融合权能与经济融合权能的回归直线及其 95% 置信区间、预测值的 95% 置信区间曲线。从中可看出，回归直线对两个变量间的关系拟合情况良好。

图 4.29 显示了运用问卷调查数据绘制的农民工经济融合权能与其文化融合权能之间的散点图。从散点图提供的图像直观态势看,农民工经济融合权能与其文化融合权能间存在较明显的正向线性关系。

表 4.33 列出了回归模型的详细估计结果。"经济融合权能"变量的系数估计值为 0.2002,且在 0.01 的水平上显著,表明农民工经济融合权能与其文化融合权能间存在显著正向影响关系。图 4.29 还显示了文化融合权能与经济融合权能的回归直线及其 95% 置信区间、预测值的 95% 置信区间曲线。从中可看出,回归直线对两个变量间的关系拟合情况非常好。

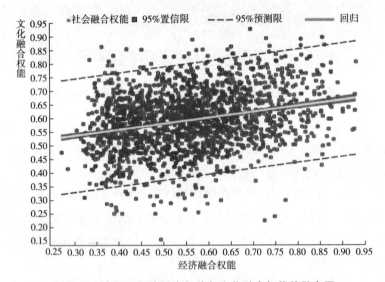

图 4.29　农民工经济融合权能与文化融合权能的散点图

以上定量分析结论表明,农民工经济融合权能与其社会融合权能、文化融合权能间均存在显著的正向影响。经济融合权能在农民工市民化诸融合权能中的基础性影响作用的理论预设得到支持。

2. 回归模型估计结果支持农民工社会融合权能与其文化融合权能间存在显著正向影响关系

图 4.30 显示了运用问卷调查数据绘制的农民工社会融合权能与其文化融合权能之间的散点图。从散点图提供的图像直观态势看,农民工经济融合权能与其文化融合权能间存在较明显的正向线性关系。

表 4.33 的估计结果显示,"社会融合权能"变量的系数估计值为 0.2020,且在 0.01 的水平上显著,表明农民工社会融合权能与其文化融合

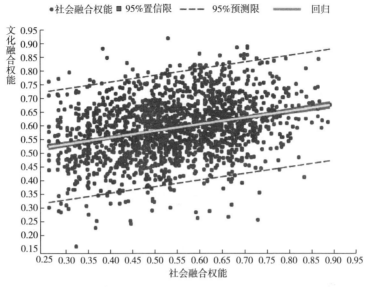

图 4.30　农民工社会融合权能与文化融合权能的散点图

权能间存在显著正向影响关系。图 4.30 还显示了社会融合权能与文化融合权能的回归直线及其 95% 置信区间、预测值的 95% 置信区间曲线。从中可看出，回归直线对两个变量间的关系拟合情况良好。

3. 农民工公共服务融合权能与其他融合权能的线性关系并不明显，证实了该权能具有相对独立性的理论预设

图 4.31、图 4.32 和图 4.33 分别显示了农民工经济融合权能与公共服务融合权能、社会融合权能与公共服务融合权能、文化融合权能与公共服务融合权能的散点图。从这三个图呈现的变量间关系看，农民工公共服务融合权能与其经济、社会和文化融合权能的线性关系趋势和特征都并不明显。各散点图中都有较扁平且密集的散点团状集聚现象，并与其他散点的相关特征不一致，说明线性模型对散点间整体关系的拟合有较大偏差。因此，可以认为公共服务融合权能与其他融合权能间并不是强作用关系。这与前文的理论预设相一致。

需要指出的是，虽然表 4.33 列出的模型估计结果显示，上述三组关系对应的线性回归模型估计参数与整体模型均在 0.01 的水平上显著，但是该结果是在可能遗漏较多重要变量和没有考虑变量内生性影响的情况下得到的，因此可能存在较严重的估计偏误。利用上述简单回归分析得到的结果，只能作为判断变量间相互作用关系的一种参考，而不能作为正式和精

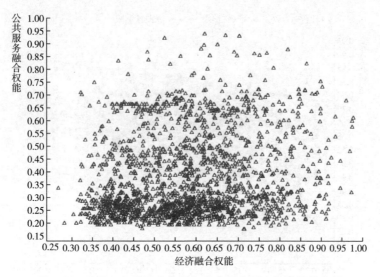

图 4.31 农民工经济融合权能与公共服务融合权能的散点图

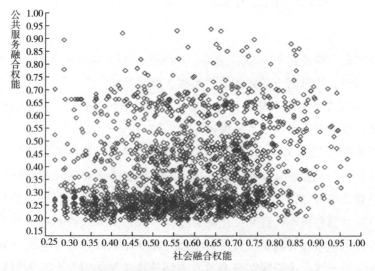

图 4.32 农民工社会融合权能与公共服务融合权能的散点图

确的估计结论。对此，需要更为完整和精确的定量分析框架来系统测量上述权能间的相互作用和影响效应。

图 4.34 集中呈现了各维度融合权能的频率直方图，以及各维度权能两两交叉的散点图。从第一列的三个散点图来看，经济融合权能对社会和文化融合权能的正向线性影响特征明显；从第二列的散点图来看，社会融合权能对经济和文化融合权能的正向线性影响特征趋向明显；从第三列的散

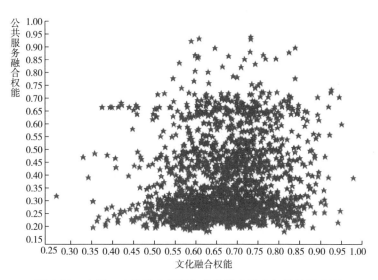

图 4.33 农民工文化融合权能与公共服务融合权能的散点图

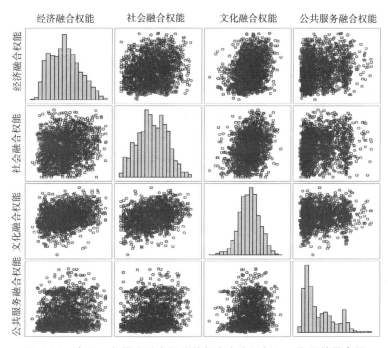

图 4.34 农民工各维度融合权能的频率直方图与两两交叉的散点图

点图来看，文化融合权能对经济和社会融合权能的正向线性影响特征明显，且线性关系的斜率较大；而第四列的结果表明，公共服务融合权能对经济、社会和文化融合权能影响的线性影响特征并不明显。这与理论预设和上述分析结论基本相符。

（二）农民工市民化各维度融合权能的相互作用：基于结构方程模型的估计

为进一步验证分析农民工市民化各维度权能之间的相互作用关系，本部分将通过建立一个相对完整和精确的定量分析框架，运用结构方程模型，来测量农民工市民化各维度融合权能之间的影响效应。运用结构方程模型的好处是，可以估计各维度融合权能之间的内生性影响，并在一个模型系统中同时估计多重变量的作用关系，这非常适用于测量各维度融合权能存在相互作用关系的情形。

为了简化模型结构、集中测量具有主要影响作用的变量间效应关系，笔者简化了对结构方程模型概念模型（construct model）的设定。简化后的结构方程模型将主要考察经济融合权能对社会、文化和公共服务融合权能的影响，社会融合权能对文化和公共服务融合权能的影响，文化融合权能对公共服务融合权能的影响。

各潜变量的指示变量对应情形如表 4.35 所示。指示变量的含义和取值情况与第四章第二节中关于各指标含义与变量赋值情况相同。例如，经济融合权能潜变量的三个指示变量分别为月平均收入、年均储蓄额和家庭净资产状况。其中"月平均收入"指示变量取值即为农民工的月平均工资，而"家庭净资产状况"指示变量取值操作化为"5 万元以下"＝1、"5 万～10 万元"＝2、"10 万～20 万元"＝3、"20 万元及以上"＝4。其他指示变量的操作化以此类推。

表 4.34 显示了结构方程模型的整体拟合情况。从绝对拟合指标统计量看，调整 χ^2 / df 统计量的值为 3.7896，且均方根残差（RMSEA）统计量的显著性水平为 0.0388，前者接近优良拟合临界标准，后者优于优良临界标准；从相对拟合优度统计量的取值来看，标准拟合指数（NFI）、比较拟合指数（CFI）和整体拟合指标（GFI）的值都大于 0.95 的优良临界标准。以上情况表明，模型整体上有良好的拟合优度。

结构方程模型参数估计结果如表 4.34 所示。在指示变量层面，对应各潜变量，全部指示变量的参数估计值都在 0.05 的水平上显著，且大多数指示变量的标准化系数均大于或接近 0.5 的效度临界标准，说明各指示变量对潜变量所代表的内容特质有较好的测量。

表 4.34　结构方程模型拟合优度统计情况

拟合指数	判定标准	统计量值	拟合情况结论
调整 χ^2/df	$\chi^2/df < 3$，拟合良好	3.7896	较好
均方根残差（RMSEA）	<0.1，尚可；<0.08，较好；<0.05，很好	0.0388	很好
标准拟合指数（NFI）	NFI > 0.9，较好；NFI > 0.95，很好	0.9552	很好
非标准化拟合指数（TLI）	TLI > 0.9，较好；TLI > 0.95，很好	0.9560	很好
比较拟合指数（CFI）	CFI > 0.9，很好	0.9665	很好
整体拟合指标（GFI）	GFI > 0.9，良好；AGFI，很好	0.9783	很好
调整的 GFI（AGFI）	AGFI > 0.9，很好	0.9675	很好

在各潜变量即农民工市民化各融合权能间的因果关系上，结构方程模型估计结果支持以下几个方面的结论。

1. 农民工经济融合权能与其社会融合权能、文化融合权能、公共服务融合权能均有显著正向影响关系，但其影响的绝对效应均较小，且主要体现在对社会融合权能的影响上

如表 4.35 所示，结构方程模型的估计结果显示，"经济融合权能"变量对"社会融合权能"变量的路径系数为正，系数估计值在 0.01 的水平上显著，表明农民工经济融合权能对其社会融合权能有显著的正向影响，即农民工的经济融合权能水平越高，社会融合权能水平也相应越高；而随着经济融合权能水平的降低，农民工的社会融合权能水平也趋于下降。但这一因果关系的系数估计值不到 0.0001，说明两个权能间的绝对效应较小。经济融合权能与社会融合权能间因果关系的标准化系数为 0.31256，远大于经济融合权能对文化融合权能、公共服务融合权能因果关系的标准化系数（0.31256 > 0.08105；0.313256 > 0.06178），说明农民工经济融合权能对其社会融合权能的影响效应大大强于其对文化融合权能和公共服务融合权能的影响效应。换言之，经济融合权能对其他维度融合权能的影响主要体现在对社会融合权能的影响上。

表 4.35　农民工各维度市民化权能的互动关系实证结果

内生潜变量/ 指示变量		（外生）潜变量	系数 估计值	标准化 系数	S. E.	C. R.	p
社会融合权能	←	经济融合权能	0.00009	0.31256	0.00001	6.76928	0.000
文化融合权能	←	社会融合权能	0.57048	0.32130	0.08003	7.12800	0.000

内生潜变量/ 指示变量		（外生）潜变量	系数 估计值	标准化 系数	S. E.	C. R.	p
文化融合权能	←	经济融合权能	0.00004	0.08105	0.00002	2.30288	0.02129
公共服务融合权能	←	文化融合权能	−.08620	−.12758	0.02330	−3.69917	0.000
公共服务融合权能	←	社会融合权能	0.49191	0.41004	0.06437	7.64241	0.000
公共服务融合权能	←	经济融合权能	0.00002	0.06178	0.00001	1.75498	0.07926
月平均收入	←	经济融合权能	1.00000	0.55634			
年均储蓄额	←	经济融合权能	9.88771	0.53774	0.35603	27.77177	0.000
家庭净资产状况	←	经济融合权能	0.00050	0.77820	0.00007	7.45007	0.000
就业平台	←	公共服务融合权能	1.00000	0.70846			
技能培训	←	公共服务融合权能	1.06241	0.80591	0.06128	17.33636	0.000
就业资讯	←	公共服务融合权能	0.78297	0.33504	0.05844	13.39810	0.000
住房保障	←	公共服务融合权能	0.68754	0.41915	0.04625	14.86424	0.000
初级关系网	←	社会融合权能	1.00000	0.33543			
社会参与	←	社会融合权能	1.76853	0.61502	0.16700	10.59001	0.000
邻里交往	←	社会融合权能	2.08162	0.66850	0.19614	10.61287	0.000
次生关系网	←	社会融合权能	1.47852	0.46775	0.11713	12.62283	0.000
工作适应	←	文化融合权能	0.90471	0.70452	0.04701	19.24328	0.000
文化认同	←	文化融合权能	0.63646	0.38863	0.04705	13.52641	0.000
地域评价	←	文化融合权能	0.67476	0.47978	0.04153	16.24864	0.000
生活适应	←	文化融合权能	1.00000	0.79026			

模型估计结果还显示，"经济融合权能"变量对"文化融合权能"变量的标准化系数为 0.08105，该系数显著性统计量的 p 值小于 0.05 的临界水平，表明农民工的经济融合权能对其文化融合权能有显著的正向影响。同时，"经济融合权能"变量对"公共服务融合权能"变量也有较显著的正向影响（参数估计值在 0.1 的水平上显著）。

但以上两组因果效应无论是从绝对量还是相对量来说，作用都较小。两组效应的系数估计值分别仅为 0.00004 和 0.00002，且标准化系数也仅为 0.08105 和 0.06178，说明农民工经济融合权能对其文化融合权能、公共服务融合权能的影响较小。两组标准化系数中，"经济融合权能"变量与"文化融合权能"变量间因果关系的标准化系数较大（0.08105 ＞ 0.06178），说明农民工的经济融合权能对其文化融合权能的影响效应稍大于其对公共服务融合权能的影响效应。

2. 农民工社会融合权能对其文化融合权能有显著的正向影响，且影响效应远大于经济融合权能

估计结果显示，"社会融合权能"变量对"文化融合权能"变量的系数估计值为 0.57048，且该系数显著性统计量的 p 值为 0.000，表明农民工社会融合权能对其文化融合权能存在显著的正向影响。平均而言，农民工社会融合权能每提升 1 个单位，其文化融合权能将提升 0.57048 个单位；反之，农民工的社会融合权能每下降 1 个单位，其文化融合权能将下降 0.57048 个单位。两个变量间因果关系的标准化系数为 0.32130，远大于"经济融合权能"变量对"文化融合权能"变量因果效应的标准化系数 0.08105。这说明相对于经济融合权能的影响效应，农民工社会融合权能对其文化融合权能的影响更大。在农民工的文化融合中，社会互动因素而非经济因素将是更为关键的动能要素。

3. 农民工社会融合权能对其公共服务融合权能有显著的正向影响，是诸维度权能中影响效应最大的权能要素

如表 4.35 所示，"社会融合权能"变量对"公共服务融合权能"变量有显著的正向影响，系数估计值为 0.49191。这表明，平均而言，农民工社会融合权能每提升 1 个单位，其公共服务融合权能将提升近 0.5 个单位。其标准化系数为 0.41004，在受模型支持的诸权能因果关系中是效应最大的影响作用，说明社会融合权能对农民工公共服务融合权能的增进效应最为突出，远大于经济和文化融合权能的影响作用。这一结果预示着，虽然农民工的公共服务融合权能主要是由制度统一赋予的，但是不同的社会互动状况也对其获取受制度约束的正式权利及福利分配结果产生了差异化的影响，非正式社会关系网络和社会互动过程的强化可能增加了农民工对正式公共服务权利的可及性。

表 4.36 列出了结构方程模型估计结果所支持的农民工市民化各权能间的因果关系效应与前文中有关理论预设相符合的情况。在 6 个被验证的因果关系中，属于原理论预设的关系个数为 4 个。从整体上看，实证分析的结论大致上与理论和逻辑推演的结论一致。若以经验研究的结论为基准，则原有理论分析环节需要对农民工经济融合权能正向调节其公共服务融合权能的逻辑以及文化融合权能逆向调节公共服务融合权能的机理作进一步的扩展和阐释。

表 4.36　结构方程模型估计结果对前文中有关理论预设的验证情况

序号	结构方程模型验证的因果效应关系	是否为原理论预设
1	经济融合权能对社会融合权能有正向影响	是
2	经济融合权能对文化融合权能有正向影响	是
3	经济融合权能对公共服务融合权能有正向影响	否
4	社会融合权能对文化融合权能有正向影响	是
5	社会融合权能对公共服务融合权能有正向影响	是
6	文化融合权能对公共服务融合权能有负向影响	否

图 4.35 显示了农民工市民化各权能间相互关系的结构方程模型估计结果。我们可更加直观清晰地了解实证研究所支持的理论预设，以及各权能因素之间的逻辑关联和相应因果关系的效应大小。

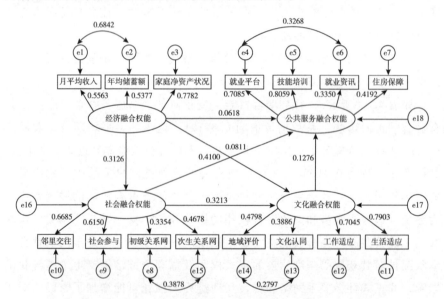

图 4.35　农民工市民化各权能间相互关系的结构方程模型估计结果

（三）农民工市民化核心权能发展不足及其权能结构的"支强干弱"特征

表 4.37 显示了农民工市民化权能指标得分与指标权重的相关关系。农民工市民化权能水平总体上在评价权重较小的指标上得分较高，而在评价权重较大的指标上得分较低。在第一层级指标上，除经济融合权能外，农民工在文化融合权能指标上得分较高，而在社会融合权能和公共服务融合

权能指标上得分均较低，而这三个融合权能指标的评价权重依次递增，说明其融合权能的发展状况呈现"支强干弱"的特征，即在相对次要的融合维度上表现尚可，而在核心融合层面上权能不足。

表 4.37 农民工市民化权能指标得分与指标权重的相关关系

	下层级指标	指标权重	指标得分	相关系数
农民工市民化权能	文化融合权能	0.1001	0.6044	0.07494 (0.9251)
	社会融合权能	0.1539	0.5098	
	公共服务融合权能	0.3095	0.3837	
	经济融合权能	0.4365	0.6476	
经济融合权能	就业状况	0.1852	0.6046	0.79925 (0.4105)
	人力资本	0.2928	0.5495	
	收入资产	0.5220	0.7179	
社会融合权能	城市社会参与	0.2799	0.3936	1.00000 *** (0.0000)
	城市关系网络	0.7201	0.5550	
文化融合权能	价值观融合	0.2304	0.4574	0.99922 * (0.0252)
	市民身份认同	0.3286	0.5789	
	城市文明适应	0.4410	0.7001	
公共服务融合权能	基本公共服务	0.3457	0.5201	− 1.00000 *** (0.0000)
	福利性公共服务	0.6543	0.3117	

注：$^*p<0.1$，$^{***}p<0.01$。

在公共服务融合权能上，其下层级指标即基本公共服务和福利性公共服务指标的权重分别为 0.3457 和 0.6543，而农民工市民化权能在这两个指标上的得分分别为 0.5201 和 0.3117，指标权重与得分之间相关系数为 − 1.00000，且在 0.01 的水平上显著，反映了指标得分与指标重要性之间的负相关关系（在图 4.36 中表现为双短条点混合虚连线向左下方倾斜）。而在指标权重系数较低的两个一级指标上，即文化融合权能（权重系数为 0.1539）和社会融合权能（权重系数为 0.1001）上，其下层级二级指标的得分与相应指标的权重间均为正相关关系（在图 4.36 中表现为长条虚连线、短条点混合虚连线均向右上方倾斜），这表明在非核心融合维度上，农民工的融合权能结构呈现核心权能要素优先发展、非核心权能要素发展相对迟缓的一般形态。由此可见，农民工市民化核心权能发展不足、权能结构呈现"支强干弱"特征。

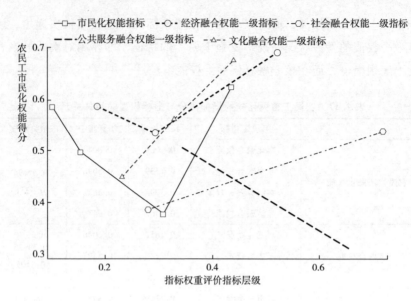

图 4.36　农民工市民化权能得分与指标权重的相关关系连线图示

六　结论

本章主要运用调查问卷获得的样本数据对农民工市民化权能进行实证分析。

课题组于 2016 年 7 月至 2019 年 1 月在武汉市进行了农民工市民化的问卷调查,通过配额抽样和滚雪球抽样相结合的抽样方法共获得有效问卷样本 1852 个。在受访农民工的基本特征方面,新生代农民工占 87.3%,平均月收入为 3904 元,在本地务工时间的中位数为 3.0 年,已婚农民工中配偶随迁的比例为 80.4%,随迁子女在务工城市就学的比例为 67.5%,农民工整体对户籍政策内容的了解存在较大盲区。在农民工的市民化态度和需求方面,近一半农民工有明确的市民化意愿并正为之努力,而对于准备从当前城市中退出的农民工来说,延续城市务工状态仍然是他们的主要选择。作为一个整体,农民工对获取城市户籍的诉求存在较大差别。在进城务工的动机上,农民工的多元化动力源特征越来越明显,基于家庭关系紧张的外出和从众效应的外出占很高比例;其次才是传统形式的动力来源,如分享城市优质公共服务资源、获取更好的工作机会和更高的收入水平,以及寻求在城市安居的机会等。在农民工对自身市民化条件的评价方面,超 1/3 的农民工认为其职业基础能支撑其完成市民化，1/3 的农民工对其市民化的前景持乐观态度，多数农民工不认同其工作技能或社会互动情况阻碍了其市民化进程的观点，这显示农民工整体上通过增加自身人力资本和社会资本以改善市民化条件的主观意愿与动力不足。已在务工城市购房的农民工比例为 16.74%，主要来自个体经营户或从事制造业、批发零售业的农民工；在购房动机方面，安居、子女就学和工作需要是位居前三的主要动力来源。在未购房农民工中，超三成计划未来 5~10 年内在务工城市购房，其动力源按比例高低依次为定居、工作便利和子女教育。

在第三章所构建评估体系的基础上，本章运用调查数据对各评价指标进行操作化，实证分析了农民工的市民化权能状况。笔者分别采用核密度估计法和基于"典型"农民工市民化权能的平均值法测算了农民工的市民化权能。核密度估计法的结论显示，农民工经济融合权能的中位数为 0.5776，处于中等融合水平，在诸维度权能发展中位于前列，这表明农民工市民化发展具有"经济融合权能发展先行"的鲜明特征。社会融合权能的中位数为 0.5022，处于相对滞后的"半融合"状态，体现了农民工构建城市次生社会关系网络的困难和其社会互动系统的相对封闭化趋向。文化融合权能的中位数为 0.6073，在诸维度权能中居于首位，且分布较为均匀，说明城乡群体在价值观念、行为方式和文化传统方面的亲和特征为群体社会融合提供了较好的基础。公共服务融合权能的中位数仅为 0.3214，在诸权能要素中发展最为迟滞、短板效应明显，凸显了制度非均等化赋权和二元福利分配体制对农民工市民化权能的掣肘。农民工市民化权能的中位数为 0.5051，均值为 0.5122；权能分布呈现低值密集、高值不高且相对分散，权能水平与市民化标准间存在较大差距，农民工整体呈现"半市民化"的特征。

基于"典型"农民工市民化权能的平均值法估计的结果与核密度估计法测算的结果较为接近，但后者对农民工市民化权能状况的估计整体上更加不容乐观，在权能水平上后者匡算的结果仅为 0.4784，倾向于得出农民工整体呈"弱半市民化"的结论。

农民工市民化权能的较低水平和"半市民化"状况说明我国人口城市化基础薄弱，也反映了市民化所遭遇的困境。市民化权能发展不足与市民化的巨大需求之间形成了强烈反差和现实矛盾，是制约以人为核心的市民化的关键掣肘。

　　基于农民工市民化权能的测算结果，本章还运用结构方程模型实证估计了各维度融合权能间的互动效应关系，以验证第二章中关于农民工市民化各权能间相互作用关系的理论预设。结构方程模型的估计结果表明，各维度权能间存在内在的因果关联，表现为经济融合权能对其他诸融合权能具有基础调节作用，社会融合权能对文化融合权能和公共服务融合权能具有显著的正向影响，而文化融合权能和公共服务融合权能的互动作用相对不突出。这意味着经济和社会融合权能在农民工市民化权能要素中具有能动性和支撑点作用。农民工市民化自身权能水平的提升，应将强化经济融合权能和社会融合权能作为切入点和突破口。

　　此外，本章还对农民工市民化权能评价体系中各维度权能的权重状况与农民工在相应维度权能上的评分值进行了比较分析，结论显示，农民工市民化核心权能发展不足、权能结构呈现"支强干弱"特征。

第五章 市民化的多元形态：农业转移人口的城市分层融合结构及其影响因素

一 农业转移人口的城市分层融合：来自移民的分层融合理论与经验研究的启示

对城市新移民社会融合中呈现的结构化、差异性的层块状况的现象，在不同领域和场景中为学者所重点关注。一个引发广泛兴趣的主题是对移民分层融合（segmented assimilation）的研究。Gordon 提出研究移民社会融入的七个维度分别包含文化融入、结构融入、婚姻融入、认同融入、态度融入、行为融入、公共事务融入[1]。这七个维度又可以整合为结构融入和文化融入这两个维度，故又称"二维度"模型。但是后来的学者批评 Gordon 的模型缺少对于移民来说很重要的经济维度。Goldlust 和 Richmond 提出了将社会融入分为客观层面和主观层面的"二维度"模型[2]。Junger-Tas 在研究少数民族的社会融入中，提出了"三维度"模型，即社会文化融入、政治法律融入和结构融入[3]。Entzinger 和 Biezeveld 对移民的社会融入进行了进一步研究，他们用社会经济融入取代了结构融入，将社会融入的维度划分为四个方面，即经济融入、政治融入、社会融入和文化融入[4]。

---

[1] Gordon M. M. , "Assimilation in America: Theory and Reality," *Daedalus* 2 (1961): 263 – 285.

[2] Goldlust J. & Richmond A. H. , "A Multivariate Model of Immigrant Adaptation,"*International Migration Review* 2(1975):193.

[3] Junger-Tas J. , "Ethnic Minorities, Social Integration and Crime,"*European Journal on Criminal Policy & Research* 1(2001):5 – 29.

[4] Entzinger H. & Biezeveld R. , "Benchmarking in Immigrant Integration,"European Research Centre on Migration and Ethnic Relations, Erasmus University Rotterdam, Rotterdam, Netherland(2003): 32 – 35.

一些对以色列移民在美国社会的同化研究将在迁入地的停留时间、受教育程度和职业作为群体同化的测量要素，并区分出社会融合、文化融合两个不同维度的群体整合构念，揭示了职业声望和地位、受教育程度对文化融合的显著影响①。

上述研究主要强调社会融合的内部构成要素及其结构维度，但另一个重要的方面则是从群体融合性质层面呈现的不同形态及结果，对这一现象和问题的关注，引申出社会分层融合的相关理论。分层融合（Segmented Assimilation）是一些学者对美国第二代移民向当地社会融合过程中出现的多元融入格局的描述②。分层融合理论源自移民内部分层这一重要事实。新移民群体分层的现象在很多针对相近性质的对象的研究中经常被观察到。如对于美国移民的研究显示，进入当地社会的新移民分成两个主要的类型：一个是由高技能的专业人员组成的、从事复杂和创新生产活动的熟练劳动者；另一个是从事农业、建筑业和生活服务等劳动密集型产业的体力劳动者③。

在一些研究中，群体的社会分层被简化为对社会经济地位（SES）的高低差别的度量。Xie 和 Greenman 发展了测量融合的三种方法。（1）接触衡量法（exposure approach）。按照外来人口在本地居留的时间长短来衡量其融合的程度。本地居留时间越长，接触本地社区、居民和文化次数越多，融合水平和层次越高。第二代移民的融合水平被假定高于第一代移民。（2）空间距离衡量法（spatial approach）。用外来人口所在社区中本地人所占比例的高低来衡量其融合的水平，本地人在社区中比重越高，则外来人口融合的水平越高。（3）行为衡量法（behaviourial approach）。用外来人口使用本地语言的情况或外来者拥有的本地朋友的数量来测量④。

经典的分层同化理论由 Portes 和 Zhou 首次提出，他们描述了移民向美国社会融合的三种不同路径，分别为：（1）直线型融合（straight-line as-

---

① Rosenthal M. & Auerbach C., "Cultural and Social Assimilation of Israeli Immigrants in the United States," *International Migration Review* 3(1992): 982.

② Portes A. & Zhou M., "The New Second Generation: Segmented Assimilation and Its Variants," *The Annals of the American Academy of Political and Social Science* 1(2010): 74 – 96.

③ Portes A. & Rivas A., "The Adaptation of Migrant Children," *The Future of Children* 1(2011): 219 – 246.

④ Y. Xie & E. Greenman, "The Social Context of Assimilation: Testing Implications of Segmented Assimilation Theory," *Social Science Research* 3(2011): 965 – 984.

similation），即逐步向美国中产阶层整合和融入；（2）向下融合（down-ward assimilation），向美国城市下层社会融合；（3）选择性融合（selective acculturation），在经济上朝美国主流社会整合的同时，有意保留移民来源国原有的文化和价值①。随后，Portes 和 Rumbaut 进一步发展了分层融合理论，详细阐述了人力资本、融入接受社会的模式、家庭结构等因素对不同融合结果的影响②。此外，分层融合理论还特别强调对美国社会中移民向下同化分层动向的关注，认为向下同化是移民的非法劳务输入利益与他们在务工当地的社会化成本之间冲突的结果。这种迁移只是移民基于其纯粹经济利益的考量和选择，而缺乏获得在迁入地过典型市民生活、发展所需文明素养和人力资本这些必要的社会化成本的投入。在移民自身资源匮乏、迁入地社会化发展不足的条件下，其堕入社会下层的概率显著提高。该理论支持通过外部干预来帮助移民家庭，以避免移民接受国对廉价劳动力的需要随着时间的推移而出现新的下层阶级③。

国内学者对农民工社会融合的要素结构和分层融合形态也作了初步的探索。牛喜霞、谢建社将这方面的研究分为六大类，即基于现代性视角的研究，基于社会化视角的研究，基于农民工城市主体互动视角的研究，基于社会资本或社会网络视角的研究，基于实践社会学的研究视角，描述、探究、分析农民工适应城市的内容、方式、障碍和体制机制的研究④。龚文海将农民工的社会融入整合为三个视角：一是城市性和现代性视角，二是社会化视角，三是社会分层与流动视角⑤。任远、邬民乐认为，社会融合是群体间相互配合、相互整合、相互适应的过程⑥。张文宏和雷开春通过对城市新移民社会融入的结构及现状的探讨，将社会融入的维度分为文

① Portes A. & Zhou M. , "The New Second Generation: Segmented Assimilation and Its Variants, "*The Annals of the American Academy of Political and Social Science* 1(2010) : 74 - 96.

② Alejandro Portes & Ruben Rumbaut, *Legacies: The Story of the Immigrant Second Generation* (California: Univarsity of California Press, 2001) , pp. 84 - 86.

③ Haller W. , Portes A. , & Lynch S. M. , "Dreams Fulfilled, Dreams Shattered: Determinants of Segmented Assimilation in the Second Generation, "*Social Forces* 3(2011) : 733 - 762.

④ 牛喜霞、谢建社：《农村流动人口的阶层化与城市融入问题探讨》，《浙江学刊》2007 年第 6 期，第 45 ~ 49 页。

⑤ 龚文海：《农民工群体的异质性及其城市融入状况测度》，《城市问题》2014 年第 8 期，第 74 ~ 80、100 页。

⑥ 任远、邬民乐：《城市流动人口的社会融合：文献述评》，《人口研究》2006 年第 3 期，第 87 ~ 94 页。

化融入、经济融入、心理融入和身份融入①。风笑天、王小璐在研究三峡移民融入情况时提出社会融入应分为经济融入、环境融入、生活融入、心理融入四个维度②。杨菊华从学理上探讨了社会融入的含义和融入的显性指标，将社会融入的维度分为结构性融入（经济融入）、政治融入（政治参与和权力）、社会融入（社会网络和支持）和文化融入（身份和语言融入）③。周皓则认为社会融入应包含结构融入、经济融入、文化适应、身份认同和社会适应五个维度④。

随着流动人口社会融合研究的进一步深入，学者们从不同的理论视角和维度提出了较丰富的融合理论范式。按社会融合学说的历史发展阶段划分，可以分为传统的社会融入理论和非传统的社会融入理论，也就是"同化论"和"多元论"。悦中山等人也持类似的观点⑤。嘎日达、黄匡时则认为应将社会融合理论分为四个基础理论、三个层次，即脆弱群体理论、社会分化理论、社会距离理论、社会排斥理论以及社会融合的宏观、中观和微观三个层次⑥。可以看到，社会融入和社会融合虽有一字之差，但在内涵、维度上有很多共同之处，考虑到国内农民工融入城市仍处于劣势地位，在融入过程中受到城市人口各方面的限制，即使在经济层面融入了，但在文化、政治层面仍受到局限，农民工的社会融入在很大程度上还是单向的过程，是一个不均衡的发展过程，本文采用社会融入的称谓来表达农民工的融合过程是比较恰当的。

上述研究对农民工城市社会融合与市民化的组成要素和结构性状进行了大量探索，为理解和分析农民工城市分层融合的特征提供了必要的知识基础。但相关研究对农民工市民化的形态、农民工融入城市的路径及影响

---

① 张文宏、雷开春：《城市新移民社会融合的结构、现状与影响因素分析》，《社会学研究》2008 年第 5 期，第 117~141、244~245 页。

② 风笑天、王小璐：《我国三峡移民研究的现状与趋势》，《社会科学研究》2004 年第 1 期，第 107~111 页。

③ 杨菊华：《从隔离、选择融入到融合：流动人口社会融入问题的理论思考》，《人口研究》2009 年第 1 期，第 17~29 页。

④ 周皓：《流动人口社会融合的测量及理论思考》，《人口研究》2012 年第 3 期，第 27~37 页。

⑤ 悦中山、杜海峰、李树苗、费尔德曼：《当代西方社会融合研究的概念、理论及应用》，《公共管理学报》2009 年第 2 期，第 114~121、128 页。

⑥ 嘎日达、黄匡时：《西方社会融合概念探析及其启发》，《国外社会科学》2009 年第 2 期，第 20~25 页。

机理等方面的探讨相对缺乏，本章主要针对这一层面的问题进行初步探究，以期进一步丰富农民工市民化层次结构的理论阐述和经验证据，并为相关政策实施提供一定的参考借鉴。

二　农民工市民化中分层融合结构的理论架构

（一）农民工的异质性和分层融合的内涵

社会分层是社会结构中最主要的现象，也是社会学研究的一个重要方向[1]。社会分层是研究社会结构的重要视角，对于研究农民工群体，"分层"意识更具有方法论的意义。陆学艺指出，随着我国改革开放的深入，不同群体甚至是相同群体的内部也开始出现分化，农民群体内部的异质性也越来越强[2]。

既有文献在研究农民工融入城市所面临的经济、政治、社会等方面的问题时，习惯采取将农民工笼统视为一个整体而不具体区分其内部分层结构，或者索性认为其同质性远高于异质性的传统理论预设的做法仍然较为普遍。这样做能够简化分析架构并聚焦农民工共性问题的阐述，但也将因忽视农民工经济资本、社会资本、文化价值观念、城市社会适应和心理认同、城市公共服务可及性等方面具有的显著异质性，而无法较好呈现农民工群体内部分层给其市民化进程带来的不同影响。实际上，农民工的内部分层及其不同的城市文化适应策略决定了其作为一个整体在向城市融合的过程中，在融入的方式、进程、内容、水平等方面呈现不同的状态和结构。

由于个人资源禀赋以及对融入方式和内容的选择性差异，农民工的城市社会融入是多元形态的、有层次的。粗略来讲，一部分农民工缩小了与典型市民在经济水平、社会交往模式等方面的差异，较多地抛弃了旧的初级关系网络和乡土文化，同时较多地吸收了新的城市生活方式和价值观念，实现了较高程度的城市融入；另一部分农民工则与典型市民的经济社会特征保持着较大距离，较多地保留了该群体原有的文化和交往生态，而

---

① 李路路：《论社会分层研究》，《社会学研究》1999 年第 1 期，第 103～111 期。

② 陆学艺：《当代中国社会阶层的分化与流动》，《江苏社会科学》2003 年第 4 期，第 1～9 页。

较少地吸收了新的城市社会价值和文明规范，在嵌入深度上维持在较浅层次的融合状态。我们把农民工在城市融入内容和水平上的结构性差异称为农民工的城市分层融合。

（二）农民工城市分层融合的理论模型

根据社会融合理论和农民工城市融合的实际，我们设置了考察农民工市民化分层形态的两个维度标准：（1）农民工在经济融合权能和收入水平方面与典型市民的趋同状况（分高、低两个趋同水平）；（2）在维持/放弃初级社会关系网络和原有文化价值模式、吸收/拒纳城市文明和交往模式方面的状况（分保守和开放两个选择性融入形态，其中强力维持乡土文明和关系、拒纳城市文明的选择性融入为保守形态，决然放弃乡土文明和关系、吸收城市文明的选择性融入为开放形态），并据此将农民工城市分层融入模式归纳为四种组合类型：新边缘群体生成型融合，向城市低收入阶层的嵌入式融合，向上的文化选择性融合，全面整合式融合。具体模式分类组合如图5.1所示。

经济权能和收入水平趋同状况	对社会关系网络和原有文化价值模式选择性维持/放弃状况	
	I "低经济融合权能-保守文化关系"组合 新边缘群体生成型融合	II "低经济融合权能-开放文化关系"组合 向城市低收入阶层的嵌入式融合
	III "高经济融合权能-保守文化关系"组合 向上的文化选择性融合	IV "高经济融合权能-开放文化关系"组合 全面整合式融合

图5.1 农民工城市分层融合的模式及类型

1. 新边缘群体生成型融合

新边缘群体生成型融合的农民工群体收入相对较低，心理状态相对封闭，较多地保留了农民原有的乡土文化特征。新边缘群体生成型融合的农民工大多文化程度较低，技能型人力资本积累少，只能与城市系统形成极为有限的文化和社会联结。他们中的大多数人收入水平低，并对城市文化持相对保守态度，这部分人形成了城市的新边缘群体。

2. 向城市低收入阶层的嵌入式融合

向城市低收入阶层的嵌入式融合是指进城务工的农民工群体的经济收入相对较低，但心理状态呈开放态势，喜欢并接纳城市文明，在文化和心理上向城市人趋近。这部分农民工大部分是新生代农民工。这部分农民工因为父辈已有城市务工经验，在城市成长的时间很长，受到城市文明的熏陶，生活观念更倾向于城市人，对城市文化和生活方式持开放态度，但由于工作技能和经验相对欠缺，其整体经济水平并不高，这限制了其向城市社会中上层的流动。

3. 向上的文化选择性融合

向上的文化选择性融入模合是指进城务工的农民工经过打拼后在经济收入上达到较高水平，能够满足其在城市的各方面消费，但内心仍保留着农村的乡土性，心理状态呈现封闭态势。该融合模式中的农民工在经济成就上较为突出，他们或者凭借多年在城市的经营和打拼，实现了市民平均水平及以上的财富积累；或者拥有较强的竞争力和专业技能，在城市获得了较好的经济条件和较高的社会地位。但在文化和社会融合层面，这部分农民工由于在城市的社会网络仍依赖于以血缘和地缘为纽带的原生社会关系，社会互动的深度和广度不足，处于"半融入"或者"不融入"的状态；或对乡土文化怀有强烈的眷恋，因而在文化和社会心理上仍保留其原有的传统状态，对城市主流价值和文化生态并非毫无条件地认同和接纳。他们希望在尽量保留其原有社会关系网络和文化传统的条件下，实现在城市社会中的整合而非同化。

4. 全面整合式融合

全面整合式融合是指进城务工的农民工凭借在城市的成功经营或专业技能获得了较高水平的收入与较好的财富条件，能够满足其在城市稳定、常态化生存发展所需的消费支付需求，且在城市生产、生活环境的熏染下，全面吸收城市价值观念、生活方式和行为习惯的多维度融合模式。全面整合式融合中的农民工群体一方面在经济上取得了较大的成功，实现了向城市中上阶层的纵向社会流动，完成了物质层面的市民化；另一方面并不刻意保留其自身原有的乡村文化特质，对城市文化和价值体系有较强的认同感，以开放心态适应并接纳城市文明，积极融入城市社会和文化生态场景中。该模式下的农民工群体是流动人口进入城市进行社会融入的理想形态，他们在经济和文化心理上都与城市人无异，已然蜕变为城市典型市民。凭借经济和文化维度朝着城市标准的全面融合，这类农民工群体完成了"同化"意义上的市民化。

（三）影响农民工分层融合的作用机制

1. 人力资本的作用机制

人力资本源于人力资源的概念，人力资源是指包含在劳动者身上的体力、智力和创造力潜力的总和。人力资本则是由提供未来收入的人力资源所形成的对经济资源的增值性功能，其性质体现为绝对私有的经济资源配置能力。人力资本具有能动性特征，在某些条件下将成为比物质资本更重要的资本形式①。一般而言，它体现了劳动者的生产效率特征和素质禀赋潜能，是个体竞争力的重要组成要素。明塞尔的"收益函数"揭示了劳动者收入差别与接受教育和工作年限长短的关系，表明工人收入的增加和个体收入差距缩小的根本原因是人们受教育水平的普遍提高，是人力资本投资的结果②。农村劳动力的专业技能、知识和对机会的把握对其在城市发展起着重要的作用③。农民工的个人禀赋在很大程度上决定了其在城市能否站稳脚跟。

人力资本对农民工分层融入的作用途径主要体现在以下三个方面。第一，经由个体在受教育程度或劳动技能积累上的差异，不同农民工发展出不同的生产效率特征和市场竞争力，进而形成职业、收入和经济资本状况的较大差别。研究表明，人力资本在提升农民工收入水平、增进社区参与、增强对流入地文化理念的接纳等方面发挥了重要作用④。农民工的人力资本构成其个体迁移动力的重要因素，人力资本越丰富的农民工，其进城寻求发展机会的可能性越大，也越容易对城市工作和生活产生适应和认同⑤。第二，基于个体在融入城市或市民化目标上意愿与努力程度的差异，农民工对自身既有潜能、资源和条件的利用效能，或主观能动性

---

① 王开国、宗兆昌：《论人力资本性质与特征的理论渊源及其发展》，《中国社会科学》1999年第6期。

② 王明杰、郑一山：《西方人力资本理论研究综述》，《中国行政管理》2006年第8期，第92~95页。

③ 周其仁：《机会与能力——中国农村劳动力的就业和流动》，《管理世界》1997年第5期，第81~101页。

④ 杨菊华、张娇娇：《人力资本与流动人口的社会融入》，《人口研究》2016年第4期，第3~20页。

⑤ 蔡禾、王进：《"农民工"永久迁移意愿研究》，《社会学研究》2007年第6期，第86~113页。

作用的发挥与释放程度也呈现较大差别，进而形成不同的城市融合基础和市民化形态。第三，人力资本对农民工城市社会融合的一个潜在影响是，在职业场景中，人力资本丰富的农民工能够接触更多人力资本处于较高层次的本地居民，从而有利于其建立本地次生社会网络，加快其融入城市的进程[1]。

简言之，农民工以其个人资质禀赋和技能特征为核心内容的人力资本差异将导致群体的内部分层，进而在其城市社会融入上形成显著的分层效应。由此提出假说1。

假说1：农民工人力资本的差异显著影响其城市社会融合的状况。

2. 社会资本的作用机制

布朗、木子西将社会资本界定为按照构成社会网络的个体间关系类型在社会网络中分配资源的过程系统。其意涵包括微观、中观和宏观三个层次，其中微观层面的社会资本强调社会网络的自我嵌入，主要指个体通过社会网络调动资源的潜力[2]。波特也有类似的观点，他认为社会资本是个人通过他的成员资格在网络中或者在更宽泛的社会结构中获取短缺资源的能力，它是个人对社会网络嵌入的结果，是个人与他人关系中包含着的一种资产[3]。社会资本权利的排他性分配就是以人际网络的界限为边界，获取和使用这种资源的权力属于特定社会网络中的个人，在此以外的个体则无法分享这些特殊的社会机会[4]。

社会资本对农民工城市社会融合的重要作用主要体现在其相关社会网络蕴含的资源和机会对其形成的重要支持方面。农民工作为城市新移民，远离了原籍地社会系统，其社会支持网络发生了较大的变化，但以亲缘和地缘为纽带的初级关系网络仍在农民工社会资本的构筑中起着重要作用。在农民工经济地位的获得过程中，其拥有的关系资本的作用甚至要超过人

---

① 李培林、田丰：《中国农民工社会融入的代际比较》，《社会》2012年第5期，第1~24页。

② 托马斯·福特·布朗、木子西：《社会资本理论综述》，《马克思主义与现实》2000年第2期，第41~46页。

③ Portes A. , "Social Capital: Its Origins and Applications in Modern Sociology, "*Annual Review of Sociology* 1(1998): 1 – 24.

④ Lin N. , "A Network Theory of Social Capital, "*Connections* 1(2005): 28 – 51.

力资本等其他结构性因素①。在血缘、地缘和业缘的同质关系基础上构筑的社会网络是农民工进城后初始社会资本的主要来源，尤其是亲属在城乡居民的财务支持中发挥了重要作用②。而且农民工的迁移大多目的明确，准备充分且拥有人际关系网络作为支撑③。可以说，农民工社会经济状况的改善在很大程度上取决于个体从其工作或生活的关系网络（如血缘、地缘和业缘）中动员或摄取资源能力的大小④。相反，农民工边缘性的地位与其社会资本的缺乏高度相关⑤。在城市次生关系网络方面，农民工的"跨越型"社会资本对其收入和经济地位的提升具有显著影响。在企业内，农民工与当地员工建立友好关系将显著增加其获得更高收入的可能性⑥。在特定务工环境中，相对于初级社会关系资本的影响，农民工城市新生社会资本对其收入水平和福利增加的影响更为突出⑦。另外，社会资本的重要功能还表现在它为农民工提供精神慰藉和情感需求的满足或支持作用上⑧。

根据布朗和木子西的理论，社会排斥是特定社会资本形态在宏观层面的重要内容。由于城乡分割的二元社会制度等历史原因，遭遇城市社会排斥是农民工市民化过程中一个不可回避的重要现实。农民工作为外来人口进入城市，对于城市群体来说是"外部人"，城市社会存在歧视农民工文化形态、行为方式和生活习惯的自然心理倾向。甚至一部分城市人认为，农民工的出现占据了本属于城市人的就业机会，加剧了城市公共服务的负担，造成交通拥挤、社会不稳定等问题，这越发强化了其对农民工的排斥

---

① 赵延东、王奋宇：《城乡流动人口的经济地位获得及决定因素》，《中国人口科学》2002年第4期，第8~15页。

② 张文宏、阮丹青：《城乡居民的社会支持网》，《社会学研究》1999年第3期，第14~19、22~26页。

③ 李路路：《向城市移民：一个不可逆转的过程》，载李培林主编《农民工：中国进城农民工的经济社会分析》，北京：社会科学文献出版社，2003。

④ 李培林：《流动民工的社会网络和社会地位》，《社会学研究》1996年第4期，第42~52页。

⑤ 刘传江、徐建玲等：《中国农民工市民化进程研究》，北京：人民出版社，2008。

⑥ 王春超、周先波：《社会资本能影响农民工收入吗？——基于有序响应收入模型的估计和检验》，《管理世界》2013年第9期，第55~68、101、187页。

⑦ 叶静怡、周晔馨：《社会资本转换与农民工收入：来自北京农民工调查的证据》，《管理世界》2010年第10期，第34~46页。

⑧ 熊景维、钟涨宝：《农民工家庭化迁移中的社会理性》，《中国农村观察》2016年第4期，第40~55、95~96页。

心理。农民工因受到歧视和排斥，与城市文化产生了隔阂，群体间的价值冲突也越来越明显，最终可能导致市民和农民工的相互疏离和分裂，增加了城市社会的不和谐因素与安全隐患。

农民工的社会资本构成其城市资源和机会获得的非制度性支持系统，对其城市融合权能的发展有十分重要的作用和影响。农民工在城市社会网络构建和社会支持获取等方面的个体差异，必然将导致其在城市融合进程或市民化形态上出现明显的分层。由此提出假说2。

假说2：农民工社会资本的差异显著影响其城市社会融合的状况。

3. 公共服务和社会福利的作用机制

国家的公共服务和福利制度对社会群体的分层产生极为深刻的影响。艾斯平－安德森指出，国家福利提供公共服务和收入保障，但同时是一种社会分层机制，它是塑造阶级和社会秩序的关键制度，国家福利的组织特征决定了社会团结、阶层分隔和地位差异的表现[1]。在现代风险社会中，公共服务和社会福利的权利内容对应着个体化解基本生存风险的制度屏障和关键要件，对处于充满变化和不确定因素的"市场人类"来说具有重要作用。就其本质而言，它首先是一种重要的收入再分配机制，通过公共服务和福利有效抵制经济不平等对社会的冲击；对于市场竞争中的弱势群体来说，它是发挥"补缺"作用和社会流动支持作用的正式制度安排。在艾斯平－安德森的理论中，这一作用机制被形象地概括为"去商品化"过程，它使弱势市场主体能够不必依赖市场和劳动合同关系就能获得维持生存所需的必要条件和福祉，并被广泛视为所有社会成员的一种与生俱来的权利[2]。包括医疗、教育和住房保障在内的公共服务与福利供给，与人们基本需求满足、风险抵御能力和经济福祉提升紧密相连，是市民维系生计的安全屏障。被公共服务分配系统接纳或排斥的结果，将对个人生活的安全保障基础和品质产生至关重要的影响，也将影响社会整体的团结、稳定和秩序。正是在这个意义上，公共服务和社会福利所发挥的安全屏障作用

---

① 哥斯塔·艾斯平－安德森：《福利资本主义的三个世界》，苗正民、滕玉英译，北京：商务印书馆，2010。

② 哥斯塔·艾斯平－安德森：《福利资本主义的三个世界》，苗正民、滕玉英译，北京：商务印书馆，2010。

被形象地称为"社会安全网"（social security net）。公民无法均等地享有公共服务与福利保障待遇是现代社会中最严重的社会排斥形式之一。

农民工市民化是由一系列权利分享、公共服务提供以及为相应成本融资的利益调节和公共管理等活动组成的过程。公共服务权利的范围和结构反映了公共利益在不同群体和组织间的配置状况。包容的城市落户政策、公共就业服务、最低生活保障、养老医疗工伤等社会保险、随迁子女教育、住房保障等支撑性制度体系既是城市生存的基本要件，又构成城镇化门槛的调节杠杆，从根本上决定着农民工向市民转化的"准入标准"和难易程度。在市民化的过程中，普惠且完备的基本公共服务是推进部分经济条件较好的农民工实现市民化的必要支撑。

以户籍为形式的城市二元福利体制将农民与市民区分为两个不同的身份群体，形成了城市公共服务壁垒。在具有较强排斥性的公共服务体制下，农民工进城务工，经由其职业搭建不同的福利分配系统、获得有差异的福利分配"资格"，进而形成不同个体在公共服务和福利保障上的非均衡待遇状况。对于有机会获得较完备福利保障的农民工而言，其城市融合的制度化支撑条件具有较大优势；对于缺乏相应公共服务和社会福利的农民工而言，其城市生存的制度保障基础较为薄弱，因而在城市社会融合方面亦处于相对不利地位。因此，农民工公共服务和社会福利权益获取情况的分化，也将造成其城市社会融入的分化。由此提出假说3。

假说3：农民工公共服务和社会福利权益获取的差异显著影响其城市社会融合的状况。

三　农民工城市分层融合类型的划分

将第四章中对农民工市民化权能的测算结果和上节中关于农民工城市分层融合的理论构建进行延展，分别将经济融合权能、社会文化融合权能（社会融合权能和文化融合权能按1∶1的权重加权得到的综合权能指数）的得分划分为高、中、低三个层次，并将两个权能维度作为分层融合类型划分的横轴与纵轴，两两交叉组合形成图5.2中的分层融合子类。

图5.2　农民工分层融合结构

通过运用主成分分析（PCA）方法对农民工城市社会融合进行分层操作，可得到一个测量其市民化类型的有序变量，称为农民工分层融合响应变量。按照经济融合分层、社会文化融合分层和经济－社会文化融合分层三个测量维度，本书将估计人力资本、社会资本、公共服务和社会福利对农民工上述城市分层融合的影响效应。

在测量经济融合分层时，将运用主成分分析方法得到的农民工经济融合权能变量按其均值分别减去和加上1个标准差为分割点，依次划分为低经济融合权能、中等经济融合权能和高经济融合权能，并分别赋值为1～3。对社会文化融合分层的测量和操作化与之相同。

在测量经济－社会文化融合分层时，以经济融合权能为纵轴、社会文化融合权能为横轴，将经济融合权能得分和社会文化融合权能得分均处于低权能分层的对象归为低融合分层并赋值为1；将经济融合权能得分处于低权能分层且社会文化融合权能处于高权能分层的对象归为低经济－高文化融合分层并赋值为3；将经济融合权能得分和社会文化融合权能得分均处于中等权能分层的对象归为中间融合分层并赋值为5；将经济融合权能得分处于高权能分层且社会文化融合权能处于低权能分层的对象归为高经济－低文化融合分层并赋值为7；将经济融合权能得分和社会文化融合权能得分均处于高权能分层的对象归为低融合分层并赋值为9。其余分层融合层块分别是：第1分层和第3分层间为第2分层；第1分层和第7分层间为第4分层；第3分层和第9分层间为第6分层；第7分层和第9分层间为第 8 分层①。变量的描述性统计如表 5.3 所示。

对应前文所述理论模型，上述被解释变量操作化后的对应关系是："低经济融合权能 – 保守型社会文化融合权能" = 1；"低经济融合权能 – 开放型社会文化融合权能" = 3；"高经济融合权能 – 保守型社会文化融合权能" = 7；"高经济融合权能 – 开放型社会文化融合权能" = 9；"中等经济融合权能 – 中等社会文化融合权能" = 5。将此作为被解释变量，确定影响农民工形成上述不同城市社会融合形态的作用因素。

另外，按照前文所述经济融合权能和社会文化融合权能两个维度的分层框架，我们区分出四种不同类型的农民工城市社会融合形态，它们在相应分层标准上的子层块均值都有显著性的差异（见表 5.1）。

图 5.3 和图 5.4 显示了按照上述标准划分的四个分层融合子群的均值对比情况。由图 5.3 和图 5.4 可知，分层间的区分度较好，在同层级上权能均值接近，在不同层级上权能均值有较显著差异。这一方面检验了分层

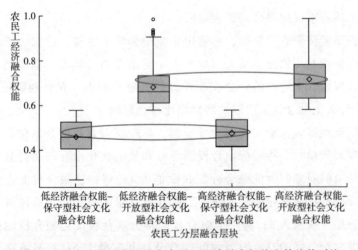

图 5.3　四个分层融合子群在农民工经济融合权能上的均值对比

---

① 本文在实际操作时，将经济融合权能和社会文化融合权能的交叉分层划分为 9 个分层模块，主要是为解决以均值或中位数来确定分层时可能带来的"中间区带"定位模糊问题。细分以后，对比分析第 1 分层、第 3 分层、第 5 分层、第 7 分层和第 9 分层的差异及其不同的影响作用机制，基本上能够对应前文理论模型中的四种分层融合形态（除中间第 5 分层外），以便验证分析。

表 5.1 按主成分分析方法划分的农民工市民化权能分层及相应测量变量的均值比较

分层融合层块的比较	分层的维度	分层的测量变量	低层 均值	高层 均值	高低层块间 变量均值差	Sidak t - Tests 显著性水平
（1）低经济融合权能 - 保守型社会文化融合权能 VS（3）高经济融合权能 - 保守型社会文化融合权能	经济融合分层	月平均收入	2829	5756	-2926.42	***
		年均储蓄额	16467	46797	-30329.8	***
		家庭净资产状况	1.098	2.141	-1.04209	***
	社会文化融合分层	社会组织和活动参与	1.595	1.856	-0.26134	***
		城市生活方式适应	2.258	2.301	-0.04245	
		城市文化偏好程度	1.679	1.631	0.04831	
（1）低经济融合权能 - 保守型社会文化融合权能 VS（4）高经济融合权能 - 开放型社会文化融合权能	经济融合分层	月平均收入	2829	5858	-3029.18	***
		年均储蓄额	16467	48104	-31636.8	***
		家庭净资产状况	1.098	2.208	-1.10955	***
	社会文化融合分层	社会组织和活动参与	1.595	2.060	-0.46496	***
		城市生活方式适应	2.258	3.322	-1.06373	***
		城市文化偏好程度	1.679	2.983	-1.30388	***
（2）低经济融合权能 - 开放型社会文化融合权能 VS（3）高经济融合权能 - 保守型社会文化融合权能	经济融合分层	月平均收入	2893	5756	-2862.35	***
		年均储蓄额	17705	46797	-29092.4	***
		家庭净资产状况	1.103	2.141	-1.03728	***
	社会文化融合分层	社会组织和活动参与	1.992	1.856	0.13569	***
		城市生活方式适应	3.180	2.301	0.87951	***
		城市文化偏好程度	2.998	1.631	1.36726	***

续表

分层融合层块的比较	分层的维度	分层的测量变量	低层均值	高层均值	高低层块间变量均值差	Sidak t - Tests 显著性水平
(2) 低经济融合权能-开放型社会文化融合权能 VS (4) 高经济融合权能-开放型社会文化融合权能	经济融合分层	月平均收入	2893	5858	-2965.11	***
		年均储蓄额	17705	48104	-30399.4	***
		家庭净资产状况	1.103	2.208	-1.10474	***
	社会文化融合分层	社会组织和活动参与	1.992	2.060	-0.06793	
		城市生活方式适应	3.180	3.322	-0.14178	***
		城市文化偏好程度	2.998	2.983	0.01507	
(1) 低经济融合权能-保守型社会文化融合权能 VS (2) 低经济融合权能-开放型社会文化融合权能	经济融合分层	月平均收入	2829	2893	-64.07	
		年均储蓄额	16467	17705	-1237.4	
		家庭净资产状况	1.098	1.103	-0.00481	
	社会文化融合分层	社会组织和活动参与	1.595	1.992	-0.39704	***
		城市生活方式适应	2.258	3.180	-0.92196	***
		城市文化偏好程度	1.679	2.998	-1.31895	***
(3) 高经济融合权能-保守型社会文化融合权能 VS (4) 高经济融合权能-开放型社会文化融合权能	经济融合分层	月平均收入	5756	5858	-102.76	
		年均储蓄额	46797	48104	-1307.1	
		家庭净资产状况	2.141	2.208	-0.06745	
	社会文化融合分层	社会组织和活动参与	1.856	2.060	-0.20362	
		城市生活方式适应	2.301	3.322	-1.02128	***
		城市文化偏好程度	1.631	2.983	-1.35219	***

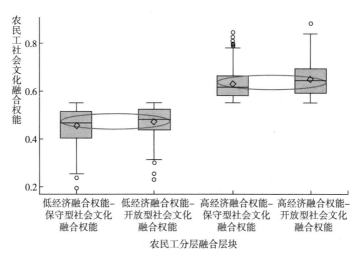

图 5.4　四个分层融合子群在农民工社会文化融合权能上的均值对比

的客观存在，另一方面也说明分层划分具有较好的区分度和效度。这从统计和经验观察层面印证了农民工的城市融合权能内部的结构性差异和群体分层特征，揭示了其市民化形态必然对应分层融入的事实。

四　农民工城市分层融合影响因素的实证估计

（一）数据来源及变量描述

研究数据来源于课题组于 2018～2019 年在湖北省武汉市开展的问卷调查。调查采用配额抽样和滚雪球抽样的方法获取受访对象，在武汉市 7 个中心城区开展实地调查。调查共发放问卷 2000 份，回收问卷 1911 份，去除无效样本后共计 1852 个样本。问卷调查的样本基本特征见表 5.2。

表 5.2　样本基本特征

单位：人,%

项目		样本	比例	项目		样本	比例
性别	男	902	48.7	籍属地	省内	1432	77.3
	女	950	51.3		省外	420	22.7

续表

项目		样本	比例	项目		样本	比例
婚姻状况	未婚	1081	58.4	从业行业	制造业	346	18.7
	已婚	771	41.6		住宿和餐饮业	387	20.9
是否自雇	否	1360	73.4		建筑业	45	2.4
	是	492	26.6		生活服务业	184	10.0
居住安排	与工友同住	844	45.6		批发零售业	329	17.8
	个人单独居住	236	12.7		其他行业	561	30.3
	与家人亲友住	772	41.7	是否愿意放弃承包地	否	1506	81.3
有无务工城市亲属	无	942	50.9		是	346	18.7
	有	910	49.1	政治面貌	群众	916	50.4
是否用到技能证书	否	1518	82.0		党员	120	6.6
	是	334	18.0		其他	782	43.0
务工地老乡、朋友数	3人及以下	495	26.7	居住隔离状况	商品房小区	289	15.6
	4~10人	898	48.5		城中村租房	727	39.3
	11~20人	212	11.4		工作场所或郊区平房	308	16.6
	20人以上	247	13.3		工业园区集体宿舍	528	28.5
是否享受住房保障或公积金	否	1344	72.6	参加医疗保障情况	没有参加任何医保	404	21.8
	是	508	27.4		参加了新农合	828	44.7
权益保障情况评价	较少能得到保障	1107	59.8		参加了务工地居民医保	103	5.6
	一般能得到保障	402	21.7		购买了商业医疗保险	104	5.6
	完全能得到保障	343	18.5		参加了城镇职工医保	413	22.3

（二）模型估计与结果分析

1. 模型建立与估计

根据前文对影响农民工城市分层融合作用机制的理论分析与假设，我们建立如下模型：

表5.3 变量的含义、赋值及描述性统计分析 (N=1852)

变量	变量名	变量含义及赋值	MIN	MAX	平均值	标准差
被解释变量						
经济融合分层	EconSegint	1="低经济融合分层"，2="中等经济融合分层"，3="高经济融合分层"	1	3	1.889	0.682
社会文化融合分层	SocuSegint	1="低社会文化融合分层"，2="中等社会文化融合分层"，3="高社会文化融合分层"	1	3	1.960	0.761
市民化综合分层（9层）	Segint-9	经济融合分层和社会文化融合分层两两组合得到（经济融合分层为X轴基准），赋值1~9	1	9	4.495	2.458
市民化综合分层（3层）	Segint-3	市民化综合分层由经济融合和社会文化融合分层的"低-低"，"中-中"和"高-高"分层组成，赋值1~3 (N=745)	1	3	1.881	0.722
市民化综合分层（5层）	Segint-5	由市民化综合分层中分层值为1、3、5、7、9的五类分层按赋值从小到大构成的分层序列 (N=985)	1	5	2.764	1.345
主要解释变量						
年龄	age	受访者年龄	15	65	27.762	8.079
务工年限	wrkyrs	在当地务工年数	0.6	34	4.395	4.420
受教育年限	schools	受访者的受教育年限数	4	16	11.216	3.454
技能证书数	skills	受访者拥有的技能证书数	0	3	0.768	0.968
用到证书情况	skilluse	用到证书：0=否，1=是	0	1	0.180	0.385
有无务工城市亲属	lcalrelatv	0=没有，1=有	0	1	0.491	0.500
务工地老乡、朋友数	friends	1=3人及以下，2=4~10人，3=11~20人，4=20人以上	1	4	2.114	0.950
亲戚和朋友帮助大小	helppal	1=帮助较大，2=一般，3=帮助较小	1	3	2.022	0.775

续表

变量	变量名	变量含义及赋值	MIN	MAX	平均值	标准差
主要解释变量						
居住隔离状况	resdseg	Likert 1~5 量表	1	4	2.495	1.413
党员身份	yescpc	是不是党员：0=否，1=是	0	1	2.414	0.689
住房保障或公积金	housecurity	是否享受：0=否，1=是	0	1	0.065	0.246
公共就业培训次数	training	农民工在务工城市参加公共就业培训的次数	0	12	3.124	8.379
权益保障情况评价	rightsprotect	1=完全能得到保障，2=一般能得到保障，3=较少能得到保障	1	3	1.587	0.783
参加医疗保障情况	medicare	1=没有参加任何医保，2=参加了新农合，3=参加务工地居民医保，4=购买了商业医疗保险，5=参加了城镇职工医保	1	5	2.619	1.457
控制变量						
返乡频率情况	bkhmfrq	只在家里有要事时返乡：0=否，1=是	0	1	0.594	0.491
换工频次	jobturn	在务工地累计变换工作次数	0	30	2.048	2.536
居住面积	luspace	农民工在务工城市所住的人均居住面积	3	37	8.264	10.227
本地人排斥感知	exclusfel	1=从来没有，2=偶尔有，3=经常有，4=总是有	1	4	1.920	0.874

$$seg\ int_i^× = \beta_0 + \beta_{mi} \times CAP_{mi} + \beta_{ni} \times PUB_{ni} + \beta_{ki} \times SOC_{ki} + \gamma_{li} \times Z_{li} + \varepsilon_i$$

其中，$seg\ int_i$ 为测量农民工城市分层融合类型的有序变量，CAP_{mi} 为测算农民工人力资本的变量组（包括受教育年限、技能证书数、用到证书情况和务工年限），PUB_{ni} 是测算农民工获取城市公共服务情况的变量组（包括权益保障情况评价、住房保障和公积金、公共就业培训次数三个变量），SOC_{ki} 是测算农民工社会资本和支持情况的变量组（包括居住隔离状况，有无务工城市亲属，务工地老乡、朋友数，亲戚和朋友帮助大小），Z_{li} 是控制变量组（包括农民工的年龄、性别、从业行业等）。

考虑到被解释变量为有序变量，我们采用 ologit 模型进行估计。对于人力资本，考虑到农民工的实际情况，将其主要操作化为年龄（劳动力健康和体力的指征）及其平方项、务工年限（工作经验指征）、受教育年限、技能证书数（技能状况指征）以及用到证书情况（技能运用状况指征）6个变量。对于社会资本，主要采用了有无务工城市亲属，务工地老乡、朋友数，亲戚和朋友帮助大小，居住隔离状况（反向指标），党员身份等变量。对于公共服务，主要采用是否享受住房保障或公积金、公共就业培训次数、权益保障情况评价等变量。由于经济融合分层和社会文化融合分层在性质上的差异，在以这两个分层变量为响应变量的模型估计中，对上述主要解释变量的运用有细微差别，主要是基于变量作用的理论与逻辑可能、内生特征等情况考虑和选择。

以经济融合分层为因变量，构建 ologit 模型得到的估计结果如表5.4 所示。由表5.4 可知，全部模型整体上均具有统计显著性；在拟合优度上，可调整的伪 R^2 的值逐次增大，说明随着主要解释变量的纳入，模型的拟合优度逐次上升，主要解释变量对因变量有较好的解释力。

表 5.4　农民工经济融合分层影响因素 ologit 模型的估计结果

变量	变量水平	基准模型	模型 I	模型 II	模型 III
控制变量					
性别（gender）	女	-0.464***	-0.430***	-0.400***	-0.392***
	（参照：男）	(0.094)	(0.096)	(0.098)	(0.098)
籍属地（origin）	省外	0.210*	0.301***	0.348***	0.351***
	（参照：省内）	(0.110)	(0.112)	(0.115)	(0.116)

变量	变量水平	基准模型	模型 I	模型 II	模型 III
控制变量					
就业形式（selfemply）	是否自雇：是	1.206***	1.037***	0.953***	0.977***
	（参照：否）	(0.113)	(0.116)	(0.118)	(0.119)
从业行业（industry）	住宿和餐饮业	−0.222	0.088	0.114	0.165
	（参照：制造业）	(0.145)	(0.151)	(0.152)	(0.153)
	建筑业	0.144	0.260	0.274	0.361
	（参照：制造业）	(0.308)	(0.314)	(0.317)	(0.318)
	生活服务业	0.389**	0.517***	0.518***	0.540***
	（参照：制造业）	(0.177)	(0.180)	(0.182)	(0.183)
	批发零售业	0.186	0.243	0.192	0.233
	（参照：制造业）	(0.158)	(0.162)	(0.163)	(0.164)
	其他行业	0.071	0.222	0.231	0.269*
	（参照：制造业）	(0.135)	(0.139)	(0.140)	(0.142)
换工频次（jobturn）	在务工地累计变换工作次数	0.025	−0.006	−0.003	−0.001
		(0.019)	(0.022)	(0.022)	(0.022)
人力资本					
年龄（age）	受访者年龄		0.184***	0.180***	0.180***
			(0.038)	(0.039)	(0.040)
年龄平方（agesq）	受访者年龄平方		−0.002***	−0.002***	−0.002***
			(0.001)	(0.001)	(0.001)
务工年限（wrkyrs）	在当地务工年数		0.109***	0.103***	0.103***
			(0.014)	(0.014)	(0.014)
受教育年限（schools）	受访者的受教育年限数		0.161*	0.212**	0.224**
			(0.091)	(0.093)	(0.094)
技能证书数（skills）	受访者拥有的技能证书数		0.273*	0.137	0.162
			(0.160)	(0.165)	(0.165)
用到证书情况（skilluse）	用到已有证书：是		0.539***	0.488***	0.501***
	（参照：否）		(0.121)	(0.122)	(0.123)

续表

变量	变量水平	基准模型	模型 I	模型 II	模型 III
社会资本					
有无务工城市亲属	没有			−0.163*	−0.203**
（lcalrelatv）	（参照：有）			(0.097)	(0.098)
务工地老乡、朋友数	4~10 人			0.169	0.152
（friends）	（参照：3 人及以下）			(0.113)	(0.114)
	11~20 人			0.397**	0.384**
	（参照：3 人及以下）			(0.165)	(0.166)
	20 人以上			0.515***	0.526***
	（参照：3 人及以下）			(0.162)	(0.162)
亲戚和朋友帮助大小	一般			−0.258**	−0.254**
（helpval）	（参照：帮助较大）			(0.114)	(0.117)
	帮助较小			−0.235*	−0.253*
	（参照：帮助较大）			(0.125)	(0.130)
居住隔离状况	Likert 1—5 量表			−0.286**	−0.323**
（resdseg）				(0.131)	(0.132)
党员身份（yescpc）	是否党员：是			0.344*	0.294
	（参照：否）			(0.193)	(0.194)
公共服务					
住房保障或公积金	是否享受：是				0.262**
（housecurity）	（参照：否）				(0.107)
公共就业培训次数	农民工在务工城市参				0.006**
（training）	加公共就业培训的				(0.003)
	次数				
权益保障情况评价	一般能得到保障				−0.404***
（rightprotct）	（参照：完全能得到				(0.155)
	保障）				
	较少能得到保障				−0.248**
	（参照：完全能得到				(0.126)
	保障）				
LR Chi−square		196.3 (9)***	351.9 (15)***	390.0 (23)***	408.0 (27)***
伪 R^2		0.0525	0.0941	0.1043	0.1091

注：居住隔离状况系按住房区位从商品房小区、城中村租房、工作场所（三合一）、郊区平房、工业园区集体宿舍依次将居住隔离程度赋值为 1~5 分得到；* $p<0.1$，** $p<0.05$，*** $p<0.01$。

2. 模型的内生性问题及检验

在上述模型中，考虑到农民工的受教育年限和获得技能证书数与其自身能力有关，进而与其融入城市的具体层级相关，可能导致变量内生问题，本研究选取了一些变量作为上述两个变量的工具变量。而"居住隔离状况"变量因与农民工的自身经济特征紧密相关，从而与其经济融合分层相关，也存在变量内生的可能性。对上述内生变量对应具体工具变量选取的情况是：①将"年龄""年龄平方""务工年限""换工频次"作为受教育年限和获得技能证书数的工具变量；②"居住隔离状况"变量的工具变量为"居住安排"和"婚姻状况"。表 5.6 和表 5.7 中对以社会文化分层以及经济 - 社会文化综合分层为因变量的 ologit 模型估计也采用上述工具变量。

上述变量内生性检验及弱工具变量检验的结果如表 5.5 所示。在杜宾 - 吴 - 豪斯曼检验中，"受教育年限"、"技能证书数"和"居住隔离状况"三个变量的内生性检验的杜宾检验 p 值均小于 0.1，吴 - 豪斯曼检验的 p 值也均小于 0.1；在弱工具变量检验中，三个变量的 Cragg - Donald Wald F 统计量均大于 10，且均大于 2SLS Relative Bias 统计量 5% 显著性水平的临界值。检验结果表明，上述变量均在至少 10% 的显著性水平上拒绝变量外生的假设，且工具变量在通常的判定法则上符合有效工具变量的标准。

表 5.5　变量内生性检验和工具变量有效性检验

变量内生性检验				
Durbin - Wu - Hausman 检验	Durbin（score）		Wu - Hausman	
	chi2（1）	p - value	F	p - value
受教育年限	4.962	0.026	4.909	0.027
技能证书数	2.823	0.093	2.786	0.095
居住隔离状况	3.297	0.069	3.251	0.072
工具变量有效性检验 H0：不存在弱工具变量	Adjusted R - sq.	Partial R - sq.	Cragg - Donald Wald F	2SLS Relative Bias（5%）
受教育年限	0.209	0.074	13.170	11.51
技能证书数	0.267	0.100	49.068	16.85
居住隔离状况	0.293	0.134	93.692	13.91

基准模型的结果显示，性别、籍属地、就业形式（是否自雇）和从业行业特征对农民工的经济融合分层有显著影响（至少在10%的统计水平上显著）。具体而言，在其他条件相同的情况下，男性农民工进入较高经济融合分层的概率相对于女性农民工显著较小；外省农民工进入较高经济融合分层的概率相对于本省农民工显著较大；自雇农民工进入较高经济融合分层的概率相对于他雇农民工显著较大；从事生活服务业的农民工进入较高经济融合分层的概率相对于从事制造业的农民工显著较大（见表5.4）。

3. 农民工城市融合分层的作用机制

控制了上述变量的影响后，农民工城市融合分层的主要作用机制表现在以下三个层面。

（1）人力资本对农民工城市融合分层的影响

在经济融合分层方面，如表5.4所示，年龄及其平方项、务工年限、受教育年限、技能证书数和用到证书情况6个变量在模型Ⅰ至模型Ⅲ都至少在10%的统计水平上显著。其中，除了年龄平方的系数为负值外，其他变量的参数估计值均为正值，表明人力资本变量对农民工的经济融合层级具有显著的正向影响。其具体边际效应如表5.8所示，年龄每增加1岁，农民工处于经济低、中、高融合分层的概率将分别降低3.2个百分点、提高0.9个百分点和提高2.3个百分点。

在社会文化融合层面，如表5.6所示，年龄及其平方项、务工年限、受教育年限在模型Ⅰ至模型Ⅲ中至少都在5%的统计水平上显著；除年龄以外，其余变量的系数值均为正，表明在务工年限和受教育年限度量的劳动力禀赋特征维度上，农民工的人力资本对其社会文化融合有显著正向影响，而年龄的作用则正好相反。技能证书数和用到证书情况变量的系数值在模型Ⅰ中均显著，但在模型Ⅱ和模型Ⅲ中并不显著，因此可以认为，技能型人力资本对农民工的社会文化融合影响不如知识和经历型人力资本重要。其具体边际效应如表5.8所示，务工年限每增加1年，农民工处于社会文化低、中、高融合分层的概率将分别降低1.5个百分点、提高0.1个百分点和提高1.4个百分点。

在农民工城市综合融入分层上，如表5.7所示，采用ologit模型的估计结果（模型Ⅰ）表明，务工年限、受教育年限、技能证书数和用到证书情况变量的系数估计值为正，且均至少在5%的水平上显著，表明年龄以外的人力资本向度对农民工的整体城市融合水平有显著提升作用。这种强化作用在不同的城市分层融合内容构成上体现出不同的效应特征，例如，以受教育年限衡量的人力资本，对农民工各层级的城市综合融入水平有显著的促进作用，表 5.7mlogit 模型中（Ⅱ）3 vs 1、（Ⅲ）5 vs 1、（Ⅳ）7 vs 1 和（Ⅴ）9 vs 1 的系数值显著；但技能人力资本（技能证书数和用到证书情况）变量仅在最高融入层级和最低融入层级的效应比较中才具有统计学上的显著差别，表 5.7mlogit 模型中仅（Ⅴ）9 vs 1 的系数值显著。其具体边际效应如表 5.8 所示，务工年限每增加 1 年，农民工处于低、中、高城市融合分层的概率将分别降低 3.1 个百分点、提高 0.8 个百分点和提高 2.3 个百分点。

上述形塑分层的效应在逻辑上存在如下可能的作用路径。年龄既是在工作经历和劳动技能积累等层面提升农民工城市融合层级的因素，又是在劳动生命周期余量层面抑制其城市融合层级的因素。其作用随年岁增加而发生阶段性变化，按模型Ⅲ的估计结果推算，年龄变量在经济融合层级和社会文化融合层级上的权变临界点分别大约是 45 岁（"倒 U 形"）和 24 岁（"U 形"）。务工年限反映了农民工从业经验和技能积累的基本特征，较长的务工年限预示着较好的技能储备状况和经济竞争力优势，这对农民工在城市获得较高薪资待遇、提升其经济、社会文化融合层级具有重要作用。同时，务工年限也反映了农民工熟悉城市生活、适应城市文明和构建城市人际关系网络之适应性社会资本积累的情况，务工年限的增加对农民工城市社会认同和文化融合产生了重要的推动作用，"日久则趋同"的规律意味着社会文化层面的融合在同源背景下受到时间沉淀和关系磨合的重要影响。受教育年限对于整体处于"文凭洼地"的农民工群体而言，确实发挥着畅通其与城市系统沟通、互动和资源交换渠道的作用，在教育中所习得的专业技术有利于农民工增加自己在城务工的劳动回报。同时，受教育年限也塑造了农民工的内部价值结构和认同系统，使其向由城市代表的现代文明不断靠拢，其经由更高阶段教育形成的专业技能和知识体系亦与城市社会运行规则和要求相契合，因而也增加了其适应城市、认同城市的观念和智识基础。劳动技能反映了农民工个体劳动效率和价值创造潜力的特征，从而对其向高经济融合层级跃升形成有利竞争地位；而在社会文化融合层面，劳动技能的掌握及其实际利用增加了农民工与城市主流生产群体和城市文化环境接触的机会，后者潜移默化和系统地促进了农民工对城市社会文化的认同和适应。

（2）社会资本对农民工城市融合分层的影响

在经济融合分层方面，如表5.4所示，有无务工城市亲属、亲戚和朋友帮助大小、居住隔离状况以及务工地老乡、朋友数在11人以上的变量在模型Ⅱ和模型Ⅲ中至少在5%的统计水平上显著。除务工地老乡、朋友数和党员身份两个变量的系数为正值外，使用逆向标度的有无务工城市亲属、亲戚和朋友帮助大小和居住隔离状况三个变量的参数估计值均为负值，也就是说，总体上社会资本变量对经济融合层级具有显著的正向影响。其具体边际效应如表5.8所示，如相较于在务工地没有亲属的农民工，在务工地有亲属的农民工处于经济低、中、高融合分层的概率将分别降低3.6个百分点、提高1.0个百分点和提高2.6个百分点。

在社会文化融合层面，如表5.6所示，有无务工城市亲属，务工地老乡、朋友数，亲戚和朋友帮助大小3个变量在模型Ⅱ和模型Ⅲ中至少在5%的统计水平上显著。其中，务工地老乡、朋友数这一变量的系数为正值，有无务工城市亲属、亲戚和朋友帮助大小的参数估计值为负值（逆向标度），这表明农民工的人力资本对其社会文化融合有显著正向影响。其具体的影响效应如表5.8所示，如相较于在务工地没有亲属的农民工，在务工城市有亲属的农民工处于社会文化低、中、高融合分层的概率将分别降低5.7个百分点、提高0.3个百分点和提高5.4个百分点。

表5.6　农民工社会文化分层影响因素 ologit 模型的估计结果

变量	变量水平	基准模型	模型 I	模型 II	模型 III
人力资本					
年龄（age）	受访者年龄		-0.135^{***} (0.042)	-0.094^{**} (0.042)	-0.094^{**} (0.042)
年龄平方（agesq）	受访者年龄平方		0.003^{***} (0.001)	0.002^{***} (0.001)	0.002^{***} (0.001)
务工年限（wrkyrs）	受访者在当地务工年数		0.097^{***} (0.016)	0.085^{***} (0.016)	0.083^{***} (0.016)
受教育年限（schools）	受访者的受教育年限数		0.873^{***} (0.109)	0.837^{***} (0.113)	0.831^{***} (0.111)
技能证书数（skills）	受访者拥有的技能证书数		0.404^{**} (0.161)	0.248 (0.164)	0.223 (0.166)

续表

变量	变量水平	基准模型	模型 I	模型 II	模型 III
人力资本					
用到证书情况	用到已有证书：是		0.262**	0.213	0.189
(skilluse)	（参照：否）		(0.118)	(0.120)	(0.121)
社会资本					
有无务工城市亲属	没有			-0.305***	-0.306***
(lcalrelatv)	（参照：有）			(0.095)	(0.096)
务工地老乡、朋友数	4~10人			0.224**	0.217*
(friends)	（3人及以下）			(0.110)	(0.111)
	11~20人			0.327**	0.312**
	（参照：3人及以下）			(0.157)	(0.157)
	20人以上			0.343**	0.349**
	（参照：3人及以下）			(0.163)	(0.164)
亲戚和朋友帮助大小	一般			-0.423***	-0.384***
(helpval)	（参照：帮助较大）			(0.108)	(0.110)
	帮助较小			-0.965***	-0.881***
	（参照：帮助较大）			(0.126)	(0.128)
公共服务					
住房保障或公积金	是否享受：是				0.284**
(housecurity)	（参照：否）				(0.114)
参加医疗保障情况	参加了新农合				0.139
(medicare)	（参照：没有参加任何医保）				(0.121)
	参加了务工地居民医保				0.397*
	（参照：没有参加任何医保）				(0.222)
	购买了商业医疗保险				0.409*
	（参照：没有参加任何医保）				(0.217)

续表

变量	变量水平	基准模型	模型 I	模型 II	模型 III
公共服务					
	参加了城镇职工医保				0.255*
	（参照：没有参加任何医保）				(0.152)

注：上述模型已纳入控制变量。与经济融合分层模型相比，社会文化融合分层模型变量的纳入有细微调整：在控制变量方面，加入了婚姻状况、是否愿意放弃承包地、返乡频率情况、居住安排、住房面积、本地人排斥感知（可以考虑放在社会资本和社会排斥变量组中）6 个变量；在社会资本变量方面，去掉了居住隔离状况、党员身份 2 个变量；在公共服务变量方面，去掉了公共就业培训次数、权益保障情况评价 2 个变量，加入了参加医疗保障情况变量。基准模型的结果显示，控制变量中的就业形式（是否自雇）、居住安排、住房面积和本地人排斥感知对农民工的社会文化融入均有显著影响（至少在 10% 的统计水平上显著）。* $p < 0.1$，** $p < 0.05$，*** $p < 0.01$。

　　在农民工城市融合分层上，如表 5.7 所示，ologit 模型的估计结果（模型 I）表明，除务工地老乡、朋友数的系数值为正外，其余使用逆向标度的有无务工城市亲属、亲戚和朋友帮助大小、居住隔离情况的系数估计值均为负，且均至少在 5% 的水平上显著，这表明社会资本向度对农民工的整体城市融合水平有显著提升作用。这种强化作用在不同的城市融合内容构成上体现出不同的效应特征，例如有无务工地亲属、亲戚和朋友帮助大小对农民工在绝大部分层级上的城市综合融入水平有显著的促进作用，表 5.7 mlogit 模型中（Ⅱ）3 vs 1、（Ⅲ）5 vs 1 和（Ⅴ）9 vs 1 的系数值显著；但居住隔离状况变量仅在最高融入层级的效应中才具有统计学意义上的显著影响，表 5.7 mlogit 模型中仅（Ⅴ）9 vs 1 的系数值显著。其具体边际效应如表 5.8 所示，如相较于在务工城市没有亲属的农民工，在务工城市有亲属的农民工处于低、中、高城市融合分层的概率将分别降低 6.4 个百分点、提高 1.6 个百分点和提高 4.8 个百分点。

　　上述形塑分层的效应在逻辑上存在如下可能的作用路径。对于以居住安排和亲友关系网络为内容测量的社会支持因素来说，农民工在务工城市的老乡、朋友数越多，亲戚和朋友的帮助程度越大，农民工获得更多的就业机会、就业帮助的概率也会显著增加，这有助于提升农民工的就业质量，增进农民工的自我价值实现，进而提升其经济融合分层等级。同时，亲戚和朋友的存在能减轻农民工进城以后的孤独感和缺失感，帮助其尽快

— 231 —

表 5.7　农民工城市分层融合影响因素的模型估计结果

变量	变量水平	ologit (Ⅰ) 1—5—9	mlogit (Ⅱ) 3 vs 1	(Ⅲ) 5 vs 1	(Ⅳ) 7 vs 1	(Ⅴ) 9 vs 1
人力资本						
受访者年龄（age）		-0.026	-0.078	0.068	0.148	0.042
		(0.072)	(0.111)	(0.087)	(0.125)	(0.120)
年龄平方（agesq）		0.001	0.003	0.000	-0.001	0.001
		(0.001)	(0.002)	(0.001)	(0.002)	(0.002)
受访者在当地务工年数（wrkyrs）		0.192***	0.049	0.128***	0.188***	0.283***
		(0.028)	(0.051)	(0.037)	(0.044)	(0.045)
受访者的受教育年限数（schools）		1.041***	1.415***	1.057***	0.748***	1.493***
		(0.193)	(0.311)	(0.225)	(0.287)	(0.306)
受访者拥有的技能证书数（skills）		0.562**	0.192	0.267	-0.240	1.283***
		(0.282)	(0.435)	(0.341)	(0.497)	(0.463)
用到已有证书情况（skilluse）：是	（参照：否）	0.563***	-0.475	0.452	0.501	0.925***
		(0.199)	(0.401)	(0.278)	(0.384)	(0.337)
社会资本						
有无务工城市亲属（lcalrelatv）：没有	（参照：有）	-0.398**	-0.500**	-0.349*	0.323	-0.683**
		(0.161)	(0.254)	(0.202)	(0.306)	(0.269)
务工地老乡、朋友数（friends）：4～10人	（参照：3人及以下）	0.397**	0.458	0.311	0.163	0.521
		(0.196)	(0.284)	(0.227)	(0.347)	(0.338)

续表

变量	变量水平	ologit (Ⅰ) 1-5-9	mlogit (Ⅱ) 3 vs 1	mlogit (Ⅲ) 5 vs 1	mlogit (Ⅳ) 7 vs 1	mlogit (Ⅴ) 9 vs 1
社会资本						
	11~20人	0.623**	0.349	0.884**	0.555	1.110**
		(0.275)	(0.489)	(0.381)	(0.565)	(0.489)
	（参照：3人及以下）					
	20人以上	0.669**	-0.227	0.385	0.154	0.998**
		(0.274)	(0.479)	(0.358)	(0.495)	(0.447)
	（参照：3人及以下）					
亲戚和朋友帮助大小（helpval）	一般	-0.070	-0.406	-0.316	-0.386	-0.341
		(0.187)	(0.297)	(0.253)	(0.389)	(0.317)
	（参照：帮助较大）					
	帮助较小	-0.706***	-1.514***	-1.176***	-0.258	-1.166***
		(0.221)	(0.350)	(0.273)	(0.397)	(0.369)
	（参照：帮助较大）					
居住隔离状况（resdseg）	Likert 1-5量表	-0.158**	-0.140	-0.094	-0.037	-0.324***
		(0.067)	(0.100)	(0.082)	(0.122)	(0.111)
公共服务						
住房保障或公积金（housecurity）	是否享受：是	0.458**	0.620**	0.190	0.399	0.719**
		(0.191)	(0.297)	(0.254)	(0.356)	(0.314)
	（参照：否）					
参加医疗保障情况（medicare）	参加了新农合	0.361*	0.230	0.241	0.737*	0.376
		(0.201)	(0.316)	(0.239)	(0.384)	(0.331)
	（参照：没有参加任何医保）					
	参加了务工地居民医保	0.192	0.796	0.000	1.058	0.415
		(0.392)	(0.550)	(0.499)	(0.687)	(0.616)
	（参照：没有参加任何医保）					

续表

变量	变量水平	ologit	mlogit			
		(Ⅰ) 1-5-9	(Ⅱ) 3 vs 1	(Ⅲ) 5 vs 1	(Ⅳ) 7 vs 1	(Ⅴ) 9 vs 1
公共服务						
	购买了商业医疗保险	0.283	0.509	0.652	0.965	0.685
	(参照：没有参加任何医保)	(0.356)	(0.629)	(0.484)	(0.664)	(0.608)
	参加了城镇职工医保	0.472*	1.125***	0.846**	1.674***	0.723
	(参照：没有参加任何医保)	(0.258)	(0.415)	(0.341)	(0.517)	(0.455)
权益保障情况评价（rightprotct)						
	一般能得到保障	0.175	0.524*	-0.047	0.052	0.328
	(参照：完全能得到保障)	(0.204)	(0.317)	(0.270)	(0.420)	(0.332)
	较少能得到保障	0.193	0.912***	0.119	0.295	0.378
	(参照：完全能得到保障)	(0.218)	(0.315)	(0.265)	(0.366)	(0.371)

注：上述模型已纳入控制变量。与经济融合模型相比，城市分层融合模型纳入的变量有细微调整：在控制变量方面，加入了婚姻状况、是否愿意放弃承包地、返乡频率情况、住房面积，控制变量中的籍属地、就业形式（是否自雇）、换工频次、是否愿意放弃承包地和本地人排斥感知对农民工的综合融合人均有显著影响；本地人排斥感知对城市分层融合人均有显著影响（至少在10%的统计水平上显著）。基准模型感知了5个变量。基准模型的结果显示，本地人排斥感知了5个变量。基准模型的结果显示，本地人排斥感知了5个变量。* $p < 0.1$，** $p < 0.05$，*** $p < 0.01$。

融入城市，提高农民工的城市认同感和生活满意度。由此可见，在中国长期以来的"关系型"社会环境中，社会关系网络资源更丰富的农民工，适应城市、融入城市的可能性也更大。以住房形态和来源为标志的居住隔离状况反映出农民工群体难以与城市主流阶层进行互动，进而弱化了不同阶层间技术与机会的正向溢出效应。拥有较高的收入水平、受教育程度与较强的资源支配和动员能力的城市主流阶层主要居住在商品房小区中，这些社会资本丰富的群体的聚居将形成一个具有相对优势的信息和资源网络空间，并且通过邻里间的互动产生收益溢出，使居住在商品房小区的农民工从中获益，而居住在人员结构性质高度相似、缺乏必要的信息资源和社会支持的低端居住区中的农民工群体则无法获取更多的向上流动机会，反而因"洼地效应"承受其负外部性的影响，较易陷入弱势地位和低权能水平的不良循环链，阻碍农民工群体融入城市的较高阶层，完成较高水平的市民化转变过程。

（3）公共服务对农民工城市融合分层的影响

在经济融合分层方面，如表5.4所示，住房保障或公积金、公共就业培训次数、权益保障情况评价三个变量在模型Ⅲ中至少在5%的统计水平上显著。其中，权益保障情况评价的系数为负值（逆向标度），其他变量的参数估计值为正值，表明公共服务变量对农民工的经济融合分层具有显著的正向影响。其具体边际效应如表5.8所示，如相对于没有享受住房保障或公积金的农民工，享受了住房保障或公积金的农民工处于经济低、中、融合分层的概率将分别降低4.7个百分点、提高1.3个百分点和提高3.4个百分点。

在社会文化融合层面，如表5.6所示，除参加医疗保障情况中的"参加了新农合"变量外，其余变量的系数值均在5%的统计水平上显著，且所有变量的参数估计值均为正值，这表明公共服务变量对农民工的社会文化融合分层具有显著正向影响。其具体边际效应如表5.8所示，如相对于没有享受住房保障的农民工，享受了住房保障的农民工社会文化低、中、高融合分层的概率将分别降低5.3个百分点、提高0.3个百分点和提高0.5个百分点。

在农民工城市分层融合上，采用ologit的估计结果（如表5.7模型Ⅰ）表明，住房保障或公积金和参加了新农合、城镇职工医疗保险变量的系数估计值为正，且均在10%的水平上显著，表明除权益保障情况评价外的

表5.8 各主要解释变量的离散边际效应

边际效应		经济融合分层			社会文化融合分层			经济-社会文化融合分层		
		y=1	y=2	y=3	y=1	y=2	y=3	y=1	y=2	y=3
		0.293	0.524	0.183	0.309	0.420	0.271	0.326	0.467	0.207
人力资本	年龄	-0.032***	0.009***	0.023***	0.018***	-0.001	-0.016***	0.004	-0.001	-0.003
	务工年限	-0.019***	0.005***	0.013***	-0.015*	0.001*	0.014***	-0.031***	0.008***	0.023***
	受教育年限	-0.040**	0.012**	0.029**	-0.155***	0.009**	0.146***	-0.166***	0.041***	0.125***
	技能证书数	-0.029	0.008	0.021	-0.042	0.002	0.039	-0.090***	0.022*	0.068*
	用到证书情况	-0.090***	0.026**	0.064***	-0.035	0.002	0.033*	-0.090***	0.022*	0.068***
社会资本	有无务工城市亲属	0.036**	-0.010**	-0.026**	0.057***	-0.003**	-0.054***	0.064***	-0.016**	-0.048***
	务工地老乡、朋友数 参照：3人及以下									
	4~10人	-0.028	0.010	0.018	-0.042*	0.005	0.037**	-0.066**	0.021*	0.045**
	11~20人	-0.069**	0.020*	0.049**	-0.059*	0.005*	0.054**	-0.102***	0.028**	0.074**
	20人以上	-0.092***	0.022**	0.070***	-0.066*	0.005*	0.061**	-0.109***	0.028**	0.080**
	亲戚和朋友帮助大小 参照：帮助较大									
	一般	0.045**	-0.012**	-0.032**	0.067***	0.007*	-0.074***	0.108***	-0.036***	-0.072***
	帮助较小	0.045**	-0.011**	-0.033**	0.168***	-0.013*	-0.155***	0.119***	-0.037***	-0.081***
	居住隔离状况	0.058**	-0.017**	-0.041**				0.025**	-0.006**	-0.019**
	居住安排 参照：与工友同住									
	个人单独居住				-0.054**	0.003	0.051**			
	与家人亲友住				-0.049**	0.003*	0.045**			
公共服务	是否享受住房保障或公积金	-0.047**	0.013**	0.034**	-0.053**	0.003	0.050**	-0.073***	0.018**	0.055**
	参加医疗保障情况									

续表

	经济融合分层			社会文化融合分层			经济-社会文化融合分层		
参照：没有参加任何医保									
参加了新农合				-0.027	0.003	0.024	-0.059*	0.017	0.042*
参加了务工地居民医保				-0.073*	0.003	0.071*	-0.032	0.010	0.022
购买了商业医疗保险				-0.075**	0.002	0.073*	-0.047	0.014	0.032
参加了城镇职工医保				-0.048*	0.004	0.044*	-0.076*	0.020*	0.056*
权益保障情况评价									
参照：完全能得到保障									
一般能得到保障	0.072***	-0.019**	-0.052***				-0.028	0.007	0.021
较少能得到保障	0.043**	-0.009**	-0.033**				-0.031	0.007	0.023
公共就业培训	-0.001***	0.000**	0.001**						

注：* $p < 0.1$，** $p < 0.05$，*** $p < 0.01$。

公共服务向度对农民工的整体城市融合水平有显著提升作用。这种强化作用在不同的城市分层融合内容构成上体现出不同的效应特征，例如，参加城镇职工医疗保险对农民工在绝大部分层级上的城市综合融入水平都有显著的促进作用，表 5.7 mlogit 模型中（Ⅱ）3 vs 1、（Ⅲ）5 vs 1、（Ⅳ）7 vs 1 的系数值显著；但住房保障或公积金变量仅在最高融入层级和最低融入层级上具有统计学意义上的显著水平，表 5.7 mlogit 模型中（Ⅱ）3 vs 1 和（Ⅴ）9 vs 1 的系数值显著。其具体边际效应如表 5.8 所示，如相对于没有享受住房保障或公积金的农民工，享受了住房保障或公积金的农民工处于低、中、高综合城市融合分层的概率将分别降低 7.3 个百分点、提高 1.8 个百分点和提高 5.5 个百分点。

上述形塑分层的效应在逻辑上存在如下可能存在的作用路径。享受住房保障或公积金，意味着农民工群体拥有了与城市居民均等的公共服务权利，可以增强农民工的市民身份认同感。住房保障或公积金曾经是"市民"独享的福利领域，随着住房可及性的提高，农民工在城市立足的概率也会显著增加，这对农民工的城市经济融合和社会文化融合产生了重要的推动作用。医疗保障对于主要从事脏、累、苦工作的农民工群体而言，发挥了分散健康风险、保证农民工身心健康的重要作用。参加务工地居民医保、城镇职工医疗保险和购买商业医疗保险不仅可以对患病的农民工给予经济上的帮助，消除因疾病带来的社会不安定因素，而且提高了农民工对城市社会和文化的认同和适应水平。一方面，公共就业培训增强了农民工群体公平接受职业教育与技能培训服务的可及性，提升了农民工的职业技术水平，使农民工更容易融入城市社会的工作体系中，对提升农民工的经济融合层级有重要的推动作用；另一方面，农民工在培训中积累的人脉资源丰富了其人际关系网络，有助于其获得更多的就业信息与机会，拥有与城市居民同等的福利分配资格，使农民工在实现自我价值的同时获得对城市的归属感。对处于弱势地位的农民工群体而言，良好的权益保障有助于消除户籍制度带来的对农民工群体的身份歧视，增强农民工对城市的信任感。同工同酬、同工同权的完备保障为农民工融入城市提供了良好的制度支撑，降低了农民工实现市民化的难度，是推动农民工向更高的城市融合层级跃升的关键要素。

五　农民工市民化多元形态和城市分层融合的学理与政策含义

本部分的研究表明，农民工城市融合呈现多元分层的结构化特征，以经济融合分层和社会文化融合分层两个维度为分类依据，可观察到由上述维度交叉组合形成的差异性市民化形态。在这一多元市民化形态的生产过程中，人力资本、社会资本和福利分配制度等结构性因素是影响和形成分层的主要作用机制。农民工城市社会融合层次和市民化形态受到其人力资本、社会资本和公共服务权益获取状况深刻影响的结论表明，一方面，由于农民工个体在上述禀赋要素和权能条件发展上的现实差异性，农民工群体不可能形成相同的市民化权能基础和条件，这从根本上决定了农民工市民化的形态必然是包含丰富样式且具有明显层次特征的非均衡体系；另一方面，从城镇化治理和市民化策略的角度看，要防止更多的农民工以较低"位阶"嵌入城市社会，或有效阻止潜在市民化人口大规模跌入城市社会较低层级与低品质市民化，就需要从加强农民工对公平受教育与技能培训服务权利的可及性、提供均等的城市公共服务待遇以及努力营造包容性城市社会和文化环境等方面着力。

农民工城市社会融合的分层结构与其市民化的形态之间存在紧密的关联。城市社会融合既是市民化的基础，也是市民化的主要条件。因此，农民工城市社会融合的分层结构，实际上塑造乃至决定了其市民化的可能形态。具有较高城市社会融合水平的农民工，其市民化的可能形态主要对应于较高水平的市民化或典型形态的市民化；反之，城市社会融合水平较低的农民工，则主要对应于向城市社会较低阶层嵌入的市民化。虽然城市社会融合是一种对农民工城市生存境况与其城市嵌入程度的客观描述，不涉及市民化固有的"状态转化"意涵及其相关联的"转换标准"的确定问题，且融合本身也不包含相关主体对市民化主观意愿的表达，但是只要农民工在城市长期生活的意愿客观存在，或者就其城市生存状况的主要性质来看，是类似于市民的生产和社会图景，其处于融合过程的状态即为事实上的市民化状态。从这个角度来看，农民工城市社会的分层融合预示并天然对应着其市民化的多元形态。

农民工城市分层融合的事实证明，基于其群体内部权能发展差异和非均衡性的特点，农民工融入城市的途径和其市民化的最终形态呈现较大的差别。这一情况提醒我们，以市民的一般标准或典型特征为参照来测量全体农民工的市民化条件与前景，可能将因忽略不同市民化途径和形态的多元可能性而出现一定的偏差。

具体而言，事实上农民工只要满足在务工城市工作和居住的基本条件，其市民化的可能性是存在的。不同的是，处于不同城市社会融合层级的农民工，其市民化的质量和形态特征存在一定的差别。对于以较低层级状态融入的农民工，其市民化的形态将主要表现为嵌入现有城市社会阶层的底部，对应于完成较低质量的市民化过程；对于以较高层级状态融入城市的农民工，其市民化的形态将主要表现为融入城市社会的中上层，进而完成较高质量和典型意义上的市民化过程。

从这个角度讲，农民工市民化并不是一个关于城市门槛的刚性和标准化权能条件的达成过程，因为这一门槛因市民化形态和前途的多元性而具有较大的弹性空间和模糊特征。也就是说，现实中城市门槛的形成和确定，既与城市生存所需的最通行的硬性经济条件的强度有关（比如说必须有稳定的职业和居所，以及这一条件所应达到的基本标准），也与农民工自身对市民化的期望和城市生活品质的主观标准有关。

这一结论对农民工市民化政策的启示是，农民工达到在城市稳定生活的最低条件后，关于其市民化状态的判断实质上是对新移民群体城市生存质量与市民平均生存质量状况及其典型社会联结方式的比较性评价，其要求农民工城市生存发展品质与理想型城市群体的状态进行教条式对接或强制性拼合，蕴含着一种城市化"标准霸权"的逻辑。从包容性的市民化价值出发，应在更大的城市地域空间内保留农民工以多样性和非标准化的形态和途径融入城市的通道，使政策与农民工市民化的分层结构和基本规律相契合，以激发人口市民化的发展活力。对农民工分层融入和市民化多元化形态的许可是加快人口城镇化的必要条件。允许较低门槛和标准的城市融入，是城镇化发展到一定阶段后突破发展瓶颈的必然与非常规策略选择，也是难以抗拒的历史潮流。因为在可预见的将来，农民工的低阶位融入将会是城市社会的一个普遍现实。

长期以来，鉴于西方"城市病"的教训，我们在城市化政策上一直实行非常严格的控制策略，这是当前以人为核心的城镇化进程滞后的部分原因。但应注意到，我国有着与西方国家不同的农村产权－所有制结构和城市化动力逻辑①，广大农村为人口市民化提供了广阔的战略后方和较大的战略延展空间。加之乡村振兴战略的实施，农村的基础设施和生存环境大为改善，为农民工提供了"可退回"的良好生存保障空间。部分以较低市民化层级水平融入城市的农民工，经由其理性判断的牵引，将在城市的生存处境与农村的生存处境间做出精细而准确的权衡比较，最终选择有利于自身福祉实现的最佳生存策略。上述制度性优势和个体理性选择机制的存在，大大降低了我国社会产生"城市病"的概率和风险。

从农民工市民化权能发展的实际情况考虑，其内部市民化权能的不均衡性和差异化的城市融入状况是一个基本事实。在大部分农民工的市民化权能水平不高、离按市民条件设置的城市化标准有较大差距的情况下，实际上不必也不可能用一个统一的市民化条件标准来判断全部农民工的市民化资格和前景，同时寄希望于实现大规模人口市民化的政策目标。因此，承认多元的市民化形态，接纳较低层次的城市融入（少数定位国际化大都市的城市除外），是推动以人为核心的城镇化在政策理念和治理导向上的重要智识基础，也是尊重城市化规律和要求的必然选择。

当然，承认和尊重多元的市民化形态，并不意味着放任低质量的市民化和"城市病"的发展，而是注重将人口转移的调节杠杆从主要依靠户籍为依托的行政调节，转向以经济权能为核心配置、筛选要素的市场化调节。政府提供均等化公共服务待遇，使人口市民化的自主决策与最终结果体现和符合该过程自身及市场发展的一般规律，促成市民化进程中政府和市场作用的良性互动和有机衔接。

---

① 西方城镇化的动力源于城市部门提供相对工资差额，此外，土地的私有产权安排也是将农民与其土地合法分离并驱赶进城的重要因素，但这种基于土地产权交易的市场逼迫逻辑所形成的强制城市化在我国并不存在。

第六章 农民工市民化的优先瞄准对象:
基于市民化权能特征和公共
投入约束的政策锚定

一 公共投入约束下市民化优先瞄准策略的逻辑起点

农民工市民化优先瞄准策略的逻辑起点主要基于以下两个事实:一个源于对研究对象——农民工群体内部细分特征的观察,另一个源于对农民工市民化系统工程外部资源约束尤其是公共财政保障能力的考量。两个问题的缘起分别概括为农民工群体的内部分层与差异化的市民化基础的逻辑起点和农民工市民化的公共投入约束与循序渐进的市民化策略逻辑起点。

(一) 逻辑起点一:农民工群体的内部分层与差异化的市民化基础

通常情况下,农民工被作为一个具有较高同质性的统一整体来研究。但在市民化这一与个体特质和资源禀赋状况紧密关联的议题上,注重农民工群体自身的内部分化和异质性特征,对形成关于该群体正确的市民化前景认识和结论至关重要。

事实上,学界很早就注意到农民工群体内部存在明显的细分特征。在对中国 20 世纪 80 年代乡城人口迁移的现象进行细致研究后,Goldstein 注意到从农村转移到城市的农民工出现了较明显的分层[1]。李培林较早从流动农民工的职业特征和收入分层结构来考察农民工的内部分化问题,根据

---

① Goldstein S. , "Urbanization in China, 1982 – 1987: Effects of Migration and Reclassification," *Population and Development Review* 16(1990):673 – 701.

拥有资本和雇佣方式的不同，他将农民工分为业主、个体工商业者和打工受薪者三个主要阶层①。虽然农民工整体上属于城市边缘群体，但其内部仍然存在较大的差异性和异质性②。李强指出，农民工流入城市开创了三元社会结构和城市中的新二元社会结构，但这个新产生的群体不是一个统一的阶层，而只是一个新的社会身份群体，他们内部也存在社会再分层③。方向新、李莉将农民工进入城市后在职业、收入和社会地位上形成的较大差异称为农民工的"阶层化"或"二次分化"④。学者们提出了一些区分这些分化子群特征的类型化建构，如周运清、王培刚将农民工区分为业主、个体劳动者、雇主和不正当从业者⑤；唐灿、冯小双将"河南村"的农民工分成"蹬车的"、"货场主"、"货场雇工"和"捡拾者"四个子群⑥；谢建社对农村流动人口的阶层化和异质性进行了较为详细的考察，他将进城农民工分为五大群体，即准市民身份的农民工、自我雇佣的个体农民工、依靠打工为生的农民工、失业农民工和失地农民工⑦。从人力资本特征和从业行业的属性考察，农民工群体还包括智识型、技能型和体力型三个典型亚群体⑧。当前农民工内部的结构分化不仅体现在年龄和代际结构以第二代农民工为主体的新变化上，而且体现在农民工群体内部融入城市的意愿和能力的差异性上⑨。

基于农民工群体内部的分层结构和农民工市民化意愿、条件的不均衡状况，大部分学者及官方文件都将有序、分类推进农民工市民化策略作为以人为核心的城镇化的路径选择。国务院发展研究中心课题组建议，农民

① 李培林：《流动民工的社会网络和社会地位》，《社会学研究》1996 年第 4 期。
② 王汉生、刘世定、孙立平、项飚：《"浙江村"：中国农民进入城市的一种独特方式》，《社会学研究》1997 年第 1 期。
③ 李强：《农民工与中国社会分层》（第二版），北京：社会科学文献出版社，2012。
④ 方向新、李莉：《进镇农民：从边缘群体走向阶层化》，《人口与发展》2005 年第 1 期。
⑤ 周运清、王培刚：《农民工进城方式选择及职业流动特点研究》，《青年研究》2002 年第 9 期。
⑥ 唐灿、冯小双：《"河南村"流动农民的分化》，《社会学研究》2000 年第 4 期。
⑦ 谢建社：《农民工分层：中国城市化思考》，《广州大学学报》（社会科学版）2006 年第 10 期。
⑧ 黄江泉：《农民工分层：市民化实现的必然选择及其机理浅析》，《农业经济问题》2011 年第 11 期。
⑨ 王春光：《对新生代农民工城市融合问题的认识》，《人口研究》2010 年第 3 期。

工市民化应因城而异、稳步推进①。中国社科院城市发展与环境研究所的报告指出，按照分类分层的差别化战略、分阶段有序推进农民工市民化是必然选择②。宏观经济研究院课题组也建议分群分类、差异化地提高市民化程度③。党的十九大报告提出了加快农业转移人口市民化的战略目标。《国家新型城镇化规划（2014—2020年）》明确将有序推进农业转移人口市民化、实施差别化落户政策作为新型城镇化发展的政策指南。

以上文献分析表明，在农民工内部阶层分化及其对市民化政策设计的重要意义上，学界已达成初步共识，并注意到城镇化作为一个复杂的系统工程、实行分类分步指导原则的必要性。但究竟如何分类、在政策支持的选择顺序上孰先孰后，即如何甄别优先瞄准对象的技术标准和方法论，却尚未见有探索。有的学者将农民工市民化的优先瞄准群体笼统地定位为新生代农民工④，一则不免有"一刀切"的嫌疑，二则完全忽视老一代农民工的市民化需求，也稍欠妥当。如何科学系统地确定农民工市民化的优先瞄准对象，仍有待进一步探究。

（二）逻辑起点二：农民工市民化的公共投入约束与循序渐进的市民化策略

农民工市民化是农民工自身福利的改善和向上的流动，作为直接受益者，其自身应该承担市民化成本的主要部分；但从本质上看，尤其是在我国二元经济社会体制等结构性因素的作用下，农民工市民化所需资金的来源无论是何种形式都直接或间接地由农民工创造、拥有或受益于农民工，因此一部分成本应当由社会和财政共同承担，以补偿性福利反馈给农民工⑤。农民工市民化涵盖了国家层面上生产关系和社会关系结构的变化和

---

① 国务院发展研究中心课题组：《农民工市民化进程的总体态势与战略取向》，《改革》2011年第5期。

② 总报告编写组：《推进农业转移人口市民化的总体战略》，载潘家华、魏后凯主编《中国城市发展报告No.6：农业转移人口的市民化》，北京：社会科学文献出版社，2013。

③ 宏观经济研究院课题组：《"十二五"时期促进农民工市民化的总体思路》，《宏观经济管理》2011年第9期。

④ 胡晓登：《中国资产建设主要瞄准群体：市民化进程中的新生代农民工》，《贵州社会科学》2012年第11期。

⑤ 张国胜：《基于社会成本考虑的农民工市民化：一个转轨中发展大国的视角与政策选择》，《中国软科学》2009年第4期。

重塑，其在我国经济可持续发展中的关键性地位和作用，使之具有显著的正外部性和公共性，这是政府提供市民化相关公共服务的理论基础①。以城乡二元体制为核心的结构因素和以农民工市民化意愿与能力为核心的主体因素，对市民化路径的选择具有重要影响②。完全依靠农民工自身努力难以实现市民化，客观上也需要政府进行扶持，通过提供市民化相关公共服务，发挥政府的导向性作用③。

公共财政责任派生于政府责任本身，主要用来满足公共服务的资金供给和物质投入需求。政府公共财政用于特定事务的支出能力，既取决于公共财政的总规模，亦取决于影响公共预算分配的结构性力量。公共预算在不同受益群体间的分配权重，反映了社会对其的不同态度，这一权重主要由利益群体对公共政策所能施加的压力和影响决定，且不是一成不变的④。有的学者指出，在城市政府对本市城镇户籍人口存在多方面历史欠账的情况下，公共服务覆盖大范围外来务工人口存在较大困难，原因在于为农民工提供公共服务具有较强的受益外溢特征，削弱了对当地城市政府的激励⑤。为进一步获得农民工市民化经济成本的定量信息，有的学者对其进行了测算，结果表明，无论是在人均还是在总量方面，农民工市民化的成本都很高⑥。在当前中央和地方财权与事权配置失衡的背景下，地方政府在农民工市民化方面存在巨大的融资缺口，需要通过创新地方投融资机制来充实和填补⑦。面对庞大的市民化社会总成本，在特定阶段各级政府对农民工市民化公共财政投入能力相对有限的条件下，稳步有序地推动农民工市民化就成为必然选择；而其中蕴含的逻辑，必然是先让一部分农民工尤其是那些有市民化意愿和较好市民化基础的农民工率先转化为市民，然后再推动其他市民化权能稍弱的农民工的市民化进程。优先瞄准和差别化

---

① 陈怡男、刘鸿渊：《农民工市民化公共属性与制度供给困境研究》，《经济体制改革》2013年第4期。

② 刘小年：《农民工市民化的影响因素：文献述评/理论建构与政策建议》，《农业经济问题》2017年第1期。

③ 徐增阳、古琴：《农民工市民化：政府责任与公共服务创新》，《华南师范大学学报》（社会科学版）2010年第1期。

④ D. L. Clark, "Pressure and the Division of A Public Budget," *Public Choice* 94(1997).

⑤ 申兵：《通过政府分担机制提高农民工市民化程度》，《宏观经济管理》2010年第11期。

⑥ 纪志宏：《完善城镇化融资机制的改革视角》，《中国金融》2013年第4期。

⑦ 丁远杏：《论城镇化融资方式创新的保障机制》，《江汉论坛》2013年第11期。

的市民化实施策略，是稳定有序推进这一系统工程的必然选择。

表 6.1　2015～2018 年我国的农民工市民化率（以城镇户籍获得为标准）

单位：万人，%

年份	总人口	城镇户籍人口	城镇常住人口	外出农民工	农民工总量	常住人口城镇化率	户籍人口城镇化率	农民工市民化率
2015	137462	54847	77116	16884	27747	56.1	39.9	—
2016	138271	56968	79298	16934	28171	57.35	41.2	6.38
2017	139008	58870	81347	17185	28652	58.52	42.35	5.58
2018	139538	60518	83137	17266	28836	59.58	43.37	4.94

注：农民工市民化率的计算口径为，将城镇户籍人口城镇化率的提升都归因于农民工向城镇户籍人口的转变，用这个统计口径除以当年农民工总数。

本研究关于农民工市民化优先瞄准构想的逻辑起点归纳如下。

第一，农民工是一个内部高度分化的异质群体，不同类型的农民工个体有着显著差别化的市民化需求与条件。在既定时期城镇化系统工程受公共财力刚性制约的情况下，宜采取差别化、非均衡的市民化策略，选取市民化条件较成熟、市民化能力和水平较高、所需公共资源增量相对较少的农民工作为市民化政策的优先瞄准对象，为他们提供较完备的城市公共服务，促使其尽快实现市民化。区分农民工群体的内部结构特征，采取分类分步化解的思想，是农民工市民化政策设计的重要逻辑起点。

第二，农民工市民化是一系列权利分享、公共服务提供及市民化投融资实现的具体过程，由此产生的经济社会成本的分担机制和责任归属问题是农民工市民化政策中一个基本的理论和实践问题，其本质是关于政府和市场的边界合理划分与定位。农民工市民化对我国经济社会发展与促进社会公平和谐的巨大外部正效应，是其具有公共属性的理论依据，也是政府主导推动农民工市民化系统工程的合法性基础。但农民工市民化主要条件和核心资本的积累必须在市场的框架内实现，政策的推动不能代替农民工自主能力的提高。政府的责任边界决定了市民化过程中公共财政的支出范围限于提供城市基本公共服务。

第三，农民工现实的城市融入水平可以指示其市民化的基本条件和前景。农民工个体的市民化水平可从经济能力和地位、社会资本状况、居留形态特征、心理意识水平和文化价值观念等维度进行综合测量。利用德尔菲技术凝聚专家共识，可对农民工市民化各项指标的相对重要性进行排序，再通过层次分析法可确定各个指标的权重系数，即可构建一个测量农民工微观市民化水平的定量评估体系。

第四，在特定城市既定公共财力的预算约束下，各个城市都存在一个最佳的市民化政策目标。从定量技术层面可以发展出评估这一最优目标的方法，即理论上，可以对该市每个农民工的市民化水平依次从高到低进行排序。利用核密度估计法对样本农民工个体市民化权能进行计算，可推断得到对该市农民工市民化权能总体分布的估计，在此基础上测算在既定财力投入约束下该市最多可以支持何种市民化水平的农民工进入政策优先支持的范围，该具有财政支持可行性的市民化水平，就是农民工市民化优先瞄准对象的甄别标准。结合农民工市民化水平评估体系，即可构建一个既有微观测量量表又有甄别标准的农民工市民化优先瞄准对象甄别评估体系。

二　农民工市民化优先瞄准对象政策锚定的基本假设与技术原理

（一）　基本假设

根据前文关于政府在农民工市民化中的公共责任的理论分析（见第二章）和上一节对农民工市民化优先瞄准策略逻辑起点的讨论，本书对公共财政投入能力约束下农民工市民化优先瞄准对象政策锚定测算的基本假设如下。

（1）政府在农民工市民化过程中的责任边界是为农民工提供与市民均等的公共服务，而不包含政府对农民工市民化所需基本经济条件的全面保障。

（2）政府在农民工市民化过程中应提供的公共服务主要包括住房保障、社会保障、医疗卫生、就业与培训服务、最低生活保障、公共教育、基础设施配套（公共交通、自来水、城市道路等）。公共财政对农民工市民化的责任边界是为农民工提供城市人均水平的上述公共服务所需的财政配套。

（3）公共财政可用于市民化投入的规模限于财政在公共服务支出上的

净增加额部分。换言之，政策在推动农民工市民化的同时，不能以损害当前城市其他户籍居民的"福利剩余"为前提，市民化需体现帕累托改进的价值准则。计算可用于市民化的财政投入规模必须扣除维持既有市民福利水平不变所需的财政重置成本。

（4）市民化的标准采取"从中融合"的原则。即以达到"典型市民"的权能状况为标准，农民工在经济、社会、文化和公共服务层面相对于该典型权能的比值界定为其市民化权能的得分值，作为衡量其微观市民化条件的指标。结合调查数据，利用核密度估计法可计算市民化权能的总体水平，特定城市农民工市民化权能总体上服从由该核密度函数确定的分布。

（二）技术原理

为构建在满足特定公共投入约束下测算政策能够支撑的最大市民化人口规模所对应的农民工市民化权能的临界值，本书对模型构建过程及相关参数设置的阐述如下。

（1）该城市中农民工总人数为 N，具有市民化意愿农民工的比例为 λ。

（2）通过随机抽样调查获得该市 M 个农民工关于其市民化信息的样本（$M/N \geqslant 0.1‰$ 为妥），并根据市民化水平测量评估体系计算出每个被调查对象的市民化水平值，设为 R_i（$i = 1, 2, \cdots, M$）。记 R 为由被调查农民工 R_i 构造的一个顺序统计量（$R_1, R_2, \cdots, R_M$），在其样本观测值（$r_1, r_2, \cdots, r_M$）的基础上，将该样本观测值由大到小排列成 $r_{(M)} \geqslant r_{(M-1)} \geqslant \cdots \geqslant r_{(2)} \geqslant r_{(1)}$，构成一个新的变量序列。取该顺序中第 k 位变量值，记为 $R_{(k)}$ 的第 k 位顺序变量值。

（3）设农民工市民化权能统计量 R 服从核密度函数分布 $f(x \mid K_h)$，（$R_1, R_2, \cdots, R_M$）为来自总体 R 的样本，（$r_1, r_2, \cdots, r_M$）为本次抽样所获得的农民工微观市民化水平值。可用第四章第三节中对核密度估计的方法求解该密度函数中的参数，即带宽 h。

$$f(x \mid K_h) = \frac{1}{nh} \sum_{i=1}^{n} K_h\left(\frac{x - X_i}{h}\right)$$

其中，X_i 是落入 x 的一个领域 $(x - h, x + h)$ 中的样本观测值。

（4）预测特定城市下一年或未来几年的财政总支出能力和可用于农民工市民化投入的财政支出份额。建立预测该城市财政支出增长率的回归方程，将 GDP 增长率、财政一般预算收入增长率和上一年度财政支出增长率作为解释变量纳入模型。模型设定为：

$$\Delta fiscal\_\ totexd\_\ rate_t = \delta + GDP\_\ rate_t + tot\_\ budget\_\ rate_t + \Delta fiscal\_\ totexd\_\ yi_{t-1} + \varepsilon_t$$

在实际模型估计中，将采用武汉市 2003～2018 年的统计数据进行估计。在上述估计结果的基础上，利用 SAS 系统中的 VARMAX PROC 模块预测未来几年武汉市公共财政支出的增长情况。例如，利用 2014～2018 年的 GDP 增长率、财政一般预算收入增长率和上一年财政支出增长率数据，预测 2019 年至 2021 年 3 月的公共财政支出水平。

（5）根据特定城市最近若干年实际财政支出增长额的平均值核算其在保证既有户籍人口公共服务水平不变的情况下所需的财政重置成本投入，从预测总支出中减去重置成本投入，则得到预测年份该城市财政支出增量中可用于农民工市民化公共支出的份额。结合特定城市当前户籍人口公共服务人均财政支出水平的测算，确定该城市公共财政在预测年份可支撑的农民工市民化人口的规模 Q。

（6）确定公共财政对市民化优先瞄准水平总体目标的约束核算方程。设在特定财力约束下，政策推动的市民化优先瞄准的群体中最低的市民化水平为 θ，通过核密度估计法对该市农民工市民化水平分布的统计量进行估计，该市具有市民化意愿且市民化能力和水平在 θ 以上的农民工数量为 Q，并令顺序统计量 $R_{(k)} = R_Q$，则：

$$Q = \lambda N \cdot Prob(R_i \geq \theta) = \lambda N \cdot [1 - Prob(R_i \leq \theta)]$$

其中，$Prob$（·）函数为农民工市民化水平核密度函数的原函数，其数学表达式为：

$$Prob(R_i \leq \theta) = F(x \mid K_h) \mid_{x=\theta} = F(\theta \mid K_h) = \frac{Q}{\lambda N}$$

据此，可计算出在财政承载范围内预测年度该城市市民化政策应瞄准的农民工市民化权能水平的临界值：

$$\theta = F^{-1}\left(\frac{Q}{\lambda N} \mid K_h\right)$$

其中，$F^{-1}(\cdot)$ 为核密度函数的反函数。市民化权能水平在该值以上的农民工可作为政策优先瞄准的对象。

三　新增市民化人口的财政人均投入成本和投入容量测算
——以武汉市为例

（一）武汉市市民化的人均公共投入成本测算

按照前文中的基本假设，政府对农民工市民化的公共服务投入责任是为每个新增的市民化人口配置相当于市民人均每年的公共财政投入金额。在本研究中，我们以武汉市为例，计算该市市民在主要公共服务上的人均财政投入量，并将此作为农民工市民化中政府需承担的人均公共投入成本。

我国城市居民享有的公共服务包括教育服务、就业服务、社会保障、卫生和计生服务、住房保障、社区服务和最低生活保障等主要项目类型。按照财政在这些项目上的投入，再加上一般行政管理支出（公共部门维持日常运作的费用支出）、安居型工程投入支出等，就能得到城市财政在主要公共服务上的投入规模。为了确定财政在这些主要公共服务项目上的稳定投入水平，本研究考察了武汉市在一个较长时间跨度里的财政年度投入情况数据，即 2003～2018 年该市在上述几个公共支出项目上的投入情况。武汉市该时期内主要公共服务项目的财政支出情况详见表 6.3。

为了剔除价格波动的影响，在计算时我们以 2012 年的价格（具体以 GDP 价格指数为折算率）为基准，将其他年份的各项目支出金额均转换成以基准年为参照的实际值。经过价格换算后的相关变量的时间序列数据见表 6.4。对武汉市城市户籍人口公共服务人均财政投入的测算取 2003～2018 年的平均值。其中有数据不详或缺失的年份，根据实际数据所对应的年份求取均值。

对武汉市户籍人口人均公共服务成本测算的结果如表 6.2 所示。由表 6.2 可知，2003～2018 年，武汉市户籍人口年均公共服务财政总投入量约为 949.62 亿元（2012 年价格），该时期内武汉市户籍人口的年均数量约为 583.78 万人，据此，市民人均年公共服务财政投入额约为 1.63 万元。若将该市每年度全部财政支出（除上文列举的主要公共服务外，还包括国防、农林牧渔业、金融、气象等其他公共服务类支出）作为城市公共事务财政投入的总额度，则按照此全财政支出口径计算的农民工市民化人均公共投入成本为 2.63 万元。按照前文中的基本假设，本文以此为武汉市农民工市民化的人均公共服务成本。应当指出的是，此成本是农民工市民化的短期公共投入成本，与其长期内的社会保障精算权益以及可能产生的社会救助责任等财政保障投入需求有着较大的区别。

表 6.2　武汉市户籍人口人均公共服务成本测算

（按不变价格计算的实际支出额，基期 = 2012 年）

不同测量口径	年均总成本（亿元）	计算年均总成本的时期	武汉市城镇户籍人口数（万人）	计算城镇年均户籍人口数的时期	按年度均值计算的户籍人口人均公共服务成本（万元）
全财政支出口径（亿元）	1536.3435	2009～2018 年	583.7736	2003～2018 年	2.6980
主要公共服务支出口径（亿元）	949.6195	—	583.7736	2003～2018 年	1.6267
1.　一般公共服务	98.4424	2009～2017 年	583.7736	2003～2018 年	0.1686
2.　日常住房保障	1.6711	2012～2018 年	583.7736	2003～2018 年	0.0029
3.　间接住房保障支出	361.7226	2012～2015 年	583.7736	2003～2018 年	0.6196
4.　公共教育	129.7270	2009～2017 年	583.7736	2003～2018 年	0.2222
5.　卫生和计生服务	70.5902	2009～2017 年	583.7736	2003～2018 年	0.1209
6.　社会保障与就业服务	140.3312	2009～2017 年	583.7736	2003～2018 年	0.2404
7.　城镇最低生活保障	6.0939	2009～2016 年	583.7736	2003～2018 年	0.0104
8.　社区服务	141.0411	2009～2017 年	583.7736	2003～2018 年	0.2416

　　注：由于《中国统计年鉴》中的公共财政支出不包括间接住房保障支出，即低收入群体从购置经济适用房、廉租房等保障性住房中节省的土地地价成本、房价差成本、住区基础设施投入成本等，实际上都是住房保障公共服务对低收入群体的间接财政补贴，间接住房保障支出应计入公共服务支出的实际成本中（2011～2015 年保障型安居工程的实际年均总投入为 361.7226 亿元，将此作为预测期间住房保障的年均间接财政补贴数额；2009～2018 年实际年均财政总支出为 1174.6209 亿元，两者之和为全财政支出口径的公共服务投入年均额 1536.3435 亿元）。本表在计算全财政支出口径的年均公共服务总成本时纳入了这一实际成本。

表6.3 2003～2018年武汉市财政对主要公共服务项目的投入情况（按当年价计算的名义支出额）

年份	GDP（亿元）	CPI（上年=100）	GDP平减指数（上年=100）	GDP平减指数（2012年=100）	城镇户籍人口（万元）	财政总支出（亿元）	一般公共服务（亿元）	日常住房保障（亿元）	间接住房保障支出（亿元）	公共教育服务（亿元）	卫生和计生服务（亿元）	社会保障与就业服务（亿元）	城镇最低生活保障（亿元）	社区服务（亿元）
2003	1622	102.3	110.5	40.2	475	137	—	—	—	—	—	—	—	—
2004	1882	103.3	110.5	44.4	485	166	—	—	—	—	—	—	—	—
2005	2261	102.7	110.9	49.2	503	210	—	—	—	—	—	—	2.89	—
2006	2679	101.4	113.3	55.8	519	310	43	—	—	36	13	30	—	16
2007	3209	104.1	114.7	64.0	529	388	51	—	—	48	18	35	—	26
2008	4116	105.7	110.1	70.5	537	480	59	—	—	56	25	46	4.95	35
2009	4561	99.4	108.5	76.5	541	712	67	—	—	66	31	87	4.42	56
2010	5516	103.0	110.6	84.6	541	990	70	—	—	75	38	92	6.39	48
2011	6762	105.2	109.6	92.7	547	1278	88	—	131	85	57	109	5.92	85
2012	8004	102.8	107.9	100.0	555	1465	98	3.78	419	134	57	118	7.03	102
2013	9051	102.4	107.8	107.8	556	1123	118	1.64	416	137	70	149	7.76	191
2014	10069	101.9	107.3	115.7	559	1175	129	1.40	338	144	86	166	7.75	194
2015	10906	101.4	106.9	123.7	586	1338	123	1.52	432	184	113	204	6.25	235
2016	11913	102.4	106.7	131.9	598	1525	127	1.60	—	231	134	236	—	245
2017	13410	101.9	106.8	140.9	586	1719	147	1.50	—	267	140	254	—	317
2018	14847	101.9	106.6	150.2	647	1930	—	1.46	—	—	—	—	—	—

表6.4 2003～2018年武汉市财政对主要公共服务项目的投入情况（按2012年价格计算的实际支出额）

年份	GDP平减指数（2012年=100）	GDP（亿元）	城镇户籍人口（万元）	财政总支出（亿元）	一般公共服务（亿元）	日常住房保障（亿元）	间接住房保障支出（亿元）	公共教育服务（亿元）	卫生和计生服务（亿元）	社会保障与就业服务（亿元）	城镇最低生活保障（亿元）	社区服务（亿元）
2003	40.2	4036	475	340	—	—	—	—	—	—	—	—
2004	44.4	4238	485	375	—	—	—	—	—	—	—	—
2005	49.2	4591	503	427	—	—	—	—	—	—	5.87	—
2006	55.8	4802	519	555	77	—	—	64	24	53	—	28
2007	64.0	5015	529	606	80	—	—	74	28	54	—	41
2008	70.5	5840	537	680	84	—	—	80	35	65	—	50
2009	76.5	5965	541	931	88	—	—	87	41	113	6.47	73
2010	84.6	6523	541	1171	83	—	—	89	45	109	5.23	57
2011	92.7	7296	547	1379	95	—	142	92	61	117	6.89	92
2012	100.0	8004	555	1465	98	3.78	419	134	57	118	5.92	102
2013	107.8	8396	556	1042	109	1.52	386	127	65	138	6.52	177
2014	115.7	8705	559	1016	112	1.21	293	125	75	144	6.71	168
2015	123.7	8820	586	1082	100	1.23	349	149	91	165	6.27	190
2016	131.9	9029	598	1156	96	1.21	—	175	102	179	4.74	186
2017	140.9	9517	586	1220	105	1.07	—	189	99	180	—	225
2018	150.2	9885	647	1285	—	0.97	—	—	—	—	—	—

本研究将上述关于武汉市农民工市民化的人均公共服务投入成本测算结果与其他文献研究结果进行比较分析。

关于农民工市民化的成本，目前学界达成的共识是，其主要包括农民工的私人成本和公共投入成本。前者主要依靠农民工自身筹集，后者则是政府的财政责任。公共投入成本又分为即期投入成本和长期投入成本，前者包括为农民工配套"市民"标准待遇而在医疗保障、住房保障、子女公共教育、养老保障、就业培训和服务等方面的一次性投入成本。由于统计方法和口径不同，既有文献对农民工市民化社会成本的测算结果存在一定的差别。根据多数研究的测算结果，新增一个城市人口，公共投入层面的人均成本在特大城市约为 2 万~15 万元、在大城市约为 1 万~5 万元，支撑全部农民工人口市民化的总成本约为 24 万亿元①②③④，为保持对农民工的配套公共服务，每年全国需新增的财政支出为 6400 多亿元⑤。有的研究则表明，到 2030 年，需要实现市民化的农业转移人口规模将达到 4 亿人，为解决这一规模转移人口的市民化公共成本就高达 52.4 万亿元⑥，而个人层面的成本更高。根据广州市社科院 2011 年的测算，一个 25 岁的农民工变成广州市民必须支付的最低成本为 119.7 万元，大约只有 5% 的外来人口有支付如此高昂的市民化成本的能力⑦。对于东、中、西部地区而言，每个新市民家庭仅在购房方面的户均成本至少需要 38.1 万元、25.3 万元和 27.5 万元，全国平均则为 30.5 万元⑧。国务院发展研究中心评估认为，

① 李俭国、张鹏：《新常态下新生代农民工市民化社会成本测算》，《财经科学》2015 年第 5 期。
② 张国胜、陈瑛：《社会成本、分摊机制与我国农民工市民化——基于政治经济学的分析框架》，《经济学家》2013 年第 1 期。
③ 谢建社、张华初：《农民工市民化公共服务成本测算及其分担机制——基于广东省 G 市的经验分析》，《湖南农业大学学报》（社会科学版）2015 年第 4 期。
④ 中国发展研究基金会编《中国发展报告 2010：促进人的发展的中国新型城市化战略》，北京：人民出版社，2010。
⑤ 陆铭：《不能高估农民工市民化的成本》，《北京日报》（理论周刊月末争鸣），2017 年 2 月 27 日，第 18 版。
⑥ 总报告编写组：《推进农业转移人口市民化的总体战略》，载潘家华、魏后凯主编《中国城市发展报告 No.6：农业转移人口的市民化》，北京：社会科学文献出版社，2013。
⑦ 周晓津：《基于福利经济学的农民工规模与市民化成本分析》，载李江涛、汤锦华主编《中国广州农村发展报告（2011）》，北京：社会科学文献出版社，2011。
⑧ 单菁菁：《农民工市民化的成本及其分担机制》，载潘家华、魏后凯主编《中国城市发展报告 No.6：农业转移人口的市民化》，北京：社会科学文献出版社，2013。

按照 2000 年不变价格，每进入城市 1 人，需要公共支付的成本为 1.05 万元；按照 2010 年不变价格，农民工市民化的人均公共投入总成本在 8 万元，其中即期投入成本约为 2.5 万元。有的研究认为农民工市民化的人均公共服务成本在 2 万~2.5 万元[①]。《中国新型城市化报告 2009》预测，农民工市民化的个人生存成本为 7.35 万元，个人发展成本为 2.47 万元[②]。但这一成本没有区分农民工市民化中个人责任和公共财政责任。在推进农民工市民化的政策实践中，一些地方对农民工市民化的直接财政补贴具有实际参照意义的标准。如 2011 年重庆市在实施农民工市民化工程中，对农民工人均公共财政的补贴为 2.6 万元，其中，支付退出成本 1.6 万元，公共服务成本 1 万元[③]。这与本研究对武汉市农民工市民化人均公共服务投入成本（短期）的测算结果较为一致。

（二）武汉市新增市民化人口的公共财政投入容量测算

为了预测未来若干年武汉市对新增市民化人口的公共财政投入能力，按照前文中的基本假设，首先需预测未来若干年武汉市主要公共服务项目的财政总支出数量趋势，然后用预测的财政总支出数量减去既往年份公共财政在这些项目投入上的平均稳定增额（维持现户籍市民人口福利水平所需的财政投入），即为该城市公共财政支出可用于新增市民化人口的公共服务投入能力余量。

对武汉市公共服务项目财政投入总量的估计采用增长率预测的方法，即运用既往年份该市对主要公共服务项目财政投入增长率的时间序列数据，建立向量自回归模型（Vector Auto - regression），预测未来若干年的财政投入增长率的情况；然后再将预测的投入增长率转换成预测的投入绝对量的数值。利用增长率预测模型的优点在于，可以较好地消除时间序列变量在用绝对量测量时产生的名义量和实际量的偏离问题和模型残差的序列相关问题，还能较好地处理模型估计中可能存在的固定效应问题。另外，增长率时间序列数据由于剔除了变量的平均趋势，一般得到平稳时间序列

---

① 国务院发展研究中心课题组：《农民工市民化进程的总体态势与战略取向》，《改革》2011 年第 5 期。

② 牛文元：《中国新型城市化报告 2009》，北京：科学出版社，2009。

③ 国务院发展研究中心课题组：《农民工市民化进程的总体态势与战略取向》，《改革》2011 年第 5 期。

的概率较大，这对达到时间序列数据预测所需的平稳性（stationarity）要求，也是一个较有利的条件。

武汉市主要公共服务财政投入增长率的预测模型包含四个变量：2003～2018 年武汉市主要公共服务财政支出增长率的一阶差分（变量名为 $\Delta fiscal\_ totexd\_ rate_{it}$）、2003～2018 年武汉市主要公共服务财政投入名义增长率一阶差分的滞后一期变量（变量名为 $\Delta fiscal\_ totexd\_ rate_{it-1}$）、2003～2018 年武汉市 GDP 增长率（变量名为 $GDP\_ rate_{it}$）、2003～2018 年武汉市财政收入增长率（变量名为 $tot\_ budget\_ rate_{it}$）。其中，$\Delta fiscal\_ totexd\_ rate_{it}$ 为被解释变量，其余变量为解释变量。预测模型的数学表达式如下：

$$\Delta fiscal\_ totexd\_ rate_{it} = \beta_0 + \beta_1 \times GDP\_ rate_{it} + \beta_2 \times tot\_ budget\_ rate_{it}$$
$$+ \beta_3 \times \Delta fiscal\_ totexd\_ y_{it-1} + \varepsilon_{it}$$

预测模型的变量描述性统计如表 6.5 所示。

表 6.5　预测模型变量的描述性统计

变量	类型	N	均值	标准差	最小值	最大值	差分
$fiscal\_ totexpd\_ rate$	因变量	14	−0.67823	18.14824	−38.01243	28.02731	1
$GDP\_ rate$	自变量	14	116.03718	5.97012	108.30351	128.23021	—
$tot\_ budget\_ rate$	自变量	14	118.81675	14.47779	82.66067	140.90448	—

由表 6.5 可知，被解释变量 $\Delta fiscal\_ totexd\_ rate$ 的均值为 −0.68，比较接近于 0，且在统计意义上具有显著性；在对其单一均值（single mean）和随机游走（trend）等单位根检验中，在 $p = 0.1$ 的临界水平上，Tao 统计量的 p 值均在小于或接近于此标准（只有 trend 检验项的 p 值为 0.115，稍大于 0.1），因此基本上可拒绝被解释变量有单位根的原假设，可认为被解释变量是平稳序列（见表 6.6）。

表 6.6　预测模型变量的 Dickey – Fuller 单位根检验

变量	类型	Rho	Pr < Rho	Tau	Pr < Tau
$fiscal\_ totexpd\_ rate$	Zero Mean	−26.13	< 0.0001	−3.56	0.0019
	Single Mean	−26.78	< 0.0001	−3.48	0.0291
	Trend	−26.14	< 0.0001	−3.28	0.1152

变量	类型	Rho	Pr < Rho	Tau	Pr < Tau
GDP_ rate	Zero Mean	−37. 70	<0. 0001	−3. 98	0. 0008
	Single Mean	−41. 01	<0. 0001	−3. 95	0. 0137
	Trend	−44. 52	<0. 0001	−3. 80	0. 0557
tot_ budget_ rate	Zero Mean	−21. 01	<0. 0001	−2. 98	0. 0063
	Single Mean	−22. 47	<0. 0001	−2. 93	0. 0715
	Trend	−22. 40	0. 0002	−2. 76	0. 2331

  针对解释变量的平稳性检验也有类似的结果。如表 6.6 所示，变量
GDP_ rate 在 $p = 0.1$ 的水平上显著拒绝存在单位根的原假设，因此可认为
GDP 增长率变量为平稳序列；财政预算总收入变量 $\Delta fiscal\_ totexd\_ rate$ 除
trend 检验项外，其他检验统计量也在 0.1 的水平上拒绝序列存在单位根的
原假设，大体可认为该序列为平稳序列。

  上述三个变量的时间序列图示见图 6.1。从图形上看，增长率的上升
和回落交替发生且幅度相差不大，说明三个变量序列没有固定效应趋势走
向特征，序列整体较平稳。

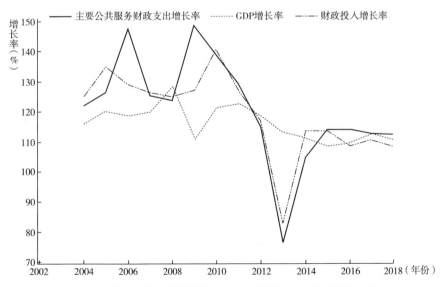

**图 6.1 武汉市主要公共服务财政支出增长率、GDP 增长率和
财政收入增长率的时间序列图示（名义）**

表 6.7 列出了武汉市主要公共服务财政投入增长率预测模型的估计结果。从估计结果看，模型 F 统计量的值为 10.3368，$p = 0.0028$，表明模型整体上非常显著；拟合优度 Rsquare 的值为 0.7751，表明模型拟合情况良好。

表 6.7　武汉市主要公共服务财政投入增长率预测模型的估计结果

被解释变量：财政支出增长率一阶差分	参数估计值	标准误差	t 值	Pr > $\mid t \mid$
解释变量				
Cons_	176.65659	58.33862	3.03	0.0143
GDP 增长率	− 2.98310	0.62673	− 4.76	0.0010
财政收入增长率	1.42073	0.27928	5.09	0.0007
财政支出增长率一阶差分的滞后一期	− 0.61808	0.17963	− 3.44	0.0074

AICC	HQC	AIC	SBC	FPEC	RSquare	FValue	PValue
5.1874	4.8781	4.9138	5.0877	138.996	0.7751	10.3368	0.0028

各解释变量的系数估计值都在 0.01 的水平上显著，表明 GDP 增长率、财政收入增长率和上一年度的财政支出增长率都对政府在主要公共服务上的财政投入增长率有显著的影响。值得注意的是，其中 GDP 增长率和上一年度财政支出增长率的影响为负，反映了公共服务财政投入具有逆经济周期的特点，即经济增长快时，公共服务的财政投入增长较慢；而经济增长慢时，公共服务的财政投入增长较快。同时，公共服务的财政投入增长率整体上呈周期性和钟摆式波动的特点，具体来说，以 2 年为一个周期，其增速在高低相间的峰 − 谷区间内循环运动。按上述模型估计得到的主要公共服务财政投入增长率的最终预测方程为：

$$\Delta fiscal\_\ totexd\_\ \hat{rate}_{it} = 176.6566 - 2.9831 \times GDP\_\ rate_{it} +$$
$$1.4207 \times tot\_\ budget\_\ rate_{it} - 0.6181 \times \Delta fiscal\_\ totexd\_\ y_{it-1}$$

对预测模型残差进行进一步分析，表 6.8 中 Portmanteau 检验的结果显示，残差序列在至多滞后阶数为 4（滞后阶数分别为 1 ~ 2 阶、1 ~ 3 阶、1 ~ 4 阶）的自相关检验中，卡方统计量的显著性水平均大于 0.1，接受不存在序列相关的原假设；表 6.9 的自相关诊断也表明预测模型的残差序列在自回归阶数分别为 1 ~ 4 阶时序列均不存在序列相关（F 值的显著性水平 p 均大于 0.1 的临界值）。同时，表 6.10 中对残差的白噪声诊断显示，

Durbin Watson 统计量的值表明残差序列不存在一阶自相关，残差的正态性卡方统计量和 ARCH 的 F 统计量的 p 值大于 0.1，表明不能拒绝残差序列为白噪声序列的原假设。这表明，预测模型的残差已经消除了自相关，且是白噪声序列，模型估计结果基本上可以排除伪回归的偏差，模型的解释变量对被解释变量有较强的解释力。

表 6.8　残差互相关的 Portmanteau 检验

至多滞后	df	χ^2	$Pr > \chi^2$
2	1	1.10	0.2933
3	2	1.38	0.5025
4	3	3.41	0.3323

表 6.9　一元模型 AR 诊断

变量	AR1		AR2		AR3		AR4	
	F 值	$Pr > F$	F 值	$Pr > F$	F 值	$Pr > F$	F 值	$Pr > F$
fiscal_ totexpd_ rate	0.10	0.7531	0.53	0.6064	0.53	0.6768	1.42	0.3716

表 6.10　模型估计结果的白噪声诊断

变量	Durbin Watson	正态性		ARCH	
		χ^2	$Pr > \chi^2$	F 值	$Pr > F$
fiscal_ totexpd_ rate	1.85027	1.53	0.4645	0.25	0.6288

表 6.11 显示了预测模型对 2016～2018 年主要公共服务财政投入增长率的估计误差率。由表 6.11 可知，模型对相关年份财政投入增长率的预测误差较小，误差率在 1.5% 以下，表明模型的预测精度较高，预测结论有较高的可靠性。

表 6.11　预测模型对 2016～2018 年主要公共服务财政投入增长率的估计误差率

年份	预测	95% 置信限		实际	误差	误差率（%）
2016	113.23523	68.80548	157.66498	113.94784	0.71261	0.63
2017	111.46155	65.64199	157.28112	112.71984	1.25829	1.11
2018	112.82267	59.87264	165.77271	112.27291	-0.54976	0.50

图 6.2 显示了预测模型对 2003～2018 年武汉市主要公共服务财政投入增长率的实际拟合情况。由图 6.2 可知，拟合曲线与实际观测值及其变化

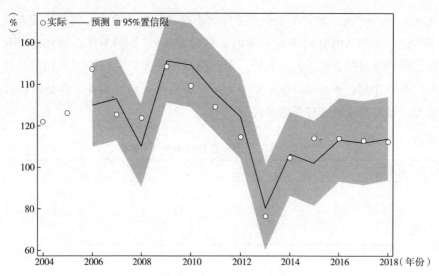

图 6.2　武汉市主要公共服务财政投入增长率预测模型的拟合情况（2003～2018 年）

走势有较好的吻合度，这表明模型对被解释变量时间序列的历史轨迹有良好的拟合表现。

　　根据武汉市主要公共服务财政投入增长率的预测模型，我们以 2016～2018 年的历史数据为基础，预测未来 5 年（2019～2023 年）该市主要公共服务财政投入增长率的情况。图 6.3 和表 6.12 呈现了具体的预测增长率及其变化趋势。

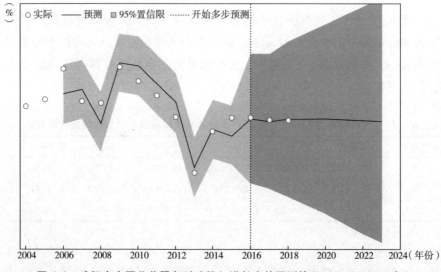

图 6.3　武汉市主要公共服务财政投入增长率的预测情况（2019～2023 年）

表 6.12 2019～2023 年武汉市主要公共服务财政投入增长率的预测情况

年份	预测	标准误差	95% 置信限	
2019	112.85716	29.76527	54.51831	171.19601
2020	112.88633	33.05182	48.10596	177.66670
2021	112.44260	35.94488	41.99193	182.89327
2022	112.07974	39.55716	34.54912	189.61035
2023	111.57893	42.31434	28.64434	194.51351

将上述预测增长率按绝对量纲转换成财政投入额，并全部折算成以 2012 年不变价格为基准计量的实际投入额，即得到 2019～2023 年武汉市主要公共服务财政投入规模的预测值。各预测年份该市实际财政投入额的估计值如表 6.13 所示。

表 6.13 武汉市新增市民化人口的财政保障能力测算（2019～2023 年）

单位：亿元

年份	GDP	财政支出	GDP 平减指数（2012 年=100）	实际财政支出（2012 年价格）	实际财政支出年增长额（2012 年价格）	财政支出预测值	实际财政支出（2012 年价格）预测值	实际财政支出增长额（2012 年价格）预测值
2003	1622	137	40.2	340.0	42.3	—	—	
2004	1882	166	44.4	374.7	34.7	—	—	
2005	2261	210	49.2	426.6	51.9	—	—	
2006	2679	310	55.8	554.9	128.3	273	489.4	
2007	3209	388	64.0	605.8	50.9	412	643.3	
2008	4116	480	70.5	680.5	74.7	428	607.2	
2009	4561	712	76.5	931.1	250.6	726	948.0	
2010	5516	990	84.6	1170.7	239.6	1062	1256.1	
2011	6762	1278	92.7	1379.4	208.7	1346	1452.5	
2012	8004	1465	100.0	1465.5	86.1	1591	1591.1	
2013	9051	1123	107.8	1041.6	-423.8	1176	1092.2	
2014	10069	1175	115.7	1015.9	-25.7	1196	1033.9	
2015	10906	1338	123.7	1082.1	66.2	1199	969.1	

年份	GDP	财政支出	GDP平减指数（2012年=100）	实际财政支出（2012年价格）	实际财政支出年增长额（2012年价格）	财政支出预测值	实际财政支出（2012年价格）预测值	实际财政支出增长额（2012年价格）预测值
2016	11913	1525	131.9	1155.6	73.5	1515	1148.4	
2017	13410	1719	140.9	1219.7	64.1	1700	1206.1	
2018	14847	1930	150.2	1284.6	64.9	1939	1290.9	
2019			159.7			2179	1363.8	72.9503
2020			169.6		2003~2018年财政支出年均增长：61.6823	2460	1449.7	85.8665
2021			179.9			2765	1536.4	86.6621
2022			190.9			3100	1622.9	86.5884
2023			202.3			3459	1708.4	85.4180

四　公共投入约束下新增市民化人口的最大容量测算
——以武汉市为例

2003~2018年按不变价格（以2012年为基期）计算的武汉市实际财政总支出的年均增长额为61.6823亿元，将该数值作为预测时期内（2019~2023年）为了维持现有武汉市城镇户籍人口公共服务水平不变所需的财政投入重置成本（包括为满足提升了的公共服务需求而必须追加的财政投入、公共服务设施折旧与资产重置等成本），则能够用于新增市民化人口公共服务配备的财政投入能力可用下列公式推算：

$$FC_t = \Delta FIP_{pred_t} - RCPS_{avg_{t-n \to t-1}}$$

其中，FC_t为预测时期某一年的市民化公共财政总投入能力，ΔFIP_{pred_t}为该年相对于上一年度实际财政投入的增量，$RCPS_{avg_{t-n \to t-1}}$为测算年度内为维持既有户籍人口公共服务水平不变所需的财政投入重置成本。

财政承载容量范围内的新增市民化人口规模可用下列公式推算（按全财政口径成本计算）：

$$\Delta N_{citizen} = \frac{FC_t}{\bar{C}_{ps}}$$

其中，$\bar{C}_{ps}$ 为使新增市民化人口的公共服务水平与现有户籍人口保持一致，每增加一个城市户籍人口所需的公共财政投入成本，简称为市民化公共投入成本；$\Delta N_{citizen}$ 为财政可承载的最大新增市民化人口数量。

结合表6.13，$RCPS_{avg_{t-a-t-1}}$ 即为武汉市 2003～2018 年实际财政支出的年增长额的平均值，按 2012 年不变价格计算，有 $RCPS_{avg_{t-a-t-1}}$ = 61.6823 亿元。2019 年相对于 2018 年的实际财政投入增量预测值 ΔFIP_{pred_t} = 72.9503 亿元。根据上述公式，2019 年武汉市可用于新增市民化人口公共服务配备的财政投入为：FC_t = 72.9503 - 61.6823 = 11.2680 亿元。以此类推，我们可以计算出其他预测年份武汉市可用于新增市民化人口的财政投入金额。

根据上文对武汉市市民化人均公共财政投入成本的测算结果，为使新增市民化人口的公共服务水平与现有户籍人口保持一致，每增加一个城市户籍人口的公共财政投入成本为 2.6980 万元（按全财政投入成本口径计算）。因此，武汉市 2019 年财政可承接的市民化人口规模为：

$$\Delta N_{citizen} = \frac{FC_t}{\bar{C}_{ps}} = \frac{11.2680}{2.6980} = 4.18 \, 万人$$

按主要公共服务投入成本口径计算财政承载容量范围内的新增市民化人口规模可用下列公式推算：

$$\Delta N_{citizen} = \frac{FC_t \times MPS_{ratio}}{\bar{C}_{mps}}$$

其中，MPS_{ratio} 为现财政支出结构中主要公共服务投入占财政总支出的比例，$\bar{C}_{mps}$ 为向一个新增户籍人口配备主要公共服务所需的财政投入成本。

根据前文测算的结果，为使新增市民化人口接受与现有户籍人口相同水平的主要公共服务，每增加一个城市户籍人口的公共财政投入成本为 1.6267 万元（按主要公共服务财政投入成本口径计算）。武汉市现财政支出构成中，包括一般公共服务、住房保障、公共教育、医疗卫生和计生服务、社会保险与就业服务、最低生活保障、社区服务等主要公共服务在内的财政投入占比平均为 61.8%。据此，武汉市 2019 年按主要公共服务财政投入成本口径计算的新增市民化人口的最大容量为：

$$\Delta N_{citizen} = \frac{FC_t \times MPS_{ratio}}{\overline{C}_{mps}} = \frac{11.2680 \times 61.8\%}{1.6267} = 4.28 \ \text{万人}$$

同理可测算出 2020 年、2021 年、2022 年和 2023 年武汉市按主要公共服务财政投入口径下的新增市民化人口最大容量分别为 9.19 万人、9.49 万人、9.46 万人和 9.02 万人；2019～2023 年武汉市按全财政投入口径下的新增市民化人口最大容量分别为 4.18 万人、8.96 万人、9.26 万人、9.23 万人和 8.80 万人。

为估计上述市民化年人口容量规模占武汉市农民工总数的比例，进而确定该比例的农民工所对应的市民化权能特征，需要首先确定武汉市农民工的存量规模。而关于武汉市农民工的确切数量，研究者并未查询到官方的相应统计数据。为此，我们主要运用排除法进行农民工人口的统计核算。基本方法是，从武汉市的常住人口中（公布的统计数据中不包含从市外到武汉市的高校学生），减去武汉市户籍人口数，可得到武汉市外来人口数量（其中绝大部分是农民工，也有少量城镇外来人口等）。此数量大致相当于在武汉市农民工的规模。表 6.15 显示了 2003～2018 年武汉市农民工数量核算结果。

为检验上述核算结果的准确性，我们查询了关于武汉市农民工数量的新闻报道并与之进行对照分析。据 2007 年武汉市公安部门对外来人口的大规模入户调查，该年武汉市外来人口达到 112 万人（包括农民工在内的全部外来人口）[1]，这与表 6.15 中预测该年农民工数量为 96 万人的结果比较接近。另外，据新浪网（武汉壹周）报道，2013 年武汉市农民工数量达 200 多万人[2]，这与表 6.15 中推算得到的 202 万人的结果也基本吻合。因此，表 6.15 关于农民工数量的推算结果具有较强的可靠性。

若以 2015～2018 年武汉市农民工总数的平均值为该市农民工的存量规模（未来几年内该市较稳定的农民工数量），则武汉市农民工的存量规模大约为 248 万人。我们将以此为基础确定未来几年武汉市农民工市民化的存量目标，并进行市民化优先瞄准的政策锚定分析。

---

[1] 张明泉：《武汉暂住人口：112 万》，http://news.cnhubei.com/ctdsb/ctdsbsgk/ctdsb02/200708/t64814.shtml，最后访问日期：2019 年 3 月 10 日。

[2] 武汉壹周：《武汉农民工数量达 200 多万》，http://hb.sina.com.cn/news/n/2013-02-08/172452092_2.html，最后访问日期：2019 年 3 月 10 日。

　　根据武汉市农民工的存量水平，结合上文对该市财政可承载范围内新增市民化人口最大容量规模的预测结果，可计算出其 2019～2023 年新增市民化人口最大容量占农民工存量的比例。例如，根据模型测算结果，2019年武汉市可用于新增市民化人口的主要公共服务财政投入额约为 6.9648 亿元（2012 年不变价格），按照该市农民工市民化的人均公共成本 1.6267 万元计算，大概可以为 4.28 万个农民工的市民化提供公共投入成本保障，相当于该市农民工存量的 1.73%。如果按照全财政投入成本口径计算，每个农民工所需的市民化公共成本为 2.6980 万元，则 2019 年武汉市财政大概可为 4.18 万个农民工的市民化提供公共投入成本保障，相当于该市农民工存量的 1.68%。以此类推，可以分别计算 2020～2023 年武汉市财政承载范围内的农民工市民化人口容量及其占农民工存量的比例。具体计算结果如表 6.14 所示。

表 6.14　武汉市 2019～2023 年财政承载范围内的新增市民化人口最大容量测算

年份	按全财政投入口径计算				按主要公共服务财政投入口径计算			
	市民化财政投入能力（亿元）	新增市民化人口人均财政投入（万元）	新增市民化人口最大容量（万人）	占现有农民工总量累计比例（%）	市民化财政投入能力（亿元）	新增市民化人口人均财政投入（万元）	新增市民化人口最大容量（万人）	占现有农民工总量累计比例（%）
2019	11.2680	2.6980	4.18	1.68	6.9648	1.6267	4.28	1.73
2020	24.1843	2.6980	8.96	5.30	14.9484	1.6267	9.19	5.43
2021	24.9798	2.6980	9.26	9.03	15.4401	1.6267	9.49	9.26
2022	24.9061	2.6980	9.23	12.75	15.3945	1.6267	9.46	13.08
2023	23.7357	2.6980	8.80	16.30	14.6711	1.6267	9.02	16.71

　　注：以 2012 年为基期的不变价格测算。

表 6.15　2003～2018 年武汉市农民工数量核算结果

单位：万人

年份	常住人口	城镇常住人口	乡村人口	户籍人口	城镇户籍人口	农村户籍人口	农民工数量
2003	—	—	276	781	475	306	—
2004	—	—	277	786	485	301	—

年份	常住人口	城镇常住人口	乡村人口	户籍人口	城镇户籍人口	农村户籍人口	农民工数量
2005	858	580	278	801	503	298	77
2006	875	615	260	819	519	300	96
2007	891	624	267	828	529	300	96
2008	897	631	266	833	537	296	94
2009	910	647	263	836	541	293	106
2010	980	713	266	837	541	290	172
2011	1002	739	263	827	547	274	192
2012	1012	742	270	822	555	265	187
2013	1022	757	265	822	556	266	202
2014	1034	781	253	827	559	268	222
2015	1061	815	246	829	586	244	229
2016	1077	859	245	834	598	236	261
2017	1089	872	248	854	586	234	286
2018	1108	890	—	884	647	237	243

注：上述关于武汉市常住人口的统计，未包括从市外到武汉市的高校在校生。

五 公共投入约束下农民工市民化优先瞄准对象的锚定结果

根据前文对公共投入约束下武汉市新增市民化人口最大容量的测算结果，以及该市民化容量占农民工存量的比例，结合第四章对该市农民工市民化权能分布的核密度估计结果，可以将该市在公共投入约束下新增市民化人口的最大容量与该容量范围相对应的政策优先支持对象的市民化权能特征结合起来，进行按权能值高低锚定政策瞄准对象的甄别遴选操作。

其具体思路是，先按照市民化权能值的大小对全部存量农民工进行排序，然后根据新增市民化人口的最大容量从大到小依次锚定，则被该最大容量范围框定的农民工的最小市民化权能值即为政策瞄准的临界标准，市民化权能值在该值以上者即为政策优先瞄准与支持的农民工市民化对象。

（一）农民工市民化优先瞄准对象的经济融合权能甄别标准

图 6.4 以经济融合权能为例较形象地呈现了"瞄准"和"锚定"的含义。图 6.4 采用农民工经济融合权能的核密度函数曲线反映武汉市农民工总体经济融合权能值的分布特征（不仅仅是由样本中 1852 个农民工的经济融合权能值连接成的概率密度曲线，而且是通过样本对武汉市全部农民工经济融合权能值的统计推断），可以视为该市约 248 万个农民工经济融合权能的概率密度分布。该曲线下方与横轴上相应市民化权能值对应的竖线所围成的面积，即为相应市民化权能值范围内的农民工占该市全部农民工的比例。如图 6.4 中 0.90 权能值参考线与核密度曲线在左侧围成的大块区域的面积①，就是经济融合权能值在 0.90 以下的农民工占武汉市全部农民工的比例；与之相对应，0.90 权能值参考线与核密度曲线在右侧围成的

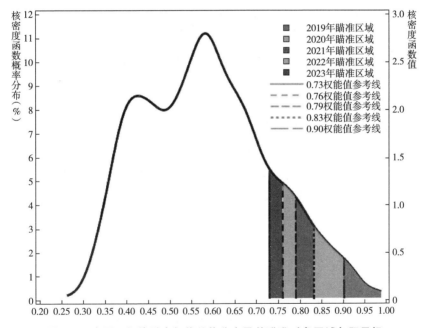

图 6.4　农民工经济融合权能总体分布及其瞄准对象区域年际目标

注：核密度函数除了在计算中具有辅助工具作用外，数值本身没有实际含义，但它是测量数据在各个点或区间上分布集中程度的统计量。在核密度函数曲线图上，某一个点对应的核密度值（y 值）越大，表明该点的数据分布越集中，Emily，"Answer to Normal Distribution，The *Y* Value" *StackExchange - Mathematics*，Oct. 20，2012. https：//math. stackexchange. com/questions/217176/normal - distribution - the - y - value.

① 曲线下方与横轴围成的面积之和为 1。

区域的面积，就是经济融合权能值在 0.90 以上的农民工占武汉市全部农民工的比例。

根据前文的分析，我们得到了 2019 年武汉市公共投入承载范围内新增市民化人口的最大容量（按主要公共服务投入成本口径计算为 4.28 万人），相当于该市农民工存量的 1.73%。根据这一比例，我们反过来可确定图 6.4 中对应于该比例的"围成区域"（图中最右侧的阴影部分）面积的横轴竖线所代表的市民化权能水平。这一权能水平即为经济融合权能维度上农民工市民化政策瞄准的临界标准。通过具体计算可知，这一权能水平为 0.91，意味着 2019 年武汉市财政可保障经济融合权能水平在 0.91 及以上的农民工实现市民化所需的公共投入成本，亦即该年武汉市市民化的政策锚定对象是经济融合权能在 0.91 及以上的农民工子群。

在农民工存量保持不变的条件下，2020 年武汉市财政预计可为 3.62%（5.30% - 1.68% = 3.62%）的存量农民工实现市民化提供公共投入成本的保障；从 2019 年开始计算，两年将累计可为 5.30% 的存量农民工提供市民化所需的公共成本支撑。按市民化权能从大到小的顺序予以优先锚定和支持的原则进行政策对象的瞄准，则 2020 年瞄准目标农民工的经济融合权能的临界值为 0.84。以此类推，可以计算出其他预测年度（2020~2023 年）武汉市公共投入约束下市民化政策优先瞄准对象的经济融合权能临界标准：2020 年为 0.83、2021 年为 0.79、2022 年为 0.76、2023 年为 0.73。其具体含义为：2020 年、2021 年、2022 年和 2023 年武汉市分别应以经济融合权能值不低于 0.83、0.79、0.76 和 0.73 的农民工为政策优先锚定的对象。具体计算结果如表 6.16 所示。据此，可绘制各预测年度（2019~2023 年）政策瞄准对象的目标区域。图 6.4 详细呈现了 2019~2023 年武汉市农民工市民化政策锚定对象在经济融合权能上的取值范围和具体特征。

**表 6.16　财政可支撑的新增市民化人口比例与农民工
经济、社会融合权能的对应关系**

人口累计百分比（%）	财政可承载新增市民化人口占农民工存量的百分比（%）	经济融合权能	社会融合权能
50.00	50.00	0.58	0.50
60.00	40.00	0.61	0.55
70.00	30.00	0.66	0.61

	人口累计 百分比（%）	财政可承载新增市民化人口 占农民工存量的百分比（%）	经济 融合权能	社会 融合权能
	75.00	25.00	0.68	0.62
	80.00	20.00	0.71	0.65
2023	83.29	16.71	0.73	0.66
2022	86.92	13.08	0.76	0.68
2021	90.74	9.26	0.79	0.71
2020	94.57	5.43	0.83	0.76
2019	98.27	1.73	0.90	0.83
2018	100.00（基准）	0.00（基准）	1.00（基准）	1.00（基准）

图 6.4 显示了随着年份往前推移，政策优先瞄准对象的经济融合权能临界值的变化情况。其中，不同条状围成区域的面积代表了相应年份武汉市公共投入可承载的新增市民化人口数量占存量农民工的比例，如 2021 年，武汉市财政将可为其比例相当于从右至左第三块条状区域面积的存量农民工提供市民化的公共投入成本保障；到 2023 年，武汉市财政将累计可为经济融合权能值处在从右至左第五块条状区域及往右的全部阴影区域的那部分存量农民工实现市民化提供公共投入成本的支撑，届时，其财政尚未能支撑的存量农民工比例即为左侧曲线下方空白部分的面积比例。

另外，由图 6.4 可知，预测年度（2019～2023 年）政策瞄准对象的经济融合权能范围的区间跨度初期较大。随着时间推移，对瞄准对象所要求的经济融合权能水平标准逐渐下降，但下降的幅度越来越小。在图 6.4 中体现为越靠近左侧的颜色，区块的宽度越窄。这主要是因为经济融合权能取值越靠近中间值，其分布越密集，因而大致相同的瞄准对象容量（围成区域面积）所对应的权能值区间跨度也越来越小。

（二）农民工市民化优先瞄准对象的社会融合权能甄别标准

表 6.16 列出了在主要公共服务财政投入口径成本约束下，武汉市农民工社会融合权能维度上政策优先瞄准对象的相应权能值范围。就社会融合权能的甄别标准来说，2019 年该市应以该维度权能值大于或等于 0.83 的农民工为政策优先锚定的对象；2021 年该市应以社会融合权能值在 0.71 及以上的农民工为瞄准对象；2023 年其政策瞄准对象的社会融合权能的最

小值应为 0.66。图 6.5 显示了 2019～2023 年武汉市农民工市民化政策优先瞄准对象的社会融合权能值特征及其瞄准对象覆盖范围的年际变化趋势。

图 6.5 用不同的条状阴影区域标注了 2019～2023 年各预测年份武汉市农民工市民化政策瞄准对象所对应的社会融合权能标准目标区域。例如，最右边条状区域代表的是 2019 年政策瞄准对象的比例及其社会融合权能的特征（社会融合权能值大于 0.83）；从右至左第三块条状区域代表 2021 年政策瞄准对象的规模及其社会融合权能的范围（社会融合权能值大于 0.71）；等等。随着市民化瞄准政策"消化"的农民工存量规模的增长，瞄准对象规模在社会融合权能上的区间跨度越来越窄，与瞄准区域相对应的权能值的间距也越来越小，反映出瞄准对象间社会融合权能差异呈逐渐减小的趋向。

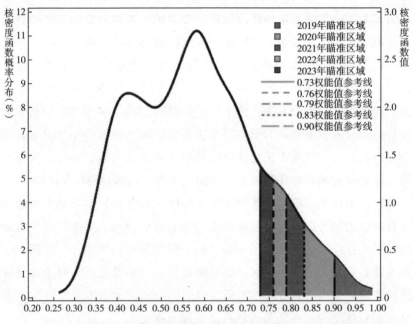

图 6.5　农民工社会融合权能总体分布及其瞄准对象区域年际目标

（三）农民工市民化优先瞄准对象的文化融合权能甄别标准

表 6.17 列出了在主要公共服务财政投入口径成本约束下，武汉市农民工文化融合权能维度上政策优先瞄准对象的相应权能值范围。由表 6.17 可知，就社会融合权能的锚定特征来说，2019 年该市应以该维度权能值大于或等于 0.83 的农民工为政策优先瞄准的对象；2020 年该市应以文化融合权能

值在 0.78 及以上的农民工为瞄准对象；2022 年其政策瞄准对象的文化融合权能的最小值应为 0.73。图 6.6 显示了 2019～2023 年武汉市农民工市民化政策优先瞄准对象的文化融合权能值特征及其瞄准对象覆盖范围的年际变化趋势。

由图 6.6 可知，预测年度（2019～2023 年）政策瞄准对象的文化融合权能标准随着时间的推移迅速下降，在图中表现为越靠近中间，其瞄准目标区块的宽度越窄。这表明在农民工文化融合权能总体分布相对均匀集中的条件下，政策瞄准区分的难度将随着时间的推移骤然加大。

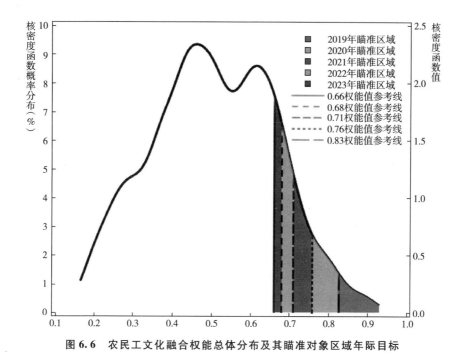

图 6.6　农民工文化融合权能总体分布及其瞄准对象区域年际目标

（四）农民工市民化优先瞄准对象的公共服务融合权能甄别标准

表 6.17 同时列出了按主要公共服务财政投入口径成本约束下，武汉市农民工公共服务融合权能维度上政策优先瞄准对象的相应权能值范围。由表 6.17 可知，2019～2023 年武汉市政策瞄准对象的公共服务融合权能临界标准分别为 0.75、0.69、0.66、0.63 和 0.58。具体而言，就公共服务融合权能的甄别标准来说，2019 年武汉市应以该维度权能值大于或等于 0.75 的农民工为政策优先瞄准对象；2021 年该市应以文化融合权能值在 0.66 及以上的农民工为瞄准对象；2023 年其政策瞄准对象的文化融合权能的最

小值应为 0.58。

表 6.17 财政可支撑的新增市民化人口比例与农民工
文化、公共服务融合权能的对应关系

年份	人口累计百分比（%）	财政可承载新增市民化人口占农民工存量的比例（%）	文化融合权能	公共服务融合权能
	50.00	50.00	0.61	0.32
	60.00	40.00	0.63	0.38
	70.00	30.00	0.66	0.45
	75.00	25.00	0.68	0.49
	80.00	20.00	0.69	0.53
2023	83.29	16.71	0.71	0.58
2022	86.92	13.08	0.73	0.63
2021	90.74	9.26	0.75	0.66
2020	94.57	5.43	0.78	0.69
2019	98.27	1.73	0.83	0.75
2018	100.00（基准）	0.00（基准）	1.00（基准）	1.00（基准）

图 6.7 显示了 2019～2023 年武汉市农民工市民化政策优先瞄准对象的公共服务融合权能值特征及其瞄准对象覆盖范围的年际变化趋势。

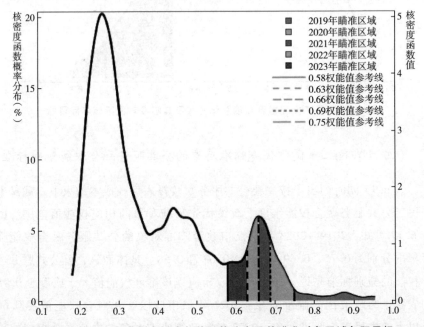

图 6.7 农民工公共服务融合权能总体分布及其瞄准对象区域年际目标

由于农民工公共服务融合权能分布的长拖尾和多峰分布特征，其权能值在较高值区域十分分散，因此，在预测年度（2019～2023年）内，政策瞄准区域的跨度较大，相应瞄准对象在公共服务融合权能值上的区分度也较大，因而在具体的甄选识别操作上相对容易实现。

（五）农民工市民化优先瞄准对象的市民化权能甄别标准

按照上节对财政承载范围内新增市民化人口最大容量规模的测算结果（见表6.14），以主要公共服务财政投入成本口径计算，2019年，武汉市财政可支撑当前存量农民工的1.73%实现与户籍人口均等公共服务待遇意义上的市民化（按户籍人口享受公共服务的标准向新增市民提供全部种类的城市公共服务）；到2021年，可支撑当前存量农民工的9.26%实现与户籍人口均等公共服务待遇意义上的市民化。按照优先瞄准市民化条件和前景具有相对优势的农民工并对其进行全面均等公共服务待遇覆盖的原则，相当于在2021年以前，武汉市农民工市民化政策宜瞄准市民化权能位于前9.26%的农民工作为推动其市民化实现的优先对象群体；根据前文中关于武汉市农民工市民化权能值分布特征（基于核密度估计法）的测算结论，相当于将市民化权能在0.65及以上的农民工作为政策的优先瞄准对象。在2023年以前，武汉市农民工市民化政策宜瞄准市民化权能位于前16.71%的农民工作为推动其市民化实现的优先对象群体；根据前文中关于武汉市农民工市民化权能的核密度估计结论，相当于将市民化融合权能在0.61及以上的农民工作为政策的优先瞄准对象。

表6.18详细列出了武汉市农民工市民化优先瞄准对象在市民化权能上的甄别标准。由表6.18可知，除上述2019年、2021年和2023年的瞄准标准外，该市2020年、2022年政策瞄准对象的市民化权能值的临界标准分别为0.69和0.63。具体而言，按照上述对市民化公共投入配置的推进进度，2020年武汉市应将市民化权能值大于或等于0.69的农民工作为政策优先瞄准对象；2022年其政策瞄准对象的市民化权能的最小值应为0.63。随着时间的推移和农民工市民化进程的推进，政策瞄准对象的市民化权能条件和标准将持续降低。

图6.8显示了2019～2023年武汉市农民工市民化政策优先瞄准对象的市民化权能值特征及其瞄准对象覆盖范围的年际变化趋势。

表 6.18　财政可支撑的新增市民化人口比例与农民工
经济、社会市民化权能的对应关系

年份	财政可承载新增市民化人口占农民工（按全财政投入成本口径计算）存量的比例（%）	农民工市民化权能	财政可承载新增市民化人口占农民工（按主要公共服务财政投入成本口径计算）存量的比例（%）	农民工市民化权能
	50.00	0.51	50.00	0.51
	40.00	0.53	40.00	0.53
	30.00	0.56	30.00	0.56
	25.00	0.58	25.00	0.58
	20.00	0.60	20.00	0.60
2023	16.30	0.61	16.71	0.61
2022	12.25	0.63	13.08	0.63
2021	9.03	0.65	9.26	0.65
2020	5.30	0.69	5.43	0.69
2019	1.68	0.74	1.73	0.74
2018	0.00（基准）	1.00（基准）	0.00（基准）	1.00（基准）

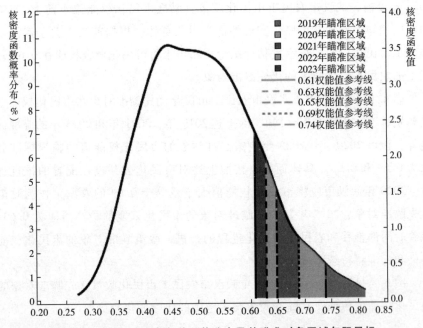

图 6.8　农民工市民化权能总体分布及其瞄准对象区域年际目标

若武汉市农民工存量不变，按此速度，公共财政要实现为其全部存量农民工提供实现市民化所需的公共投入成本保障的目标，则需要 20～30 年，相当于将持续于第二代农民工的整个代际周期。

表 6.18 同时列出了按全财政投入成本口径计算的农民工市民化优先瞄准对象的市民化权能甄别标准。由表 6.18 可知，它与按主要公共服务财政投入成本口径计算的结果略有差异。因为在按两种口径计算的农民工市民化的人均公共投入成本中前者稍高，与之对应的新增市民最大容量前者也更小，所以在相应市民化权能的临界标准方面前者也稍高。但农民工总存量较大，而年度财政在市民化上的投入余量相对有限，因此，按两种口径计算的年度瞄准对象占农民工存量的比例差异并不大。再加上农民工市民化权能在中等值域分布密集，相差较小的政策对象瞄准范围所对应的权能标准差异也较小，因此按两种口径计算的结果整体较为接近。

表 6.19 和表 6.20 列出了按全财政投入成本口径计算，农民工经济融合权能、社会融合权能、文化融合权能和公共服务融合权能维度上政策优先瞄准对象的相应权能值临界标准。

表 6.19　财政可支撑的新增市民化人口比例与农民工
经济、社会融合权能的对应关系

人口累计百分比（%）	财政可承载新增市民化人口占农民工存量的比例（%）	经济融合权能	社会融合权能
50.00	50.00	0.58	0.50
60.00	40.00	0.61	0.55
70.00	30.00	0.66	0.61
75.00	25.00	0.68	0.62
80.00	20.00	0.71	0.65
83.70	16.30	0.73	0.66
87.25	12.25	0.76	0.69
90.97	9.03	0.79	0.72
94.70	5.30	0.84	0.76
98.32	1.68	0.91	0.83
100.00	0.00	1.00	1.00

注：按全财政投入成本口径计算。

与按主要公共服务投入口径计算的政策瞄准临界标准相比，两者的差别非常小，表明对瞄准标准和对象范围的匡算结果具有良好的稳健性。

表 6.20 财政可支撑的新增市民化人口比例与农民工
文化、公共服务融合权能的对应关系

人口累计百分比 （%）	财政可承载新增市民化人口 占农民工存量的比例（%）	文化融合 权能	公共服务融合 权能
50.00	50.00	0.61	0.32
60.00	40.00	0.63	0.38
70.00	30.00	0.66	0.45
75.00	25.00	0.68	0.49
80.00	20.00	0.69	0.53
83.70	16.30	0.71	0.59
87.25	12.25	0.73	0.64
90.97	9.03	0.75	0.66
94.70	5.30	0.78	0.69
98.32	1.68	0.83	0.75
100.00	0.00	1.00	1.00

注：按全财政投入成本口径计算。

农民工市民化政策瞄准标准的结构性差异反映了其市民化权能发展状况的"基本背景性"影响。前文分析的结论表明，农民工市民化的整体权能发展程度不高，"半市民化"特征突出；而在其市民化权能的内部结构中，各维度权能的发展也呈现较大的不均衡性。其中，文化融合权能的发展相对靠前，经济融合权能和社会融合权能居中，公共服务权能的短板效应十分明显。上述状况对农民工市民化政策瞄准标准的影响直接体现为，在权能发展越弱的评价维度上，相应的瞄准临界标准值和瞄准门槛也越低。这一特点在公共服务融合权能上的表现尤为突出。

六 结论与政策启示

（一）结论

第一，有序推进农民工市民化是现实条件约束下新型城镇化战略的实施路径。由于农民工内部分层及其市民化权能发展的非均衡性、特定时期

公共财政对市民化投入存在刚性约束，有序推进农民工市民化是在实践层面助推"以人为核心"的城镇化发展的必然选择。推动城镇基本公共服务和社会福利待遇向农民工梯次覆盖，既能及时回应部分市民化权能水平较高的农民工转变为市民的需求，也有助于逐步缓解庞大人口市民化的财政压力，是一个相对较好的市民化政策实施策略。

第二，人口城镇化的公共成本可测可控，通过科学细致的成本核算和投入蓝图规划，农民工市民化的社会成本并不是难以想象的财政包袱，推动农民工市民化战略目标的实现也不是难以遂行的任务。基于新增市民化人口公共服务投入与现有市民投入等同及不降低既有城镇户籍人口公共服务待遇的原则，本研究利用统计数据进行测算得到，武汉市新增市民化人口的人均公共投入成本（即期投入成本）按主要公共服务财政投入成本口径计算的人均公共成本约为 1.63 万元，按全财政投入口径计算的人均公共成本约为 2.70 万元（均以 2012 年不变价格计算）。测算结果显示，2019～2023 年，武汉市公共财政投入承载范围内的市民化人口容量规模依次为 4.28 万人、9.19 万人、9.49 万人、9.46 万人和 9.02 万人，相当于各年份该市财政可为相应上述数量的农民工的市民化提供公共投入成本支撑。按近年武汉市农民工存量的平均水平计算，以上市民化人口目标规模占农民工总数的累计百分比依次为 1.73%、5.43%、9.26%、13.08% 和 16.71%。这相当于 2019～2023 年武汉市农民工市民化政策优先瞄准对象的甄别标准依次为市民化权能得分值不低于 0.74、0.69、0.65、0.63 和 0.61。换言之，按照上述关于市民化公共投入配置的推进进度，2019 年武汉市应将市民化权能值大于或等于 0.74 的农民工作为政策优先瞄准对象；2023 年该市应以市民化权能值大于或等于 0.61 的农民工作为瞄准对象。随着时间的推移和农民工市民化进程的推进，政策瞄准对象的市民化权能条件和标准将持续降低。

上述关于农民工市民化公共投入筹资的时间路线图，可以在不损害既有市民人口福利水平的情况下，实现对市民化存量人口的公共服务配套，达到城镇化效益与社会福利提升的帕累托最优。

（二）政策启示

第一，推动城市公共服务的均等化和面向常住人口的包容性覆盖是推动当前人口市民化的当务之急。鉴于特定阶段和特定城市公共财政在市民化投入上的刚性约束，有序市民化的战略选择必然与政策优先瞄准和支持的策略导向相对应。对特定城市农民工市民化优先瞄准对象的甄别研究显示，要实现分步骤、分层次推进城市公共服务均等化覆盖的政策目标，可以采用阶梯式瞄准、定位农民工市民化权能水平的方式，逐次向前推进。

第二，加大重点领域公共服务均等化的改革力度，促进户籍制度改革的"名实相副"。在政策层面上，要把户籍制度改革与推进城市公共服务均等化紧密结合起来，在向农民工放开户籍准入的同时，把真正向城市常住人口提供均等化公共服务待遇的责任落到实处，在推动城镇化进程中切实将户籍调整之名与向农民工赋权之实紧密衔接，推进"名实相副"的户籍转制和包容性公共服务体制改革的联动共进。在现阶段，重点应推进城市公共服务向常住人口的全覆盖。尤其是对于农民工市民化而言较现实和紧迫的公共服务需求，如随迁子女就学和升学的同等教育服务待遇、以公租房为主要形式的同等住房保障服务、住房公积金的包容性供给、公共住房信贷服务和政策支持，应努力创造条件，尽早完成面向全体常住城市人口的公平保障和全面覆盖，不断增强以人为中心的城镇化的制度支撑基础。为此，应构建动员城市政府加快推动公共服务向全体常住人口均等覆盖的长效动力机制，加强新型城镇化政策落实和对户籍制度改革执行情况的监督审查机制，营造市民化友好型城市公共服务体制创建的政策环境。

第三，加强对农民工自身发展权能的政策支持，激发农民工市民化的内生力量。在农民工自身权能发展方面，信息时代对从事非熟练劳动所需的知识和技能门槛在不断提升，对制造业和生活服务业从业人员的素质要求也在不断提高。而农民工提升自身技能和文化素质的内生动力不足，可能导致其技能与城市生产部门需求之间的匹配度结构性失调，从而对其市民化的职业基础和整个经济社会发展造成较大的负面影响。为此，一方面，要注重大中城市产业布局的适当劳动密集化（少数定位为创新发展和国际化大都市的城市除外），保持产业结构与非熟练劳动人口城镇化需求之间的基本协调；另一方面，要注重从城市系统内部加强对农民工劳动技能和文化素质培训的机制建设，通过加大和扩大对公共就业服务、劳动技能培训等政策的供给力度和覆盖范围，向农民工提供适应生产环境转变所需的技能和通用文化知识储备，改善其市民化的人力资本条件，并为国家产业结构转型升级提供强大的人力资源支持。

七 结论

本章是对农民工市民化权能评估体系与测算分析的一种具体运用实例。

笔者在农民工内部分层及其市民化权能发展的差异性、特定时期公共财政对市民化投入存在刚性约束下两个逻辑起点的基础上，探究、发展用于辅助进行有序推进人口市民化政策的决策工具——农民工市民化优先瞄准对象的锚定技术方法。

通过建立相关假设和发展瞄准技术原理，笔者确定了农民工市民化优先瞄准对象的锚定核算方程。然后笔者对武汉市新增市民化人口的人均公共投入成本（即期投入成本）进行了测算，得到按主要公共服务财政投入成本口径计算的人均公共成本约为 1.63 万元，按全财政投入成本口径计算的人均公共成本约为 2.70 万元（均以 2012 年不变价格计算）。

为估计武汉市对新增市民化人口的财政投入能力，我们利用该市 2003～2018 年公共财政主要投入项目支出情况的时间序列数据，构建向量自回归模型，运用 SAS 9.4 软件的 Proc Varmax 模块，测算了该市 2019～2023 年的财政投入增长额（以 2012 年不变价格计算）；在扣除作为衡量维持既有市民福利水平不变所需的财政重置成本的公共投入年际平均增长额后，得到该市理论上可用于财政增项投入的能力容量，并将此作为测算支撑当年该市农民工市民化人口承载容量的财政投入基础。测算结果显示，2019～2023 年，武汉市公共财政投入承载范围内的市民化人口容量规模依次为 4.28 万人、9.19 万人、9.49 万人、9.46 万人和 9.02 万人，相当于各年份该市财政可为相应上述数量的农民工市民化提供公共投入成本的支撑。按近年武汉市农民工存量的平均水平计算，以上市民化人口目标规模占农民工总数的累计百分比依次为 1.73%、5.43%、9.26%、13.08% 和 16.71%。结合前面章节中对农民工市民化权能的测算结果，相当于2019～2023 年武汉市农民工市民化政策优先瞄准对象的甄别标准依次为市民化权能得分值不低于 0.74、0.69、0.65、0.63 和 0.61。换言之，按照上述关于市民化公共投入配置的推进进度，2019 年武汉市应将市民化权能值大于或等于 0.74 的农民工为政策优先瞄准对象，2023 年该市应以市民化权能值大于或等于 0.61 的农民工为瞄准对象。随着时间的推移和农民工市民化进度的推进，政策瞄准对象的市民化权能条件和标准将持续降低。

若该市农民工存量不变，按此速度，公共财政要实现为其全部存量农民工提供实现市民化所需的公共投入成本保障的目标，则大概需要 20～30 年，相当于将持续于第二代农民工的整个代际周期。

第七章　总结及余论

一　研究主要结论及政策建议

本研究首先通过对农业转移人口市民化权能要素构成的理论分析，确定了市民化权能评价的核心维度及一级指标，并根据对各核心评价要素内在逻辑的理论推演和分析，初步设计出相应的二、三级评价指标。在此基础上，本研究运用11位专家的集体决策和决策归总的定量方法（层次分析法），确定最终的具体评价指标及指标的权重系数，构建出一个较系统的农民工市民化权能评价体系；然后利用实地问卷调查获得的1852个样本数据，结合所构建的评价体系对农民工市民化权能进行实证测算分析；最后作为该评价体系和测算结果的一个运用，以武汉市为例，分析了在财政投入约束下，该市2019～2023年的市民化公共投入承载容量，以及与该容量相对应的市民化优先瞄准对象的权能甄别标准。

（一）研究主要结论

本研究的相关结论在各章都有较翔实的概括和提炼，作为全书总览式的总结，以下简明地概括了最主要的发现与观点。

第一，从本质属性上考察农民工市民化的核心意涵，其最基本的两个特征是，它是人口非农化转移和农村低收入群体向上流动的双向过程。基于"整合或适应导向的市民化"相较于"同化的市民化"更具包容性和开放性特征，符合现代文明发展对文化要素多元化的要求，也更能满足城市新移民群体对社会心理福祉实现的需要。农民工市民化所具有的巨大社会效益和公共事务属性，以及市场在该过程中存在的严重失灵现象或负外部效应，是政府干预城镇化事务、承担市民化必要责任的主要理论依据。但政府承担城镇化责任的定位并不意味着其应对农民工市民化所需的全部条件和成本责任统包统揽，其责任边界在于制定良好的城镇化政策架构以及为农民工提供均等的城市公共服务待遇。

第二，组成农民工市民化权能的核心要素包括经济融合权能、社会融合权能、文化融合权能和公共服务融合权能，四个要素对农民工市民化权能的重要影响和作用具有理论上的紧密逻辑衔接。

经济融合权能要素是农民工市民化的物质承载和城市可持续发展的基础，它在构筑农民工城市社会联系和身份标识中起重要调节作用，并形成农民工城市社会融合的基本动力源。

社会融合权能要素架设了农民工个体城市社会生活的身份标识和群体联结的桥梁。经由社会融合形成的城市关系网络是农民工获取市民化所需的经济和精神社会支持的重要链条。社会融合权能与农民工城市文化融合要素存在天然联结，成为影响社会群体整合和社会共同体发展的重要中介机制。

文化融合权能要素主要构建价值和意义生产的历史方位，为农民工在新的城市文明系统中提供确定自身行为价值和意义的参照依据。同时，对文化融合的认同和选择的行为策略，不仅影响农民工个体的主观福祉，也影响整个社会的文化形态结构和整合状况。另外，文化融合权能要素还是最持久和深层的群体整合动力，是形塑社会共同体、抵御社会分裂最重要的力量来源。

公共服务融合权能的赋予是农民工市民身份和城市共同体得以确认的标志，均等的公共服务权利一方面构建了农民工市民化社会成本的制度化分担机制，另一方面将破除当前城乡二元福利体制对农民工的排斥和掣肘，是提升农民工市民化权能水平、推动其市民化进程的关键制度支撑条件。

第三，在农民工市民化权能主要指标及其相对重要性顺序的评价上，基于层次分析法和专家群决策分析的结果表明，构成市民化权能的四个要素的影响大小和作用地位呈现一定的层次性。具体表现为，经济融合权能是对农民工市民化权能起决定性作用的关键要素；公共服务融合权能的权重仅次于经济融合权能，是农民工市民化的重要支撑性权能维度；社会融合权能和文化融合权能在农民工市民化权能需求中的紧迫性相对靠后，是主要产生市民化长期效应的"软权能"要素。

在对农民工市民化所需关键条件和相应维度权能重要性顺序的评价判

断上，基于农民工自身评价视角的结论与基于专家群决策分析的评价具有较好的一致性和稳健性。这一情况客观呈现了当前农民工市民化中的核心关切和主要矛盾集中体现在农民工经济融合权能和公共服务融合权能的提升和发展上。

第四，运用武汉市1852份调查问卷数据进行实证分析的结论表明，以新生代为主体的农民工整体上具有鲜明的"城市稳定居民"特征。其外出务工的动机更加多元化和复杂化，且在进城务工的推动力上，非经济性的牵引动力逐渐凸显，表明社会和文化性的需求动力机制的重要性日益增强。整体来说，农民工对其市民化的职业、人力资本和社会资本支持基础的评价并不乐观，但同时缺乏主动进行改善提升的意识和动力。调查发现，住房问题是农民工市民化最突出的需求关切，大多数拥有本地定居意愿的农民工并不认同租房安居的选择。在务工城市已购房的农民工表现出与职业的显著关联和分层特征，个体经营户、制造业、批发零售业的从业农民工，率先获得了城市商品化住房的可及性。

第五，以调查数据为基础，分别通过核密度估计法和基于"典型"农民工的平均值法对农民工市民化权能进行测算，结果表明，农民工市民化的权能值在0.5左右，整体处于"半市民化"或"弱半市民化"状态，离典型市民标准尚有较大差距。这直观呈现了当前农民工市民化进程所遭遇的瓶颈和困境现实。

在整体处于"半市民化"的权能水平下，农民工市民化各维度权能要素的发展也呈现较强的不均衡性。表现为，农民工经济融合权能的中位数为0.5776，处于中等融合水平，在诸维度权能发展中相对位于前列，表明农民工市民化发展具有"经济融合权能发展先行"的鲜明特征；社会融合权能的中位数为0.5022，处于相对滞后的"半融合"状态，体现了农民工构建城市次生社会关系网络面临困难和其社会互动系统的相对封闭化趋向；文化融合权能的中位数为0.6073，在诸维度权能中居于首位，且分布较为均衡，说明城乡群体在价值观念、行为方式和文化传统方面的亲和特征为群体社会融合提供了较好的基础；公共服务融合权能的中位数仅为0.3214，在诸权能要素中发展最为迟滞、短板效应明显，体现了制度非均等化赋权和二元福利分配体制对农民工市民化权能的显著掣肘。

农民工经济融合权能、社会融合权能、文化融合权能和公共服务融合权能四个要素间存在互动作用关系。结构方程模型估计的结果表明，经济融合权能和社会融合权能在农民工市民化权能要素中发挥能动性和支撑点作用。农民工市民化自身权能的提升，应主要以强化经济融合权能和社会融合权能为切入点和突破口。同时，将农民工市民化权能评价体系中各维度权能的权重大小与农民工在相应维度权能的得分水平对照分析发现，两者"倒挂"现象明显，表明农民工市民化核心权能发展不足、权能结构呈现"支强干弱"的特征。

第六，农民工的市民化形态呈现多元分层的特征。以经济融合权能和社会文化融合权能两个维度为分类依据，可观察到由上述维度交叉组合形成的层级化、差异化性质内容的城市融合结果。这揭示了人口城市化的非标准化整合事实和多样的市民化形态。实证分析结果表明，在农民工多元市民化形态的生产过程中，人力资本、社会资本和福利分配制度等结构性因素是影响和形成分层的主要作用机制。多样化的市民化形态是农民工受其自身权能与结构性因素影响的必然结果。作为一个整体的农民工，不可能形成一致的市民化权能水平，这从根本上决定了农民工市民化的形态必然是包含丰富样式且具有多层次特征的非均衡体系，这是人口城市化内在规律和客观要求的具体体现。其政策启示是，承认和尊重多元化的市民化形态，接纳较低层次的城市融入，是推动以人为核心的城镇化在政策理念和治理导向上的重要智识基础，也是尊重城市化规律和要求的必然选择。

第七，推动城市公共服务均等化和面向常住人口的包容性覆盖是推动当前人口市民化的当务之急。鉴于特定阶段和特定城市公共财政在市民化投入上的总体约束，有序推动市民化的战略选择必然与政策优先瞄准和支持的策略导向相对应。对特定城市农民工市民化优先瞄准对象的甄别分析显示，要实现分步骤、分层次推进城市公共服务均等化覆盖的政策目标，可以采用阶梯式瞄准、定位农民工市民化权能水平的方式，逐次向前推进。

根据对武汉市农民工市民化公共投入成本、投入承载容量和推进进度的测算，该市新增市民化人口的即期投入成本，按主要公共服务财政投入口径计算为人均 1.63 万元，按全财政投入口径计算为 2.70 万元（均以 2012 年不变价格计算）。2019～2023 年，该市公共财政投入承载范围内的市民化人口容量规模依次为 4.28 万元、9.19 万元、9.49 万元、9.46 万元和 9.02 万元；按近年武汉市农民工存量的平均水平计算，以上市民化人口目标规模占农民工总数的累计百分比依次为 1.73%、5.43%、9.26%、

13.08% 和 16.71%。结合对农民工市民化权能的测算结果，相当于 2019～2023 年该市农民工市民化政策优先瞄准对象的甄别标准依次为市民化权能得分值不低于 0.74、0.69、0.65、0.63 和 0.61。换言之，按照上述关于市民化公共投入配置的推进进度，2019 年武汉市应将市民化权能值大于或等于 0.74 的农民工作为政策优先瞄准的对象，2023 年该市应以市民化权能值大于或等于 0.61 的农民工为瞄准对象。随着时间的推移和农民工市民化进程的推进，政策瞄准对象的市民化权能标准将持续降低。按照上述速度，武汉市财政要实现为其全部存量农民工提供实现市民化所需的公共投入成本保障的目标，则需要 20～30 年。

上述关于农民工市民化公共投入筹资的时间路线图，可以在不损害既有市民人口福利水平的情况下，实现对市民化存量人口的公共服务配套，达到城镇化效益与社会福利提升的帕累托最优。通过科学细致的成本核算和投入蓝图规划，农民工市民化的社会成本并不是难以想象的财政包袱，推动农民工市民化战略目标的实现也不是难以遂行的任务。

（二）政策建议

第一，客观、正确看待农民工城市分层融入和市民化的多样化形态，在结合国家城市发展战略规划和尊重农民工意愿的基础上，尽可能多地保留农业转移人口以多样化形态尤其是以低于典型市民标准的形态融入城市的机会和通道。这既是尊重和顺应农民工市民化客观规律的必要政策因应，也是推动实现加快我国以人为中心的城市化进程、促进经济社会结构转型升级的必要条件。

长期以来，鉴于西方"城市病"的教训，我们在城市化政策上一直实行非常严格的控制策略，这是当前以人为核心的城镇化进程滞后的部分原因。但应注意到，我国有着与西方国家不同的农村产权-所有制结构和城市化动力逻辑[①]，广大农村为人口市民化提供了广阔的战略后方和较大的战略延展空间。加之乡村振兴战略的实施，农村的基础设施和生存环境大为改善，为农民工提供了"可退回"的良好生存保障空间。部分以较低市

---

① 西方城镇化的动力源于城市部门提供相对工资差额，除此之外，土地的私有产权安排也是将农民与其土地合法分离并驱赶进城的重要因素，但这种基于土地产权交易的市场逼迫逻辑所形成的强制城市化在我国并不存在。

民化层级水平融入城市的农民工，经由其理性判断的牵引，将在城市的生存处境与农村的生存处境间做出精细且准确的权衡比较，最终选择有利于自身福祉实现的最佳生存策略。上述制度性优势和个体理性选择机制的存在，大大降低了我国社会产生"城市病"的概率和风险。

而从农民工市民化权能发展的实际情况考虑，其内部市民化权能的不均衡性和差异化的城市融入状况是一个基本事实。在大部分农民工的市民化权能水平不高、离按标准市民条件设置的城市化门槛有较大差距的情况下，实际上不必也不可能用一个统一的市民化条件标准来衡量全部农民工的市民化资格和前景，同时寄希望于实现大规模人口市民化的政策目标。因此，承认多元化的市民化形态，接纳较低层次的城市融入（少数定位国际化大都市的城市除外），是推动以人为核心的城镇化在政策理念和治理导向上的重要智识基础，也是尊重城市化规律和要求的必然选择。

当然，承认和尊重多元化的市民化形态，并不意味着放任低质量的市民化和"城市病"的滋长和蔓延，而是注重将人口转移的调节杠杆从主要依靠户籍为依托的行政调节，转向以经济权能为核心配置-筛选要素的市场化调节。政府提供均等化公共服务待遇，可使人口市民化的自主决策与最终结果体现和符合该过程自身及市场发展的一般规律，促成市民化进程中政府和市场作用的良性互动和有机衔接。

第二，在推进户籍制度改革的同时，要同步推动城市居民公共服务均等化改革迈出实质性步伐，实现在顺应国家新型城镇化和城乡一体化发展战略上政策举措的"名实相副"。调查结果显示，虽然户籍制度改革已启动多年，但是农民工对城市基本公共服务的可及性状况并未发生实质性改变，公共服务融合权能对其市民化能力发展的短板效应仍非常明显。当前在各地政府积极响应国家城镇化顶层设计要求的大潮流下，户籍制度改革在政策供给层面已经取得较大进展，但在公共服务均等化的配套供给这一具有实质性市民化推进意义的工程进展上明显迟缓甚至裹足不前。推动新型城镇化战略落实的政策执行过程出现了一定的"名实"分离。在以城市利益为中心的价值导向的影响下，各地的户籍政策供给也出现了一定的偏差，城市政府以吸引较高素质人才为重心来替代以人为中心的城镇化任务的倾向性明显，出现了轮番高涨的城市"抢人大战"和一些带有噱头甚至出位性质的荒唐"雷人"户籍新政，其背后隐含的更多是基于城市经济利益的考量，有将推动人口市民化政策转换成经济要素和资源争夺政策的可能。因此，推动以人为中心的市民化，除了确保地方户籍政策供给的正确形态，还要推动城市公共服务均等化真正落到实处。尤其是对农民工市民化有迫切需求的领域，如公共租赁房的平等准入、子女同等就学和升学的公平教育服务权利，应当尽快实现全覆盖；同时，加强城市住房租赁市场建设引导和规范化管理，推动"租售同权"政策落实，以有效回应市民化的紧迫需求。

第三，推进农民工市民化需要国家产业政策的配套支持和长远规划。根据笔者对特定城市农民工市民化的进度测算，若从当前开始推进实质性的市民化政策支持工程，我国典型大城市的人口市民化历程还需要 20～30 年。在这个较长期的城市化过程中，农民工市民化的经济基础仍然需要依赖以制造业、服务业为核心驱动的劳动密集型产业的支撑。因此，在我国大力推行产业结构升级的同时，也要充分考虑传统业态对维持务工群体经济生命线的基础性作用和战略地位，在产业结构的战略布局上予以统筹考虑，兼顾产业升级和中低端就业维持之间的关系。当下，应继续强化对制造业、加工贸易等就业大户行业的政策支持，通过完善社会保障制度和利用相关税收优惠，降低企业用工成本，吸引和巩固大宗贸易商品制造业在国内的生产和经营；加强对快递物流、网约车、个体跨境电子商务等新型服务业态发展的引导和支持，同时努力营造良好的国内外贸易市场环境，为农民工市民化和经济社会转型的顺利实现提供坚实的经济基本面支持和战略延展保障。

第四，大力引导和支持农民工自主市民化权能的提升，强健以人为核心的城镇化的第一动力。研究结果表明，农民工的人力资本和社会资本对其市民化权能的发展及城市融入形态有十分重要的影响。而现实中，农民工较低水平的人力资本和社会资本形成其市民化进程的重要掣肘。因此，必须从这两个层面出发，加强农民工自主市民化能力的建设，有效夯实其融入城市的基础。具体而言，一是要通过强化对农民工文化素养和职业技能的培训，增强和提高其人力资本和适应城市现代生产部门需要的能力，逐步提升其劳动效率和工资回报能力；二是要注重搭建有利于促进城市社群互动整合的平台，建立城市内部的融合机制和联结纽带，加强城市社区公共服务，培养城市公共文化，以促进城市群体间的互动和交流，增强城市的总体社会资本，为农民工市民化提供友好包容的城市社会和文化生态环境。

第五，逐步实行住房公积金制度的包容性覆盖，搭建政府担保或经营的专门住房信贷服务平台，增强对包括农民工在内的城市低收入常住人口的住房金融支持。研究结果表明，有城市定居意向的农民工绝大多数倾向于购房而非租房安居，这是农民工市民化的一个重要事实背景，也是形成讨论该问题的一个基本结构性因素。虽然从农民工整体经济水平和支付能力的角度考虑，鼓励和倡导租房定居是相对容易做出的政策判断，但问题的解决可能并非像逻辑的自然推演那样简单。实际上，观念一旦形成，是较难在短期内改变的（有恒产者有恒心的观念由来已久，其消解和重塑必将经历漫长的过程），特别是在当城市主流的定居形式并非租房而是购房时，这种与主流相悖的观念能够被迅速且广泛认同和接受的概率就更小。在全社会形成租售"同等权利、同等意义"的新观念以前，少数人租房市民化将形成新的社会区隔和边缘化象征。这一结论的启示是，在倡导和实施租房安居政策时，也要注重向农民工等城市低收入群体提供住房信贷支持等公共保障和服务，建立由政府担保或经营的安居型公共信贷机构，为农民工获得购房所需的关键性融资条件提供制度支持，畅通农民工通过购房实现城市安居的通道，努力维护其市民化的自主动力源。

第六，建立引导与监督地方城市政府推进以人为核心的城镇化治理的有效激励机制，使城市政府真正具备足够意愿和动力解决农业转移人口的市民化问题。包括本研究在内的大多数研究结果显示，城市化的公共成本并不是难以想象的财政包袱，推动农民工市民化战略目标的实现也不是难以遂行的任务，通过科学、严谨的核算规划和有计划、有节奏的政策推进和落实，完全可以实现在保障既有市民人口福利水平不下降的条件下，实现城市公共服务全面向农民工群体的均等覆盖，为其市民化提供坚实的制度保障支持。问题的关键在于，如何将上述愿景和目标转化为城市政府自觉行动的意愿和动力，从而建构起推进新型城镇化顶层设计行稳致远的动力保障机制。

第七，加强对农民工市民化政策的宣传和推广，保障农民工等城市新移民人口对涉及其切身利益的重要民生政策享有知情权、监督权，增进其维护自身市民化合法权益的信息支持条件。应以群众喜闻乐见的形式，通过多样化、多媒介渠道进行户籍政策、公共服务均等化政策的宣传推广和公益知识教育；政策信息要尽量以简明通俗的方式呈现，以利于群众接受、理解和掌握，尽量减少因政策信息不对称而造成的市民化权益留置和响应失灵。另外，还应注重强化和畅通农民工保护自身合法权益的制度性服务和支持渠道，保证其应有的公共服务和各项权利得到较好履行，为以人为核心的城镇化营造良好的政策支持环境。

二　余论

（一）对城市公共服务均等化与特定阶段农民工市民化政策优先瞄准逻辑关系的讨论

在前文的论述中，我们明确指出，促进城市公共服务均等化是农民工市民化在政府层面的核心意涵。关于政府在该过程中责任边界的讨论表明，农民工市民化的所有成本不应也无法由政府全部承担，政府在市民化中的主要责任是向全部城镇常住人口提供均等化、无差等的公共服务和福利保障，避免农民工市民化因遭受制度的不公平排斥而受到不利影响。一方面，政府应向农民工提供与市民同等的公共服务权利；另一方面，向农民工等其他城市新移民的赋权也不因他们所处的市民化地位而与市民既有的公共服务权利有所不同。除政府提供的均等公共服务支持外，农民工市民化的最终前景主要应由其自身的权能条件和市场机制的调节作用决定，这是城镇化过程中政府与市场机制良性互动的根本保证。

在理想情形下，政府应为包括城镇常住人口在内的全体国民提供同等的公共服务和福利保障，这是"均等"二字的题中应有之义。换言之，在特定城市公共财政不存在预算约束且不考虑维持既有市民人口现行福利水平不变的条件下，确实应该立即实行最为广泛且普遍的城市公共服务均等化。但践行这一蓝图最基本的现实障碍是，它受到特定时期特定城市财政投入能力的刚性约束。

在存在公共投入总体约束的情况下，实现城市公共服务均等化的政策目标可能无法一步到位，因此需要分步骤、分阶段部署和推进。这一情况对应于农民工市民化政策的必然策略，就是核心城市公共服务（包括公共租赁住房，住房公积金或住房公共信贷支持，劳动技能培训，最低生活保障，失业保险、医疗保险和养老保险等城市社会保障）的分阶段、分层次覆盖。农民工市民化的政策优先瞄准就是基于这一现实情况提出的。公共投入成本的时间路线图，为实行全面的公共服务均等化做好了具体行动策略准备，也是在资源约束条件下以效率原则和福利优化形式推进城市统一居民待遇与社会权利的必要步骤。

因此，城市公共服务均等化与特定阶段农民工市民化政策优先瞄准逻辑在"均等"和"差异化"的政策导向上的矛盾，恰恰是在特定资源约束下协调与解决矛盾所要求的辩证法的具体表现。

（二）关于农民工市民化个体动力机制的观察

农民工市民化的道路如此艰难曲折，在现实中，究竟主要是什么力量在推动农民工的市民化？对农民工市民化个体动力机制的思考关乎该以何种方式和策略为推进该进程发展提供有效的政策支持。

在传统的学术理论中，农民工市民化被视为城镇化在人口空间分布、产业和生活方式变迁上的具体表现，是一个自然而然的过程，其动力机制由工业化和城乡部门的工资回报率差异等结构性因素驱动，其个体动力机制的作用常被忽略。但一个经济社会在其工业化发展到足以撬动大规模农业人口市民化的阶段，外部结构性的驱动力量已相对固定，市民化个体动力机制的作用就显得非常重要，需要专门关注和细致考察。

笔者曾在中部一个县城就该地近年来快速的城镇化和人口市民化进行田野观察。该县的经济发展水平在所属省市并不突出，但城镇化与新增市民化人口正经历着急剧和膨胀式的扩张。公开资料显示，2005年该县县城城区（天城镇）非农业户籍人口为6.6万人，常住人口8.6万人左右;①2010年该县县城城区城镇常住人口13.5万人左右，小城镇人口6.04万人，农业转移人口2.1万人，常住人口城镇化率为36.7%;② 2015年该县常住人口城镇化率为43.7%；2016年该县县城城区常住人口达到14万人；2018年县城常住人口又增长到16万人左右，县城常住人口占全县常住人口的比例达到40.1%。农业人口买房进入县城城区生活已成为一种潮流，这也是当前正悄然进行且具有较大地域性和整体性影响的农民市民化的一

---

① 《崇阳县国民经济和社会发展第十二个五年规划纲要》，崇阳县统计局网，http://www.chongyang.gov.cn/xxgk/xxgkml/ghjh/201512/t20151204_ 1337595.shtml，最后访问日期：2019年5月3日。
② 《崇阳县国民经济和社会发展第十三个五年规划纲要》，崇阳县人民政府，http://www.chongyang.gov.cn/xxgklxxgkml/ghjh/201612/t20161207 - 1337603.shtml，最后访问日期：2019年5月3日。

个缩影。

该县人口市民化的一个显著特征是农民自发地买房进城,政府并未有任何政策推动和支持。农民在县城购房后,整体搬家迁移至县城,过上城市人的生活。在笔者进行田野调查的 F 村三组,共有 53 个家庭户,现已有 29 户搬到县城,后续将还有买房进城的农户。可以预测的是,未来将是绝大部分家庭户都通过买房在城市落户和生活,村里只剩下一些经济条件极其孱弱的贫困户或者高龄老人户等少数农户。而政府并没有出台专门针对人口市民化的配套政策,唯一可算作支持的项目是对银行自主式向无固定职业的农民工发放住房贷款的默许。

在该地区经济发展水平并不具备城镇化有力支撑且缺乏政策强力推动的情况下,如此迅速且富有效率的人口市民化是如何发生的?结合对田野调查情况的分析和总结,笔者认为,驱动农民进城的个体动力机制在其中发挥了决定性作用。具体而言,主要有三个方面的机制。

外出务工经历对年轻人过现代城市生活这一社会文化价值观的塑造,以及在"城市梦"目标激励下的自我奋斗式的愿景和努力,是城镇化和人口市民化的第一个体动力。笔者观察发现,一般买房进城的农户都有年轻的劳动力在外务工,这些年轻人大都是"80 后"或"90 后"。他们在外辛勤工作,将务工赚得的工资收入积累起来在县城买房,以实现自己的"城市梦"。他们一般在比县城更发达的大城市务工,城市的文化价值和生活方式、便捷的交通和畅通的信息、多样化的生活场景给他们留下了深刻的印象,让青年农民工对城市心生向往。但大城市高昂的房价远远超出了其支付能力,其相对较弱的经济竞争力使其无法承担在务工城市长期生存发展的成本。青年农民工退而求其次,将市民化的空间策略确定在综合生活成本相对较低的县城,以契合他们的经济能力。这是他们在城市化结构性约束下的自主选择,也是市场经济规律对市民化人口布局自然调节的结果。这种努力完全出自他们自身的内在需要和强烈愿望,而非政府的倡导和鼓励。从个体层面说,农民大规模自主性朝市民化方向的发展应主要归因于在外务工的经历和体验激发了青年农民工过现代城市生活的动力。其启示意义是,农民观念的变化和更新可以也确实对市民化这样庞大的历史工程起到加速器、催化剂作用。

农民工市民化的第二个体动力在于农村婚嫁市场的竞争性态势。笔者进行田野调查的村庄,适婚年龄的男女青年中,女性少、男性多,男女配比严重失衡是一个突出的问题。适婚年龄青年女性少的原因在于：一是农村重男轻女传统观念形成的多生男、少生女的生育选择所致；二是外出务工使本地青年女性有了更广的择偶选择范围，一些女性嫁在外地或嫁给城市人，进一步减少了农村青年男性择偶的"资源供应"，使其面临竞争异常激烈的婚嫁市场形势。男性青年在婚嫁市场竞争中失利意味着将面临"打光棍"的结局。因而，农村青年男性为增加自己在婚姻竞争中的资本和筹码分量，只能通过不断提高生活水平来证实自身的婚姻竞争实力，而其中最重要的一个途径就是在县城买房、提升住房品质以及给对方过现代城市生活的承诺。这必然会极大激励有结婚需求的农村青年男性在城市买房定居，因而成为人口市民化的重要推力。

农户之间在进城和过体面生活上的攀比式竞争，是加速人口市民化的第三个体动力。相互攀比和面子是农村社会的重要价值传统。东家通过买房搬到了县城，西家也要比拼着做，这样才不失面子，才能在亲友和乡邻人中拥有身份和地位。暗地较劲、相互攀比，别人能做到的自己也要努力赶上，甚至最好是走在别人前面，这种传统价值和朴素心理也促成了进城买房呈现明显的"跟随效应"。据笔者观察，"跟随效应"在亲友和邻居间表现尤为突出，例如，在兄弟或邻居中若有人在县城买房，则会大大刺激当事人买房进城的意愿和行动。

上述关于农民工市民化个体动力机制的考察表明，潜藏在社会生活和时代变迁场景中的趋势效应和现实需求为农民工的市民化构建了具体的激励机制，也是其市民化最重要的动力源保障之一。这些来自客观环境和现实需求的压力和推力，是推动农民工城市化的强大现实引擎，也是中国城镇化势头持续增长的基本保障。

参考文献

安东尼·B. 阿特金森、约瑟夫·E. 斯蒂格里茨：《公共经济学》，蔡江南、许斌、邹华明译，上海：上海三联书店、上海人民出版社，1992。

白南生、何宇鹏：《回乡，还是进城？中国农民外出劳动力回流研究》，载李培林主编《农民工：中国进城农民工的经济社会分析》，北京：社会科学文献出版社，2003。

蔡昉、都阳、王美艳：《户籍制度与劳动力市场保护》，《经济研究》2001年第12期，第41~49、91页。

蔡昉：《户籍制度改革与城乡社会福利制度统筹》，《经济学动态》2010年第12期，第4~10页。

蔡昉：《中国二元经济与劳动力配置的跨世纪调整——制度、结构与政治经济学的考察》，《浙江社会科学》2000年第5期，第5页。

蔡禾、王进：《"农民工"永久迁移意愿研究》，《社会学研究》2007年第6期，第86~113、243页。

陈鹏：《公民权社会学的先声——读T. H. 马歇尔〈公民权与社会阶级〉》，《社会学研究》2008年第4期，第227~241页。

陈怡男、刘鸿渊：《农民工市民化公共属性与制度供给困境研究》，《经济体制改革》2013年第4期，第80~84页。

陈映芳：《"农民工"：制度安排与身份认同》，《社会学研究》2005年第3期，第119~132、244页。

陈振明：《公共政策学：政策分析的理论、方法和技术》，北京：中国人民大学出版社，2004。

单菁菁：《农民工市民化的成本及其分担机制》，载潘家华、魏后凯主编《中国城市发展报告No.6：农业转移人口的市民化》，北京：社会科学文献出版社，2013。

丁远杏：《论城镇化融资方式创新的保障机制》，《江汉论坛》2013年第11

期，第 65～69 页。

杜鹏等：《来京人口的就业、权益保障与社会融合》，《人口研究》2005 年第 7 期，第 53～61 页。

樊勇明、杜莉等编著《公共经济学》（第二版），上海：复旦大学出版社，2007。

方向新、李莉：《进镇农民：从边缘群体走向阶层化》，《人口与发展》2005 年第 1 期，第 63～67 页。

风笑天、王小璐：《我国三峡移民研究的现状与趋势》，《社会科学研究》2004 年第 1 期，第 107～111 页。

付志虎：《城乡二元户籍制度惯性与农民市民化行为选择》，《农村经济》2019 年第 1 期，第 97～103 页。

嘎日达、黄匡时：《西方社会融合概念探析及其启发》，《国外社会科学》2009 年第 2 期，第 20～25 页。

戈登：《在美国的同化：理论与现实》，载马戎编《西方民族社会学的理论与方法》，天津：天津人民出版社，1997。

哥斯塔·艾斯平 - 安德森：《福利资本主义的三个世界》，苗正民、滕玉英译，北京：商务印书馆，2010。

龚文海：《农民工群体的异质性及其城市融入状况测度》，《城市问题》2014 年第 8 期，第 74～80、100 页。

郭忠华、谢涵冰：《农民如何变成新市民？——基于农民市民化研究的文献评估》，《中国行政管理》2017 年第 9 期，第 93～100 页。

国务院发展研究中心课题组：《农民工市民化进程的总体态势与战略取向》，《改革》2011 年第 5 期，第 5～29 页。

韩俊：《农民工市民化与公共服务制度创新》，《行政管理改革》2012 年第 11 期，第 19～24 页。

韩俊主编《中国农民工战略问题研究》，上海：上海远东出版社，2009。

宏观经济研究院课题组：《"十二五"时期促进农民工市民化的总体思路》，《宏观经济管理》2011 年第 9 期，第 31～32 页。

胡晓登：《中国资产建设主要瞄准群体：市民化进程中的新生代农民工》，《贵州社会科学》2012 年第 11 期，第 72～75 页。

黄江泉：《农民工分层：市民化实现的必然选择及其机理浅析》，《农业经济问题》2011 年第 11 期，第 28～33、111 页。

吉登斯：《社会学》（第四版），赵旭东等译，北京：北京大学出版社，2003。

纪春艳、张学浪：《新型城镇化中农业转移人口市民化的成本分担机制建构——以利益相关者、协同理论为分析框架》，《农村经济》2016年第11期，第104～109页。

纪志宏：《完善城镇化融资机制的改革视角》，《中国金融》2013年第4期，第19～21页。

蒋洪主编《公共经济学》（财政学），上海：上海财经大学出版社，2006。

兰德尔·柯林斯、迈克尔·马可夫斯基：《发现社会：西方社会学思想述评（2010年版）》，李霞译，北京：商务印书馆，2014。

李俭国、张鹏：《新常态下新生代农民工市民化社会成本测算》，《财经科学》2015年第5期，第131～140页。

李路路：《向城市移民：一个不可逆转的过程》，载李培林主编《农民工：中国进城农民工的经济社会分析》，北京：社会科学文献出版社，2003。

李路路：《论社会分层研究》，《社会学研究》1999年第1期，第103～111页。

李培林、田丰：《中国农民工社会融入的代际比较》，《社会》2012年第5期，第1～24页。

李培林：《流动民工的社会网络和社会地位》，《社会学研究》1996年第4期，第42～52页。

李强、王昊：《什么是人的城镇化？》，《南京农业大学学报》（社会科学版）2017年第2期，第1～7、150页。

李强：《关于城市农民工的情绪倾向及社会冲突问题》，《社会学研究》1995年第4期，第63～67页。

李强：《中国城市化进程中的"半融入"与"不融入"》，《河北学刊》2011年第5期，第106～114页。

李强：《农民工与中国社会分层》（第二版），北京：社会科学文献出版社，2012。

厉以宁：《城乡二元体制改革中的几个重要问题》，《资本市场》2008年第3期，第17～20页。

厉以宁：《关于中国城镇化的一些问题》，《当代财经》2011年第1期，第

5~6页。

厉以宁:《论城乡二元体制改革》,《北京大学学报》(哲学社会科学版)
　　2008年第2期,第5~11页。

梁涛:《城市化进城中农民工住房需求问题的研究——基于城市融入的视
　　角》,《城市观察》2011年第2期,第139~148页。

林毅夫:《深化农村体制改革,加速农村劳动力转移》,《中国行政管理》
　　2003年第11期,第20~22页。

刘传江、程建玲:《第二代农民工市民化:现状分析与进程测度》,《人口
　　研究》2008年第32期,第48~57页。

刘传江:《新生代农民工的特点、挑战与市民化》,《人口研究》2010年第
　　2期,第34~39、55~56页。

刘传江:《对新生代农民工城市融合问题的认识》,《人口研究》2010年第
　　3期,第21~34页。

刘传江、徐建玲:《中国农民工市民化进城研究》,北京:人民出版
　　社,2008。

卢晖临:《"农民工问题"的制度根源及应对》,《人民论坛》2011年第29
　　期,第40~41页。

陆铭:《不能高估农民工市民化的成本》,《北京日报》(理论周刊月末争
　　鸣)2017年2月27日,第18版。

陆学艺:《当代中国社会阶层的分化与流动》,《江苏社会科学》2003年第
　　4期,第1~9页。

马克思、恩格斯:《〈政治经济学批判〉序言》,载《马克思恩格斯选集》
　　(第二卷),北京:人民出版社,1995。

马克思:《资本论》(第三卷),北京:人民出版社,2004。

毛丹:《赋权、互动与认同:角色视角中的城郊农民市民化问题》,《社会
　　学研究》2009年第4期,第28~60、243页。

孟德拉斯:《农民的终结》,李培林译,北京:中国社会科学出版
　　社,1991。

宁晶、严洁:《城市化下的户口转变与农民工公平感》,《兰州学刊》2018
　　年第3期,第185~196页。

牛文元主编《中国新型城市化报告2009》,北京:科学出版社,2009。

牛喜霞、谢建社:《农村流动人口的阶层化与城市融入问题探讨》,《浙江

学刊》2007 年第 6 期，第 45～49 页。

任远、乔楠：《城市流动人口社会融合的过程、测量及影响因素》，《人口研究》2010 年第 2 期，第 11～20 页。

任远、邬民乐：《城市流动人口的社会融合：文献述评》，《人口研究》2006 年第 3 期，第 87～94 页。

申兵：《通过政府分担机制提高农民工市民化程度》，《宏观经济管理》2010 年第 11 期，第 40～41 页。

申兵等：《我国农民工市民化问题研究》，北京：中国计划出版社，2013。

沈之菲：《更多的接纳、更好的融合——外来民工子女在上海城市的融合问题研究上海教育科研》2007 年第 11 期，第 25～28 页。

宋林飞：《中国农村劳动力转移的对策》，《社会学研究》1996 年第 2 期，第 105～117 页。

孙立平：《城乡之间"新二元结构"与农民工流动》，载李培林主编《农民工：中国进城农民工的经济社会分析》，北京：社会科学文献出版社，2003。

唐灿、冯小双：《"河南村"流动农民的分化》，《社会学研究》2000 年第 4 期，第 72～85 页。

T. H. 马歇尔、Bottomore T.、刘继同：《公民权利与社会阶级（一）》，《社会福利》（理论版）2016 年第 2 期，第 1～8 页。

滕丽娟：《政治学视角下新生代农民工社会资本功能与存量研究》，《求实》2011 年第 10 期，第 48～51 页。

童星、马西恒：《"敦睦他者"与"化整为零"——城市新移民的社区融合》，《社会科学研究》2008 年第 1 期，第 77～83 页。

托马斯·福特·布朗、木子西：《社会资本理论综述》，《马克思主义与现实》2000 年第 2 期，第 41～46 页。

王春超、周先波：《社会资本能影响农民工收入吗？——基于有序响应收入模型的估计和检验》，《管理世界》2013 年第 9 期，第 55～68、101、187 页。

王春光：《对新生代农民工城市融合问题的认识》，《人口研究》2010 年第 2 期，第 31～34、55～56 页。

王春光：《新生代农村流动人口的外出动因与行为选择》，载李培林主编《农民工：中国进城农民工的经济社会分析》，北京：社会科学文献出版社，2003。

王春光：《农民工的社会流动和社会地位的变化》，《江苏行政学院学报》2003 年第 4 期，第 51 ~ 56 页。

王桂新、沈建法、刘建波：《中国城市农民工市民化研究——以上海为例》，《人口与发展》2008 年第 1 期，第 3 ~ 23 页。

王汉生、刘世定、孙立平等：《"浙江村"：中国农民进入城市的一种独特方式》，《社会学研究》1997 年第 1 期，第 58 ~ 69 页。

王开国、宗兆昌：《论人力资本性质与特征的理论渊源及其发展》，《中国社会科学》1999 年第 6 期，第 33 ~ 46 页。

王明杰、郑一山：《西方人力资本理论研究综述》，《中国行政管理》2006 年第 8 页，第 92 ~ 95 页。

王西玉、崔传义、赵阳：《打工与回乡：就业转变和农村发展——关于部分进城民工回乡创业的研究》，《管理世界》2003 年第 7 期，第 99 ~ 109、155 页。

王小章、冯婷：《从身份壁垒到市场性门槛：农民工政策 40 年》，《浙江社会科学》2018 年第 1 期，第 4 ~ 9 页。

王竹林：《农民工市民化的资本困境及其缓解出路》，《农业经济问题》2010 年第 2 期，第 28 ~ 32 页。

韦伯：《经济与社会》（上卷），林荣远译，北京：商务印书馆，1997。

总报告编写组：《推进农业转移人口市民化的总体战略》，载潘家华、魏后凯主编《中国城市发展报告 No.6：农业转移人口的市民化》，北京：社会科学文献出版社，2013。

文军：《论农民市民化的动因及其支持系统——以上海市郊区为例》，《华东师范大学学报》（哲学社会科学版）2006 年第 4 期，第 21 ~ 27、42 页。

文军：《农民市民化：从农民到市民的角色转型》，《华东师范大学学报》（哲学社会科学版）2004 年第 3 期，第 55 ~ 61、123 页。

伍斌：《历史语境中的美国"熔炉论"析论》，《世界民族》2013 年第 3 期，第 9 ~ 19 页。

武川正吾：《福利国家的社会学：全球化、个体化与社会政策》，李莲花、李永晶、朱珉译，北京：商务印书馆，2011。

谢建社、张华初：《农民工市民化公共服务成本测算及其分担机制——基于广东省 G 市的经验分析》，《湖南农业大学学报》（社会科学版）2015 年第 4 期，第 66～74 页。

谢建社：《农民工分层：中国城市化思考》，《广州大学学报》（社会科学版）2006 年第 10 期，第 44～49 页。

谢建社：《新生代农民工融入城镇问题研究》，北京：人民出版社，2011。

熊景维、钟涨宝：《农民工市民化的结构性要件与路径选择》，《城市问题》2014 年第 10 期，第 72～77 页。

熊景维、钟涨宝：《农民工家庭化迁移中的社会理性》，《中国农村观察》2016 年第 4 期，第 40～55、95～96 页。

熊景维、钟涨宝：《中印农村劳动力转移中的政府角色差异、成因及启示》，《中国软科学》2013 年第 7 期，第 16～24 页。

熊景维：《农民工的城市住房困境及其解决路径》，《城市问题》2016 年第 5 期，第 98～103 页。

熊景维：《通往城市之路：农民工住房与市民化》，北京：社会科学文献出版社，2017。

徐建玲：《农民工市民化进程度量：理论探讨与实证分析》，《农业经济问题》2008 年第 9 期，第 65～70 页。

徐增阳，古琴：《农民工市民化：政府责任与公共服务创新》，《华南师范大学学报》（社会科学版）2010 年第 1 期，第 1～9 页。

亚当·斯密：《国富论》，郭大力、王亚南译，北京：商务印书馆，1972。

杨金龙：《户籍身份转化会提高农业转移人口的经济收入吗?》，《人口研究》2018 年第 3 期，第 24～37 页。

杨菊华、张娇娇：《人力资本与流动人口的社会融入》，《人口研究》2016 年第 4 期，第 3～20 页。

杨菊华：《农业转移人口市民化的维度建构与模式探讨》，《江苏行政学院学报》2018 年第 4 期，第 71～80 页。

杨菊华：《从隔离、选择融入到融合：流动人口社会融入问题的理论思考》，《人口研究》2009 年第 1 期，第 17～29 页。

杨绪松、靳小怡、肖群鹰、白萌：《农民工社会支持与社会融合的现状及政策研究——以深圳市为例》，《中国软科学》2006 年第 12 期，第 18～26 页。

叶静怡、周晔馨：《社会资本转换与农民工收入：来自北京农民工调查的证据》，《管理世界》2010 年第 10 期，第 34～46 页。

俞林伟、陈小英、林瑾：《生存状况、生活满意度与农民工城市融入——基于杭州、宁波和温州 1097 个调查样本的实证分析》，《经济体制改革》2014 年第 6 期，第 82～86 页。

约瑟夫·斯蒂格利茨：《经济学》（上册），姚开建、刘凤良译，北京：中国人民大学出版社，1997。

悦中山、李树苗、费尔德曼：《农民工社会融合的概念建构与实证分析》，《当代经济科学》2012 年第 1 期，第 1～11、124 页。

悦中山、杜海峰、李树苗、费尔德曼：《当代西方社会融合研究的概念、理论及应用》，《公共管理学报》2009 年第 4 期，第 114～121、128 页。

张国胜、陈瑛：《社会成本、分摊机制与我国农民工市民化——基于政治经济学的分析框架》，《经济学家》2013 年第 1 期，第 77～84 页。

张国胜：《基于社会成本考虑的农民工市民化：一个转轨中发展大国的视角与政策选择》，《中国软科学》2009 年第 4 期，第 56～69、79 页。

张菀洺：《政府公共服务供给的责任边界与制度安排》，《学术研究》2008 年第 5 期，第 50～54、152 页。

张文宏、雷开春：《城市新移民社会融合的结构、现状与影响因素分析》，《社会学研究》2008 年第 5 期，第 117～141、244～245 页。

张文宏、阮丹青：《城乡居民的社会支持网》，《社会学研究》1999 年第 3 期，第 14～19、22～26 页。

赵延东、王奋宇：《城乡流动人口的经济地位获得及决定因素》，《中国人口科学》2002 年第 4 期，第 8～15 页。

郑杭生：《农民工市民化是当代中国社会学的重要课题》，载谢建社《新生代农民工融入城镇问题研究》，北京：人民出版社，2011。

郑杭生：《农民市民化：当代中国社会学的重要研究主题》，《甘肃社会科学》2005 年第 4 期，第 4～8 页。

中国发展研究基金会：《中国发展报告 2010：促进人的发展的中国新型城市化战略》，中国出版社，2010。

周皓：《流动人口社会融合的测量及理论思考》，《人口研究》2012 年第 3 期，第 27～37 页。

周密、张广胜、黄利：《新生代农民工市民化程度的测度》，《农业技术经济》2012 年第 1 期，第 90～98 页。

周其仁：《机会与能力——中国农村劳动力的就业和流动》，《管理世界》1997 年第 5 期，第 81～101 页。

周晓津：《基于福利经济学的农民工规模与市民化成本分析》，载李江涛、汤锦华主编《中国广州农村发展报告（2011）》，北京：社会科学文献出版社，2011。

周运清、王培刚：《农民工进城方式选择及职业流动特点研究》，《青年研究》2002 年第 9 期，第 44～49 页。

朱力：《从流动人口的精神文化生活看城市适应》，《河海大学学报》（哲学社会科学版）2005 年第 3 期，第 30～35、92～93 页。

Alba R. & Nee V. , "Rethinking Assimilation Theory for a New Era of Immigration," *International Migration Review* 4(1997) : 826 – 874.

Ataca B. & Berry J. W. , "Psychological, Sociocultural, and Marital Adaptation of Turkish Immigrant Couples in Canada," *International Journal of Psychology* 1(2002) : 13 – 26.

Steven D. Barger, "Social Integration, Social Support and Mortality in the US National Health Interview Survey," *Psychosomatic Medicine* 5(2013) : 510 – 517.

B. W. Silverman, *Density Estimation for Statistics and Data Analysis* (New York: Chapman & Hall, 1986) , pp. 11 – 15.

Berry J. W. , "Lead Article – Immigration, Acculturation, and Adaptation," *Applied Psychology* 1(1997) : 5 – 34.

Berry J. W. & Sabatier C. "Acculturation, Discrimination, and Adaptation among Second Generation Immigrant Youth in Montreal and Paris," *International Journal of Intercultural Relations* 34(2010) : 191 – 207.

Bikhu Parekh, *Rethinking Multiculturalism: Cultural Diversity and Political Theory* (Cambridge, MA: Harvard University Press, 2000) , p. 7.

Burgess E. W. , "Residential Segregation in American Cities," *Annals of the American Academy of Political & Social Science* 1(1928) : 105 – 115.

Callan E. , "The Ethics of Assimilation," *Ethics* 3(2005) : 471 – 500.

D. L. Clark, "Pressure and the Division of a Public Budget," *Public Choice* 94 (1997) : 179 – 195.

Denton M. N. A. , "The Dimensions of Residential Segregation," *Social Forces* 2

(1988):281－315.

Entzinger H. & Biezeveld R. , "Benchmarking in Immigrant Integration", Europe-
an Research Centre on Migration and Ethnic Relations, Erasmus University
Rotterdam, Rotterdam, Netherland(2003):32－35.

Goldlust J. & Richmond A. H. , "A Multivariate Model of Immigrant Adaptation, "
International Migration Review 2(1975):193.

Goldstein S. , "Urbanization in China, 1982－1987: Effects of Migration and Re-
classification, "*Population and Development Review* 16(1990):673－701.

Gordon M. M. , "Assimilation in America: Theory and Reality, "*Daedalus* 2
(1961):263－285.

Haller W. & Lynch P. S. M. , "Dreams Fulfilled, Dreams Shattered: Determinants
of Segmented Assimilation in the Second Generation, "*Social Forces* 3
(2011):733－762.

Hwang S. , Murdock S. H, Parpia B. , et al. , "The Effects of Race and Socioeco-
nomic Status on Residential Segregation in Texas, 1970－80, "*Social Forces*
3(1985):732－747.

John W. Berry & Colette Sabatier, "Acculturation, Discrimination, and Adaptation
among Second Generation Immigrant Youth in Montreal and Pari, "*Interna-
tional Journal of Intercultural Relations* 34(2010):191－207.

Jonathan Yates, "Addressing Isolation: The Importance of Integration and the Role
of Institutions, "*Quality in Ageing and Older Adults* 1(2015):58－61.

Jones, M. C. , Marron, J. S. , and Sheather, S. J. , "A Brief Survey of Bandwidth
Selection for Density Estimatio, "*Journal of the American Statistical Associa-
tion* 91(1996):401－407.

Junger－Tas J. , "Ethnic Minorities, Social Integration and Crime, "*European
Journal on Criminal Policy & Research* 1(2001):5－29.

Lin N. , "A Network Theory of Social Capital, "*Connections* 1(2005):28－51.

Lindstrom D. P. & Massey D. S. , "Selective Emigration Cohort Quality and Models of
Immigrant Assimilation, "*Social Science Research* 4(1994):315－349.

Manuel Varela－Michel, *Cultural Adaptation and Rural Migrant Housing, Ottawa*
(Canada: School of Architecture, McGill University, 1997).

Massey D. S. & Fischer M. J. , "Does Rising Income Bring Integration? New Results for Blacks, Hispanics, and Asians in 1990, "*Social Science Research* 3 (1999) : 316 – 326.

Portes A. & Fernandezkelly P. , "No Margin for Error: Educational and Occupational Achievement among Disadvantaged Children of Immigrants, "*Annals of the American Academy of Political & Social Science* 1(2008) : 12 – 36.

Portes A. & Rivas A. , "The Adaptation of Migrant Children, "*The Future of Children* 1(2011) : 219 – 246.

Portes A. & Zhou M. , "The New Second Generation: Segmented Assimilation and Its Variants, "*The Annals of the American Academy of Political and Social Science* 1(2010) : 74 – 96.

Portes A. , Fernández – Kelly P. , & Haller W. , "The Adaptation of the Immigrant Second Generation in America: Theoretical Overview and Recent Evidence, " *Journal of Ethnic & Migration Studies* 7(2009) : 1077 – 1104.

Portes A. "Social Capital: Its Origins and Applications in Modern Sociology, "*Annual Review of Sociology* 1(1998) : 1 – 24.

Portes, Alejandro, Rumbaut, Ruben G. , *Legacies: The Story of the Immigrant Second Generation*(Russell Sage Foundation, New York, 2001) , pp. 84 – 86.

R. A. Musgrave, "Provision for Social Goods, "In J. Margolis & M. Guitton(Eds.) , *Public Economics*(New York: St. Martin's Press, 1969) , pp. 124 – 145.

Richard A. Musgrave, *Public Finance: in theory and practice*(McGraw – hill book company, 1980) , pp. 6 – 8.

Richard Alba & Victor Nee, "Rethinking Assimilation Theory for a New Era of Immigration, "*International Migration Review* 4(1997) , pp. 826 – 874.

Richard Jenkins, *Social Identity (Third Edtion)* (Routledge, Taylor & Francis e – Library, 2008) , p. 5, 17.

Rosenthal M. & Auerbach C. , "Cultural and Social Assimilation of Israeli Immigrants in the United States, "*International Migration Review* 3(1992) : 982.

Satty T. , *The Analytic Hierarchy Process* (McGraw – HillInc, New York, 1980) , p. 6.

Schuth R. B. K. , "Ethnic Groups and Boundariesby Fredrik Barth, "*Polish American Studies* 1(1974) : 50 – 52.

T. H. Marshall, "Citizenship and Social Class, "In Marshall, T. H. & T. Bottomre,

Citizenship and Social Class(London: Pluto Press, 1992).

Tajfel H. , Billig M. G. , Bundy R. P. , et al. , "Social Categorization and Inter – Group Behavior,"*European Journal of Social Psychology* 2(2010): 149 – 178.

Verdier T. & Zenou Y. , "The Role of Social Networks in Cultural Assimilation, " *Journal of Urban Economics* 97(2017): 15 – 39.

Vigdor J. L. , "Measuring Immigrant Assimilation in the United States", Civic Report No. 53, Manhattan Institute for Policy Research, 2008, p. 56.

Waters M. C. & Jiménez T. R. , "Assessing Immigrant Assimilation: New Empirical and Theoretical Challenges, "*Annual Review of Sociology* 1(2005): 105 – 125.

Wu Z. , Schimmele C. M. , & Hou F. , "Self – perceived Integration of Immigrants and their Children, "*Canadian Journal of Sociology – cahiers Canadiens De Sociologie* 4(2012): 381 – 408.

Y. Xie & E. Greenman, "The Social Context of Assimilation: Testing Implications Of Segmented Assimilation Theory, "*Social Science Research* 3(2011): 965 – 984.

Yang D. T. , "Urban – Biased Policies and Rising Income Inequality in China, "*American Economic Review* 2(1999): 306 – 310.

附录一　武汉市外来务工人员市民化权能与评价调查问卷

问卷编号：＿＿＿＿＿＿＿＿

武汉市外来务工人员市民化权能与评价调查问卷

亲爱的朋友：

为了了解您在城市工作和生活的情况，开展相关学术研究，我们通过这份问卷向您咨询。咨询采用不记名方式，但为确保调查过程的真实性，我们恳请您提供联系方式等必要信息。对问卷中所有问题的回答均无对错之分，请结合个人实际情况填写。

感谢您的协助和支持！

"农民工市民化权能的评价体系构建及测度研究"课题组

2016 年 7 月

访问地点：			
访问日期：			
访问员编号：			
访问开始时间：	时	分	（24 小时制）
访问结束时间：	时	分	（24 小时制）

被访者联系方式：	

请您结合自身情况在相应选项的括号中画"○"，答案没有对错之分。

第一部分　基本信息

1. 您的性别是：（　）男　（　）女
2. 您的出生年月是：＿＿＿＿年＿＿＿月
3. 您的户籍是：（　）农业户籍　（　）城镇户籍　（　）农转非户籍
4. 您的户籍所在地是：＿＿＿省＿＿＿市＿＿＿县（区）
5. 您的政治面貌是：

（　）群众	（　）共青团员	（　）中共党员	（　）其他＿＿＿

6. 您的受教育程度是：

（　）小学及以下	（　）初中	（　）中职中专
（　）高中	（　）高职高专	（　）本科及以上

7. 您的婚姻状况是：

（　）未婚	（　）已婚	（　）离异	（　）丧偶

第二部分　市民化意愿

8. 您是否希望取得武汉市户籍？

（　）非常希望	（　）比较希望	（　）无所谓	（　）不希望

9. 您是否将在城市长期工作和生活并努力留在当前城市？

（　）非常肯定	（　）比较肯定	（　）不确定	（　）不会

10. 如果您无法在当前城市稳定下来，您的打算将是：

（　）换一个大城市继续工作	（　）回乡创业或务农
（　）到原籍地市、县或乡镇等小城市落户	（　）其他＿＿＿

第三部分　对市民化所需条件的自主评价

11. 您进城务工或经商的主要目的是什么？（可多选）

（　）获得较高收入，改善生活条件	（　）体验城市生活、增长见识
（　）寻找在城市安家落户的机会	（　）让子女接受城市优质教育
（　）到城市学习一技之长	（　）让自己拥有更好的医疗资源
（　）老家同辈人和朋友都在外务工	（　）逃离家庭的紧张关系
（　）在城市寻找更好的发展机会	（　）其他_____

12. 您有想过要成为一名武汉市市民或在这里安家落户吗？

（　）想过，并在朝这个目标努力	（　）偶尔想过，但不确定能否实现
（　）没想过，看今后发展情况而定	（　）没想过也没有能力在城市定居

13. 您认为只要自己具备哪些条件，就可以算是这个城市的一员？

_____

14. 您认为，可为您在这个城市长期生活提供经济基础的最低收入水平是多少？

（　）月收入 2000~4000 元	（　）月收入 4000~6000 元
（　）月收入 6000~8000 元	（　）月收入 8000~10000 元
（　）其他_____	

15. 您的职业足以支持您成为这个城市的一员吗？

（　）完全有把握	（　）比较有把握	（　）有可能
（　）不太可能	（　）完全不可能	

16. 您认为，要成为本市市民，什么样的文化程度比较合适？

（　）小学及以下文化	（　）初中文化
（　）中专中职或高中文化	（　）高职高专文化
（　）大学本科及以上文化	（　）文化程度对能否成为市民不重要

17. 您认为，要在城市长期生活，有无必要购置属于自己的房产？

（　）完全不必要，购置房产成本太过高昂
（　）不必要，租房也可以，租房花费少且周转灵活
（　）买房或租房都可以，根据自己的经济条件而定

（　　）有必要，住在属于自己的房子里才安心

（　　）十分必要，家庭生活和孩子成长都需要房产为保障

18. 如果要在城市定居，您可以接受租房作为您长期的居住形态吗？

（　　）完全可以	（　　）比较可行	（　　）一般
（　　）不可行	（　　）完全不可行	

19. 如果要成为武汉市的市民，您面临的最大困难是什么？（限填 3 项）

（　　）住房问题	（　　）户口问题
（　　）收入水平问题	（　　）家庭迁移问题
（　　）子女教育问题	（　　）职业和工作问题
（　　）老家土地能否保留问题	（　　）生活方式适应问题
（　　）亲情和社会联系缺乏问题	（　　）其他＿＿＿＿

20. 您有专门以任何方式咨询或打听过在武汉市落户的政策要求吗？

（　　）有	（　　）没有

21. 据您了解，根据武汉市户籍政策，下列哪些情形可以获得武汉市户口，哪些不能？（可以的画〇，不能的画×，每一个选项都要做判断）

（　　）2008 年以后在中心城区购置价值 50 万元、面积 100 平方米以上新商品房

（　　）1996～2008 年在城区购置价值 30 万元、面积 120 平方米以上新商品房

（　　）夫妻一方获得武汉市户籍，配偶和子女以投靠方式申请本市户口

（　　）大学毕业 2 年、有稳定工作和居所，缴纳社保 1 年

（　　）在武汉市连续工作 5 年以上、收入稳定，子女在本市上学的

（　　）原武汉市户口人员因上学、入伍原因申请将户口迁回本市的

（　　）军队转业干部及其家属随迁

22. 据您了解，根据武汉市政策，下列哪些项目已经对外来务工人员开放，以帮助他们在武汉市长期工作和生活？（正确的画〇，错误的画×，每一选项都要填答）

（　）	外地人员可以申请公共租赁房
（　）	外地人员可以申请廉租房和经济适用房
（　）	可以参加城镇职工社会保险（如养老保险、医疗保险、工伤保险等）
（　）	可以在城镇单位就业后享受住房公积金
（　）	可以参加本市组织的职业技能培训，享受公共就业服务
（　）	外来人员子女可在本市学校上学、升学，享受与本地学生同等待遇
（　）	企业招工时不能有户籍歧视；要同工同酬并保证工资待遇及时发放

23. 对下面列出的"成为一个城市市民可能要具备的条件"，请您对其重要性进行评价（在方格内画〇，每一个选项都要做判断）。

编号	成为一个城市的居民可能需具备的条件	很不重要	不重要	一般	比较重要	非常重要
（1）	有较高的文化程度					
（2）	主要家庭成员都和自己一起在城市生活					
（3）	有较理想的收入					
（4）	能流利使用普通话或本地话和别人交流					
（5）	获得所在城市的户口					
（6）	有合适的住处					
（7）	有一份较稳定的工作					
（8）	子女能在城市本地学校上学和升学					
（9）	能申请城市的廉租房或经济适用房					
（10）	能参加并享受城市的医疗保险					
（11）	有家庭乘用车（有车）					
（12）	能享受城市最低生活保障					
（13）	能参与所在城市的各种社会活动					
（14）	能参加并享受城市的养老保险					
（15）	有较广泛的朋友圈					
（16）	本地居民认同自己是这个城市的一员					

上述条件中，您认为最重要的三个条件是：_____（填相应条件的编号）

24. 您认为您的工作技能影响了您成为这个城市的市民吗？

（　）非常受影响	（　）比较受影响	（　）一般
（　）影响较小	（　）没有影响	

25. 您认为您的人际交往和社会关系状况影响了您成为这个城市的市民吗？

（ ）非常受影响	（ ）比较受影响	（ ）一般
（ ）影响较小	（ ）没有影响	

这种影响主要是 _____

26. 您认为您的家庭状况（如异地分居）影响了您成为这个城市的市民吗？

（ ）非常受影响	（ ）比较受影响	（ ）一般
（ ）影响较小	（ ）没有影响	

这种影响主要是 _____

27. （1）您觉得自己在将来有可能成为这个城市的市民吗？

（ ）是	（ ）否	（ ）不确定

（2）如果您觉得未来有可能成为这个城市的市民，最主要的理由是：

_____

（3）如果您觉得未来不可能成为这个城市的市民，最主要的原因是：

_____

（4）如果您不确定能否成为这个城市的市民，主要原因是：

_____

28. 目前您与成为这个城市的市民应具备的条件相比，主要有哪些欠缺？

_____

29. 为使更多的务工人员能在这个城市安家落户，您认为政府应该做什么？

_____

第四部分　职业条件和经济状况

30. 您在老家是否拥有责任田？

（ ）有	（ ）没有	（ ）不清楚

选择"没有"或"不清楚"，跳至36题作答！

31. 责任田的面积有多大？_____亩（1 斗 = 0.67 亩；1 斗 = 10 参；1 石 = 10 斗）

32. 您是否耕作过这些责任田？（ ）是 （ ）否

33. 如果耕作过，您从耕作这些责任田中获得过的最大收入是多少？_____元

34. ①目前这些责任田由谁经营？

| （ ）家人 | （ ）朋友 | （ ）承包给他人耕种 | （ ）没人耕作 |

②您是否从他们的经营中获得任何回报？（ ）是 （ ）否

35. 如果您以后有机会在城市定居，您是否愿意放弃责任田？

| （ ）愿意 | （ ）不愿意 | （ ）无所谓 | （ ）其他_____ |

36. ①您拥有几种国家承认的职业资格证书或技术等级证书？

| （ ）无任何证书 | （ ）1 种 | （ ）2 种 | （ ）3 种及以上 |

②您目前的工作是否用到其中的一种证书？（ ）有 （ ）没有

37. ①您是否参加过任何形式的职业技能培训？（ ）是 （ ）否

②自进入社会参加工作以来，您参加过多少次职业技能培训？_____次

38. 您已累计在外面工作了多长时间？_____年_____个月

39. 您在武汉市工作了多长时间？_____年_____个月

40. 自从在武汉市工作以来，您一共换过多少次工作？_____次

41. 您目前所从事的工作属于哪一行业？

（ ）制造业	（ ）批发零售业	（ ）住宿和餐饮业
（ ）居民生活服务、修理修配	（ ）卫生环境	（ ）文化和娱乐业
（ ）建筑业	（ ）交通运输和物流	（ ）其他行业

42. 您是否是个体户或和他人合伙经营？（ ）是 （ ）否

43. 如果您是在企业或工厂工作，单位是否与您签订了劳动合同？

| （ ）是 | （ ）否 |

44. 您所在的单位为您购买了工伤保险吗？（　）是　（　）否

45. 您所在的单位为您购买了失业保险吗？（　）是　（　）否

46. 您所在的单位为您购买了生育保险吗？（女士填答）（　）是　（　）否

47. 您是否将长期从事目前工作并努力稳定下来？

（　）非常肯定	（　）比较肯定	（　）不确定	（　）不会

48. ①目前您个人平均每月的收入是多少元？＿＿＿＿＿元

②个人平均每月的花销大概是多少元？＿＿＿＿＿元

③个人每年纯收入大概是多少元？＿＿＿＿＿元

49. 目前您个人的存款大概是：

（　）20万元及以上	（　）10万~20万元	（　）5万~10万元	（　）5万元以下

50. 过去1年中，您个人去医院看病的次数有多少？

（　）没有	（　）1~2次	（　）3~6次	（　）7次及以上

51. 您日常生病一般会去哪里就医？

（　）大医院	（　）社区医院	（　）小诊所或个体医生
（　）自己买药吃、不看医生	（　）不就医、不吃药	

52. ①过去1年中，您因看病产生的医疗费用支出大概有多少？＿＿＿＿＿元

②您在看病过程中产生的医疗费用，是否享受过报销？（　）是（　）否

③如果有报销，报销的比例大概是多少？＿＿＿＿＿％

未婚者不答53~55题！

53. ①目前您的家庭（包括配偶和子女）平均每月的收入是多少元？＿＿＿＿＿元

②家庭平均每月的花销大概是多少元？＿＿＿＿＿元

③其中：子女抚养和教育费用＿＿＿＿＿元

④去年您家庭的年纯收入大概是多少元？＿＿＿＿＿元

54. 目前您家庭（包括配偶和子女）的存款大概是：

| （　）20万元及以上 | （　）10万~20万元 | （　）5万~10万元 | （　）5万元以下 |

55. ①过去1年中，您的家庭看病产生的医疗费用支出大概有多少？＿＿
＿＿＿元

②家庭在看病过程中产生的医疗费用，是否享受过报销？

| （　）是 | （　）否 |

③如果有报销，报销的比例大概是多少？＿＿＿＿＿%

第五部分　城市关系网络和社会参与状况

56. 在工作场合您主要使用方言还是普通话进行交流？

| （　）普通话 | （　）老家方言 | （　）武汉话 |

57. 您认为自己的语言水平严重影响了你在工作方面的沟通吗？

| （　）没有影响 | （　）影响较小 | （　）一般 |
| （　）影响较大 | （　）影响很大 | |

58. 您在武汉市经常联系的老乡或同乡朋友有多少？

| （　）少于4人 | （　）4~10人 | （　）11~20人 | （　）20人以上 |

59. 您在武汉市的熟人朋友或本地亲戚关系网络中，是否有以下关系？
（可多选）

（　）同乡熟人中有经商成功者或单位管理人员

（　）本地亲戚中有经商成功者或单位管理人员

（　）都没有

60. 您能从这些老乡或同乡朋友那里获得的帮助有多大？

| （　）帮助非常大 | （　）帮助较大 | （　）一般 |
| （　）帮助较小 | （　）没有帮助 | |

61. 您能从城市本地的熟人或朋友那里获得的帮助有多大？

（　）帮助非常大	（　）帮助较大	（　）一般
（　）帮助较小	（　）没有帮助	

62. 在武汉市本地居民中，您有亲戚吗？

（　）有	（　）没有

63. 您能从这些亲戚那里获得的帮助有多大？

（　）帮助非常大	（　）帮助较大	（　）一般
（　）帮助较小	（　）没有帮助	

64. 如果您在遇到困难难以解决时，一般会找谁帮助？

（　）武汉本地朋友	（　）亲友或老乡	（　）政府部门
（　）工作单位同事	（　）居住社区居委会	

65. 您和武汉市本地居民接触和交流的情况如何？

（　）交流和接触十分频繁	（　）比较频繁	（　）一般
（　）接触较少	（　）没有接触	

66. 您是否经常参与务工城市的大型公共活动？

（　）非常频繁	（　）比较频繁	（　）一般
（　）较少参与	（　）从来没有参与	

67. 您和您所居住的社区的居民交流和接触的情况如何？

（　）交流和接触十分频繁	（　）比较频繁	（　）一般
（　）接触较少	（　）没有接触	

68. 您是否经常参加居住地社区的社会活动？

（　）几乎每次参加	（　）参加较多	（　）一般
（　）较少参加	（　）从来没有参加过	

69. 您参与过您居住的社区的日常管理或服务工作吗？

（　）不想参加，也没有参加	（　）参加过小区的管理或服务工作
（　）想参加，但不知道怎样参加	（　）无所谓

70. 您参加过武汉市的任何社会组织吗（如工会、社团、行业协会、政党组织等）？

（　）参加了	（　）不想参加，也没有参加
（　）想参加，但不知道怎样参加	（　）无所谓

71. 您是否在武汉市参加过人大代表的选举？

（　）参加过	（　）没有参加过

72. 您在武汉市是否曾被推举为单位、社区、协会、社团或政党组织的先进个人或优秀代表？

（　）是	（　）否

第六部分　城市住房和居住形态

73. 您大概一年回家几次？

（　）重要节日或家里有要事才回去	（　）会定期回家探望
（　）农忙时节回家帮忙	（　）回家次数比较频繁

74. 您在武汉市买房了吗？（　）是　（　）否

已在武汉买房答 75 题，然后跳至 77 题开始作答；没有则跳至 76 题作答！

75. 如果您已购买武汉市的商品房，促使您买房的主要原因是什么？

（　）为了在武汉市定居	（　）为了子女在武汉上学
（　）为了在武汉工作方便	（　）其他＿＿＿＿＿＿

76. 如果您暂时还未购买，那么在未来 5～10 年内有计划购买武汉市的商品房吗？

（　）是	（　）否	（　）不确定

填"是"回答77题，填"否"或"不确定"跳至78题作答！

77. 是什么原因让您产生打算购买武汉市商品房的想法？

（ ）为了在武汉市定居	（ ）为了子女在武汉上学
（ ）为了在武汉工作方便	（ ）其他＿＿＿＿

78. 您目前在城市的住房情况是：

（ ）自购商品房	（ ）租房	（ ）公司宿舍	（ ）工棚
（ ）亲友家住房	（ ）自建民房	（ ）经营场所	（ ）其他

79. ①如果您是租房住，那么每月的房租是多少？＿＿＿＿元
②每月的水电费和燃料费是多少？＿＿＿＿元

80. 您的住房位于：

（ ）商品房小区	（ ）城中村	（ ）城乡接合部	（ ）城郊农村
（ ）工厂内	（ ）建筑工地	（ ）经营场地	（ ）其他

81. 您在武汉和谁一起居住？

（ ）和配偶一起居住	（ ）和子女一起居住	（ ）个人单独居住
（ ）和配偶、子女一起居住		（ ）和父母一起居住
（ ）和朋友或同事一起居住		（ ）其他

82. 您的住房面积大概有多大？＿＿＿＿平方米

83. 住房的配套设施怎样？（可多选）

（ ）有独立卫生间	（ ）有独立厨房	（ ）通天然气	（ ）有有线电缆接入
（ ）有宽带网络接入	（ ）有阳光照射	（ ）通风	（ ）私密性较好

若您"已婚"，则回答84~90题；若您"未婚"，则跳至91题作答！

84. 您的配偶是否也在外务工？（ ）是 （ ）否

85. 您的配偶是否与您在同一个城市务工？（ ）是 （ ）否

86. 您和您的配偶是否在一起居住？（ ）是 （ ）否

87. 您有几个小孩？＿＿＿＿个（若无，则填"0"）

88. 随您一起来武汉的子女有几个？＿＿＿＿个（若无，则填"0"）

89. 您的配偶和小孩是否都随您一起来到了武汉？（ ）是 （ ）否

90. 您是否有小孩在武汉上学？（ ）有　（ ）没有

第七部分　城市社会和市民身份认同

91. 您觉得自己的身份属于：

（ ）农民	（ ）市民	（ ）城市边缘人	（ ）说不清

92. 大部分武汉人对外地人的态度是：

（ ）很友好	（ ）还可以	（ ）很歧视外地人	（ ）说不清楚

93. 您对城市的工作方式和节奏是否适应？

（ ）非常适应	（ ）比较适应	（ ）一般
（ ）不太适应	（ ）很不适应	

94. 我在务工城市的生活很困难：（在最符合您感受的方格内画○）

（ ）从来没有	（ ）偶尔有	（ ）经常有	（ ）总是有

95. 我不属于这里（武汉市）：（在最符合您感受的方格内画○）

（ ）从来没有	（ ）偶尔有	（ ）经常有	（ ）总是有

96. 城市人的生活状态是我努力追求的目标：（在最符合您感受的方格内画○）

（ ）完全符合	（ ）比较符合	（ ）不符合	（ ）完全不符合

97. 我喜欢城里人联系互动的方式并努力效仿：（在最符合您感受的方格内画○）

（ ）从来没有	（ ）偶尔有	（ ）经常有	（ ）总是有

98. 我愿意和本地人打交道：（在最符合您感受的方格内画○）

（ ）从来没有	（ ）偶尔有	（ ）经常有	（ ）总是有

99. 我会争取留在这个城市：（在最符合您感受的方格内画○）

| （　）从来没有 | （　）偶尔有 | （　）经常有 | （　）总是有 |

100. 您对城市人的生活方式和习惯是否适应？

| （　）非常适应 | （　）比较适应 | （　）一般 |
| （　）不太适应 | （　）很不适应 | |

101. 城市社会人文和娱乐活动对您有多大的吸引力？

| （　）有非常大的吸引力 | （　）吸引力较小 | （　）一般 |
| （　）有较大的吸引力 | （　）没有吸引力 | |

102. 您对当前务工城市的好感程度是：

| （　）很喜欢 | （　）比较喜欢 | （　）一般 |
| （　）不喜欢 | （　）很不喜欢 | |

第八部分　公共服务可及性状况

103. 过去1年中，您生病时主要在哪里的医院看病？

| （　）武汉市大医院 | （　）武汉市中小医院 |
| （　）老家市区或县城医院 | （　）老家村卫生院或乡镇医院 |

104. 过去1年中，您家人（配偶和子女）生病时主要在哪里的医院看病？

| （　）武汉市大医院 | （　）武汉市中小医院 |
| （　）老家市区或县城医院 | （　）老家村卫生院或乡镇医院 |

105. 您参加了医疗保险吗？

（　）在老家参加了合作医疗保险	（　）在单位参加了职工医疗保险
（　）参加了武汉市居民基本医疗保险	（　）购买了商业医疗保险
（　）没有购买任何医疗保险	

106. 您参加了养老保险吗？

（　）在老家参加了城乡居民养老保险	（　）在单位参加了职工养老保险
（　）参加了武汉市居民基本养老保险	（　）购买了商业养老保险
（　）没有购买任何养老保险	

107. 参加医疗和养老等社会保险对您来说是否重要？

（　）很重要	（　）比较重要	（　）一般	（　）不重要	（　）很不重要

108. 当受到不公正的对待时，您通过合法渠道维护自身正当权益的情况是：

（　）一般都会	（　）不能确定
（　）一般都不会	

109. 您申请或正在享用武汉市保障型住房了吗？

（　）申请了廉租房	（　）申请了公共租赁房
（　）了解保障型住房，但未能申请	（　）不了解保障型住房，也未申请

110. 如果您有孩子在武汉市上学，他/她入学时是否收取了择校费？

（　）是	（　）否	（　）不清楚

111. 您是否参加过武汉市政府部门组织的劳动技能培训？

（　）没有	（　）参加过 1~2 次	（　）参加过 3~5 次	（　）参加过 6 次及以上

112. 您是否参加过武汉市政府部门组织的企业用工招聘会？

（　）没有	（　）参加过 1~2 次	（　）参加过 3~5 次	（　）参加过 6 次及以上

113. 您是否从武汉市的公共就业服务大厅或人力资源市场获取过招聘信息？

（　）没有	（　）很少	（　）一般
（　）经常	（　）总是从那里获得招聘信息	

114. 您是否享有武汉市住房公积金（含已办理公积金住房抵押贷款)?

（　）是	（　）否

115. 您的子女在武汉市哪类学校就读?

（　）武汉市民办学校	（　）武汉市公办学校
（　）武汉市打工子弟学校	（　）其他＿＿＿＿＿

116. 您的子女在武汉市上学所缴纳的学费是否与本市学生收费一样?

（　）比本市学生高	（　）和本市学生一样
（　）比本市学生低	（　）不清楚

117. 您的子女在武汉市上学是否获得和本地市民子女一样的公平待遇?

（　）是	（　）否	（　）不清楚

118. 您的子女在武汉市上学遇到的最大困难是?

（　）公办学校进不去	（　）在武汉不能参加中、高考
（　）附近没有合适学校	（　）学费太贵
（　）学习进度跟不上	（　）其他＿＿＿＿＿

119. 您是否在武汉市接受过计划生育服务?（已婚女士回答)

（　）是	（　）否

问卷到此结束，谢谢您的支持和配合!

附录二 农民工市民化权能评价指标体系构建专家咨询说明

第一部分 对德尔菲技术专家咨询法的简要说明

本次咨询将借鉴德尔菲技术进行，即通过向相关领域专家咨询，由专家独立给出指标设置意见和对本研究者提供参考指标的重要性评分排序，调查者总结各位专家的应答和咨询结果，然后有控制地向他们反馈并再次征询专家意见，最后得到一个较有共识的指标设置方案。但限于反复咨询反馈的协调困难，反复咨询控制在 1～2 次。咨询由两个大的部分组成。第一部分系由研究者本人先提出一些可能的参考指标，然后各咨询专家就这些指标在衡量农民工市民化权能上的重要性做评分排序。第二部分是头脑风暴型的开放式的咨询，要求各位专家独立运用自己的经验判断，哪些评价要素或指标是农民工市民化权能的基本构成元素，在此过程中各咨询专家可以增加自己认为重要的指标。这些专家增加的指标连同第一部分指标排序的咨询结果，汇总在最终的指标设计和评价体系中，以便于最大限度凝聚专家共识。本次专家咨询的德尔菲技术流程图见图1。

第二部分 农民工市民化权能指标相对重要性的评分和排序

说明：本部分中由研究者拟设评测指标，请专家对其进行赋值评分，或就指标设置进行评价并提出建议。

1. 指标权重确定：指标重要性比较标度方法说明

本研究拟采用层次分析法确定农民工市民化水平各测量指标的权重系数，各指标影响权重主要通过指标间相对重要性的相互比较、层次分析法获得。指标间相对重要性的两两比较以表1所示的方式赋值。例如，若专家判定指标 i 与指标 j 相比，前者比后者稍重要，则 i 相对于 j 的重要性标度值为3。若 i 相对于 j 的重要性介于稍重要和明显重要之间，则 i 相对于 j

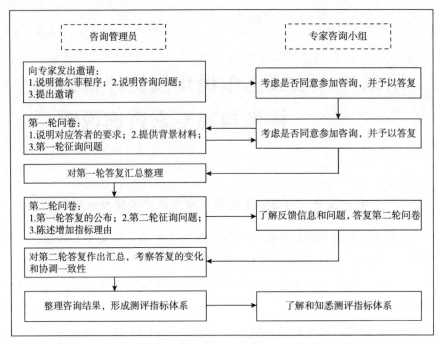

图 1　农民工市民化权能评价指标设计专家咨询的德尔菲技术流程

的重要性标度值为 4。其余情形以此类推。

表 1　两两指标之间重要性比较标度及含义

标度	含义
1	表示两个元素相比，具有同样重要性
3	表示两个元素相比，前者比后者稍重要
5	表示两个元素相比，前者比后者明显重要
7	表示两个元素相比，前者比后者强烈重要
9	表示两个元素相比，前者比后者极端重要
2，4，6，8	表示上述相邻判断的中间值

2. 指标相对重要性排序和标度

请您根据自己的知识和经验，对以下测量农民工市民化水平一级指标的相对重要性进行比较并按表 2 所述的规则对其赋予标度值。请先不必考虑指标重要性排序在前后一致性上可能存在的逻辑矛盾。

（1）一级指标重要性排序和标度

说明：一级指标排序为第一级指标相对于总目标指标重要性的相互比

较。以"市民化权能"这个总评价目标下属的 4 个一级指标为例，两两比较排序情形如表 2 所示。其余一级指标的重要性排序操作与之类似。

表 2　农民工市民化权能评估的一级指标标度赋值

比较指标	参照指标	重要性标度值
经济融合权能	社会融合权能	
经济融合权能	文化融合权能	
经济融合权能	公共服务权能	在 Excel 表格中选择代表两个指标相对重要性的数值，下同
社会融合权能	文化融合权能	
社会融合权能	公共服务权能	
文化融合权能	公共服务权能	

（2）二级指标重要性排序和标度

说明：二级指标排序为第二级指标相对于第一级目标指标重要性的相互比较。以"经济融合权能"这个一级指标下属的 3 个二级指标为例，两两比较排序情形如表 3 所示。其余二级指标的重要性排序操作与之类似。

表 3　"经济融合权能"下层指标相对重要性标度赋值

经济融合权能（目标指标） 比较指标	参照指标	重要性标度值
收入资产	就业状况	
收入资产	人力资本	在 Excel 表格中选择代表两个指标相对重要性的数值，下同
就业状况	人力资本	

（3）三级指标重要性排序和标度

说明：三级指标排序为第三层指标相对于第二层目标指标重要性的相互比较。以"收入资产"这个二级指标下属的 3 个三级指标为例，两两比较排序情形如表 4 所示。其余三级指标的重要性排序操作与之类似。

表 4　"收入资产"二级指标下属三级指标相对重要性标度赋值

收入资产（目标指标） 比较指标	参照指标	重要性标度值
月平均收入	年均储蓄额	
月平均收入	家庭净资产状况	在 Excel 表格中选择代表两个指标相对重要性的数值，下同
年均储蓄额	家庭净资产状况	

第三部分　头脑风暴

说明：此部分为开放式问答，由专家根据自己的知识和经验进行充分联想和发散式思维，提出自己认为合理的条件或指标。

咨询问题：

您认为哪些要素和指标是农民工市民化权能的核心构成元素？它们在农民工市民化权能中的地位和影响权重如何？或者与之相关的任何看法或建议均十分受欢迎。

附录三　农民工市民化权能评价指标及权重专家咨询调查表

一　问题描述

此调查问卷以"农民工市民化权能"为调查目标，对其多种影响因素使用层次分析法进行分析。层次模型如图 1 所示。

二　问卷说明

此调查问卷的目的在于确定农民工市民化权能各指标之间的相对权重。调查问卷根据层次分析法的形式设计。这种方法是在同一个层次对影响因素重要性进行两两比较。衡量尺度划分为五个等级，分别是绝对重要、十分重要、比较重要、稍微重要、同样重要，分别对应 9、7、5、3、1 的数值。靠左边的衡量尺度表示左列因素重要于右列因素，靠右边的衡量尺度表示右列因素重要于左列因素。根据您的看法，在对应方格中打勾即可。

如果您觉得五个级别不能精确表达您对某个比较问题的看法，例如您认为比较问题应该介于十分重要和比较重要之间，那么您可以通过在十分重要和比较重要两个方格之间画圈来表达您的看法。

示例：您认为一辆汽车的安全性重要，还是价格重要？（针对此示例的调查表会在下面产生，请不要修改示例部分中所有与问题相关的内容，括号内的这部分文字请删除）

如果您认为一辆汽车的安全性相对于价格十分重要，那么请在左侧（十分重要）下边的方格打勾。

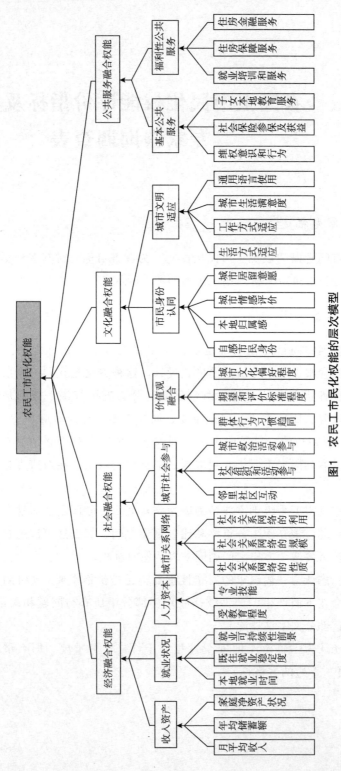

图1　农民工市民化权能的层次模型

样表　下列各组两两比较要素，对于"买车"的相对重要性如何？

A	重要性比较									B
	9	7	5	3	1	3	5	7	9	
安全性										价格

三　问卷内容

● 第 2 层要素

■ 评估"农民工市民化权能"的相对重要性

下列各组两两比较要素，对于"农民工市民化权能"的相对重要性如何？

A	重要性比较									B
	9	7	5	3	1	3	5	7	9	
经济融合权能										社会融合权能
经济融合权能										文化融合权能
经济融合权能										公共服务融合权能
社会融合权能										文化融合权能
社会融合权能										公共服务融合权能
文化融合权能										公共服务融合权能

● 第 3 层要素

■ 评估"经济融合权能"的相对重要性

下列各组两两比较要素，对于"经济融合权能"的相对重要性如何？

A	重要性比较									B
	9	7	5	3	1	3	5	7	9	
收入资产										就业状况
收入资产										人力资本
就业状况										人力资本

■ **评估"社会融合权能"的相对重要性**

下列各组两两比较要素，对于"社会融合权能"的相对重要性如何？

A	重要性比较									B
	9	7	5	3	1	3	5	7	9	
城市关系网络										城市社会参与

■ **评估"文化融合权能"的相对重要性**

下列各组两两比较要素，对于"文化融合权能"的相对重要性如何？

A	重要性比较									B
	9	7	5	3	1	3	5	7	9	
价值观融合										城市文明适应
价值观融合										市民身份认同
城市文明适应										市民身份认同

■ **评估"公共服务融合权能"的相对重要性**

下列各组两两比较要素，对于"公共服务融合权能"的相对重要性如何？

A	重要性比较									B
	9	7	5	3	1	3	5	7	9	
基本公共服务										福利性公共服务

● **第 4 层要素**

■ **评估"收入资产"的相对重要性**

下列各组两两比较要素，对于"收入资产"的相对重要性如何？

A	重要性比较									B
	9	7	5	3	1	3	5	7	9	
月平均收入										年均储蓄额
月平均收入										家庭净资产状况
年均储蓄额										家庭净资产状况

■ **评估"就业状况"的相对重要性**

下列各组两两比较要素，对于"就业状况"的相对重要性如何？

A	重要性比较									B
	9	7	5	3	1	3	5	7	9	
本地就业时间										既往就业稳定度
本地就业时间										就业可持续性前景
既往就业稳定度										就业可持续性前景

■ **评估"人力资本"的相对重要性**

下列各组两两比较要素，对于"人力资本"的相对重要性如何？

A	重要性比较									B
	9	7	5	3	1	3	5	7	9	
受教育程度										专业技能

■ **评估"城市关系网络"的相对重要性**

下列各组两两比较要素，对于"城市关系网络"的相对重要性如何？

A	重要性比较									B
	9	7	5	3	1	3	5	7	9	
城市关系网络的性质										城市关系网络的规模
城市关系网络的性质										城市关系网络的利用
城市关系网络的规模										城市关系网络的利用

■ **评估"城市社会参与"的相对重要性**

下列各组两两比较要素，对于"城市社会参与"的相对重要性如何？

A	重要性比较									B
	9	7	5	3	1	3	5	7	9	
邻里社区互动										社会组织和活动参与
邻里社区互动										城市政治活动参与
社会组织和活动参与										城市政治活动参与

■ 评估"价值观融合"的相对重要性

下列各组两两比较要素，对于"价值观融合"的相对重要性如何？

A	重要性比较									B
	9	7	5	3	1	3	5	7	9	
群体行为习惯趋同										城市文化偏好程度
群体行为习惯趋同										期望和评价标准趋同
城市文化偏好程度										期望和评价标准趋同

■ 评估"城市文明适应"的相对重要性

下列各组两两比较要素，对于"城市文明适应"的相对重要性如何？

A	重要性比较									B
	9	7	5	3	1	3	5	7	9	
城市生活方式适应										城市生活满意度
城市生活方式适应										通用语言使用
城市生活方式适应										城市工作方式适应
城市生活满意度										通用语言使用
城市生活满意度										城市工作方式适应
通用语言使用										城市工作方式适应

■ 评估"市民身份认同"的相对重要性

下列各组两两比较要素，对于"市民身份认同"的相对重要性如何？

A	重要性比较									B
	9	7	5	3	1	3	5	7	9	
自感市民身份										本地归属感
自感市民身份										城市情感评价
自感市民身份										城市居留意愿
本地归属感										城市情感评价
本地归属感										城市居留意愿
城市情感评价										城市居留意愿

■ 评估"基本公共服务"的相对重要性

下列各组两两比较要素，对于"基本公共服务"的相对重要性如何？

A	重要性比较									B
	9	7	5	3	1	3	5	7	9	
社会保险参保及获益										子女本地教育服务
社会保险参保及获益										维权意识和行为
子女本地教育服务										维权意识和行为

■ 评估"福利性公共服务"的相对重要性

下列各组两两比较要素，对于"福利性公共服务"的相对重要性如何？

A	重要性比较									B
	9	7	5	3	1	3	5	7	9	
就业培训和服务										住房保障服务
就业培训和服务										住房金融服务
住房保障服务										住房金融服务

问卷结束，谢谢合作

附录四 农民工市民化权能指标确权的 专家群决策 AHP 判断 矩阵及权重计算

说明：

（1）标度类型：1~9

（2）群决策——专家数据集结方法：各专家排序向量加权算术平均。

一 各层级指标的权重计算与一致性（CI）指数

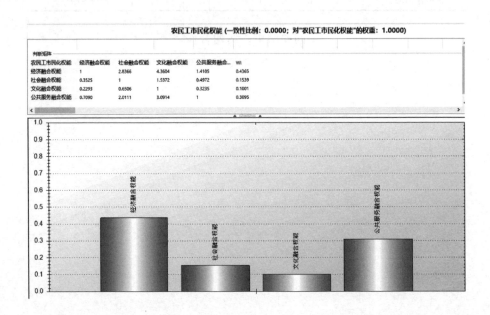

经济融合权能 (一致性比例: 0.0000; 对"农民工市民化权能"的权重: 0.4365)

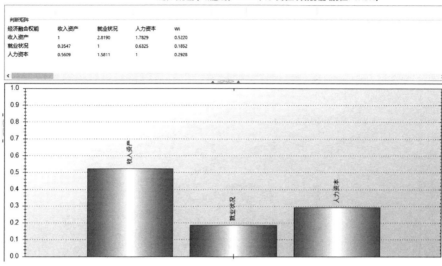

判断矩阵			
经济融合权能	收入资产	就业状况	人力资本	Wi
收入资产	1	2.8190	1.7829	0.5220
就业状况	0.3547	1	0.6325	0.1852
人力资本	0.5609	1.5811	1	0.2928

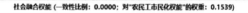

社会融合权能 (一致性比例: 0.0000; 对"农民工市民化权能"的权重: 0.1539)

判断矩阵		
社会融合权能	城市关系网络	城市社会参与	Wi
城市关系网络	1	2.5726	0.7201
城市社会参与	0.3887	1	0.2799

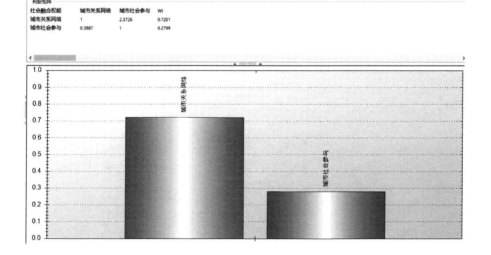

文化融合权能 (一致性比例: 0.0000; 对"农民工市民化权能"的权重: 0.1001)

判断矩阵

文化融合权能	价值观融合	城市文明适应	市民身份认同	Wi
价值观融合	1	0.5225	0.7011	0.2304
城市文明适应	1.9139	1	1.3418	0.4410
市民身份认同	1.4264	0.7453	1	0.3286

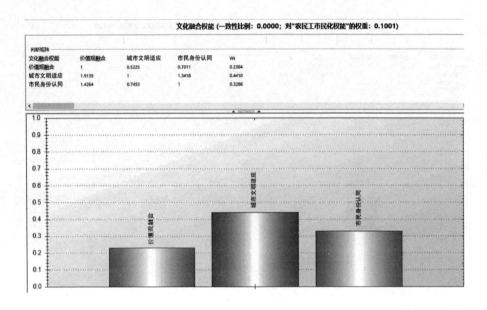

公共服务融合权能 (一致性比例: 0.0000; 对"农民工市民化权能"的权重: 0.3095)

判断矩阵

公共服务融合权能	基本公共服务	福利性公共服务	Wi
基本公共服务	1	0.5284	0.3457
福利性公共服务	1.8926	1	0.6543

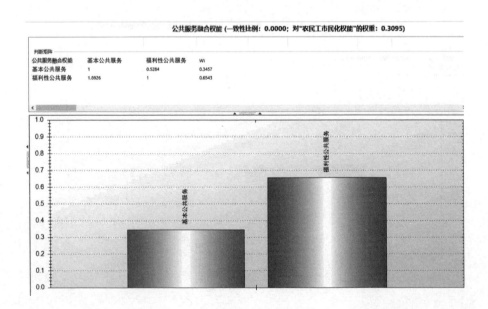

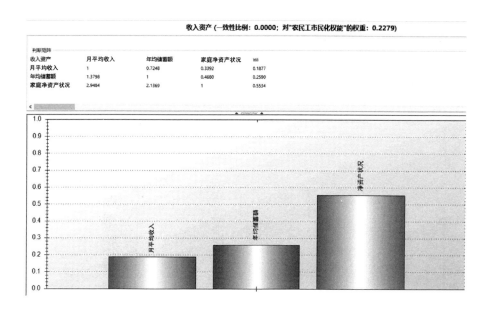

收入资产 (一致性比例: 0.0000; 对"农民工市民化权能"的权重: 0.2279)

判断矩阵

收入资产	月平均收入	年均储蓄额	家庭净资产状况	Wi
月平均收入	1	0.7248	0.3392	0.1877
年均储蓄额	1.3798	1	0.4680	0.2590
家庭净资产状况	2.9484	2.1369	1	0.5534

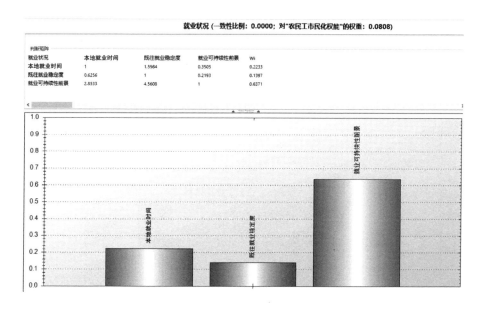

就业状况 (一致性比例: 0.0000; 对"农民工市民化权能"的权重: 0.0808)

判断矩阵

就业状况	本地就业时间	既往就业稳定度	就业可持续性前景	Wi
本地就业时间	1	1.5984	0.3505	0.2233
既往就业稳定度	0.6256	1	0.2193	0.1397
就业可持续性前景	2.8533	4.5608	1	0.6371

人力资本 (一致性比例: 0.0000; 对"农民工市民化权能"的权重: 0.1278)

判断矩阵			
人力资本	受教育程度	专业技能	WI
受教育程度	1	0.6438	0.3917
专业技能	1.5532	1	0.6083

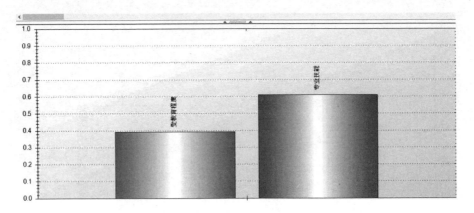

城市关系网络 (一致性比例: 0.0000; 对"农民工市民化权能"的权重: 0.1108)

判断矩阵				
城市关系网络	城市关系网络的性质	城市关系网络的规模	城市关系网络的利用	WI
城市关系网络的性质	1	1.6809	0.6287	0.3139
城市关系网络的规模	0.5949	1	0.3740	0.1868
城市关系网络的利用	1.5906	2.6737	1	0.4993

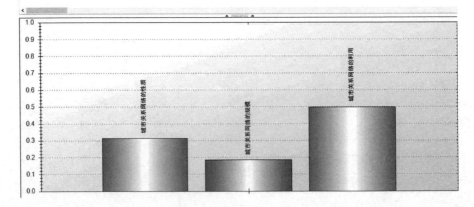

城市社会参与 (一致性比例：0.0000；对"农民工市民化权能"的权重：0.0431)

判断矩阵				
城市社会参与	邻里社区互动	社会组织和活动参与	城市政治活动参与	Wi
邻里社区互动	1	0.8648	0.7883	0.2920
社会组织和活动参与	1.1563	1	0.9115	0.3376
城市政治活动参与	1.2686	1.0971	1	0.3704

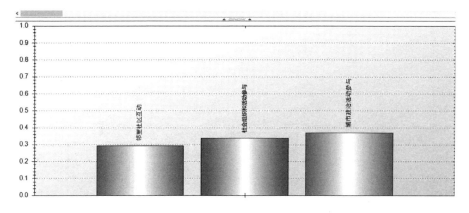

价值观融合 (一致性比例：0.0000；对"农民工市民化权能"的权重：0.0231)

判断矩阵				
价值观融合	群体行为习惯趋同	城市文化偏好程度	期望和评价标准趋同	Wi
群体行为习惯趋同	1	0.4987	0.5294	0.2043
城市文化偏好程度	2.0052	1	1.0616	0.4097
期望和评价标准趋同	1.8889	0.9420	1	0.3860

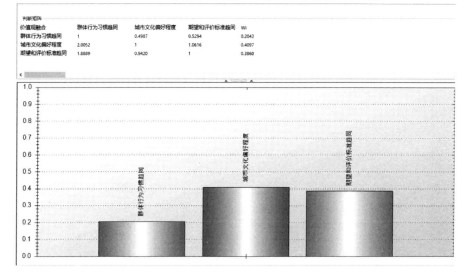

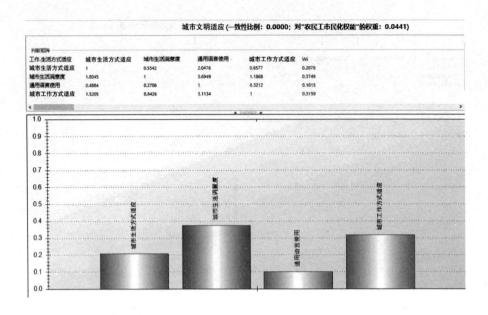

城市文明适应 (一致性比例: 0.0000; 对"农民工市民化权能"的权重: 0.0441)

工作-生活方式适应	城市生活方式适应	城市生活满意度	通用语言使用	城市工作方式适应	Wi
城市生活方式适应	1	0.5542	2.0476	0.6577	0.2078
城市生活满意度	1.8045	1	3.6949	1.1868	0.3749
通用语言使用	0.4884	0.2706	1	0.3212	0.1015
城市工作方式适应	1.5205	0.8426	3.1134	1	0.3159

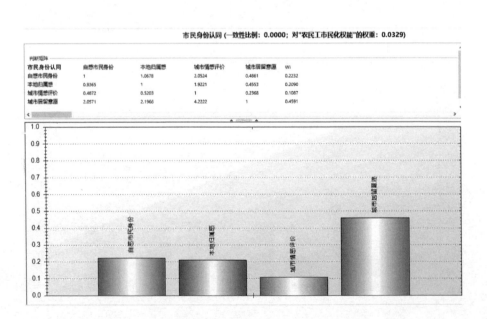

市民身份认同 (一致性比例: 0.0000; 对"农民工市民化权能"的权重: 0.0329)

市民身份认同	自愿市民身份	本地归属感	城市情感评价	城市居留意愿	Wi
自愿市民身份	1	1.0678	2.0524	0.4861	0.2232
本地归属感	0.9365	1	1.9221	0.4553	0.2090
城市情感评价	0.4872	0.5203	1	0.2368	0.1087
城市居留意愿	2.0571	2.1966	4.2222	1	0.4591

基本公共服务（一致性比例：0.0000；对"农民工市民化权能"的权重：0.1070）

基本公共服务	社会保险参保及获益	子女本地教育服务	维权意识和行为	Wi
社会保险参保及获益	1	0.6851	2.6540	0.3525
子女本地教育服务	1.4597	1	3.8741	0.5146
维权意识和行为	0.3768	0.2581	1	0.1328

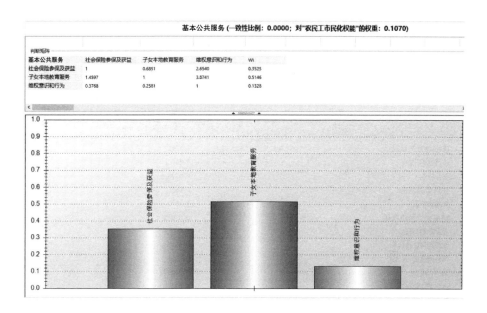

福利性公共服务（一致性比例：0.0000；对"农民工市民化权能"的权重：0.2025）

福利性公共服务	就业培训和服务	住房保障服务	住房金融服务	Wi
就业培训和服务	1	0.3573	0.5746	0.1805
住房保障服务	2.7985	1	1.6080	0.5052
住房金融服务	1.7404	0.6219	1	0.3142

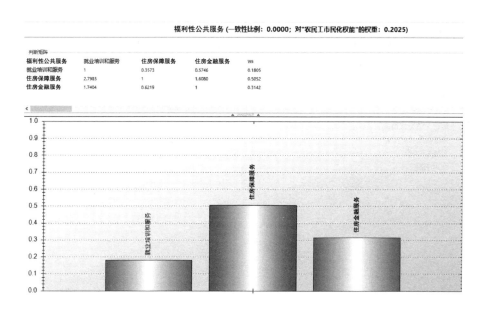

二　各层级指标权重计算的组合一致性指数和排序权重

(一) 组合一致性指数

权重分布　判断矩阵单独显示　组合一致性　所有数据列表显示

要素	权重	CI	RI(阶数)
方案层			
家庭净资产状况	0.1261		
住房保障服务	0.1023		
专业技能	0.0778		
住房金融服务	0.0636		
年均储蓄额	0.0590		
城市关系网络利用	0.0553		
子女本地教育服务	0.0551		
就业可持续性前景	0.0515		
受教育程度	0.0501		
月平均收入	0.0428		
社会保险参保及获益	0.0377		
就业培训和服务	0.0366		
城市关系网络的性质	0.0348		
城市关系网络的规模	0.0207		
本地就业时间	0.0180		
城市生活满意度	0.0165		
城市政治活动参与	0.0160		
城市居留意愿	0.0151		
社会组织和活动参与	0.0145		
维权意识和行为	0.0142		
城市工作方式适应	0.0139		
邻里与社区互动	0.0126		
既往就业稳定度	0.0113		
城市文化偏好程度	0.0095		
城市生活方式适应	0.0092		
期望和评价标准趋同	0.0089		
自感市民身份	0.0073		
本地归属感	0.0069		

权重分布　判断矩阵单独显示　组合一致性　所有数据列表显示

要素	权重	CI	RI(阶数)
~~经~~~~~~	~~0.0~~~~~		
维权意识和行为	0.0142		
城市工作方式适应	0.0139		
邻里社区互动	0.0126		
既往就业稳定度	0.0113		
城市文化偏好程度	0.0095		
城市生活方式适应	0.0092		
期望和评价准则趋同	0.0089		
自感市民身份	0.0073		
本地归属感	0.0069		
群体行为习惯趋同	0.0047		
通用语言使用	0.0045		
城市情感评价	0.0036		
第 1 准则层　　组合一致性比例: 0.0182（计算结果集结，CI = 各专家相应CI加权平均）			
经济融合权能	0.4365	0.0093	0.5200 (3)
公共服务融合权能	0.3095	0.0000	0.0000 (2)
社会融合权能	0.1539	0.0000	0.0000 (2)
文化融合权能	0.1001	0.0100	0.5200 (3)
第 2 准则层　　组合一致性比例: 0.0346（计算结果集结，CI = 各专家相应CI加权平均）			
收入资产	0.2279	0.0206	0.5200 (3)
福利性公共服务	0.2025	0.0167	0.5200 (3)
人力资本	0.1278	0.0000	0.0000 (2)
城市关系网络	0.1108	0.0111	0.5200 (3)
基本公共服务	0.1070	0.0146	0.5200 (3)
就业状况	0.0808	0.0192	0.5200 (3)
城市文明适应	0.0441	0.0474	0.8900 (4)
城市社会参与	0.0431	0.0158	0.5200 (3)
市民身份认同	0.0329	0.0378	0.8900 (4)
价值观融合	0.0231	0.0102	0.5200 (3)

（二）方案层中要素对决策目标的排序权重

备选方案	权重
家庭净资产状况	0.1261
住房保障服务	0.1023
专业技能	0.0778
住房金融服务	0.0636
年均储蓄额	0.0590
城市关系网络的利用	0.0553
子女本地教育服务	0.0551
就业可持续性前景	0.0515
受教育程度	0.0501

备选方案	权重
月平均收入	0.0428
社会保险参保及获益	0.0377
就业培训和服务	0.0366
城市关系网络的性质	0.0348
城市关系网络的规模	0.0207
本地就业时间	0.0180
城市生活满意度	0.0165
城市政治活动参与	0.0160
城市居留意愿	0.0151
社会组织和活动参与	0.0145
维权意识和行为	0.0142
城市工作方式适应	0.0139
邻里社区互动	0.0126
既往就业稳定度	0.0113
城市文化偏好程度	0.0095
城市生活方式适应	0.0092
期望和评价标准趋同	0.0089
自感市民身份	0.0073
本地归属感	0.0069
群体行为习惯趋同	0.0047
通用语言使用	0.0045
城市情感评价	0.0036

第 1 个准则层中要素对决策目标的排序权重组合一致性比例：0.0182（计算结果集结，CI = 各专家相应 CI 加权平均）

准则层要素	权重
经济融合权能	0.4365
公共服务融合权能	0.3095
社会融合权能	0.1539
文化融合权能	0.1001

第 2 个准则层中要素对决策目标的排序权重组合一致性比例：0.0346（计算结果集结，CI ＝各专家相应 CI 加权平均）

准则层要素	权重
收入资产	0.2279
基本公共服务	0.2025
人力资本	0.1278
城市关系网络	0.1108
基本公共服务	0.1070
就业状况	0.0808
城市文明适应	0.0441
城市社会参与	0.0431
市民身份认同	0.0329
价值观融合	0.0231

三　农民工市民化权能指标确权：分专家的计算数据

1.1　专家 ID：Z1 教授－地区：上海；专家权重：0.0909——农民工市民化权能一致性比例：0.0648；对"农民工市民化权能"的权重：1.0000；λmax：4.1731

农民工市民化权能	经济融合权能	社会融合权能	文化融合权能	公共服务融合权能	Wi
经济融合权能	1	9	8	7	0.7055
社会融合权能	1/9	1	1/2	1/4	0.0500
文化融合权能	1/8	2	1	1/3	0.0769
公共服务融合权能	1/7	4	3	1	0.1676

1.2　专家 ID：Z1 教授－地区：上海；专家权重：0.0909——经济融合权能一致性比例：0.0015；对"农民工市民化权能"的权重：0.7055；λmax：3.0015

经济融合权能	收入资产	就业状况	人力资本	Wi
收入资产	1	8	1	0.4629
就业状况	1/8	1	1/9	0.0556
人力资本	1	9	1	0.4814

1.3 专家 ID：Z1 教授 – 地区：上海；专家权重：0.0909——社会融合权能一致性比例：0.0000；对"农民工市民化权能"的权重：0.0500；λmax：2.0000

社会融合权能	城市关系网络	城市社会参与	Wi
城市关系网络	1	8	0.8889
城市社会参与	1/8	1	0.1111

1.4 专家 ID：Z1 教授 – 地区：上海；专家权重：0.0909——文化融合权能一致性比例：0.0735；对"农民工市民化权能"的权重：0.0769；λmax：3.0764

文化融合权能	文化–价值观融合	工作–生活方式适应	心理适应与身份认同	Wi
价值观融合	1	2	1/8	0.1293
城市文明适应	1/2	1	1/7	0.0852
市民身份认同	8	7	1	0.7855

1.5 专家 ID：Z1 教授 – 地区：上海；专家权重：0.0909——公共服务融合权能一致性比例：0.0000；对"农民工市民化权能"的权重：0.1676；λmax：2.0000

公共服务融合权能	基本公共服务获取	福利型公共服务获取	Wi
基本公共服务	1	1/8	0.1111
福利性公共服务	8	1	0.8889

1.6 专家 ID：Z1 教授 – 地区：上海；专家权重：0.0909——收入资产一致性比例：0.0516；对"农民工市民化权能"的权重：0.3266；λmax：3.0536

收入资产	年收入水平	年均储蓄额	净资产状况	Wi
月平均收入	1	2	1/8	0.1253
年均储蓄额	1/2	1	1/8	0.0789
家庭净资产状况	8	8	1	0.7957

1.7 专家 ID：Z1 教授 – 地区：上海；专家权重：0.0909——就业状况一致性比例：0.0516；对"农民工市民化权能"的权重：0.0393；

λmax：3.0536

就业状况	本地就业年限	既往就业稳定度	就业可持续性前景	Wi
本地就业时间	1	8	2	0.5783
既往就业稳定度	1/8	1	1/8	0.0574
就业可持续性前景	1/2	8	1	0.3643

1.8　专家 ID：Z1 教授 - 地区：上海；专家权重：0.0909——人力资本一致性比例：0.0000；对"农民工市民化权能"的权重：0.3397；λmax：2.0000

人力资本	受教育程度	专业技能	Wi
受教育程度	1	9	0.9000
专业技能	1/9	1	0.1000

1.9　专家 ID：Z1 教授 - 地区：上海；专家权重：0.0909——城市关系网络一致性比例：0.0685；对"农民工市民化权能"的权重：0.0445；λmax：3.0713

城市关系网络	城市关系网络的性质	城市关系网络的规模	城市关系网络的利用	Wi
城市关系网络的性质	1	1/5	4	0.1939
城市关系网络的规模	5	1	9	0.7429
城市关系网络的利用	1/4	1/9	1	0.0633

1.10　专家 ID：Z1 教授 - 地区：上海；专家权重：0.0909——城市社会参与一致性比例：0.0735；对"农民工市民化权能"的权重：0.0056；λmax：3.0764

城市社会参与	邻里社区互动	社会组织和活动参与	城市政治活动参与	Wi
邻里社区互动	1	2	7	0.5659
社会组织和活动参与	1/2	1	8	0.3727
城市政治活动参与	1/7	1/8	1	0.0614

1.11　专家 ID：Z1 教授 - 地区：上海；专家权重：0.0909——价值观融合一致性比例：0.0516；对"农民工市民化权能"的权重：0.0099；λmax：3.0536

价值观融合	群体行为习惯趋同	城市文化偏好程度	期望和评价标准趋同	Wi
群体行为习惯趋同	1	1/8	1/2	0.0789
城市文化偏好程度	8	1	8	0.7957
期望和评价标准趋同	2	1/8	1	0.1253

1.12 专家 ID：Z1 教授 – 地区：上海；专家权重：0.0909——城市文明适应一致性比例：0.0672；对"农民工市民化权能"的权重：0.0066；λmax：4.1793

城市文明适应	城市生活方式适应	城市生活满意度	通用语言使用	城市工作方式适应	Wi
城市生活方式适应	1	1/8	1/2	1/7	0.0470
城市生活满意度	8	1	8	3	0.5771
通用语言使用	2	1/8	1	1/7	0.0662
城市工作方式适应	7	1/3	7	1	0.3097

1.13 专家 ID：Z1 教授 – 地区：上海；专家权重：0.0909——市民身份认同一致性比例：0.0463；对"农民工市民化权能"的权重：0.0604；λmax：4.1237

市民身份认同	自感市民身份	本地归属感	城市情感评价	城市居留意愿	Wi
自感市民身份	1	2	8	7	0.5226
本地归属感	1/2	1	7	7	0.3559
城市情感评价	1/8	1/7	1	2	0.0701
城市居留意愿	1/7	1/7	1/2	1	0.0514

1.14 专家 ID：Z1 教授 – 地区：上海；专家权重：0.0909——基本公共服务一致性比例：0.0516；对"农民工市民化权能"的权重：0.0186；λmax：3.0536

基本公共服务	社会保险参保及获益	子女本地教育服务	维权意识和行为	Wi
社会保险参保及获益	1	1/2	8	0.3643
子女本地教育服务	2	1	8	0.5783
维权意识和行为	1/8	1/8	1	0.0574

1.15 专家 ID：Z1 教授 – 地区：上海；专家权重：0.0909——福利性公共服务一致性比例：0.0516；对"农民工市民化权能"的权重：

0.1489；λmax：3.0536

福利性公共服务	就业培训和服务	住房保障服务	住房金融服务	Wi
就业培训和服务	1	2	8	0.5783
住房保障服务	1/2	1	8	0.3643
住房金融服务	1/8	1/8	1	0.0574

2.1　专家 ID：L2 教授－地区：武汉；专家权重：0.0909——农民工市民化权能一致性比例：0.0163；对"农民工市民化权能"的权重：1.0000；λmax：4.0435

农民工市民化权能	经济融合权能	社会融合权能	文化融合权能	公共服务融合权能	Wi
经济融合权能	1	5	3	1	0.3899
社会融合权能	1/5	1	1/3	1/5	0.0679
文化融合权能	1/3	3	1	1/3	0.1524
公共服务融合权能	1	5	3	1	0.3899

2.2　专家 ID：L2 教授－地区：武汉；专家权重：0.0909——经济融合权能一致性比例：0.0985；对"农民工市民化权能"的权重：0.3899；λmax：3.1025

经济融合权能	收入资产	就业状况	人力资本	Wi
收入资产	1	3.7286	4.2713	0.6592
就业状况	0.2682	1	0.4403	0.1285
人力资本	0.2341	2.2712	1	0.2123

2.3　专家 ID：L2 教授－地区：武汉；专家权重：0.0909——社会融合权能一致性比例：0.0000；对"农民工市民化权能"的权重：0.0679；λmax：2.0000

社会融合权能	城市关系网络	城市社会参与	Wi
城市关系网络	1	5	0.8333
城市社会参与	1/5	1	0.1667

2.4　专家 ID：L2 教授－地区：武汉；专家权重：0.0909——文化融合权能一致性比例：0.0624；对"农民工市民化权能"的权重：0.1524；

λmax：3.0649

文化融合权能	价值观融合	城市文明适应	市民身份认同	Wi
价值观融合	1	1/5	1/7	0.0719
城市文明适应	5	1	1/3	0.2790
市民身份认同	7	3	1	0.6491

2.5　专家 ID：L2 教授 – 地区：武汉；专家权重：0.0909——公共服务融合权能一致性比例：0.0000；对"农民工市民化权能"的权重：0.3899；λmax：2.0000

公共服务融合权能	基本公共服务	福利性公共服务	Wi
基本公共服务	1	3	0.7500
福利性公共服务	1/3	1	0.2500

2.6　专家 ID：L2 教授 – 地区：武汉；专家权重：0.0909——收入资产一致性比例：0.0981；对"农民工市民化权能"的权重：0.2570；λmax：3.1021

收入资产	月平均收入	年均储蓄额	家庭净资产状况	Wi
月平均收入	1	2.8064	0.2081	0.2005
年均储蓄额	0.3563	1	0.1925	0.0982
家庭净资产状况	4.8064	5.1936	1	0.7012

2.7　专家 ID：L2 教授 – 地区：武汉；专家权重：0.0909——就业状况一致性比例：0.0981；对"农民工市民化权能"的权重：0.0501；λmax：3.1020

就业状况	本地就业时间	既往就业稳定度	就业可持续性前景	Wi
本地就业时间	1	2.8059	0.2081	0.2005
既往就业稳定度	0.3564	1	0.1925	0.0982
就业可持续性前景	4.8061	5.1939	1	0.7012

2.8　专家 ID：L2 教授 – 地区：武汉；专家权重：0.0909——人力资本一致性比例：0.0000；对"农民工市民化权能"的权重：0.0828；λmax：2.0000

人力资本	受教育程度	专业技能	Wi
受教育程度	1	1/5	0.1667
专业技能	5	1	0.8333

2.9　专家 ID：L2 教授－地区：武汉；专家权重：0.0909——城市关系网络一致性比例：0.0370；对"农民工市民化权能"的权重：0.0566；λmax：3.0385

城市关系网络	城市关系网络的性质	城市关系网络的规模	城市关系网络的利用	Wi
城市关系网络的性质	1	1/3	1/5	0.1047
城市关系网络的规模	3	1	1/3	0.2583
城市关系网络的利用	5	3	1	0.6370

2.10　专家 ID：L2 教授－地区：武汉；专家权重：0.0909——城市社会参与一致性比例：0.0991；对"农民工市民化权能"的权重：0.0113；λmax：3.1031

城市社会参与	邻里社区互动	社会组织和活动参与	城市政治活动参与	Wi
邻里社区互动	1	0.2340	0.2684	0.1083
社会组织和活动参与	4.2744	1	0.4397	0.3362
城市政治活动参与	3.7256	2.2744	1	0.5555

2.11　专家 ID：L2 教授－地区：武汉；专家权重：0.0909——价值观融合一致性比例：0.0985；对"农民工市民化权能"的权重：0.0110；λmax：3.1025

价值观融合	群体行为习惯趋同	城市文化偏好程度	期望和评价标准趋同	Wi
群体行为习惯趋同	1	2.2713	0.2341	0.2123
城市文化偏好程度	0.4403	1	0.2682	0.1285
期望和评价标准趋同	4.2713	3.7287	1	0.6592

2.12　专家 ID：L2 教授－地区：武汉；专家权重：0.0909——城市文明适应一致性比例：0.0742；对"农民工市民化权能"的权重：0.0425；λmax：4.1981

城市文明适应	城市生活方式适应	城市生活满意度	通用语言使用	城市工作方式适应	Wi
城市生活方式适应	1	1/3	3	1/5	0.1219
城市生活满意度	3	1	5	1/3	0.2706
通用语言使用	1/3	1/5	1	1/5	0.0636
城市工作方式适应	5	3	5	1	0.5439

2.13 专家 ID：L2 教授 – 地区：武汉；专家权重：0.0909——市民身份认同一致性比例：0.0978；对"农民工市民化权能"的权重：0.0989；λmax：4.2612

市民身份认同	自感市民身份	本地归属感	城市情感评价	城市居留意愿	Wi
自感市民身份	1	4.8549	2.8344	0.3527	0.2824
本地归属感	0.2060	1	0.2067	0.1938	0.0577
城市情感评价	0.3528	4.8388	1	0.3181	0.1645
城市居留意愿	2.8350	5.1593	3.1436	1	0.4954

2.14 专家 ID：L2 教授 – 地区：武汉；专家权重：0.0909——基本公共服务一致性比例：0.0985；对"农民工市民化权能"的权重：0.2924；λmax：3.1025

基本公共服务	社会保险参保及获益	子女本地教育服务	维权意识和行为	Wi
社会保险参保及获益	1	0.2682	0.4403	0.1285
子女本地教育服务	3.7287	1	4.2713	0.6592
维权意识和行为	2.2713	0.2341	1	0.2123

2.15 专家 ID：L2 教授 – 地区：武汉；专家权重：0.0909——福利性公共服务一致性比例：0.0988；对"农民工市民化权能"的权重：0.0975；λmax：3.1028

福利性公共服务	就业培训和服务	住房保障服务	住房金融服务	Wi
就业培训和服务	1	0.3558	4.8106	0.3004
住房保障服务	2.8106	1	5.1894	0.6136
住房金融服务	0.2079	0.1927	1	0.0859

3.1 专家 ID：G1 副教授 – 地区：武汉；专家权重：0.0909——农民工市民化权能一致性比例：0.0116；对"农民工市民化权能"的权重：

1.0000；λmax：4.0310

农民工市民化权能	经济融合权能	社会融合权能	文化融合权能	公共服务融合权能	Wi
经济融合权能	1	3	4	2	0.4673
社会融合权能	1/3	1	2	1/2	0.1601
文化融合权能	1/4	1/2	1	1/3	0.0954
公共服务融合权能	1/2	2	3	1	0.2772

3.2 专家 ID：G1 副教授 - 地区：武汉；专家权重：0.0909——经济融合权能一致性比例：0.0279；对"农民工市民化权能"的权重：0.4673；λmax：3.0291

经济融合权能	收入资产	就业状况	人力资本	Wi
收入资产	1	5	3	0.6586
就业状况	1/5	1	1	0.1562
人力资本	1/3	1	1	0.1852

3.3 专家 ID：G1 副教授 - 地区：武汉；专家权重：0.0909——社会融合权能一致性比例：0.0000；对"农民工市民化权能"的权重：0.1601；λmax：2.0000

社会融合权能	城市关系网络	城市社会参与	Wi
城市关系网络	1	5	0.8333
城市社会参与	1/5	1	0.1667

3.4 专家 ID：G1 副教授 - 地区：武汉；专家权重：0.0909——文化融合权能一致性比例：0.0000；对"农民工市民化权能"的权重：0.0954；λmax：3.0000

文化融合权能	价值观融合	城市文明适应	市民身份认同	Wi
价值观融合	1	1/2	1	0.2500
城市文明适应	2	1	2	0.5000
市民身份认同	1	1/2	1	0.2500

3.5 专家 ID：G1 副教授 - 地区：武汉；专家权重：0.0909——公共服务融合权能一致性比例：0.0000；对"农民工市民化权能"的权重：

0.2772；λmax：2.0000

公共服务融合权能	基本公共服务获取	福利型公共服务获取	Wi
基本公共服务	1	1/4	0.2000
福利性公共服务	4	1	0.8000

3.6　专家 ID：G1 副教授 – 地区：武汉；专家权重：0.0909——收入资产一致性比例：0.0516；对"农民工市民化权能"的权重：0.3078；λmax：3.0536

收入资产	年收入水平	年均储蓄额	净资产状况	Wi
月平均收入	1	1/4	1/6	0.0852
年均储蓄额	4	1	1/3	0.2706
家庭净资产状况	6	3	1	0.6442

3.7　专家 ID：G1 副教授 – 地区：武汉；专家权重：0.0909——就业状况一致性比例：0.0985；对"农民工市民化权能"的权重：0.0730；λmax：3.1024

就业状况	本地就业时间	既往就业稳定度	就业可持续性前景	Wi
本地就业时间	1	1.7655	0.2098	0.1907
既往就业稳定度	0.5664	1	0.3092	0.1485
就业可持续性前景	4.7655	3.2345	1	0.6608

3.8　专家 ID：G1 副教授 – 地区：武汉；专家权重：0.0909——人力资本一致性比例：0.0000；对"农民工市民化权能"的权重：0.0865；λmax：2.0000

人力资本	受教育程度	专业技能	Wi
受教育程度	1	1/2	0.3333
专业技能	2	1	0.6667

3.9　专家 ID：G1 副教授 – 地区：武汉；专家权重：0.0909——城市关系网络一致性比例：0.0948；对"农民工市民化权能"的权重：0.1334；λmax：3.0986

城市关系网络	城市关系网络的性质	城市关系网络的规模	城市关系网络的利用	Wi
城市关系网络的性质	1	4.0250	0.5231	0.3653
城市关系网络的规模	0.2484	1	0.3321	0.1241
城市关系网络的利用	1.9115	3.0109	1	0.5107

3.10 专家 ID：G1 副教授 - 地区：武汉；专家权重：0.0909——城市社会参与一致性比例：0.0088；对"农民工市民化权能"的权重：0.0267；λmax：3.0092

城市社会参与	邻里社区互动	社会组织和活动参与	城市政治活动参与	Wi
邻里社区互动	1	1/2	1/3	0.1634
社会组织和活动参与	2	1	1/2	0.2970
城市政治活动参与	3	2	1	0.5396

3.11 专家 ID：G1 副教授 - 地区：武汉；专家权重：0.0909——价值观融合一致性比例：0.0000；对"农民工市民化权能"的权重：0.0239；λmax：3.0000

价值观融合	群体行为习惯趋同	城市文化偏好程度	期望和评价标准趋同	Wi
群体行为习惯趋同	1	1/2	1/4	0.1429
城市文化偏好程度	2	1	1/2	0.2857
期望和评价标准趋同	4	2	1	0.5714

3.12 专家 ID：G1 副教授 - 地区：武汉；专家权重：0.0909——城市文明适应一致性比例：0.0214；对"农民工市民化权能"的权重：0.0477；λmax：4.0572

城市文明适应	城市生活方式适应	城市生活满意度	通用语言使用	城市工作方式适应	Wi
城市生活方式适应	1	1/4	3	1/3	0.1290
城市生活满意度	4	1	7	2	0.5006
通用语言使用	1/3	1/7	1	1/6	0.0547
城市工作方式适应	3	1/2	6	1	0.3158

3.13 专家 ID：G1 副教授 - 地区：武汉；专家权重：0.0909——市民身份认同一致性比例：0.0116；对"农民工市民化权能"的权重：0.0239；λmax：4.0310

市民身份认同	自感市民身份	本地归属感	城市情感评价	城市居留意愿	Wi
自感市民身份	1	1/2	2	1/3	0.1601
本地归属感	2	1	3	1/2	0.2772
城市情感评价	1/2	1/3	1	1/4	0.0954
城市居留意愿	3	2	4	1	0.4673

3.14 专家ID：G1副教授－地区：武汉；专家权重：0.0909——基本公共服务一致性比例：0.0000；对"农民工市民化权能"的权重：0.0554；λmax：3.0000

基本公共服务	社会保险参保及获益	子女本地教育服务	维权意识和行为	Wi
社会保险参保及获益	1	2	4	0.5714
子女本地教育服务	1/2	1	2	0.2857
维权意识和行为	1/4	1/2	1	0.1429

3.15 专家ID：G1副教授－地区：武汉；专家权重：0.0909——福利性公共服务一致性比例：0.0961；对"农民工市民化权能"的权重：0.2217；λmax：3.0999

福利性公共服务	就业培训和服务	保障房配租或补贴	住房金融和信贷支持	Wi
就业培训和服务	1	1/7	1/6	0.0668
住房保障服务	7	1	3	0.6406
住房金融服务	6	1/3	1	0.2926

4.1 专家ID：D1教授－地区：武汉；专家权重：0.0909——农民工市民化权能一致性比例：0.0172；对"农民工市民化权能"的权重：1.0000；λmax：4.0458

农民工市民化权能	经济融合权能	社会融合权能	文化融合权能	公共服务融合权能	Wi
经济融合权能	1	2	3	1	0.3659
社会融合权能	1/2	1	2	1	0.2326
文化融合权能	1/3	1/2	1	1/2	0.1238
公共服务融合权能	1	1	2	1	0.2778

4.2 专家ID：D1教授－地区：武汉；专家权重：0.0909——经济融合权能一致性比例：0.0176；对"农民工市民化权能"的权重：0.3659；

λmax：3.0183

经济融合权能	收入资产	就业状况	人力资本	Wi
收入资产	1	4	3	0.6250
就业状况	1/4	1	1/2	0.1365
人力资本	1/3	2	1	0.2385

4.3 专家 ID：D1 教授 – 地区：武汉；专家权重：0.0909——社会融合权能一致性比例：0.0000；对"农民工市民化权能"的权重：0.2326；λmax：2.0000

社会融合权能	城市关系网络	城市社会参与	Wi
城市关系网络	1	3	0.7500
城市社会参与	1/3	1	0.2500

4.4 专家 ID：D1 教授 – 地区：武汉；专家权重：0.0909——文化融合权能一致性比例：0.0176；对"农民工市民化权能"的权重：0.1238；λmax：3.0183

文化融合权能	价值观融合	城市文明适应	市民身份认同	Wi
价值观融合	1	1/4	1/3	0.1220
城市文明适应	4	1	2	0.5584
市民身份认同	3	1/2	1	0.3196

4.5 专家 ID：D1 教授 – 地区：武汉；专家权重：0.0909——公共服务融合权能一致性比例：0.0000；对"农民工市民化权能"的权重：0.2778；λmax：2.0000

公共服务融合权能	基本公共服务	福利性公共服务	Wi
基本公共服务	1	1	0.5000
福利性公共服务	1	1	0.5000

4.6 专家 ID：D1 教授 – 地区：武汉；专家权重：0.0909——收入资产一致性比例：0.0036；对"农民工市民化权能"的权重：0.2287；λmax：3.0037

收入资产	月平均收入	年均储蓄额	家庭净资产状况	Wi
月平均收入	1	1/3	1/5	0.1095
年均储蓄额	3	1	1/2	0.3090
家庭净资产状况	5	2	1	0.5816

4.7 专家 ID：D1 教授－地区：武汉；专家权重：0.0909——就业状况一致性比例：0.0236；对"农民工市民化权能"的权重：0.0499；λmax：3.0246

就业状况	本地就业时间	既往就业稳定度	就业可持续性前景	Wi
本地就业时间	1	1/2	1/5	0.1168
既往就业稳定度	2	1	1/4	0.1998
就业可持续性前景	5	4	1	0.6833

4.8 专家 ID：D1 教授－地区：武汉；专家权重：0.0909——人力资本一致性比例：0.0000；对"农民工市民化权能"的权重：0.0873；λmax：2.0000

人力资本	受教育程度	专业技能	Wi
受教育程度	1	2	0.6667
专业技能	1/2	1	0.3333

4.9 专家 ID：D1 教授－地区：武汉；专家权重：0.0909——城市关系网络一致性比例：0.0000；对"农民工市民化权能"的权重：0.1744；λmax：3.0000

城市关系网络	城市关系网络的性质	城市关系网络的规模	城市关系网络的利用	Wi
城市关系网络的性质	1	5	1	0.4545
城市关系网络的规模	1/5	1	1/5	0.0909
城市关系网络的利用	1	5	1	0.4545

4.10 专家 ID：D1 教授－地区：武汉；专家权重：0.0909——城市社会参与一致性比例：0.0036；对"农民工市民化权能"的权重：0.0581；λmax：3.0037

城市社会参与	邻里社区互动	社会组织和活动参与	城市政治活动参与	Wi
邻里社区互动	1	1/3	1/5	0.1095
社会组织和活动参与	3	1	1/2	0.3090
城市政治活动参与	5	2	1	0.5816

4.11 专家 ID：D1 教授－地区：武汉；专家权重：0.0909——价值观融合一致性比例：0.0088；对"农民工市民化权能"的权重：0.0151；λmax：3.0092

价值观融合	群体行为习惯趋同	城市文化偏好程度	期望和评价标准趋同	Wi
群体行为习惯趋同	1	1/3	1/2	0.1634
城市文化偏好程度	3	1	2	0.5396
期望和评价标准趋同	2	1/2	1	0.2970

4.12 专家 ID：D1 教授－地区：武汉；专家权重：0.0909——城市文明适应一致性比例：0.0979；对"农民工市民化权能"的权重：0.0691；λmax：4.2613

城市文明适应	城市生活方式适应	城市生活满意度	通用语言使用	城市工作方式适应	Wi
城市生活方式适应	1	3.6467	2.3533	0.6073	0.3412
城市生活满意度	0.2742	1	2.6467	0.4249	0.1695
通用语言使用	0.4249	0.3778	1	0.4249	0.1131
城市工作方式适应	1.6467	2.3533	2.3533	1	0.3762

4.13 专家 ID：D1 教授－地区：武汉；专家权重：0.0909——市民身份认同一致性比例：0.0000；对"农民工市民化权能"的权重：0.0396；λmax：4.0000

市民身份认同	自感市民身份	本地归属感	城市情感评价	城市居留意愿	Wi
自感市民身份	1	1	1	1/6	0.1111
本地归属感	1	1	1	1/6	0.1111
城市情感评价	1	1	1	1/6	0.1111
城市居留意愿	6	6	6	1	0.6667

4.14 专家 ID：D1 教授－地区：武汉；专家权重：0.0909——基本公共服务一致性比例：0.0982；对"农民工市民化权能"的权重：0.1389；

λmax：3.1022

基本公共服务	社会保险参保及获益	子女本地教育服务	维权意识和行为	Wi
社会保险参保及获益	1	0.2738	6.6516	0.2589
子女本地教育服务	3.6518	1	9.3480	0.6876
维权意识和行为	0.1503	0.1070	1	0.0535

4.15 专家 ID：D1 教授－地区：武汉；专家权重：0.0909——福利性公共服务一致性比例：0.0279；对"农民工市民化权能"的权重：0.1389；λmax：3.0291

福利性公共服务获取	就业培训和服务	住房保障服务	住房金融服务	Wi
就业培训和服务	1	1/6	1/5	0.0811
住房保障服务	6	1	2	0.5769
住房金融服务	5	1/2	1	0.3420

5.1 专家 ID：X1 教授－地区：美国；专家权重：0.0909——农民工市民化权能一致性比例：0.0039；对"农民工市民化权能"的权重：1.0000；λmax：4.0104

农民工市民化权能	经济融合权能	社会融合权能	文化融合权能	公共服务融合权能	Wi
经济融合权能	1	3	3	2	0.4554
社会融合权能	1/3	1	1	1/2	0.1409
文化融合权能	1/3	1	1	1/2	0.1409
公共服务融合权能	1/2	2	2	1	0.2628

5.2 专家 ID：X1 教授－地区：美国；专家权重：0.0909——经济融合权能一致性比例：0.0088；对"农民工市民化权能"的权重：0.4554；λmax：3.0092

经济融合权能	收入资产	就业状况	人力资本	Wi
收入资产	1	1/2	1/3	0.1634
就业状况	2	1	1/2	0.2970
人力资本	3	2	1	0.5396

5.3 专家 ID：X1 教授－地区：美国；专家权重：0.0909——社会融

合权能一致性比例：0.0000；对"农民工市民化权能"的权重：0.1409；λmax：2.0000

社会融合权能	城市关系网络	城市社会参与	Wi
城市关系网络	1	3	0.7500
城市社会参与	1/3	1	0.2500

5.4 专家 ID：X1 教授－地区：美国；专家权重：0.0909——文化融合权能一致性比例：0.0000；对"农民工市民化权能"的权重：0.1409；λmax：3.0000

文化融合权能	价值观融合	城市文明适应	市民身份认同	Wi
价值观融合	1	4	2	0.5714
城市文明适应	1/4	1	1/2	0.1429
市民身份认同	1/2	2	1	0.2857

5.5 专家 ID：X1 教授－地区：美国；专家权重：0.0909——公共服务融合权能一致性比例：0.0000；对"农民工市民化权能"的权重：0.2628；λmax：2.0000

公共服务融合权能	基本公共服务	福利性公共服务	Wi
基本公共服务	1	1	0.5000
福利性公共服务	1	1	0.5000

5.6 专家 ID：X1 教授－地区：美国；专家权重：0.0909——收入资产一致性比例：0.0993；对"农民工市民化权能"的权重：0.0744；λmax：3.1033

收入资产	月平均收入	年均储蓄额	家庭净资产状况	Wi
月平均收入	1	0.3942	2.5366	0.2954
年均储蓄额	2.5366	1	2.4634	0.5442
家庭净资产状况	0.3942	0.4059	1	0.1604

5.7 专家 ID：X1 教授－地区：美国；专家权重：0.0909——就业状况一致性比例：0.0995；对"农民工市民化权能"的权重：0.1352；λmax：3.1034

就业状况	本地就业时间	既往就业稳定度	就业可持续性前景	Wi
本地就业时间	1	3.6651	0.6006	0.3869
既往就业稳定度	0.2728	1	0.4283	0.1454
就业可持续性前景	1.6651	2.3349	1	0.4677

5.8 专家 ID：X1 教授－地区：美国；专家权重：0.0909——人力资本一致性比例：0.0000；对"农民工市民化权能"的权重：0.2457；λmax：2.0000

人力资本	受教育程度	专业技能	Wi
受教育程度	1	1/2	0.3333
专业技能	2	1	0.6667

5.9 专家 ID：X1 教授－地区：美国；专家权重：0.0909——城市关系网络一致性比例：0.0279；对"农民工市民化权能"的权重：0.1057；λmax：3.0291

城市关系网络	城市关系网络的性质	城市关系网络的规模	城市关系网络的利用	Wi
城市关系网络的性质	1	3	1	0.4054
城市关系网络的规模	1/3	1	1/5	0.1140
城市关系网络的利用	1	5	1	0.4806

5.10 专家 ID：X1 教授－地区：美国；专家权重：0.0909——城市社会参与一致性比例：0.0088；对"农民工市民化权能"的权重：0.0352；λmax：3.0092

城市社会参与	邻里社区互动	社会组织和活动参与	城市政治活动参与	Wi
邻里社区互动	1	1/3	1/2	0.1634
社会组织和活动参与	3	1	2	0.5396
城市政治活动参与	2	1/2	1	0.2970

5.11 专家 ID：X1 教授－地区：美国；专家权重：0.0909——价值观融合一致性比例：0.0088；对"农民工市民化权能"的权重：0.0805；λmax：3.0092

价值观融合	群体行为习惯趋同	城市文化偏好程度	期望和评价标准趋同	Wi
群体行为习惯趋同	1	1/4	1/3	0.1260
城市文化偏好程度	4	1	1	0.4579
期望和评价标准趋同	3	1	1	0.4161

5.12 专家 ID：X1 教授 – 地区：美国；专家权重：0.0909——城市文明适应一致性比例：0.0579；对"农民工市民化权能"的权重：0.0201；λmax：4.1545

城市文明适应	城市生活方式适应	城市生活满意度	通用语言使用	城市工作方式适应	Wi
城市生活方式适应	1	2	4	1	0.3469
城市生活满意度	1/2	1	6	1/2	0.2385
通用语言使用	1/4	1/6	1	1/4	0.0676
城市工作方式适应	1	2	4	1	0.3469

5.13 专家 ID：X1 教授 – 地区：美国；专家权重：0.0909——市民身份认同一致性比例：0.0039；对"农民工市民化权能"的权重：0.0403；λmax：4.0104

市民身份认同	自感市民身份	本地归属感	城市情感评价	城市居留意愿	Wi
自感市民身份	1	2	1	1/2	0.2270
本地归属感	1/2	1	1/2	1/3	0.1223
城市情感评价	1	2	1	1/2	0.2270
城市居留意愿	2	3	2	1	0.4236

5.14 专家 ID：X1 教授 – 地区：美国；专家权重：0.0909——基本公共服务一致性比例：0.0176；对"农民工市民化权能"的权重：0.1314；λmax：3.0183

基本公共服务	社会保险参保及获益	子女本地教育服务	维权意识和行为	Wi
社会保险参保及获益	1	1/2	2	0.2684
子女本地教育服务	2	1	6	0.6144
维权意识和行为	1/2	1/6	1	0.1172

5.15 专家 ID：X1 教授 – 地区：美国；专家权重：0.0909——福利性公共服务一致性比例：0.0088；对"农民工市民化权能"的权重：

0.1314；λmax：3.0092

福利性公共服务	就业培训和服务	住房保障服务	住房金融服务	Wi
就业培训和服务	1	1/4	1/3	0.1260
住房保障服务	4	1	1	0.4579
住房金融服务	3	1	1	0.4161

6.1 专家 ID：Z2 教授－地区：武汉；专家权重：0.0909——农民工市民化权能一致性比例：0.0116；对"农民工市民化权能"的权重：1.0000；λmax：4.0310

农民工市民化权能	经济融合权能	社会融合权能	文化融合权能	公共服务融合权能	Wi
经济融合权能	1	3	4	2	0.4673
社会融合权能	1/3	1	2	1/2	0.1601
文化融合权能	1/4	1/2	1	1/3	0.0954
公共服务融合权能	1/2	2	3	1	0.2772

6.2 专家 ID：Z2 教授－地区：武汉；专家权重：0.0909——经济融合权能一致性比例：0.0279；对"农民工市民化权能"的权重：0.4673；λmax：3.0291

经济融合权能	收入资产	就业状况	人力资本	Wi
收入资产	1	6	5	0.7258
就业状况	1/6	1	1/2	0.1020
人力资本	1/5	2	1	0.1721

6.3 专家 ID：Z2 教授－地区：武汉；专家权重：0.0909——社会融合权能一致性比例：0.0000；对"农民工市民化权能"的权重：0.1601；λmax：2.0000

社会融合权能	城市关系网络	城市社会参与	Wi
城市关系网络	1	6	0.8571
城市社会参与	1/6	1	0.1429

6.4 专家 ID：Z2 教授－地区：武汉；专家权重：0.0909——文化融合权能一致性比例：0.0088；对"农民工市民化权能"的权重：0.0954；

λmax：3.0092

文化融合权能	价值观融合	城市文明适应	市民身份认同	Wi
价值观融合	1	1/3	1/2	0.1634
城市文明适应	3	1	2	0.5396
市民身份认同	2	1/2	1	0.2970

6.5 专家 ID：Z2 教授－地区：武汉；专家权重：0.0909——公共服务融合权能一致性比例：0.0000；对"农民工市民化权能"的权重：0.2772；λmax：2.0000

公共服务融合权能	基本公共服务	福利性公共服务	Wi
基本公共服务	1	1/3	0.2500
福利性公共服务	3	1	0.7500

6.6 专家 ID：Z2 教授－地区：武汉；专家权重：0.0909——收入资产一致性比例：0.0975；对"农民工市民化权能"的权重：0.3392；λmax：3.1014

收入资产	月平均收入	年均储蓄额	家庭净资产状况	Wi
月平均收入	1	0.4693	0.1704	0.0942
年均储蓄额	2.1308	1	0.1402	0.1462
家庭净资产状况	5.8692	7.1308	1	0.7595

6.7 专家 ID：Z2 教授－地区：武汉；专家权重：0.0909——就业状况一致性比例：0.0012；对"农民工市民化权能"的权重：0.0477；λmax：3.0012

就业状况	本地就业时间	既往就业稳定度	就业可持续性前景	Wi
本地就业时间	1	2	1/5	0.1576
既往就业稳定度	1/2	1	1/9	0.0816
就业可持续性前景	5	9	1	0.7608

6.8 专家 ID：Z2 教授－地区：武汉；专家权重：0.0909——人力资本一致性比例：0.0000；对"农民工市民化权能"的权重：0.0804；λmax：2.0000

人力资本	受教育程度	专业技能	Wi
受教育程度	1	1/4	0.2000
专业技能	4	1	0.8000

6.9 专家 ID：Z2 教授 – 地区：武汉；专家权重：0.0909——城市关系网络一致性比例：0.0036；对"农民工市民化权能"的权重：0.1372；λmax：3.0037

城市关系网络	城市关系网络的性质	城市关系网络的规模	城市关系网络的利用	Wi
城市关系网络的性质	1	5	2	0.5816
城市关系网络的规模	1/5	1	1/3	0.1095
城市关系网络的利用	1/2	3	1	0.3090

6.10 专家 ID：Z2 教授 – 地区：武汉；专家权重：0.0909——城市社会参与一致性比例：0.0176；对"农民工市民化权能"的权重：0.0229；λmax：3.0183

城市社会参与	邻里社区互动	社会组织和活动参与	城市政治活动参与	Wi
邻里社区互动	1	1/3	1/4	0.1220
社会组织和活动参与	3	1	1/2	0.3196
城市政治活动参与	4	2	1	0.5584

6.11 专家 ID：Z2 教授 – 地区：武汉；专家权重：0.0909——价值观融合一致性比例：0.0176；对"农民工市民化权能"的权重：0.0156；λmax：3.0183

价值观融合	群体行为习惯趋同	城市文化偏好程度	期望和评价标准趋同	Wi
群体行为习惯趋同	1	1/4	1/2	0.1365
城市文化偏好程度	4	1	3	0.6250
期望和评价标准趋同	2	1/3	1	0.2385

6.12 专家 ID：Z2 教授 – 地区：武汉；专家权重：0.0909——城市文明适应一致性比例：0.0304；对"农民工市民化权能"的权重：0.0515；λmax：4.0813

城市文明适应	城市生活方式适应	城市生活满意度	通用语言使用	城市工作方式适应	Wi
城市生活方式适应	1	1/4	1/2	1/2	0.1040
城市生活满意度	4	1	3	3	0.5104
通用语言使用	2	1/3	1	2	0.2262
城市工作方式适应	2	1/3	1/2	1	0.1594

6.13 专家 ID：Z2 教授 - 地区：武汉；专家权重：0.0909——市民身份认同一致性比例：0.0636；对"农民工市民化权能"的权重：0.0283；λmax：4.1697

市民身份认同	自感市民身份	本地归属感	城市情感评价	城市居留意愿	Wi
自感市民身份	1	1/3	2	1/8	0.0821
本地归属感	3	1	2	1/7	0.1483
城市情感评价	1/2	1/2	1	1/9	0.0612
城市居留意愿	8	7	9	1	0.7084

6.14 专家 ID：Z2 教授 - 地区：武汉；专家权重：0.0909——基本公共服务一致性比例：0.0424；对"农民工市民化权能"的权重：0.0693；λmax：3.0441

基本公共服务	社会保险参保及获益	子女本地教育服务	维权意识和行为	Wi
社会保险参保及获益	1	1/3	5	0.2718
子女本地教育服务	3	1	8	0.6612
维权意识和行为	1/5	1/8	1	0.0670

6.15 专家 ID：Z2 教授 - 地区：武汉；专家权重：0.0909——福利性公共服务一致性比例：0.0516；对"农民工市民化权能"的权重：0.2079；λmax：3.0536

福利性公共服务	就业培训和服务	住房保障服务	住房金融服务	Wi
就业培训和服务	1	1/8	1/8	0.0574
住房保障服务	8	1	2	0.5783
住房金融服务	8	1/2	1	0.3643

7.1 专家 ID：H1 研究员 - 地区：北京；专家权重：0.0909——农民工市民化权能一致性比例：0.0429；对"农民工市民化权能"的权重：

1.0000；λmax：4.1145

农民工市民化权能	经济融合权能	社会融合权能	文化融合权能	公共服务融合权能	Wi
经济融合权能	1	4	5	2	0.4869
社会融合权能	1/4	1	3	1/3	0.1395
文化融合权能	1/5	1/3	1	1/4	0.0705
公共服务融合权能	1/2	3	4	1	0.3031

7.2 专家 ID：H1 研究员－地区：北京；专家权重：0.0909——经济融合权能一致性比例：0.0000；对"农民工市民化权能"的权重：0.4869；λmax：3.0000

经济融合权能	收入资产	就业状况	人力资本	Wi
收入资产	1	4	4	0.6667
就业状况	1/4	1	1	0.1667
人力资本	1/4	1	1	0.1667

7.3 专家 ID：H1 研究员－地区：北京；专家权重：0.0909——社会融合权能一致性比例：0.0000；对"农民工市民化权能"的权重：0.1395；λmax：2.0000

社会融合权能	城市关系网络	城市社会参与	Wi
城市关系网络	1	1/3	0.2500
城市社会参与	3	1	0.7500

7.4 专家 ID：H1 研究员－地区：北京；专家权重：0.0909——文化融合权能一致性比例：0.0088；对"农民工市民化权能"的权重：0.0705；λmax：3.0092

文化融合权能	价值观融合	城市文明适应	市民身份认同	Wi
价值观融合	1	1/3	1/2	0.1634
城市文明适应	3	1	2	0.5396
市民身份认同	2	1/2	1	0.2970

7.5 专家 ID：H1 研究员－地区：北京；专家权重：0.0909——公共服务融合权能一致性比例：0.0000；对"农民工市民化权能"的权重：

0.3031；λmax：2.0000

公共服务融合权能	基本公共服务	福利性公共服务	Wi
基本公共服务	1	1/2	0.3333
福利性公共服务	2	1	0.6667

7.6 专家 ID：H1 研究员－地区：北京；专家权重：0.0909——收入资产一致性比例：0.0176；对"农民工市民化权能"的权重：0.3246；λmax：3.0183

收入资产	月平均收入	年均储蓄额	家庭净资产状况	Wi
月平均收入	1	1/3	1/4	0.1220
年均储蓄额	3	1	1/2	0.3196
家庭净资产状况	4	2	1	0.5584

7.7 专家 ID：H1 研究员－地区：北京；专家权重：0.0909——就业状况一致性比例：0.0019；对"农民工市民化权能"的权重：0.0812；λmax：3.0020

就业状况	本地就业时间	既往就业稳定度	就业可持续性前景	Wi
本地就业时间	1	2	1/4	0.1870
既往就业稳定度	1/2	1	1/7	0.0977
就业可持续性前景	4	7	1	0.7153

7.8 专家 ID：H1 研究员－地区：北京；专家权重：0.0909——人力资本一致性比例：0.0000；对"农民工市民化权能"的权重：0.0812；λmax：2.0000

人力资本	受教育程度	专业技能	Wi
受教育程度	1	1	0.5000
专业技能	1	1	0.5000

7.9 专家 ID：H1 研究员－地区：北京；专家权重：0.0909——城市关系网络一致性比例：0.0000；对"农民工市民化权能"的权重：0.0349；λmax：3.0000

城市关系网络	城市关系网络的性质	城市关系网络的规模	城市关系网络的利用	Wi
城市关系网络的性质	1	4	1	0.4444
城市关系网络的规模	1/4	1	1/4	0.1111
城市关系网络的利用	1	4	1	0.4444

7.10 专家 ID：H1 研究员 – 地区：北京；专家权重：0.0909——城市社会参与一致性比例：0.0036；对"农民工市民化权能"的权重：0.1046；λmax：3.0037

城市社会参与	邻里社区互动	社会组织和活动参与	城市政治活动参与	Wi
邻里社区互动	1	1/3	1/5	0.1095
社会组织和活动参与	3	1	1/2	0.3090
城市政治活动参与	5	2	1	0.5816

7.11 专家 ID：H1 研究员 – 地区：北京；专家权重：0.0909——价值观融合一致性比例：0.0088；对"农民工市民化权能"的权重：0.0115；λmax：3.0092

价值观融合	群体行为习惯趋同	城市文化偏好程度	期望和评价标准趋同	Wi
群体行为习惯趋同	1	1/3	1/2	0.1634
城市文化偏好程度	3	1	2	0.5396
期望和评价标准趋同	2	1/2	1	0.2970

7.12 专家 ID：H1 研究员 – 地区：北京；专家权重：0.0909——城市文明适应一致性比例：0.0227；对"农民工市民化权能"的权重：0.0381；λmax：4.0606

城市文明适应	城市生活方式适应	城市生活满意度	通用语言使用	城市工作方式适应	Wi
城市生活方式适应	1	3	2	1	0.3462
城市生活满意度	1/3	1	1/3	1/3	0.0982
通用语言使用	1/2	3	1	1/2	0.2094
城市工作方式适应	1	3	2	1	0.3462

7.13 专家 ID：H1 研究员 – 地区：北京；专家权重：0.0909——市民身份认同一致性比例：0.0426；对"农民工市民化权能"的权重：0.0209；λmax：4.1137

市民身份认同	自感市民身份	本地归属感	城市情感评价	城市居留意愿	Wi
自感市民身份	1	1/2	3	1/6	0.1232
本地归属感	2	1	2	1/4	0.1715
城市情感评价	1/3	1/2	1	1/9	0.0636
城市居留意愿	6	4	9	1	0.6417

7.14 专家 ID：H1 研究员－地区：北京；专家权重：0.0909——基本公共服务一致性比例：0.0000；对"农民工市民化权能"的权重：0.1010；λmax：3.0000

基本公共服务	社会保险参保及获益	子女本地教育服务	维权意识和行为	Wi
社会保险参保及获益	1	1	3	0.4286
子女本地教育服务	1	1	3	0.4286
维权意识和行为	1/3	1/3	1	0.1429

7.15 专家 ID：H1 研究员－地区：北京；专家权重：0.0909——福利性公共服务一致性比例：0.0000；对"农民工市民化权能"的权重：0.2021；λmax：3.0000

福利性公共服务	就业培训和服务	住房保障服务	住房金融服务	Wi
就业培训和服务	1	1/3	1/3	0.1429
住房保障服务	3	1	1	0.4286
住房金融服务	3	1	1	0.4286

8.1 专家 ID：L1 教授－地区：武汉；专家权重：0.0909——农民工市民化权能一致性比例：0.0000；对"农民工市民化权能"的权重：1.0000；λmax：4.0000

农民工市民化权能	经济融合权能	社会融合权能	文化融合权能	公共服务融合权能	Wi
经济融合权能	1	3	3	1	0.3750
社会融合权能	1/3	1	1	1/3	0.1250
文化融合权能	1/3	1	1	1/3	0.1250
公共服务融合权能	1	3	3	1	0.3750

8.2 专家 ID：L1 教授－地区：武汉；专家权重：0.0909——经济融合权能一致性比例：0.0000；对"农民工市民化权能"的权重：0.3750；

λmax：3.0000

经济融合权能	收入资产	就业状况	人力资本	Wi
收入资产	1	6	3	0.6667
就业状况	1/6	1	1/2	0.1111
人力资本	1/3	2	1	0.2222

8.3 专家 ID：L1 教授－地区：武汉；专家权重：0.0909——社会融合权能一致性比例：0.0000；对"农民工市民化权能"的权重：0.1250；λmax：2.0000

社会融合权能	城市关系网络	城市社会参与	Wi
城市关系网络	1	5	0.8333
城市社会参与	1/5	1	0.1667

8.4 专家 ID：L1 教授－地区：武汉；专家权重：0.0909——文化融合权能一致性比例：0.0000；对"农民工市民化权能"的权重：0.1250；λmax：3.0000

文化融合权能	价值观融合	城市文明适应	市民身份认同	Wi
价值观融合	1	4	2	0.5714
城市文明适应	1/4	1	1/2	0.1429
市民身份认同	1/2	2	1	0.2857

8.5 专家 ID：L1 教授－地区：武汉；专家权重：0.0909——公共服务融合权能一致性比例：0.0000；对"农民工市民化权能"的权重：0.3750；λmax：2.0000

公共服务融合权能	基本公共服务	福利性公共服务	Wi
基本公共服务	1	1/4	0.2000
福利性公共服务	4	1	0.8000

8.6 专家 ID：L1 教授－地区：武汉；专家权重：0.0909——收入资产一致性比例：0.0036；对"农民工市民化权能"的权重：0.2500；λmax：3.0037

收入资产	月平均收入	年均储蓄额	家庭净资产状况	Wi
月平均收入	1	1/3	1/5	0.1095
年均储蓄额	3	1	1/2	0.3090
家庭净资产状况	5	2	1	0.5816

8.7　专家 ID：L1 教授－地区：武汉；专家权重：0.0909——就业状况一致性比例：0.0000；对"农民工市民化权能"的权重：0.0417；λmax：3.0000

就业状况	本地就业时间	既往就业稳定度	就业可持续性前景	Wi
本地就业时间	1	3	1/2	0.3000
既往就业稳定度	1/3	1	1/6	0.1000
就业可持续性前景	2	6	1	0.6000

8.8　专家 ID：L1 教授－地区：武汉；专家权重：0.0909——人力资本一致性比例：0.0000；对"农民工市民化权能"的权重：0.0833；λmax：2.0000

人力资本	受教育程度	专业技能	Wi
受教育程度	1	1	0.5000
专业技能	1	1	0.5000

8.9　专家 ID：L1 教授－地区：武汉；专家权重：0.0909——城市关系网络一致性比例：0.0000；对"农民工市民化权能"的权重：0.1042；λmax：3.0000

城市关系网络	城市关系网络的性质	城市关系网络的规模	城市关系网络的利用	Wi
城市关系网络的性质	1	3	1/2	0.3000
城市关系网络的规模	1/3	1	1/6	0.1000
城市关系网络的利用	2	6	1	0.6000

8.10　专家 ID：L1 教授－地区：武汉；专家权重：0.0909——城市社会参与一致性比例：0.0974；对"农民工市民化权能"的权重：0.0208；λmax：3.1013

城市社会参与	邻里社区互动	社会组织和活动参与	城市政治活动参与	Wi
邻里社区互动	1	4.0471	3.0241	0.6329
社会组织和活动参与	0.2471	1	1.9335	0.2147
城市政治活动参与	0.3307	0.5172	1	0.1524

8.11 专家 ID：L1 教授 - 地区：武汉；专家权重：0.0909——价值观融合一致性比例：0.0136；对"农民工市民化权能"的权重：0.0714；λmax：3.0142

价值观融合	群体行为习惯趋同	城市文化偏好程度	期望和评价标准趋同	Wi
群体行为习惯趋同	1	1/5	1/7	0.0751
城市文化偏好程度	5	1	1/2	0.3332
期望和评价标准趋同	7	2	1	0.5917

8.12 专家 ID：L1 教授 - 地区：武汉；专家权重：0.0909——城市文明适应一致性比例：0.0304；对"农民工市民化权能"的权重：0.0179；λmax：4.0813

城市文明适应	城市生活方式适应	城市生活满意度	通用语言使用	城市工作方式适应	Wi
城市生活方式适应	1	1/4	3	1/2	0.1404
城市生活满意度	4	1	8	4	0.5994
通用语言使用	1/3	1/8	1	1/3	0.0611
城市工作方式适应	2	1/4	3	1	0.1992

8.13 专家 ID：L1 教授 - 地区：武汉；专家权重：0.0909——市民身份认同一致性比例：0.0579；对"农民工市民化权能"的权重：0.0357；λmax：4.1545

市民身份认同	自感市民身份	本地归属感	城市情感评价	城市居留意愿	Wi
自感市民身份	1	1/3	3	1/3	0.1420
本地归属感	3	1	3	1/3	0.2506
城市情感评价	1/3	1/3	1	1/9	0.0607
城市居留意愿	3	3	9	1	0.5467

8.14 专家 ID：L1 教授 - 地区：武汉；专家权重：0.0909——基本公共服务一致性比例：0.0015；对"农民工市民化权能"的权重：0.0750；

λmax：3.0015

基本公共服务	社会保险参保及获益	子女本地教育服务	维权意识和行为	Wi
社会保险参保及获益	1	1/3	3	0.2363
子女本地教育服务	3	1	8	0.6817
维权意识和行为	1/3	1/8	1	0.0819

8.15 专家 ID：L1 教授－地区：武汉；专家权重：0.0909——福利性公共服务一致性比例：0.0176；对"农民工市民化权能"的权重：0.3000；λmax：3.0183

福利性公共服务	就业培训和服务	住房保障服务	住房金融服务	Wi
就业培训和服务	1	1/3	1/4	0.1220
住房保障服务	3	1	1/2	0.3196
住房金融服务	4	2	1	0.5584

9.1 专家 ID：X3 教授－地区：南京；专家权重：0.0909——农民工市民化权能一致性比例：0.0077；对"农民工市民化权能"的权重：1.0000；λmax：4.0206

农民工市民化权能	经济融合权能	社会融合权能	文化融合权能	公共服务融合权能	Wi
经济融合权能	1	3	4	3	0.5158
社会融合权能	1/3	1	2	1	0.1894
文化融合权能	1/4	1/2	1	1/2	0.1054
公共服务融合权能	1/3	1	2	1	0.1894

9.2 专家 ID：X3 教授－地区：南京；专家权重：0.0909——经济融合权能一致性比例：0.0088；对"农民工市民化权能"的权重：0.5158；λmax：3.0092

经济融合权能	收入资产	就业状况	人力资本	Wi
收入资产	1	3	2	0.5396
就业状况	1/3	1	1/2	0.1634
人力资本	1/2	2	1	0.2970

9.3 专家 ID：X3 教授－地区：南京；专家权重：0.0909——社会融

合权能一致性比例：0.0000；对"农民工市民化权能"的权重：0.1894；
λmax：2.0000

社会融合权能	城市关系网络	城市社会参与	Wi
城市关系网络	1	4	0.8000
城市社会参与	1/4	1	0.2000

9.4　专家 ID：X3 教授－地区：南京；专家权重：0.0909——文化融
合权能一致性比例：0.0370；对"农民工市民化权能"的权重：0.1054；
λmax：3.0385

文化融合权能	价值观融合	城市文明适应	市民身份认同	Wi
价值观融合	1	1/3	3	0.2583
城市文明适应	3	1	5	0.6370
市民身份认同	1/3	1/5	1	0.1047

9.5　专家 ID：X3 教授－地区：南京；专家权重：0.0909——公共服
务融合权能一致性比例：0.0000；对"农民工市民化权能"的权重：
0.1894；λmax：2.0000

公共服务融合权能	基本公共服务	福利性公共服务	Wi
基本公共服务	1	1/2	0.3333
福利性公共服务	2	1	0.6667

9.6　专家 ID：X3 教授－地区：南京；专家权重：0.0909——收入资
产一致性比例：0.0088；对"农民工市民化权能"的权重：0.2783；
λmax：3.0092

收入资产	月平均收入	年均储蓄额	家庭净资产状况	Wi
月平均收入	1	1/3	1/2	0.1634
年均储蓄额	3	1	2	0.5396
家庭净资产状况	2	1/2	1	0.2970

9.7　专家 ID：X3 教授－地区：南京；专家权重：0.0909——就业状
况一致性比例：0.0000；对"农民工市民化权能"的权重：0.0843；
λmax：3.0000

就业状况	本地就业时间	既往就业稳定度	就业可持续性前景	Wi
本地就业时间	1	1/2	1/4	0.1429
既往就业稳定度	2	1	1/2	0.2857
就业可持续性前景	4	2	1	0.5714

9.8 专家 ID：X3 教授－地区：南京；专家权重：0.0909——人力资本一致性比例：0.0000；对"农民工市民化权能"的权重：0.1532；λmax：2.0000

人力资本	受教育程度	专业技能	Wi
受教育程度	1	1/2	0.3333
专业技能	2	1	0.6667

9.9 专家 ID：X3 教授－地区：南京；专家权重：0.0909——城市关系网络一致性比例：0.0000；对"农民工市民化权能"的权重：0.1515；λmax：3.0000

城市关系网络	城市关系网络的性质	城市关系网络的规模	城市关系网络的利用	Wi
城市关系网络的性质	1	1	1/3	0.2000
城市关系网络的规模	1	1	1/3	0.2000
城市关系网络的利用	3	3	1	0.6000

9.10 专家 ID：X3 教授－地区：南京；专家权重：0.0909——城市社会参与一致性比例：0.0176；对"农民工市民化权能"的权重：0.0379；λmax：3.0183

城市社会参与	邻里社区互动	社会组织和活动参与	城市政治活动参与	Wi
邻里社区互动	1	1/3	1/4	0.1220
社会组织和活动参与	3	1	1/2	0.3196
城市政治活动参与	4	2	1	0.5584

9.11 专家 ID：X3 教授－地区：南京；专家权重：0.0909——价值观融合一致性比例：0.0000；对"农民工市民化权能"的权重：0.0272；λmax：3.0000

价值观融合	群体行为习惯趋同	城市文化偏好程度	期望和评价标准趋同	Wi
群体行为习惯趋同	1	1/4	1/2	0.1429
城市文化偏好程度	4	1	2	0.5714
期望和评价标准趋同	2	1/2	1	0.2857

9.12 专家 ID：X3 教授 - 地区：南京；专家权重：0.0909——城市文明适应一致性比例：0.0806；对"农民工市民化权能"的权重：0.0671；λmax：4.2153

城市文明适应	城市生活方式适应	城市生活满意度	通用语言使用	城市工作方式适应	Wi
城市生活方式适应	1	3	2	1/2	0.2947
城市生活满意度	1/3	1	2	1/3	0.1571
通用语言使用	1/2	1/2	1	1/2	0.1346
城市工作方式适应	2	3	2	1	0.4136

9.13 专家 ID：X3 教授 - 地区：南京；专家权重：0.0909——市民身份认同一致性比例：0.0104；对"农民工市民化权能"的权重：0.0110；λmax：4.0277

市民身份认同	自感市民身份	本地归属感	城市情感评价	城市居留意愿	Wi
自感市民身份	1	1	2	1/4	0.1627
本地归属感	1	1	2	1/4	0.1627
城市情感评价	1/2	1/2	1	1/5	0.0922
城市居留意愿	4	4	5	1	0.5823

9.14 专家 ID：X3 教授 - 地区：南京；专家权重：0.0909——基本公共服务一致性比例：0.0000；对"农民工市民化权能"的权重：0.0631；λmax：3.0000

基本公共服务	社会保险参保及获益	子女本地教育服务	维权意识和行为	Wi
社会保险参保及获益	1	3	1	0.4286
子女本地教育服务	1/3	1	1/3	0.1429
维权意识和行为	1	3	1	0.4286

9.15 专家 ID：X3 教授 - 地区：南京；专家权重：0.0909——福利性公共服务一致性比例：0.0000；对"农民工市民化权能"的权重：

0.1263；λmax：3.0000

福利性公共服务	就业培训和服务	住房保障服务	住房金融服务	Wi
就业培训和服务	1	1/7	1/7	0.0667
住房保障服务	7	1	1	0.4667
住房金融服务	7	1	1	0.4667

10.1　专家 ID：T1 教授 – 地区：武汉；专家权重：0.0909——农民工市民化权能一致性比例：0.0982；对"农民工市民化权能"的权重：1.0000；λmax：4.2623

农民工市民化权能	经济融合权能	社会融合权能	文化融合权能	公共服务融合权能	Wi
经济融合权能	1	4.6370	4.3635	2.6359	0.5026
社会融合权能	0.2157	1	2.6361	0.2157	0.1076
文化融合权能	0.2292	0.3793	1	0.1774	0.0655
公共服务融合权能	0.3794	4.6367	5.6369	1	0.3244

10.2　专家 ID：T1 教授 – 地区：武汉；专家权重：0.0909——经济融合权能一致性比例：0.0036；对"农民工市民化权能"的权重：0.5026；λmax：3.0037

经济融合权能	收入资产	就业状况	人力资本	Wi
收入资产	1	1/5	1/2	0.1220
就业状况	5	1	3	0.6483
人力资本	2	1/3	1	0.2297

10.3　专家 ID：T1 教授 – 地区：武汉；专家权重：0.0909——社会融合权能一致性比例：0.0000；对"农民工市民化权能"的权重：0.1076；λmax：2.0000

社会融合权能	城市关系网络	城市社会参与	Wi
城市关系网络	1	1/3	0.2500
城市社会参与	3	1	0.7500

10.4　专家 ID：T1 教授 – 地区：武汉；专家权重：0.0909——文化融合权能一致性比例：0.0036；对"农民工市民化权能"的权重：0.0655；

λmax：3.0037

文化融合权能	价值观融合	城市文明适应	市民身份认同	Wi
价值观融合	1	1/5	1/2	0.1220
城市文明适应	5	1	3	0.6483
市民身份认同	2	1/3	1	0.2297

10.5 专家 ID：T1 教授－地区：武汉；专家权重：0.0909——公共服务融合权能一致性比例：0.0000；对"农民工市民化权能"的权重：0.3244；λmax：2.0000

公共服务融合权能	基本公共服务	福利性公共服务	Wi
基本公共服务	1	1	0.5000
福利性公共服务	1	1	0.5000

10.6 专家 ID：T1 教授－地区：武汉；专家权重：0.0909——收入资产一致性比例：0.0036；对"农民工市民化权能"的权重：0.0613；λmax：3.0037

收入资产	月平均收入	年均储蓄额	家庭净资产状况	Wi
月平均收入	1	5	3	0.6483
年均储蓄额	1/5	1	1/2	0.1220
家庭净资产状况	1/3	2	1	0.2297

10.7 专家 ID：T1 教授－地区：武汉；专家权重：0.0909——就业状况一致性比例：0.0311；对"农民工市民化权能"的权重：0.3258；λmax：3.0324

就业状况	本地就业时间	既往就业稳定度	就业可持续性前景	Wi
本地就业时间	1	1/3	1/7	0.0841
既往就业稳定度	3	1	1/4	0.2109
就业可持续性前景	7	4	1	0.7049

10.8 专家 ID：T1 教授－地区：武汉；专家权重：0.0909——人力资本一致性比例：0.0000；对"农民工市民化权能"的权重：0.1154；λmax：2.0000

人力资本	受教育程度	专业技能	Wi
受教育程度	1	1/3	0.2500
专业技能	3	1	0.7500

10.9　专家 ID：T1 教授－地区：武汉；专家权重：0.0909——城市关系网络一致性比例：0.0025；对"农民工市民化权能"的权重：0.0269；λmax：3.0026

城市关系网络	城市关系网络的性质	城市关系网络的规模	城市关系网络的利用	Wi
城市关系网络的性质	1	3	1/2	0.2922
城市关系网络的规模	1/3	1	1/7	0.0925
城市关系网络的利用	2	7	1	0.6153

10.10　专家 ID：T1 教授－地区：武汉；专家权重：0.0909——城市社会参与一致性比例：0.0036；对"农民工市民化权能"的权重：0.0807；λmax：3.0037

城市社会参与	邻里社区互动	社会组织和活动参与	城市政治活动参与	Wi
邻里社区互动	1	3	5	0.6483
社会组织和活动参与	1/3	1	2	0.2297
城市政治活动参与	1/5	1/2	1	0.1220

10.11　专家 ID：T1 教授－地区：武汉；专家权重：0.0909——价值观融合一致性比例：0.0088；对"农民工市民化权能"的权重：0.0080；λmax：3.0092

价值观融合	群体行为习惯趋同	城市文化偏好程度	期望和评价标准趋同	Wi
群体行为习惯趋同	1	3	2	0.5396
城市文化偏好程度	1/3	1	1/2	0.1634
期望和评价标准趋同	1/2	2	1	0.2970

10.12　专家 ID：T1 教授－地区：武汉；专家权重：0.0909——城市文明适应一致性比例：0.0183；对"农民工市民化权能"的权重：0.0424；λmax：4.0488

城市文明适应	城市生活方式适应	城市生活满意度	通用语言使用	城市工作方式适应	Wi
城市生活方式适应	1	1/5	2	1/3	0.1171
城市生活满意度	5	1	5	1	0.4342
通用语言使用	1/2	1/5	1	1/5	0.0724
城市工作方式适应	3	1	5	1	0.3763

10.13 专家 ID：T1 教授－地区：武汉；专家权重：0.0909——市民身份认同一致性比例：0.0483；对"农民工市民化权能"的权重：0.0150；λmax：4.1290

市民身份认同	自感市民身份	本地归属感	城市情感评价	城市居留意愿	Wi
自感市民身份	1	5	5	4	0.5942
本地归属感	1/5	1	1/3	1/3	0.0734
城市情感评价	1/5	3	1	1	0.1626
城市居留意愿	1/4	3	1	1	0.1698

10.14 专家 ID：T1 教授－地区：武汉；专家权重：0.0909——基本公共服务一致性比例：0.0000；对"农民工市民化权能"的权重：0.1622；λmax：3.0000

基本公共服务	社会保险参保及获益	子女本地教育服务	维权意识和行为	Wi
社会保险参保及获益	1	1	5	0.4545
子女本地教育服务	1	1	5	0.4545
维权意识和行为	1/5	1/5	1	0.0909

10.15 专家 ID：T1 教授－地区：武汉；专家权重：0.0909——福利性公共服务一致性比例：0.0000；对"农民工市民化权能"的权重：0.1622；λmax：3.0000

福利性公共服务	就业培训和服务	住房保障服务	住房金融服务	Wi
就业培训和服务	1	1	1	0.3333
住房保障服务	1	1	1	0.3333
住房金融服务	1	1	1	0.3333

11.1 专家 ID：X2 教授－地区：广州；专家权重：0.0909——农民工市民化权能一致性比例：0.0806；对"农民工市民化权能"的权重：

1.0000；λmax：4.2153

农民工市民化权能	经济融合权能	社会融合权能	文化融合权能	公共服务融合权能	Wi
经济融合权能	1	1/7	2	1/7	0.0702
社会融合权能	7	1	7	1/3	0.3198
文化融合权能	1/2	1/7	1	1/7	0.0500
公共服务融合权能	7	3	7	1	0.5600

11.2 专家 ID：X2 教授－地区：广州；专家权重：0.0909——经济融合权能一致性比例：0.0025；对"农民工市民化权能"的权重：0.0702；λmax：3.0026

经济融合权能	收入资产	就业状况	人力资本	Wi
收入资产	1	6	1	0.4523
就业状况	1/6	1	1/7	0.0716
人力资本	1	7	1	0.4761

11.3 专家 ID：X2 教授－地区：广州；专家权重：0.0909——社会融合权能一致性比例：0.0000；对"农民工市民化权能"的权重：0.3198；λmax：2.0000

社会融合权能	城市关系网络	城市社会参与	Wi
城市关系网络	1	7	0.8750
城市社会参与	1/7	1	0.1250

11.4 专家 ID：X2 教授－地区：广州；专家权重：0.0909——文化融合权能一致性比例：0.0000；对"农民工市民化权能"的权重：0.0500；λmax：3.0000

文化融合权能	价值观融合	城市文明适应	市民身份认同	Wi
价值观融合	1	1/7	1	0.1111
城市文明适应	7	1	7	0.7778
市民身份认同	1	1/7	1	0.1111

11.5 专家 ID：X2 教授－地区：广州；专家权重：0.0909——公共服务融合权能一致性比例：0.0000；对"农民工市民化权能"的权重：

0.5600；λmax：2.0000

公共服务融合权能	基本公共服务	福利性公共服务	Wi
基本公共服务	1	1/7	0.1250
福利性公共服务	7	1	0.8750

11.6 专家 ID：X2 教授－地区：广州；专家权重：0.0909——收入资产一致性比例：0.0000；对"农民工市民化权能"的权重：0.0317；λmax：3.0000

收入资产	月平均收入	年均储蓄额	家庭净资产状况	Wi
月平均收入	1	1	1/7	0.1111
年均储蓄额	1	1	1/7	0.1111
家庭净资产状况	7	7	1	0.7778

11.7 专家 ID：X2 教授－地区：广州；专家权重：0.0909——就业状况一致性比例：0.0000；对"农民工市民化权能"的权重：0.0050；λmax：3.0000

就业状况	本地就业时间	既往就业稳定度	就业可持续性前景	Wi
本地就业时间	1	1	1/7	0.1111
既往就业稳定度	1	1	1/7	0.1111
就业可持续性前景	7	7	1	0.7778

11.8 专家 ID：X2 教授－地区：广州；专家权重：0.0909——人力资本一致性比例：0.0000；对"农民工市民化权能"的权重：0.0334；λmax：2.0000

人力资本	受教育程度	专业技能	Wi
受教育程度	1	1/7	0.1250
专业技能	7	1	0.8750

11.9 专家 ID：X2 教授－地区：广州；专家权重：0.0909——城市关系网络一致性比例：0.0000；对"农民工市民化权能"的权重：0.2798；λmax：3.0000

城市关系网络	城市关系网络的性质	城市关系网络的规模	城市关系网络的利用	Wi
城市关系网络的性质	1	1	1/7	0.1111
城市关系网络的规模	1	1	1/7	0.1111
城市关系网络的利用	7	7	1	0.7778

11.10　专家 ID：X2 教授－地区：广州；专家权重：0.0909——城市社会参与一致性比例：0.0000；对"农民工市民化权能"的权重：0.0400；λmax：3.0000

城市社会参与	邻里社区互动	社会组织和活动参与	城市政治活动参与	Wi
邻里社区互动	1	1	7	0.4667
社会组织和活动参与	1	1	7	0.4667
城市政治活动参与	1/7	1/7	1	0.0667

11.11　专家 ID：X2 教授－地区：广州；专家权重：0.0909——价值观融合一致性比例：0.0000；对"农民工市民化权能"的权重：0.0056；λmax：3.0000

价值观融合	群体行为习惯趋同	城市文化偏好程度	期望和评价标准趋同	Wi
群体行为习惯趋同	1	7	1	0.4667
城市文化偏好程度	1/7	1	1/7	0.0667
期望和评价标准趋同	1	7	1	0.4667

11.12　专家 ID：X2 教授－地区：广州；专家权重：0.0909——城市文明适应一致性比例：0.0854；对"农民工市民化权能"的权重：0.0389；λmax：4.2281

城市文明适应	城市生活方式适应	城市生活满意度	通用语言使用	城市工作方式适应	Wi
城市生活方式适应	1	1/3	7	5	0.2969
城市生活满意度	3	1	7	7	0.5683
通用语言使用	1/7	1/7	1	1/3	0.0473
城市工作方式适应	1/5	1/7	3	1	0.0875

11.13　专家 ID：X2 教授－地区：广州；专家权重：0.0909——市民身份认同一致性比例：0.0854；对"农民工市民化权能"的权重：0.0056；λmax：4.2281

市民身份认同	自感市民身份	本地归属感	城市情感评价	城市居留意愿	Wi
自感市民身份	1	1/7	1/3	1/7	0.0473
本地归属感	7	1	7	3	0.5683
城市情感评价	3	1/7	1	1/5	0.0875
城市居留意愿	7	1/3	5	1	0.2969

11.14 专家ID：X2教授－地区：广州；专家权重：0.0909——基本公共服务一致性比例：0.0000；对"农民工市民化权能"的权重：0.0700；λmax：3.0000

基本公共服务	社会保险参保及获益	子女本地教育服务	维权意识和行为	Wi
社会保险参保及获益	1	1	7	0.4667
子女本地教育服务	1	1	7	0.4667
维权意识和行为	1/7	1/7	1	0.0667

11.15 专家ID：X2教授－地区：广州；专家权重：0.0909——福利性公共服务一致性比例：0.0000；对"农民工市民化权能"的权重：0.4900；λmax：3.0000

福利性公共服务	就业培训和服务	住房保障服务	住房金融服务	Wi
就业培训和服务	1	1/7	1	0.1111
住房保障服务	7	1	7	0.7778
住房金融服务	1	1/7	1	0.1111

图书在版编目（CIP）数据

农业转移人口市民化权能研究／熊景维著． -- 北京：
社会科学文献出版社，2023.12
ISBN 978 - 7 - 5228 - 2571 - 7

Ⅰ.①农… Ⅱ.①熊… Ⅲ.①民工 - 城市化 - 研究 -
中国 Ⅳ.①D422.64

中国国家版本馆 CIP 数据核字（2023）第 188856 号

农业转移人口市民化权能研究

著 者／熊景维

出 版 人／冀祥德
组稿编辑／谢蕊芬
责任编辑／孟宁宁
责任印制／王京美

出 版／社会科学文献出版社·群学出版分社（010）59367002
地址：北京市北三环中路甲 29 号院华龙大厦 邮编：100029
网址：www.ssap.com.cn
发 行／社会科学文献出版社（010）59367028
印 装／三河市龙林印务有限公司

规 格／开 本：787mm × 1092mm 1/16
印 张：25.25 字 数：424 千字
版 次／2023 年 12 月第 1 版 2023 年 12 月第 1 次印刷
书 号／ISBN 978 - 7 - 5228 - 2571 - 7
定 价／158.00 元

读者服务电话：4008918866